현대 이탈리아 정치론

이 저서는 2018년 대한민국 교육부와 한국연구재단의 지원을 받아 수행된 연구임(NRF-2018S1A6A4A01038936)

현대 이탈리아 정치론

Contemporary
Italian Politics

김시홍 지음

HU:iNE

서문

이 책은 한국연구재단의 2018년도 저술출판지원 사업의 도움을 받아 작성되었다. 돌이켜보면 1995년 「이탈리아 사회연구 입문」은 젊은 혈기에 여름 방학 기간을 활용하여 질풍노도로 삼 개월 만에 출간된 바 있다. 이번에는 연구기간 2년에 출판을 위한 보완 및 수정 작업을 2년 추가하고도 여전히 아쉬움과 미련을 떨칠 수 없는 심경이다.

그건 아마도 지난 30년의 강의와 연구를 결산하는 작업이기에 보다 완성도 높은 작품을 내놓으려는 생각에서였을 것이다. 욕심을 내 보았으나 결국 현재의 상태는 그간 작성한 글들을 짜깁기하는 수준에 머물고 있다. 다만 1861년 이탈리아 통일 이후 현재까지 모든 총선을 분석대상으로 삼았다는 점에서 자기 위안을 삼고 있다.

이탈리아 정치는 특수성의 시각에서 천착이 가능한 연구영역이다. 이탈리아식 정치문화를 배제하고는 적절한 이해가 불가능하기 때문이다. 그러나 비교정치 그리고 유럽정치 차원으로 확대할 때 보다 극명하게 이탈리아 정치의 정체성이 드러날 것이다. 결국 이 모든 작업은 한국 정치현실과의 끊임없는 비교의 과정을 통해 나온 산물이었다.

현대 이탈리아 정치는 흥미롭지만 일반 독자에게는 이해하기 용이치 않은 분야이다. 인간 군상의 여러 면모를 보여주며, 현실에서는 폭력과 테러 그리고 마키아벨리적 권모와 술수를 모두 내포하고 있다. 그러나 저술작업은 흥미로운 과정이었고, 이탈리아 정치현상은 우리 모두에게 시사하는 바가 적지 않다고 본다.

이 책의 완성 과정에서 추서연 국제지역대학원 조교와 수지 토스카노 학부조교의 도움을 크게 받았다. 또한 그간 물심양면으로 성원해주신 한이탈리아친선협회 최신원 회장님께 특별한 감사를 드린다. 부족한 부분에 대해서 앞으로 교정작업을 통한 출간 약속은 못 할 것 같다. 그건 아마도 후학들에 의해 보완되고 극복되기를 희망한다.

무엇보다 이탈리아 정치사회연구 수업을 통해 이탈리아 정치를 공부한 제자들에게 감사의 뜻을 전하고 싶다. 그들이 있었기에 삼십 년간 중단 없이 이탈리아 정치를 공부할 수 있었고, 비록 부족한 실력이었지만 그래도 꾸준히 한 분야를 연구할 수 있었다.

2022년 4월 1일

저자 김시홍

추천사 1

It is with great pleasure that I welcome the new book of Prof. Kim Sihong on contemporary Italian politics. It is a work that investigates the dynamics of the Italian politics after Unification, a task not at all simple, considering the complexities of the Italian society, which witnessed a very fast economic growth in the 20th century, a growth which has had a profound impact on a society until then quite traditional.

Very interesting is the evaluation of the Italian politics in the European and international framework, which has had a deep and long-lasting influence. Indeed, some European countries after World War II have agreed on an ambitious project of cooperation and integration, a project without any historical precedence to which Italy has given a decisive input.

The importance of the book of Prof. Kim lies especially in the contribution to expand the knowledge of the Italian politics and Italy in Korea, two countries that already cooperate in a very significant way. Presently, the aim is to further develop such cooperation in order to strengthen the bilateral relation to greater extent.

To achieve such aim, it is indispensable to deepen the mutual knowledge, to understand better the political, economic, social and international relations dynamics of both countries. This work of Prof. Kim is a decisive step in this direction.

I am confident that such book will be very successful and I sincerely hope that it could be the first of a long series of books on the post-Unification Italy.

Congratulations to Prof. Kim Sihong and enjoy the reading!

April 5, 2022

Federico Failla

Ambassador of Italy to Korea

추천사 2

이탈리아는 고대 로마문명, 르네상스 예술, 음식문화, 오페라, 최고의 명품 브랜드 등으로 우리나라는 물론 세계적으로 큰 관심을 받고 있는 나라입니다. 서양 문명의 뿌리라는 자부심에 더해 오늘날에는 자동차, 패션, 디자인, 식품, 제약 및 항공 우주 등 다양한 산업이 고루 발전되어 있는 G7 회원국이자 유럽연합(EU)의 핵심국가입니다.

우리나라와 이탈리아는 1884년 외교관계 수립 이래 130여 년 동안 우호협력관계를 발전시켜 왔습니다. 양국간 교역은 2018년 100억 불을 돌파하였으며 코로나 이전 연간 100만여 명의 우리 관광객이 이탈리아를 방문하였습니다.

이러한 외형적 관계 확장에도 불구, 안타깝게도 이탈리아에 대한 우리의 지식과 이해는 아직까지 제한적이고 편향적입니다. 역사 속 로마제국이나 레오나르도 다빈치 같은 르네상스 천재들에 대해서는 잘 알고 있는데, 정작 근대 이탈리아가 어떤 과정을 거쳐 19세기에 이르러서야 1,400년 만에 가까스로 통일국가를 이루었는지는 잘 알려져 있지 않습니다. 누구나 한 번쯤은 들어봤을 명품 가방이나 구두 제품은 잘 알고 있는데, 정작 독일에 버금가는 세계적 제조강국 이탈리아의 실력에 대해서는 잘 알려져 있지 않습니다.

한국과 이탈리아는 역사적으로, 정서적으로, 최근에는 경제적으로, 지정학적으로 많은 유사성을 가지고 있습니다. 마침 최근 한류 열풍으로 이탈리아 내 한국문화에 대한 관심도 높아진 상황입니다. 2018년 전략적 동반자 관계로 격상된 양국관계를 뒷받침하기 위해서는 서로에 대한 이해와 관심이 더 많아지고 깊어져야 합니다.

우리나라 최고의 이탈리아 전문가이자 유럽지역학 연구 권위자이신 김시홍 교수님께서 꼭 필요한 시기에 귀중한 연구물을 내어 주셨습니다. 국제정세가 또 한 차례 요동치는 대변환의 시기에 역사와 문화의 이탈리아를 넘어 21세기 새로운 도전들을 함께 헤쳐나갈 유럽의 또 다른 친구 이탈리아를 발견해 보시기를 권유합니다.

2022년 4월 5일

주이탈리아한국대사 이성호

목차

표 목차

그림 목차

인물 목차

I

현대 이탈리아 정치론

1. 인식론

1) 지역연구로서의 이탈리아 정치

현대 이탈리아 정치연구는 보편성과 일반성보다는 특수성의 전제에서 출발한다.[1] 이탈리아의 사례는 현대 민주주의의 일반적 틀을 담고 있음에도 불구하고 다양한 수사로 묘사되어 왔으며, 대표적으로 이탈리아식 또는 이탈리아적 현상을 들 수 있다.[2]

그런 측면에서 이 책의 출발은 일반 정치학이나 비교정치 내지 국제정치의 틀보다는 지역연구의 시각에서 이탈리아 정치를 천착하고자 한다. 지역연구 내지 지역학은 현대적 산물이며, 실천적 요구에서 시작되었고, 타 국가와의 관계를 심도 있게 이해하고 보다 적실한 양자관계를 설정하기 위한 목표를 지니고 있다.

현대적 의미에서 지역연구는 2차세계대전 중 미국에 의해 본격화되었다. 당시 미국은 유럽에서 독일 그리고 태평양에서 일본과 전선을 형성하고 있었는데, 특히 초기 태평양 전쟁에서 적지 않은 시행착오를 겪게 되면서 교전국에 대한 이해의 부족을 절감하게 되어 군속들에게 외국어와 지리환경적 특성을 이수시키면서 학문적 면모를 갖추기 시작한 것이다.[3]

전후 세계는 냉전의 본격화로 양극화로 치달았으며, 이제 새로운 경쟁은 아시아, 아프리카 및 중남미 대륙의 신생국들을 자신의 편에 끌어들이기 위한 노력으로 변모하게 되어, 다시금 해외지역연구가 각광을 받게 되었다. 국가별로 지역연구의 전통이 다르게 발전하였다는 점도 흥미로운데, 미국의 경우 정치학자들에 의해 주도되었으며, 발전이론으로 이른바 근대화론이 만들어지면서 적지 않은 신생국들이 이 이론을 국가전략으로 채택하였다. 또한 신생국의 엘리트 학생들이 미국에 유학 오면서 장차 본국으로 돌아간 이후 미국 우호적 국가경영을 하는 데 중요한 밑거름이 되기도 하였다.

러시아 즉 구 소련의 경우에도 신생국들에 대한 관심이 지대하였으며, 상당수 해외유학생들을 유치하는 전략을 채택하였는데, 러시아의 지역연구생들과 해당 지역에서 유학온

학생들을 기숙사의 같은 방에 배치하면서 상호 간 언어의 습득은 물론이고 장차 본국으로 돌아가 중요한 포스트에서 일하는 것은 물론 러시아의 지역연구 이수생들이 해당 국가에 파견되면서 네트워크를 형성하는 기제를 만든 것으로 유명하다.

일본의 지역연구는 동남아에 치중하였는데, 가령 인도네시아 연구의 경우 인문사회분야의 학제 간 연구는 물론이고 자연과학이나 공학분야의 전문가들이 해외지역연구에 참가하면서 독특한 전통을 만들기도 하였다.

이러한 지역연구 내지 지역학은 어떻게 정의되고 설명될 수 있는가. 일반적으로 지역연구는 특정 지역의 정치, 경제, 사회, 문화를 포괄적으로 이해하려는 학문 분야이다. 그리고 지역연구는 필요성의 산물임이 분명하다. 이 분야의 발전을 위해 국가와 사회의 관심과 배려가 중요하다. 특수 지역일수록 공공의 지원이 필수불가결하며 민간의 수요로만 유지되기 어려운 속성을 보인다. 극단적인 경우 특수 언어와 지역을 전공한 연구자가 자신의 연구업적을 평생 유의미하게 활용하지 못하는 경우도 발생할 수 있다. 그럼에도 불구하고 패권국가들이 특수 지역에 대한 관심과 배려를 아끼지 않는 이유는 글로벌 대전략의 차원에서 문제가 발생할 시 긴요하게 활용할 인력을 장기적 시각에서 육성시킨다는 측면에서 이해 가능하다.

따라서 양자 관계의 폭과 깊이가 더해질수록 해당 지역연구가 더욱 발전한다는 논리는 언제나 유용하다. 한국의 경우 최근 신흥국 시장에 대한 관심이 제고되면서 이들 지역연구가 성장하고 있음을 알 수 있다. 즉 편중된 국제화에서 보다 다양화를 도모하는 세계화를 추진하면서 지역연구가 활성화되고 있다.[4]

지역연구는 학제 간 연구를 지향한다. 단일 분과학문의 틀로 특정 지역에 대한 종합적인 이해가 가능하지 않기 때문이다. 주로 사회과학자들에 의해 주도되는 경향이 있지만, 언어와 문학 그리고 역사와 철학 등 인문학 분야의 기여가 매우 중요해지고 있다. 또한 연구의 대상에 따라 이공계 분야의 도움을 받아야 하는 사례가 증대되고 있는 실정이다.

특정 지역에 대한 종합적 이해는 지역연구의 핵심적 목표의 하나이다. 총체적 접근

(Holistic Approach)이란 표현이 사용되기도 하는데, 지역연구 대상국을 전반적으로 이해할 때 적절한 판단과 정책이 마련될 수 있다는 전제에서 그러하다. 따라서 개별 지역연구자의 입장에서 보자면 언어적 능력, 현장에 대한 감각, 사회과학적 지식 및 일상적 사회변화에 대한 꾸준한 업데이트가 필수적이어서 수련기간이 오래 걸리며 적지 않은 비용이 발생한다. 이런 차원에서 대부분의 특수지역연구는 국가가 직접 담당하거나 공적 지원에 기초한 민간의 기관들이 수행하는 것이 일반적이다.

21세기에 들어와 4차산업혁명이 도래하고 인공지능이 전 산업적으로 요구되는 뉴노멀의 시점에서 지난 이십여 년간 발전되어 온 국내의 지역연구는 새로운 도전에 처해 있다고 판단된다. 그간 적지 않은 성과에도 불구하고 인문사회분야와 자연 및 공학 분야 간의 협업이 미진하였다는 비판을 피할 수 없으며, 제 학문의 융합과 새로운 기술의 습득이 요구되는 현재 시점에서 지역연구의 방법론을 재고하지 않을 수 없기 때문이다. 이에 대한 성찰은 미래지향적 지역연구의 차원에서 모멘텀을 찾는 작업에서 시작되어야 할 것이다.

지역연구적 시각에서 이탈리아 연구와 이탈리아 정치론이 규명될 수 있다. 한국의 입장에서 이탈리아는 하나의 해외 지역이며 이 지역에 대한 심층적 이해가 양자 관계를 발전시키는 촉매역할을 한다는 목표가 설정될 수 있다. 특수성을 지향하는 것이 지역연구라 해서 보편적 시각에 대한 관심이 부재하다면 학문적 소통과 통섭 그리고 장기적 발전이 담보될 수 없다. 이 책의 시각은 특수성에서 출발하지만 점차 그 외연을 확대해 나가는 과정이 중요하다는 입장에 서 있다. 즉 이탈리아 정치연구에 심화하면서 서서히 주변국가들과의 비교연구를 통해 그 지평을 넓혀갈 수 있다고 본다. 이 경우 남유럽정치론의 설정이 가능하다. 이탈리아와 스페인 비교, 이탈리아와 그리스 비교연구 등을 통해 그 유사점과 차이점을 규명하면서 최소공약수를 추출할 수 있다면 유럽 내 부분 지역으로서의 정체성이 형성될 수 있기 때문이다.

시야를 보다 확대하면 유럽정치론이 가능할 수 있다. 기본적 전제는 다양성 속에서의 일치(Unity in Diversity)의 논리가 될 것이다. 이탈리아와 독일 정치의 비교, 남유럽과 북유럽

정치의 비교 등을 통해 지평을 넓힐 수 있으며, 특히 유럽은 이차대전 이후 유럽통합 과정을 꾸준히 진척시켜 왔고, 1993년 이후에는 외교안보 영역에서도 공동의 노력을 기울이고 있다는 차원에서 더욱 그러하다. 비교정치학적 방법론을 차용하면서 이른바 유럽 차원의 중범위론(Middle-Range Theory)을 구축해 나갈 수 있겠기 때문이다.

보다 중장기적으로는 이탈리아와 일본의 내각책임제 유형분석, 프랑스의 이원집정부제하의 대통령과 한국의 대통령제 비교, 유럽정치와 중남미 정치의 비교, 유럽과 동아시아의 비교정치분석 등을 통해 보다 글로벌화하며 일반 이론을 지향하는 작업으로 발전시켜 나간다면, 특수성에서 출발한 지역연구로서의 이탈리아 정치가 그 한계와 적용가능성에서 보다 유의미한 이론작업에 기여할 것으로 기대된다.

2) 특수성으로서의 이탈리아 정치

서구정치학에서 이탈리아만큼 다양한 수사들이 존재하는 사례를 찾아보기 힘들다. 민주주의의 실험실(laboratory of democracy)[5], 불안정속에서의 안정(stability in the midst of instability)[6], 불완전한 양당제(imperfect bicameralism)[7], 다수파공작(trasformismo)[8], 본질이 변하지 않는 외형변화(gattopardismo)[9], 경로의존적 정치행태(path-dependent political behaviour), 정치 연합(political coalition), 미완의 통일과 수동적 혁명(unfinished Risorgimento and passive revolution)[10], 남부문제(Mezzogiorno), 윤리적 열광주의(ethical enthusiasm), 조합주의 국가(corporativist state), 이탈리아식 사회주의(Italian road to socialism), 유로커뮤니즘(Eurocommunism), 공산당의 만년 야당화(conventio ad excludendum of PCI), 제3의 길로서 개체주의(Individualism via the Third Way), 후견제정치(clientelism), 역사적 대타협(compromesso storico) 등 그 수를 다 헤아리기 어려운 실정이다.

이러한 다양한 수사가 존재하는 이탈리아 정치의 근본적 이유는 무엇인가. 그 답은 무엇보다도 이탈리아의 역사에서 실마리를 찾을 수 있겠다. 이탈리아는 고대 로마제국을 운영하였던 민족이었지만 서기 476년 서로마제국이 무너진 이후 천사백 년 동안 반도 내에서 통일된 정치세력이 존재하지 못하였다. 이러한 오랜 분열의 전통은 19세기 말 통일이 된 이후에도 뿌리 깊은 지역주의 내지 지방색으로 남아 있으며, 여하한 국민통합에 성공하지 못하였다는 비판에 시달리게 한다. 21세기에도 존재하는 이탈리아의 남부문제가 대표적인 증좌이다.[11]

따라서 오늘의 이탈리아 정치를 설명하는 데 있어 이러한 역사적 전통 그리고 통일의 성격과 그 이후의 정치행태 등을 종합적으로 바라보아야 적실한 분석과 해석이 가능해질 것이다. 가령 파시즘의 등장과 2차대전에서의 패전은 이탈리아 내재적 관점에서 설명되기도 하지만, 보다 넓은 의미에서 월러스타인식의 자본주의 세계경제의 체제론적 관점이라는 외부환경이 영향을 미쳤다는 주장도 동시에 고려되어야 한다.[12]

이탈리아 통일의 경우 전통적인 시각에서는 그 과정에서 보여준 국가의 영웅들 즉 주세페 마치니, 주세페 가리발디 및 카밀로 벤소 디 카부르에 초점을 맞추어 외세의 영향하에 처했던 이탈리아가 봉건적 사회구조를 극복하는 반외세 및 반봉건을 목표로 가능하였다는 설명을 해 왔다. 천여명의 붉은 셔츠대를 이끌고 시칠리아에 상륙하여 남부를 해방한 이후 나폴리 부근에서 피에몬테의 군대와 일촉즉발의 위기에서 용단을 내려 무혈 통일을 가능하게 한 가리발디 장군의 애국심을 칭송하는 담론이 바로 그것이다. 그의 생각은 남부를 해방한 자신의 군대와 토리노 군대가 자웅을 겨루는 전투에 임할 경우 통일 기운이 쇠락하는 상황이 발생할 것이고 이는 다시금 당시의 열강이었던 오스트리아나 프랑스 및 스페인 세력의 반도에 대한 개입을 자초할 수 있다는 것이었다.

반면 안토니오 그람시와 같은 경우에는 사회구조 분석을 통해 이탈리아의 통일이 미완이라는 주장을 펼쳤는데, 북부의 산업자본가계급과 남부의 토지귀족간의 결탁으로 전국적인 사회발전이 가능하지 못하였으며, 그런 차원에서 실패한 혁명이라는 주장을 개진한 바 있다.[13] 배링턴 무어는 자신의 저서 「독재와 민주주의의 사회적 기원」에서 현대사회로 진입한 국가들이 세 갈래의 서로 다른 길을 걷게 되었다는 가정하에, 각각 민주주의, 파시즘 그리고 공산주의 체제가 성립되었다는 주장을 펼친 바 있다.[14] 흥미롭게도 그의 분석에서 이탈리아는 나타나지 않고 있는데, 그 이유는 무어의 분석틀에 이탈리아의 사례가 적용되지 않았기 때문이었다. 무어는 현대사회로의 이행 과정에서 신흥 부르주아가 전통적 토지계급에 대한 우위를 유지하고, 농업의 상업화가 광범위하게 진행될 때 영국식의 민주주의가 가능하였다고 주장하였다. 독일의 경우 전통적 토지귀족인 융커계급이 독일 통일의 주도세력으로 나서면서 그들에 의해 하향식 산업화가 가능하게 되어, 결국 나치즘으로 귀결되었다는 설명을 하고 있다. 일본의 경우에도 신흥자본가계급의 성장보다는 봉건 귀족들이 직접 명치유신에 성공하여 근대화에 진입하여 결국 전쟁을 일으키는 전범국가가 되었다는 설명을 펼쳤다. 러시아와 중국이 공산혁명에 성공한 이유로는 자본가계급이 부재한 상태에서 전통적 토지귀족들도 체제유지에 실패하면서 광범위한 농민대중을 성공적으로 동원한 리더들에 의해 그러한 체제로의 이행이 가능하였다는 주장을 개진하였다.

이탈리아의 경우 반도의 북부만을 대상으로 하면 영국식 민주주의의 길로 들어섰을 것이라는 가정이 가능해진다. 통일의 중심도시였던 토리노는 프랑스의 영향을 받아 산업자본가 세력이 성장하고 있었으며 농업의 상업화가 진행되었다는 점에서 무어의 주장과 일치하는 모습을 보였다. 문제는 이탈리아 남부였는데, 통일 과정에서 자신들의 이해가 침해될 것을 우려한 토지계급이 북부의 산업자본가계급과 결탁하여 이탈리아 반도가 하나의 사회체제로 이행하지 못하고 이중적 구조로 남게 되는 변화를 추구한 결과, 파시즘 체제가 도래하였다는 해석이 가능해진다. 따라서 이탈리아의 통일은 남부의 입장에서 보면 반외세와 반봉건의 실현이 아닌, 외세가 북부 토리노 세력으로 대체되고, 봉건적 잔재는 그대로 이어지는 불완전한 미완의 결과를 초래하게 된 것이다.

이탈리아 파시즘의 등장 배경에 관한 다양한 이론들이 존재하지만, 세계체계론적 시각에서는 19세기 말 뒤늦은 통일을 달성한 독일과 이탈리아가 정상적인 방법으로 당시 선진국이었던 영국과 프랑스를 따라잡는 것이 불가능해지자 전쟁을 통해 이를 해소하려 했다는 주장을 펼치는데, 독일의 경우 양차대전 모두가 해당되며, 이탈리아는 2차대전에의 참가를 그러한 시각에서 설명할 수 있다.[15] 이탈리아는 1차대전에서 승전국의 편에 섰으나 전후 처리를 위한 1919년의 베르사유 회의에서 영국과 프랑스가 런던조약에서 약속한 내용을 실현할 수 없게 되면서 민족적 감정이 폭발하여 파시즘에 이르게 되었다는 주장도 충분한 설명력을 갖고 있다고 판단된다.

비록 2차대전에서 패전국의 멍에를 쓰고 해방을 맞이하여 극도의 경제적 혼돈을 겪게 되지만 냉전체제가 굳어지면서 서방세계에 편입되고 이어서 미국의 전후 대유럽원조계획인 마샬플랜의 도움으로 경제가 다시 살아나는 변화를 경험하기도 하였다.[16] 그런데 이탈리아 정치의 시각에서 보면, 냉전이 그 이후 사회발전에서 하나의 족쇄로 작용하였음을 부인하기 어렵다.

기실 2차대전 중 이탈리아의 반체제 세력들은 공동의 적인 무솔리니체제를 제거하기 위해 사실상 좌우합작을 통한 레지스탕스 활동을 함께 해 나갔는데 이는 6개 정파를 아우르는 민족해방위원회(Comitati di Liberazione Nazionale, CLN)가 주도하였다. 이러한 전통은 전후 새로운 국가의 건설에서 긍정적으로 작용하여 과도내각을 함께 구성하고 1946년 국민투표를 통한 입헌군주제에서 공화제로의 이행 과정에서 의미 있는 성과를 보이기도 하였다. 가령 제헌의회에서 마련한 공화국 헌법의 초안을 작성하면서 좌파와 우파가 타협하는 건설적 태도를 보임으로써 이념적 사회갈등을 극복하는 모델을 보여주기도 하였다.

문제는 1940년대 말 미국과 소련의 경쟁이 본격화되면서 이른바 냉전체제가 구축되고, 미국의 전후 유럽원조가 이행되는 과정에서 이탈리아에게 공산당이 연립정권에 포함되는 한 불가하다는 압력을 가하게 되자 하는 수 없이 이탈리아 공산당이 기민당과 결별하여, 그 이후 만년 야당으로 남게 되는 불완전한 양당제를 구축하였다는 준엄한 사실이 있다. 이탈리아의 입장에서 보면 새로운 강대국인 미국이 도움을 주는 동시에 부담을 가하는 패권국가였다. 이탈리아는 당시 에너지 수급문제에서도 동서 양진영을 통한 자율적 입장을 견지하려 했는데, 탄화수소공사(Ente Nazionale Idrocarburi, ENI)의 엔리코 마테이 회장이 원인이 불분명한 비행기 사고로 사망하면서 결과적으로 진영 정치가 더욱 공고화되었다.[17]

그럼에도 불구하고 서유럽정치에서 이탈리아 공산당은 가장 높은 지지율을 지속적으로 유지하였으며, 1970년대에는 유권자의 성원에 힘입어 유럽식 공산주의(Eurocommunism)를 주창하는 주도적 입장을 견지하면서 모스크바와는 거리를 두는 태도를 유지하였다. 아무튼 공산당의 만년 야당화는 기민당으로 하여금 장기집권을 가능케 하는 요인으로 작용하며 국가주도의 경제성장을 가능하게 한 성공방정식이 이후 복지국가의 위기론과 맞물리면서 부담으로 작용하는 부정적 현실을 노정하기도 하여, 결국 1992년 부패수사와 함께 이른바 '제1 공화국'의 종언을 맞이하게 된다.

2. 방법론

앞서 언급한 바와 같이 이 책은 기본적으로 지역연구의 차원에서 현대 이탈리아 정치를 분석하고 설명하는 작업을 지향한다. 그 기본 가정으로 이탈리아 정치를 영미중심의 주류 정치와는 차별적인 현실로 수용하면서 그 특징을 파악하고 특수성적 측면에서 다양한 양상을 심층적으로 해석하는 것이 주요 목표이다. 그럼에도 불구하고 비교정치적 접근이 부분적으로 차용될 것이며 이를 통해 남유럽정치 내지 유럽정치의 정체성을 일정 정도 추구하는 작업도 병행될 것이다. 또한 이번 작업의 일차적인 목표는 아니지만 궁극적으로는 타 지역과의 비교분석을 통한 현대 정치의 일반이론적 지향도 염두에 둔 저술을 해 나갈 것이다.

정치현상에 대한 분석은 제도론적 접근(Approccio istituzionale)이 중심을 이룬다. 특히 전후 이탈리아의 정치사를 고려할 때 선거제도 중심의 분석이 가장 유의미한 부분을 차지할 것이다. 주지하다시피 이탈리아 현대정치는 헌법의 개정을 전제하지 않으면서도 선거법의 개정을 통해 새로운 공화국이라는 수사를 사용할 정도로 그 의미가 특별하다. 따라서 선거제도의 변천사를 검토하면서 통일 이후 총선의 결과를 연도별로 제시하면서 그 추이를 살피려 한다.

국가기관의 통치구조와 그 유기적 관계를 파악하는 작업도 제도론적 접근으로 시도될 것이다. 삼권이 분립되고 내각책임제를 채택한 민주주의 국가이면서 여타 유럽국가들과 대비하여 나타나는 특징을 파악하는 작업이 지역연구적 이탈리아 정치론의 핵심적 대상이다. 의원내각제를 운영하는 이탈리아의 경우 총선의 결과가 정부 구성에 절대적인 영향을 미치며, 공화국의 대통령은 상징적 역할에 머물고 있다. 이러한 기제에서 의회와 정부의 관계, 정부와 사법부의 관계 및 의회와 사법부의 관계를 살핌으로써 거버넌스 구조를 천착하려 한다. 한국의 경우 대통령 중심제를 채용하고 있어 이탈리아와는 차별적인 정치상황을 보여줄 것으로 보여, 대조적(contrastive) 비교분석의 준거가 제시될 것으로 기대한다.

종종 이탈리아 정치를 정당지배주의(Partitocrazia)로 정의하는데, 이는 정당이 실제적으로 이탈리아 정치를 좌지우지해 왔다는 현대사와 그 맥을 같이한다.[18] 특히 제1공화국의 설명에서 정당지배정치는 핵심적 분석 대상이다.[19] 정당체제와 대중적 및 지역적 지지기반의 분석은 이탈리아 정치의 무변화 내지 현상유지적 차원(Immobilismo)을 통해 규명될 수 있을 것으로 기대된다. 또한 정치문화도 중요한 분석대상인데, 즉 선거제도론, 정당론, 정책결정론, 정부구성론 등이 핵심 연구 과제들이다.

3. 책 소개

이 책의 분석대상은 시기적으로 19세기 통일 이후의 정치사를 포괄한다. 따라서 통일 이후의 정치 과정에 대한 설명은 헌법과 선거제도의 역사를 통해 부분적으로 이루어질 것이다. 또한 양차대전의 의의와 전간기 체제인 파시즘체제하의 정치현상도 다루어질 것인데, 이는 특히 이 체제의 등장원인 및 성장과정과 그 몰락 그리고 전후 파시즘의 극복 과정에서 만들어진 공화국의 역사를 조명한다는 측면에서 현대 이탈리아 정치의 연속성의 논리가 강조될 것이다.

결국 1945년 이후에 초점을 맞추려 하는데, 동 시대의 정치현상 분석이라는 차원 이외에도, 이 시기의 정치행태가 그 이전 시대를 반영하고 있기 때문이다. 공화국 시대의 정치는 선거제도와 정당체제의 근본적인 변화를 전제로 3개의 공화국으로 대별하여 시도될 것이다. 이탈리아에서는 헌법의 핵심적인 개정을 전제로 하는 새로운 공화국이 등장한 역사가 부재하나, 선거법의 변화가 정치사회 현실에 미치는 영향이 지대하다는 이유에서 수사적으로 새로운 공화국의 개념을 사용하고 있어 유의를 요한다.

제2장 현대 이탈리아의 정치사상에서는 통일 이후 주요한 역사적 상황을 중심으로 전개된 학자 및 사상가들의 의견과 주장을 중심으로 전개하려 한다. 시기적으로는 통일 과정, 파시즘의 태동과 소멸, 공화국 시대로 대별하여 관련 해석들을 이념의 스펙트럼을 중심으로 소개할 것이다. 이를 통해 이탈리아의 정치해석이 주류 서구정치론의 틀로 가능하지 않으며, 특수성의 측면에서 바라보아야 적실하게 천착될 수 있다는 점이 강조될 것이다. 핵심 주제는 자유와 평등의 변증법이며, 이 과정에서 다양한 정치적 입장이 개진될 것으로 기대된다.

제3장 제도기구 및 통치론에서는 공화국 헌법을 설명하기에 앞서 그 이전 시대의 틀인 피에몬테왕국의 알베르토헌장을 위시로 통일 이탈리아 입헌군주제를 소개할 것이다. 특이할 점은 파시즘의 등극과 몰락이 모두 헌정질서의 파괴를 전제하지 않은 합법적 과정을 통해 발생하였다는 점이다. 이러한 전통은 전후 공화국 시대에서도 헌법의 기본적 질서가 파괴되지 않고 이어지고 있는 현실과도 맞물리는 양상이다. 또한 공화국의 헌법이 좌우파의 의견조정과 타협의 현실임을 강조할 것이다.

통치론에서는 국가의 주요기관과 그 기능을 소개하면서 동시에 이들 기관의 유기적인 관계를 분석하려 한다. 이러한 작업은 군주제에서 공화제로의 이행, 공화국 대통령의 위상, 내각책임제 국가로서 총선의 중요성, 다당난립을 초래한 단순비례대표제 중심의 선거제도의 도입 배경, 행정부의 특징, 사법부의 조직과 행태 등을 아우르는 내용들이 포함될 것이다.

제4장 선거제도와 정당론에서는 우선적으로 통일 이후의 선거제도를 개괄하면서 그 변천의 역사를 당시 정치상황과 병행하여 분석할 것인데, 특수성으로서의 이탈리아 정치를 파악하는 데 선거제도의 중요성은 아무리 강조해도 지나치지 않으므로 상세한 소개가 시도될 것이다. 특히 공화국시대에서 헌법의 기본적 개정이 아닌 선거제도의 변화만으로 언

론적 수사이긴 하지만 새로운 공화국으로 지칭하는 현실이 주안점이 될 것이다.

정당론에서는 정당지배주의로 대변되는 이탈리아 정치현실에서 중요한 의미를 가지므로 정당체제를 심층적으로 분석함으로써, 역사적으로 통시성적 연구가 시도될 것이다. 통일 직후에 형성된 역사적 우익과 좌익의 의미, 파시즘체제하에서의 정당구조 그리고 전후 좌우합작을 가능하게 한 현실에서 냉전의 본격화로 인한 공산당의 만년 야당화 등이 주요 분석 대상이다.

제5장과 제6장 총선과 정부구성론은 본 저술의 내용을 가장 집약적으로 보여줄 것인데, 내각책임제를 표방하는 이탈리아 정치에서 총선 결과가 갖는 특별한 의미를 천착하려 한다. 특히 전후 공화국 시대를 통해 왜 총선 이후 안정적 여당이 형성되지 못하였는가가 중심 질문이 될 것이다. 제1공화국에서는 단순비례대표제를 채택한 결과 어느 정당도 단독으로 정부구성이 불가하여 연립정권이 필수적이었으며, 정부의 평균수명이 11개월에 불과하였던 행태를 심층적으로 다룰 것이다.

1992년 부패수사 이후 도입된 다수대표제 중심의 선거제도는 이전 시대에 정권교체를 불가능하게 만들었던 요인을 제거하면서 궁극적으로 양대정당화하려는 의도에서 마련되었는데, 적어도 현상적으로 이후 이십 년간 우파와 좌파가 번갈아가면서 집권하는 양상을 노정하였다. 그럼에도 불구하고 이탈리아가 필요로 하는 개혁작업에는 실패하였다고 평가받고 있는데, 이에 대한 상세한 분석과 설명이 가해질 것이다.

2013년 총선에서 돌풍을 일으킨 오성운동의 출현은 또 다른 시대를 예고하는 것이었다. 비례대표제로 회귀한 상태에서 치른 2018년의 총선에서는 그 이전 이십 년간을 풍미해 온 양대정당인 전진이탈리아와 민주당이 쇠락하면서 포퓰리즘 정당들의 세력이 급신장하였고 이는 결국 오성운동과 동맹당의 반유럽 및 반이민으로 표방되는 정권의 창출로 이어졌다. 과연 이러한 성격의 정부가 다가오는 관세 및 무역전쟁의 파고에서 적절한 개혁을 통해 이탈리아의 침체된 상황을 개선할 수 있는지는 흥미로운 관심사가 아닐 수 없다. 마테오 렌치 개혁의 실패와 위기에 처한 상황에서 구원으로 등장한 마리오 드라기 정부의 성과도 의미 있는 시사점을 제시할 것으로 기대된다.

제7장 대외정책에서는 전통적인 이탈리아의 외교정책을 소개할 것이다. 기본적으로 유럽대륙의 일원으로서 이탈리아의 대외정책을 설명하려 하며, 아울러 전통적으로 지중해에 소재하여 지정학적으로 아프리카 및 중동 지역과의 관계가 중요하다는 점을 강조할 것이다. 또한 범대서양 관계의 측면에서 미국과 이탈리아의 관계를 천착함으로써 중견국 이탈리아의 외교전략을 살필 것이다. 그리고 러시아와의 특별한 관계도 흥미로운 연구대상인데, 이탈리아는 다양한 이유로 인해 러시아와 친밀한 관계를 유지하여 왔다.

제8장 이탈리아와 유럽에서는 유럽통합의 형성 배경과 그 역사를 살펴보면서, 창립회원국의 일원인 이탈리아의 입장을 분석하면서 그 흐름을 살필 것이다. 1990년대 이전에는 열렬한 통합의 지지자였던 이탈리아가 그 이후 점차 유럽회의적인 태도를 견지하게 되었는가를 중점적으로 살피려 한다. 이를 통해 최근 브렉시트에 이어 이탈렉시트의 가능성이 제기되고 있는 현실을 심층적으로 제시할 것이다.

주지하다시피 이탈리아는 전후 패전국의 멍에를 극복하고 경제발전을 위한 다목적 이유로 유럽통합 과정에서 초기부터 적극적으로 참여하여 왔다. 1957년 로마조약을 통해 출범한 유럽경제공동체(EEC)는 1993년 유럽연합(EU)으로 확대·발전하였고, 2002년에는 실물화폐로서 유로화가 채택되어 오늘에 이르고 있으므로 이 과정에서의 이탈리아의 역할과 위상 그리고 일부 정당들의 반유럽적 정서가 앞으로의 통합에서 어떠한 의미를 가지는 가를 분석할 것이다.

유럽 차원에서 결정된 공동체법이 이탈리아에서 적용되기 위해서는 국내법화하는 과정을 거쳐야 하는데, 통칭적으로 이를 유럽화(Europeanization)의 과정이라 부른다. 이탈리아는 선진국이면서도 남부가 상대적으로 열악하여 다양한 유럽의 지원을 받고 있는 형국이므로 이러한 기제를 살핌으로써 유럽통합의 역동적인 모습을 설명할 것이다.

제9장은 한국과 이탈리아의 관계를 다루려 한다. 당초 이탈리아의 대외정책에서 일부를 소개할 예정이었으나, 2018년 이후 전략적 동반자로 자리매김하고 있는 양자 관계가 특별

한 의미로 부상하여 별도의 장으로 만들었다. 이탈리아와 한국의 관계는 수교 140년을 바라보는 유구한 역사를 지니고 있으므로 미래지향적 전략적 동반자 관계 발전을 위한 제언을 중심으로 분석을 시도할 것이다.

제10장 결론에서는 이탈리아 정치의 미래를 그리려 하는데, 특수성에서 출발한 본서의 지역연구적 현대 이탈리아 정치를 보편과 특수라는 차원에서 변증법적으로 파악할 것이다. 로마제국의 유산, 가톨릭교회의 전통 그리고 이탈리아인들이 현시하는 시간성은 보다 보편적 성격으로 파악되어야 하며, 동시에 왜 이탈리아를 특수한 사례로 보아야 심층적 이해가 가능한지를 살핌으로써 일견 모순돼 보이는 보편과 특수의 두 측면을 통합적으로 제시할 것이다. 아울러 이탈리아 정치의 변동과 그 미래를 정리하면서 결론을 맺을 것이다.

II

현대 이탈리아 정치사상

1. 자유와 평등의 변증법 그리고 제3의 길(La Terza Via)

현대 이탈리아의 정치사상을 소개하기 위해서는 필연적으로 프랑스 혁명의 대주제였던 자유와 평등 그리고 박애라는 정신을 검토하여야 한다. 19세기 유럽은 구체제에 대한 대안으로 자본주의에 기반한 자유주의 그리고 공산주의 사상이 치열하게 투쟁을 벌이던 시기였다. 외견적으로는 좌파적 준동이 지배적인 것으로 보였으나, 실제에서는 토지에 기반한 구체제의 기득권층을 새로운 산업부르주아가 대체하는 과정이라고 보아야 한다. 이를 통해 형평성을 결여한 자유와 자유를 거부하는 평등주의가 치열하게 맞붙는 형국을 연출하였다. 자유와 평등의 변증법이 바로 그것이다.

이탈리아의 경우, 19세기 후반에 들어서야 통일된 국가를 형성할 수 있었고, 이 과정을 통해 통일 이탈리아는 적어도 구체제 권력의 한 축이었던 가톨릭 교회의 기득권을 상당 부분 점유할 수 있었다. 따라서 교회의 입장에서 보면 통일은 하나의 재앙이었으며, 교황의 세속 권력과 중부 이탈리아에 대한 실효적 지배권(Potere Temporale)을 강탈당하는 과정으로 수용되었다. 이후 가톨릭 교회는 자유주의와 사회주의 모두를 거부하면서 대안으로서 가톨릭적 사회사상 내지 교리(Dottrina Sociale della Chiesa)를 발전시키게 된다.

통일 이탈리아의 주도세력은 자유주의에 심취한 자들로 구성되었다. 교회와 국가의 분리(Laicismo)[20]를 주장하는 자유로운 국가에서 자유로운 교회의 이념(Libera Chiesa in Libero Stato)[21]은 부르주아의 이해를 구현하기 위해 구체제의 기득권 세력이었던 교회를 거부하는 입장을 견지한 것이다.[22] 그리고 현실적으로 통일 과정에서 공화주의는 급진적 세력으로 치부되어 소수로 남게 되는 반면, 입헌군주제를 표방하는 자들에 의해 국민형성의 과정을 밟게 되었다. 그러나 여기서 군주는 군림하는 존재라기보다는 국가적 일치를 상징하는 존재로 변모하는 과정에 있었다.

따라서 적어도 1차대전이 발발하기 이전까지는 부르주아 세력의 이해를 대변하는 자유주의가 이탈리아 사상의 주류를 점하였다. 사회주의는 내부적 분파의 다양성으로 아직 유치한 상태를 벗어나지 못하였으며 간헐적인 파업에 그치는 상태로 존재하였다. 그러나 1차 대전 중에 발생한 러시아에서의 볼셰비키 혁명은 전후 이탈리아의 좌파 세력에게 고무적으로 다가왔으며, 사회당의 급진 세력이 공산당으로 분리하여 독자화하게 되었다. 이 과정에서 좌파의 득세가 야기하는 폭력과 무질서(Biennio Rosso, 1919-20)에 대한 국민적 반감은 전후 경제의 참혹한 현상과 맞물리면서 부정적 시각을 가져다주게 된다.

파시즘은 우파의 폭력(Biennio Nero, 1921-22)으로 집권하게 되지만 사상적으로는 자유주의와 공산주의 모두를 배격하는 제3의 길을 지향하였다. 즉 당시의 부르주아 자유주의는 노동자와 중산층을 위협하고 있었으며, 공산주의는 체제를 전복시키려는 의도로 수용되어 모두 배격되었는데, 위기에 빠진 이탈리아를 구원한 파시스트 세력들은 중간층들의 지지에 힘입어 정권을 탈취할 수 있었으며, 적어도 집권 초기에는 자신의 사회적 기반이었던 중산층의 이해를 대변하려 했다. 즉 당시의 이탈리아 중산층은 자유주의와 공산주의 모두에 반대하는 입장이었으며, 이들을 대변하는 체제로서 파시즘이 탄생하였다는 설명이 가능하다.[23]

가톨릭 교회도 1929년 라테란조약을 통해 이탈리아와 화해하고 정상적인 외교 관계를 회복하게 되었다. 앞서 언급한 바와 같이, 세속 권력을 빼앗긴 교회는 이후 사회회칙을 통해 자신들의 입장을 지속적으로 대변하였다. 가톨릭 교회는 자유주의와 공산주의 모두를 배격하는 입장을 펼침으로써 외형적으로는 파시즘이 대두된 사유와 유사한 패턴을 보였다. 가톨릭 사회사상에서도 통일 이탈리아가 자유주의에 심취한 나머지 가족과 매개적 중간집단의 역할이 축소되었다고 보면서 이들의 자율성을 회복하는 과정이 갈등을 완화시킬 방안이라고 주장하였다. 따라서 제3의 길이라는 점에서는 파시즘과 가톨릭 교회의 노선이 유사성을 보였지만 구체적인 내용에서는 본질적인 차이가 존재하였다.

전후 공화국이 출범하고 40여 년간 이탈리아를 지배한 기민당(DC)의 경우에도 기독교라는 보수주의와 민주주의라는 개혁적 성향이 어우러진 범계급적 정당으로 출범하였으며, 그 결과 광범위한 지지층에 호소할 수 있었다. 기민당은 고전적 자유주의를 표방하지 않았으며, 경제성장 전략에서도 국가의 역할을 가미하는 혼합경제를 지향하였다. 이러한 측면에서 기민당의 이념에서도 일정 정도 제3의 길적인 요소를 발견할 수 있다. 실제로 이탈리아 공화국 헌법은 좌파와 우파의 타협에 의한 산물이어서, 헌법 조문들에서 상당 부분 자유주의와 사회주의가 절충한 모습들을 발견할 수 있다.

만년 야당으로 자리매김하게 된 이탈리아 공산당(PCI)은 공산주의의 종주국이었던 소련과는 일정 부분 거리를 두는 입장을 견지하였다. 이탈리아식 사회주의로의 길 개념은 이념이 풍토에 적합해야 한다는 내용으로, 이탈리아의 자율적 사회사상과 진보주의를 대변하는 것이었다. 소련의 헝가리 침공 등으로 이탈리아공산당은 서서히 소련공산당과 거리를 두게 되며, 1968년 프라하의 봄 사태에서는 모스크바에 대한 분명한 반대 입장을 개진하였다. 급기야 1970년대에는 유로커뮤니즘이라는 이념을 구축하게 된다. 즉 유럽식 내지 이탈리아식 사회주의를 위해서는 폭력적 프롤레타리아독재를 거부하고 의회를 통한 점진적 내지 개량적 사회주의 실험(Migliorismo)을 옹호하겠다는 선언이었다.[24] 이를 통해 공산당은 기민당과 역사적 타협이라는 시기를 보내게 되었다. 즉 기민당을 보다 개혁적으로 변모시키겠다는 의도에서 또 다른 형태의 제3의 길로 해석하여도 무리가 없다고 사료된다.

이탈리아사회당(PSI)의 경우 전후 기민당과 협조하는 입장을 보이면서 1960년대와 1980년대에 중도좌파 연립정권을 수립하게 되는데, 노동조합 세력의 신장으로 기민당의 입장에서도 온건 좌파였던 사회당과의 제휴를 통해 사회적 긴장과 갈등을 효과적으로 제어한다는 취지에서 이러한 연대가 가능할 수 있었다. 1970년대 중반 이후 이탈리아사회당은 당의 색채를 일신하면서 오히려 밀라노를 중심으로 신흥 자본가세력을 지원하는 정당으로 변모하게 된다. 크락시주의(Craxismo)[25]는 1980년대 사회당의 세력을 크게 신장시키게 되나, 부패수사로 몰락하는 운명에 처하기도 하였다. 사회당의 이념은 이후 베를루스코니에 의해 일정 정도 계승되는 모습을 보이게 되었다.

제2공화국 이후 이탈리아의 정치사상은 적지 않은 변화를 노정하게 된다. 1989년 사회주의의 붕괴는 이탈리아에도 심대한 영향을 미치게 되었다. 이탈리아 공산당은 당명을 좌파민주당(PDS)으로 변경하게 되고 부패수사(Mani pulite) 이후 사회당은 자취를 감추게 되었다. 신자유주의와 세계화는 중소기업 위주의 이탈리아 경제에 부정적인 영향을 미치게 되며, 정치지형에서도 우파와 중도좌파로 대별되는 스펙트럼의 간소화 현상이 진행되게 된다. 신자유주의냐 아니면 복지에 충실한 개혁적 사회민주주의냐로 보였지만, 우파는 유럽통합에 부정적 시각을 가지고 있었던 반면, 좌파는 친유럽적 성향을 보였다. 그러나 좌와 우를 막론하고 제2공화국의 실험은 기득권층의 이해에 충실하였다는 비판을 받으면서 체제를 부정하는 사회운동이나 정당들이 정치적 지지를 확산시키는 결과를 야기하였다. 오성운동(M5S)이나 동맹당(Lega)의 출현은 기존 정치세력에 대한 비판에서 출범할 수 있었다. 이러한 변화가 기존의 틀(Establishment)을 전적으로 대체하는 것인지, 아니면 형태를 달리하는 자유와 평등의 변증법인지를 규명하는 작업은 흥미로운 연구대상이다.

2. 통일 이후

19세기 말 이탈리아의 통일은 사상과 이념의 측면에서 다양한 면모를 보여준 정치 과정이었다. 리소르지멘토에서 초기의 이념은 공화주의가 지배하였다. 주세페 마치니(Giuseppe Mazzini)에 의해 주도된 공화주의는 프랑스의 영향을 받았으며, 군주제를 거부한다는 측면에서 급진적 사상으로 수용되었다. 그러나 마치니의 제자였던 가리발디는 이후 공화제를 거부하면서 입헌군주제에 찬동하는 행태를 보인 바 있다.

이탈리아의 통일은 가톨릭 교회에겐 재앙이었다.[26] 19세기를 거쳐 교황 중심이나 교회의 입장을 대변하는 사회변혁의 움직임들이 있었지만[27] 반성직자주의(Anticlericalismo)와 자유로운 신앙을 주장하던 토리노세력이 통일의 중심으로 등장하면서 사실상 교회에겐 부정적 현실로 다가왔다. 당시 교황 비오 9세는 스스로를 바티칸의 죄수(Prigioniero del Vaticano)로 명명하면서 세속국가에 대한 부정적 시각을 감추지 않았다. 교황은 통일 이전 중부이탈리아를 지배하던 교황령(Il Papato)의 세속군주이기도 했다. 따라서 이탈리아의 통일로 인해 자신의 권한을 상실하게 되었으며 그로 인한 불편함을 표출한 것으로 이해된다. 피에몬테 왕국은 19세기 초에 이미 반성직자주의적 성향을 보이고 있었다. 1848년의 알베르토헌장은 비록 가톨릭교회가 국가의 종교임을 천명하고 있지만 교회가 국가의 일부분이라는 이념을 포기하지 않은 것으로 보인다.

결국 이탈리아 통일 직후의 시대정신은 자유주의였으며, 당시 선진공업국이었던 영국과 프랑스를 모델로 삼아 국가발전의 전략을 수립하는 입장을 취하였다. 통일 이탈리아의 정치인들은 두 집단으로 분류되었는데, 초기에는 자유주의 주도세력이 역사적 우익(Destra Storica), 그리고 1876년 이후 역사적 좌익(Sinistra Storica)이 주도하였다.[28] 역사적 우익은 마시모 다젤리오나 카밀로 벤소 디 카부르에 의해 주도되었으며, 집권 세력으로 정권을 장악하면서 통일 과정을 규정하는 역할을 담당한 바 있다.[29] 반면 역사적 좌익은 우익이 권력을 상실하면서 그 빈자리를 대체하였는데 사상적으로 사회적 자유주의를 표방하여 중도 내지 중도좌파적 성향을 띤 것으로 수용될 수 있다.

보다 순수한 정치사회사상의 측면에서 보자면 19세기 말 그리고 20세기 전반을 아우른 이탈리아의 양대 흐름은 이상주의와 실증주의적 현실주의로 대변된다.[30] 그람시의 공산 사상은 세 번째의 사상으로 규정될 수 있다.

이탈리아식 이상주의(Idealismo)는 크로체와 젠틸레에 의해서 정의되고 확산되었다. 독일의 이상주의에 영향을 받았으며 헤겔이 그 중심적 철학자였다. 이상주의는 궁극적 목적 혹은 가치의 실현을 목표로 하여 노력해 가는 정신 태도이면서 인간성의 무한한 완성 가능성을 믿고, 최고의 인격적 가치를 실현하려는 도덕적 지향 내지 현실 세계를 궁극적 가치나 초월적 이념과의 관계에서 의미를 추구하는 사고방식과 세계관이다.[31] 이상주의는 관념론으로 불리기도 하는데 사회의 갈등과 악에 대한 관심보다는 실현 불가능한 유토피아를 추구한다는 측면에서 현실주의의 비판을 받기도 하였다.

이탈리아의 이상주의는 통일과 그 이후의 현실과 분리하여 설명될 수 없다. 통일 직후 이탈리아의 문맹률은 국민 대다수를 차지하는 수준이었으며, 영국과 프랑스 대비 뒤늦은 산업화를 조속하게 추구해야 한다는 지상명제를 지니고 있었다. 즉 문자해독이 안 되는 국민들을 이른 시일 내에 초등교육의 확산을 통해 극복한다는 것이 중요하였지만 실제에 있어서는 매우 더디게 진행되었다.

베네데토 크로체(Benedetto Croce)는 독일의 이상주의를 이탈리아화한 철학자로 유명한데, 실증주의와 대비하여 이탈리아인들의 정신적 세계를 추구하고 이를 국민들 각자가 자각하는 과정이 진정한 의미에서 이상사회를 건설할 것으로 보았다.[32] 이탈리아의 역사철학 주장자로서 신헤겔주의자, 정치가였으며 공산주의에는 반대하였으나, 적극적인 반공주의자는 아니었고 파시즘에 비판적인 태도를 취했다.[33] 월간잡지 비평(La Critica)을 발행하였다(1903~1937). 제2차 세계대전 이후에는 이탈리아자유당(Partito Liberale Italiano, PLI)을 이끌기도 하였다. 그의 철학체계는 세계정신의 상승으로서 4단계를 설정하여 개인에게 그 정신이 발현된 영역으로서 미학, 일반적인 영역으로서 논리학, 특수한 이해의 영역으로서 경제적 단계, 보편적 이해의 영역으로서 도덕을 들고 있다. 즉 모든 것이 세계정신이 드러내는 모습이라는 것이다. 그의 미학 사상은 예술 비평계에 커다란 영향을 미쳤다.

크로체는 초기에 프랑스의 철학자이자 혁명적 생디칼리즘 이론가인 조르주 소렐로부터 영향을 받았으며, 칼 마르크스를 프롤레타리아의 마키아벨리라 칭하면서 일정 정도 문제제기에 대한 긍정적 평가를 내린 바 있다. 즉 역사유물론이나 마르크스주의에 심취한 바 있으나, 후기에는 이들 이념들이 사회갈등의 원인이 되고 있다고 비판하면서 사회적 일치를 강조하는 이념주의적 철학에 몰두한 것으로 보인다.[34]

조반니 젠틸레(Giovanni Gentile)는 크로체와 사상적 뿌리가 같았음에도 불구하고 현실세계에서의 스탠스는 차별적인 모습을 보인 이탈리아 철학자였다. 실제로 파시즘의 이데올로고로 활동하면서 교육부 장관 재직 시 교육체계를 정립한 것으로도 유명하다.[35] 인문학 중심의 젠틸레 교육철학은 이탈리아적인 특성을 반영하고 있지만, 이후 산업화와 정보화 사회의 도래와 함께 이탈리아 교육제도가 시대변화를 따라가는 데 저해요인으로 작용하였다는 비판도 제기되었다. 젠틸레는 크로체와 협력하여 철학잡지 비평를 발간하였다.

피사대학 교수(1914~1917), 로마대학 교수(1917~1944)를 역임하였고, 무솔리니가 집권하였을 때는 교육부장관(1922~1925)이 되었으며, 파시즘을 공공연하게 지지하여 크로체와 인연을 끊었다. 젠틸레는 피히테와 헤겔의 철학을 비판적으로 발전시켜 독자적인 실질적 관념론(Idealismo Attuale)을 설명하였다. 이 방법론은 절대적 내재 방법으로서의 변증법이며, 철학의 원리는 사고해 가는 순수행위로서의 정신(Spirito)이었다.[36] 정신은 객관화되는 것이 아니라 무한으로 발전해 가는 유일한 실재이며, 여기에서의 사고는 그 자신의 의지이자 자유이며 도덕이다. 젠틸레는 이차대전 말기에 피렌체에서 정적에 의하여 암살당하였다.

이탈리아식 이상주의에 대별되는 현실주의 내지 실증주의(Positivismo) 전통은 일반적으로 국제정치의 영역에서 통일된 권력체가 존재하지 않음으로 국가는 자신의 안위를 지키고 힘을 확대하며 이러한 상황이 국가 간의 경쟁과 갈등을 유도하게 된다는 주장이다. 이탈리아적 현실주의는 19세기 말 그리고 20세기에 걸쳐 형성되었는데, 엘리트의 순환론(Circolazione delle Élites)이 대표적이다. 즉 정치와 인간의 역사는 사회 엘리트 간의 투쟁의 결과이며, 일반 대중은 수동적 위치에 머물게 된다는 주장이다.

빌프레도 파레토(Vilfredo Pareto)는 경제학자에서 정치학자로 그리고 말년에는 사회학자로서의 저술을 남긴 실증주의의 대가이다.[37] 경제학에서는 파레토 최적(Optimum)과 법칙으로 유명하며, 정치학에서는 엘리트 순환론을 주창하기도 했다. 사회학자로서 파레토는 잔여(Residuo) 개념을 설명하면서 수식으로 다 설명될 수 없는 현실 세계에 착안하였는데, 이러한 주장이 파시즘에 의해 오용되기도 하였다.[38]

파레토는 그의 저서 일반사회학원론에서 6개의 잔여 개념을 소개하면서 제1계급이 전통에 구애받지 않는 집단이며 진보적이고 권력지향이라고 보았다. 반면에 제2계급은 기존의 권력을 가지고 있는 계층으로 전통에 안주하면서 현상유지를 선호한다. 따라서 역사는 제1계급의 야심에 의해 제2계급의 자리를 빼앗아온 과정으로 이해하였다.[39]

가에타노 모스카(Gaetano Mosca)는 이탈리아의 정치이론가이다. 파레토와 함께 이론으로서의 엘리트주의를 창시하였으며 신마키아벨리주의자로 불리기도 한다. 시칠리아에서 태어나서 헌법 법률가로 교육을 받았고, 토리노대학에서 헌법 분야, 특히 로마의 정치제도사분야 교수 직위를 얻었다. 그는 1908년 이탈리아 의회의 하원의원으로 당선되었고, 1918년 상원의원에 임명되었다. 체계적인 저작인 「지배계급」으로 가장 잘 알려져 있다.[40] 그는 정치계급이 권력과 그에 따른 혜택을 독점하는 것은 모든 사회의 보편적인 모습이라고 주장했다. 이 계급을 두 가지의 수준으로 구별하고, 지배계급이 피지배자의 암묵적 동의를 얻어내는 데 사용하는 다양한 정치적 공식을 탐구했다. 그는 지배계급의 충원과 피지배자의 신뢰도의 측면에서 개방적인 정치계급과 폐쇄적인 정치계급을 구분했고, 정치계급의 구성의 변화에 영향을 주는 다양한 사회적 세력을 확인하였다. 모스카는 지배계급인 엘리트의 역할을 중시하면서 대중민주주의에 대한 거부감을 가지고 있었으며 그의 정치철학에서는 초기 원시사회를 제외하고 모두 소수(Classe Politica)에 의해 지배되어 왔다는 주장을 개진하였다.[41] 그의 이러한 반민주주의적 편견은 적지 않은 비판의 대상이 되기도 하였다.

이탈리아의 정치적 현실주의는 19세기에서 20세기에 걸쳐 생성되었는데, 이탈리아의 엘리트주의를 대변하며 국제 관계의 맥락에서뿐만 아니라 정치학을 어떻게 규명하는가에 기인하였다.[42] 이탈리아 정치의 현실주의적인 특수한 성격들을 파악하기 위해 단면과 특징들을 고려하여야 한다고 보았다. 이를 위해서는 가에타노 모스카와 굴리엘모 페레로(Guglielmo Ferrero)와 같은 사상가들을 연구할 필요가 있는데, 전자는 정치적 엘리트주의 그리고 후자는 로마의 위대성과 그 쇠퇴를 분석한 문화적 엘리트주의를 대표하는 학자이다. 민주주의, 혼합정부, 권력 그리고 정당성에 대한 근본적으로 다른 비전을 지니고 있었다는 점에서 차별적이다. 그럼에도 불구하고 둘 사이에 최소한의 공통점이 존재하였는데, 그것은 조직된 소수가 자신들의 문화적 우수성에 기초하여 조직되지 않은 다수를 효과적으로 통제한다는 데에 있었다.

필리포 투라티(Filippo Turati)는 이탈리아사회당의 창당 주역이자 사회주의 사상의 대표적 인물이었다.[43] 그는 당시 이탈리아의 부르주아에서 프롤레타리아 진영으로 전환한 최초의 이색적 지식인 중의 한 사람이다. 1891년 아내 안나 크리쇼프와 함께 사회주의적 이론잡지 사회비평(Critica Sociale)을 창간하여 마르크스, 엥겔스, 카우츠키 등의 사회주의 이론을 소개하였다. 노동자와 지식인의 통합을 도모하여, 1892년 이탈리아사회당을 창설한 후 최고지도자로서 의회활동을 지도하였다. 그는 점진적 개량과 대중의 계급의식의 성숙에 바탕을 둔 평화적 혁명을 일관하여 주장하였다. 1922년 사회당의 좌경화에 반대하여 탈당, 통일사회당을 결성하였다. 제국주의 전쟁을 끝까지 거부, 파시즘 정권에 반대하여 싸우다가 1926년에 망명, 파리에서 반파시즘 운동에 힘쓰다가 죽었다.

투라티 이전에도 이탈리아에서 좌파 이론에 심취한 학자가 있었는데 그는 안토니오 라브리올라(Antonio Labriola)였다. 그러나 그의 입장은 독립적 마르크스주의로서 실천적 차원에 방점이 놓이지 않아 로마대학의 교수로서 그리고 학술연구자로서의 위상만이 인정되고 있다.[44] 그럼에도 그의 저작은 20세기 전반기 많은 정치사상가들에게 영향을 미쳤는데, 대표적으로는 베네데토 크로체, 안토니오 그람시 및 아마데오 보르디가 등이다.

가에타노 살베미니(Gaetano Salvemini)는 현대 이탈리아 정치사상에서 중요한 위치를 점하는 역사학자이다. 독립적이고 인본주의에 기반한 사회주의자로 알려진 살베미니는 이탈리아의 뿌리 깊은 병이 한편으로 반봉건사회에 머무르고 있다는 사실 그리고 다른 한편으로 통일 이후 북부의 지배로 인해 남부가 저발전되었다는 비판적 분석을 제기하였다. 즉 통일 당시 나폴리와 시칠리아는 부채에 시달리지 않았으며, 통일 이후 경제력에 비해 과도한 과세부담을 지면서 경제가 악화되었다는 주장을 개진하였다. 이러한 견해는 남부의 저발전을 내재적 책임으로 전가하는 이중구조론과는 대별되는 전형적인 내부식민지론으로 수용된다.[45] 그는 파시즘에 대한 투쟁에서도 공산주의자들과 가톨릭 세력을 제외한 모든 정파들이 함께 투쟁해야 한다는 주장을 펼치기도 하였다. 무솔리니의 박해로 프랑스를 거쳐 미국의 하버드대학에 안착하면서 영어권 식자층에게 이탈리아의 현실을 가감 없이 전달한 역할을 수행하였다. 살베미니의 학문세계는 교조적 마르크스주의자가 아니라는 점에서 실증주의에 더 가깝다고 사료된다.

이탈리아의 좌파사상가로는 안토니오 그람시(Antonio Gramsci)가 단연 독보적이다. 이탈리아에서는 19세기에 이미 다양한 사회주의 사상이 출현하였으나 유럽 차원에서 주도적이지 못하였으며, 급진적 사회주의자들에 의해 만들어진 이탈리아공산당의 창당을 통해 이념적으로 체계화되는 과정을 밟았다.

그람시는 20세기 이탈리아의 위대한 공산주의 이론가였다. 이탈리아공산당 창당 주역의 하나였으며, 파시즘 시기 체포되어 오랜 기간 투옥되었고 감옥에서 생을 마감하였는데, 수감 중 작성한 「옥중수고」(Quaderni del Carcere)는 그의 사상을 엿볼 수 있는 저서이다.[46] 1926년 파시즘의 지도자 무솔리니는 자신에 대한 암살 기도가 있었다는 것을 구실로 삼아 그때까지 남아 있던 모든 반대 조직들과 간행물들을 금지시키고 그에 대해 반대하는 모든 사람들을 검거하기 시작했다. 이때 체포된 사람 중에 안토니오 그람시가 있었다. 당시 그는 의회의 대의원이었으나 무솔리니에게 의원의 신분보장 따위는 안중에도 없었다. 1928년 5월 그람시에 대한 재판에서 검사는 다음과 같은 유명한 말로 그에 대한 논고를 끝맺었다. "우리는 이 자의 두뇌가 작동하는 것을 20년 동안 중지시켜 놓아야 한다(Bisogna impedire a quel cervello di funzionare per almeno vent'anni)."[47] 그러나 파시스트 정권은 감옥에 그를 가둘 수는 있었지만, 그의 두뇌가 작동하는 것을 결코 막을 수 없었다. 그람시는 감옥에서 서서히 죽어가면서도 오히려 역사와 사회에 대한 분석은 더욱 예리해져 몇 년에 걸쳐 2,848페이지에 달하는 필사본을 남겼다. 그람시가 죽은 후 그가 감옥에 있을 때 작성한 옥중수고는 그를 자주 면회 갔던 처형에 의해 고스란히 전해져 이후 서구선진산업사회의 마르크스주의 형성에 커다란 기여를 했다.

그람시의 정치사회사상은 공산주의에 기초한 것이었으나, 폭력을 동반하는 교조적 마르크스레닌주의와는 차별적이었다. 특히 선진공업사회에서 혁명의 전망은 하부구조(Sottostruttura)가 아니라 상부구조(Sovrastruttura)에서 투쟁이 일어나야 하며 자본가계급의 이익을 대변하는 지식인에 맞서 노동자를 옹호하는 대항적 지식인들이 역사적 블록(Blocco Storico)을 형성하여 기동전(Maneuver Warfare)이 아닌 진지전(War of Position)적 전략으로 서서히 사회주의를 전파하는 것이 확실한 혁명의 전망이라는 테제를 주장하였으며, 이러한 입장은 추후 60년대 학생운동이나 신좌파주의자들에게 상당한 영향을 미친 것으로 평가받고 있다.[48]

앞서 언급한 바와 같이 제3의 길로서의 가톨릭 사회사상도 적지 않은 함의를 가진다. 자유주의와 사회주의 모두를 비판하였던 레오네 13세의 노동헌장[49]은 가톨릭 교회의 대안을 제시하였으며, 특히 매개적 중간집단으로서 가족과 여타 사회단체들의 위상이 침해되어서는 안된다는 주장을 펼쳤다.

로몰로 무리(Romolo Murri)는 통일 이후 가톨릭 정치론의 선두에 있었다. 그는 통일과 이탈리아의 독립을 수용했지만 교회의 비판에서 보듯이 시민적 자유개념에 문제가 있다고 보았다. 특히 통일 이후 수십 년간 잘못 진행된 역사, 즉 소수의 지배계급이 국가권력을 장악하여 독점하면서 병폐를 야기하였다고 보았다. 사실상 교황의 지침대로 가톨릭 교도들이 정치참여에 소극적인 태도를 견지하면서 불가피한 측면이 있었지만 20세기에 들어서면서 교회와 가톨릭 신자들이 부정적 시대를 뒤로 하고 참여를 시작해야 한다고 주장하였다. 무리는 가톨릭의 사명을 이탈리아의 재활이라고 규정하면서 사회주의를 비판함과 동시에 반부르주아 및 반자본주의적 입장을 보였는데, 그의 급진적 태도와 사제로서 하원의원으로 활동하는 등의 이유로 교회는 1909년 출교를 감행하기도 하였다.[50] 무리는 파시즘 정부와의 라테란조약에 대해서도 비판적 태도를 보였으나, 1차대전 이후 스투르초에 의해 만들어진 기민당의 전신인 인민당이 출범하는 데 큰 기여를 한 것으로 평가받고 있다.

루이지 스투르초(Luigi Sturzo)는 1919년 인민당(PPI)을 창당하면서 본격적으로 가톨릭 세력의 현실정치 참여를 구체화하였다.[51] 당서기장으로 있으면서 1919년 총선에서 인민당은 20.6%의 득표와 백명의 국회의석을 갖는 주요 정당으로 부상하게 되었다. 그러나 파시즘체제가 등장하면서 그의 입장은 분명한 반파시즘이었기에 교회와도 불편한 관계에 놓이게 되고 급기야 1924년 영국 런던으로 망명의 길에 올랐으며, 1940년에는 미국으로 향하게 되었다. 종전 이후 고국에 돌아가려 했으나 교회와 기민당의 당수 알치데 데 가스페리의 거부로 성사되지 못하다가 1946년 국민투표에서 공화국이 선포된 이후 나폴리에 정착하면서 정치를 떠나 연구소를 차리기도 하였다. 1953년 루이지 에이나우디 대통령은 스투르초에게 종신상원의원직을 제수하였다.

스투르초 신부의 인생역정을 따라가보면, 사제신분으로 자신의 고향에서 부시장을 15년간이나 맡았다는 사실 그리고 가톨릭 대중정당의 서기장으로 총선에서 승리하여 중요한 정치인으로 등장하였음에도 불구하고 교회와 파시즘 체제로부터 거부되었으며, 인민당의 후신인 기민당 마저도 그를 거부한 기구한 인생을 보냈다. 그의 사상은 성직에 기초한 사회주의에 가까웠으며, 실천적 가톨릭의 표본을 보였다.[52] 또한 정치에 참여하지 않는 조건으로 복원하거나 고국에 돌아올 수 있는 기회를 거부함으로써 원칙주의자적 태도를 유지한 것으로 보인다. 그러나 공화국 대통령으로부터 종신상원의원에 임명되었다는 사실은 그의 기여가 인정받은 것이며, 가톨릭 교회에서도 복자로 품신되고 성인의 반열 심사를 인정했다는 차원에서 의의를 찾을 수 있겠다.

스투르초의 사상은 가톨릭에 기반하지만 현실 정치의 단면을 존중하는 것이었는데, 무리와는 달리 라테란 협약을 긍정적으로 평가하였다. 그 배경은 성직자의 전통적 역할과 직분에서 해방되어야 하며 가톨릭 정당이 일반화된 대중정당으로 나서기위해서는 새로운 현실에 적응해야 한다고 보았다. 또한 리비아전쟁과 1차대전의 참전을 옹호하는 의견을 표명하기도 하였다. 중앙정부와 지역의 관계를 설정함에 있어서도 각자의 역할이 구분되며, 행정에서의 일반적 규율이 남부에서는 부적절하므로 차별적 적용을 주장하였다.

기존의 주류 정치사상에 포함되지는 않지만 이탈리아 현대사에서 도외시할 수 없는 흐름이 있는데, 그것은 반파시즘의 가치를 내걸었던 행동당(Partito d'Azione)이다. 1853년 마치니에 의해 만들어진 동명의 정당을 2차대전 중 부활한 정치조직으로 급진주의, 자유적 사회주의, 사회적 자유주의, 교회와 국가의 분리 그리고 반파시즘을 모토로 하였다. 또한 반파시즘운동을 프랑스 파리에서 개진한 자유와 정의(Giustizia e Libertà)라는 단체의 유산을 상당 부분 계승하고 있다. 민족해방위원회(CLN)에서 핵심적 구성원으로 파시즘에 대항하는 전선을 구축하였으며, 7가지의 핵심 요소를 지니고 있었다. 즉 의회민주주의 공화국의 건설, 권력의 중앙집권을 거부하는 지역주의, 대규모 산업의 국유화, 농업개혁, 노동조합의 자유, 교회와 국가의 분리 및 자유국가들로 구성된 유럽연방의 제안 등이다. 그러나 2차대전 이후 정치 현실에서 기민당에게 주도권을 상실하면서 1947년 해체되었다.

행동당의 의의는 이탈리아 상황에서 또 다른 제3의 길을 모색하였다고 평가할 수 있다. 자유자본주의와 폭력을 동반하는 사회주의 모두를 배격하면서 이탈리아 토양에 부합하는 철학을 추구하였다는 점에서 평가받아야 한다. 이후 자유적 사회주의(Liberal-Socialismo)라는 이념적 지향을 유지하였으며, 상당수가 급진당(Partito Radicale)의 태동에 참여하였다.[53] 이 이념은 좌파가 사회적 불평등을 해소하려는 신념을 지니는 반면, 우파는 불평등이 자연적으로 생성되는 결과로 간주하면서 사회적 평등을 유토피아로 이해하였다고 보았다.[54] 자유적 사회주의를 대표하는 노르베르토 봅비오는 1970년대 기민당과 공산당의 역사적 타협을 지지한 반면 베를루스코니 정부에 대한 강한 비판을 제기하였다.[55]

통일 이후 정치 사상을 점검하면서 주목할 만한 사항이 있는데 그것은 이탈리아의 사상가들이 주창해 온 유럽주의이다. 주세페 마치니에서 시작하여 자유와 정의 그룹 그리고 행동당의 7개 강령의 하나 등이 그것들이다. 이러한 흐름은 벤토테네 선언(Ventotene Manifesto)에서 집약되고 있다. 자유롭고 통합된 유럽의 기치를 내건 이 문건은 알티에로 스피넬리(Altiero Spinelli)가 작성하였는데 수감된 상태에서 이탈리아 반파시즘 저항운동가들에게 유포되었고 유럽연방운동(Movimento Federalista Europeo)의 프로그램으로 채택되었다. 이 선언은 전후 전쟁을 방지하고 유럽에서의 평화 정착을 위한 이상으로서 수용되었다.[56]

3. 제1공화국 (1946-1992)

1943년 연합군의 이탈리아 반도 상륙으로 파시즘 체제는 무너지고 이제 독일군과 연합군의 전쟁터로 변모하였다. 반파시즘 운동을 주도하던 민족해방위원회는 6개의 정파로 구성되어 다양한 입장을 견지하고 있었으며, 전후 체제에 대한 논의로 구심점을 잃고 있었다. 1944년 봄 오랜 기간 소련에서의 체류를 뒤로하고 팔미로 톨리아티가 귀국하면서 새로운 국면이 형성되는데, 바로 살레르노의 전환(La Svolta di Salerno)이다.[57] 즉 모든 반파시즘 세력이 단합하여 공동전선을 펴기 위해서는 의견이 분분하던 군주제의 유지냐 공화국으로의 전환이냐는 선택의 문제를 종전 이후에 논의하자는 중재안의 내용이 그 핵심이었다. 톨리아티의 리더십은 이념의 차이를 극복하는 데 기여하였으며, 이후에도 기민당과 공산당이 새로운 국가의 건설을 위해 협력하는 계기를 만들 수 있었다.

중도우파의 기민당(Democrazia Cristiana, DC)은 이탈리아적 맥락에서 기독교라는 보수적 성격과 민주주의라는 대중적 측면이 복합적으로 어우러진 정당이었다. 1919년 루이지 스투르초신부에 의해 창당된 인민당은 로마의 문제로 인해 가톨릭 세력이 세속국가인 이탈리아의 정치에 참여하지 못하였다는 점을 고려하면서 출범된 바 있다.[58] 파시즘 체제하에서는 반체제활동을 적극적으로 펼치기도 하였다.

기민당의 성격에 관한 한 다양한 정체성이 존재하고 있었다.[59] 독점자본의 정당, 국가자본가의 정당, 가톨릭 정당, 보수정당, 사회민주주의 정당, 대중적 지지기반의 보수민주 정당 등이 그것들이다.[60] 기민당에 대한 다양한 견해와 시각은 복잡다기한 양상을 보여 왔지만, 가톨릭 교회의 입장은 자본주의와 공산주의 모두를 비판하면서 제3의 길을 추구하는 과정에서 그 정당성을 확보하여 왔다는 사실을 간과할 수 없다.[61] 이러한 전통이 전후 공화국의 건설 과정에서도 반영되며 기민당은 되도록 많은 지지자들을 포함하는 전략을 구사하였으며, 보수와 진보를 아우르는 범계급적(Interclassista) 정당을 추구하였다고 평가할 수 있다.[62]

기민당이 가톨릭 교회와 거리를 유지하려 했다고 하나 교회 덕분에 중요한 사회적 기반을 마련할 수 있었다는 사실은 변하지 않는다. 가톨릭의 이념은 중간계층과 하층에 공히 통할 수 있는 요소들을 내포하고 있었다. 또한 가톨릭 행동(Azione Cattolica)과 같은 평신도조직들을 통해 지역 차원에서도 공고한 지지기반을 마련할 수 있었다. 이념적으로 보면 자유자본주의를 표면적으로 주장하지 않으면서도 효과적으로 반공주의를 표방하여 장기적 집권이 가능하였다. 범계급적 성격은 지지기반의 확대뿐 아니라 당내 구조에서도 기민우파와 중도 그리고 기민좌파가 계파정치(Correnti)를 형성하면서 다양한 이념을 아우르는 행태를 나타냈고 정치적 이념을 사실상 과점하는 양상을 보였다.

좌파는 전후 일시적으로 선거연대에 임했지만 이내 사회당과 공산당으로 분리되면서 기민당 대비 효과적인 전선을 구축하지 못하였다. 그럼에도 불구하고 이탈리아 공산당은 제1야당으로서 지속적인 위상을 확보할 수 있었는데, 공산당 내에서도 온건파와 중도 그리고 급진파가 공존하는 행태를 보였다.[63]

이탈리아 공산당(Partito Comunista Italiano, PCI)은 1921년 사회당으로부터 분리되어 창당하였던 당시부터 스탈린식의 마르크스레닌주의와는 일정 정도 거리를 두는 입장을 취하였다. 이는 공산당의 지도자였던 팔미로 톨리아티가 주장한 이탈리아식 사회주의(Via Italiana al Socialismo)로 대표되는데, 민중봉기 중심의 급진적 혁명의 길 보다는 그람시의 영향을 받은 점진적 과정으로서의 사회혁명 개념을 지향하였다.[64] 실제로 이탈리아 공산당은 전후 노동조합과 다양한 여가활동을 포함하는 비정치적 분야에서 광범위한 조직동원에 성공하는 대중적 성격을 유지하였다.[65]

이탈리아식 사회주의는 1970년대 공산당의 지도자였던 엔리코 베를링게르에서도 그 명맥을 이어간다. 유로커뮤니즘은 서구 좌파에서 가장 큰 지지를 보유하였던 이탈리아공산당이 주도하여 만든 이념이었다. 서유럽형의 공산주의 노선으로서 유로커뮤니즘은 이탈리아와 프랑스 및 스페인 공산당에 의해 주도되었는데, 선진 공업국의 사회주의화를 고려할 때 소련 공산당을 따르지 않고 독자 노선을 취하였으며, 의회주의에 근거를 둔 사회주의로의 평화적 이행, 복수 정당제와 정권 교체의 인정 등을 주된 내용으로 한다. 즉 자유민주주의의 전통인 언론의 자유, 종교의 자유, 시민권, 정치적 다원주의 및 선거를 통한 집권 등을 포함한 모든 민주주의 원칙을 인정하는 입장을 취하였다. 유로커뮤니즘은 당시의 현실을 반영한 수정주의 이론이었으나, 결과적으로 공산권의 몰락과 함께 그 운명을 다하는 비운을 맞이한 이념이기도 했다.

좌파의 또 다른 주요 정당인 이탈리아 사회당(Partito Socialista Italiano, PSI)은 현대 이탈리아 최초의 대중정당으로 1892년 출범하였다. 전후 1946년 선거에서 제2당이 되었지만, 1953년 이후 지속적으로 제3당의 위치를 점하였다. 사회당은 1963년 기민당과 연립정권에 참여하면서 공산당과는 차별적인 길을 걸었는데, 이념적으로는 사회민주주의에 기초한 복지국가 시대에서 자신을 위상을 지켜나갈 수 있었다. 그러나 68학생운동과 1969년 노동운동을 거치면서 공산당이 중도로 확대하면서 지평을 넓히게 되자, 당의 성격을 변모하는 변신을 꾀하게 되는데, 이를 주도한 인물은 베티노 크락시였다.[66] 그는 낫과 망치로 구성된 사회당의 상징을 카네이션으로 대체함으로써 사실상 당의 이념을 전통적 좌파에서 밀라노를 중심으로한 신흥자본가세력의 이익을 대변하는 방향으로 전환하였으며, 1980년대에 들어와 기민당과의 연립정부에서 장기에 걸쳐 총리직을 맡으면서 당의 세력을 확장한 바 있다.[67] 1992년의 부패수사로 크락시는 북아프리카의 튀니지로 망명하였지만 그의 이념은 이후 실비오 베를루스코니에 의해 일정 정도 계승된 것으로 평가받고 있다.

전후 이탈리아 정치사상에서 제3의 길을 추구한 학자가 있는데 그는 노르베르토 봅비오였다.[68] 앞서 언급한 바와 같이 봅비오는 20세기 이탈리아 정치사상의 양대 갈래였던 이상주의와 현실주의 사이에서 외로운 자유주의자로 스스로를 규정하면서 학문과 현실정치를 통한 성찰을 이어나갔다. 그는 일견 모순적으로 보이는 마키아벨리, 파레토와 모스카로 이어지는 차가운 현실주의 전통과 한스 켈젠 식의 추상적 규범주의에 기초한 법학의 지적 흐름 사이에서 자신의 사상적 기초를 다져나갔다.[69]

자유주의와 사회주의의 갈등을 완화하고 인간의 기본권과 정의 그리고 자유가 보장될 수 있는 개념으로 동등한 자유(Libertà Eguale)을 주장하였는데, 이를 사회적 자유주의(Liberalismo Sociale)로 볼 수 있으며, 존 롤스식의 정의론과 일정 부분 유사한 요소를 찾을 수 있다.[70] 그는 스스로를 영속적인 회의자(Perenne Dubitante)로 명명하면서 끊임없이 현실에 부합되는 정치이념을 고민하였다는 차원에서 가치를 인정받고 있다. 봅비오는 모든 상황에서 대화의 정치가 필수불가결하다는 주장을 개진하기도 하였다.

4. 제2공화국 (1993-2012)

1992년에 발생한 부패수사운동(Mani Pulite)은 전후 기민당이 주도해 오던 정치지형을 뿌리째 흔드는 지각변동(Terremoto)이었다. 1950년대에 경제기적(Miracolo Economico) 현상을 달성하여 선진경제에 도입한 이탈리아는 비록 행정의 비효율과 노동조합의 경직된 문화에도 불구하고 서방선진 7개국의 일원으로 등극하였으며, 1980년대에도 국제적인 호경기에 편승하여 새로운 경제적 붐을 보여준 바 있어 갑작스러운 사회시스템의 붕괴는 분명 의아스러운 현상이었다.

밀라노 검찰청의 수사와 정치분석가들의 분석에 의하면 이탈리아에서 그간의 성공방정식이 시간이 흐르면서 정치와 경제에 부담을 가중시켰으며, 점증하는 정치 비용을 유착을 통한 검은 돈으로 더이상 원활하게 조달받지 못하게 되자 일파만파로 확대된 현상으로 설명되었다.[71] 부패수사를 통해 국회의원과 대기업의 총수 등 다수의 사회 지도자들이 검찰을 수사를 받았으며, 더 이상 이전의 방식이 지속될 수 없다는 사회적 합의에 도달하게 되었다. 언론적 수사에 따르면 '제1공화국'이 붕괴된 것이다. 헌법의 근본적인 개정이 부재했음에도 이러한 표현이 가능했던 것은 그만큼 새로운 시대를 예고하는 표징으로 수용되었다.

모든 문제의 근본이 선거제도에 있다고 보아 1993년 단순비례대표제 중심의 선거제도가 다수대표제 중심으로 새롭게 마련되어 1994년 총선을 맞이하게 되었다. 우파에서는 기민당의 공백을 메울 세력이 부재한 상태에서 전진이탈리아당이 새롭게 급조되어 북부동맹(Lega Nord) 및 민족연합(Alleanza Nazionale)과 연대하여 선거에 임하였으며, 좌파에서는 이탈리아 공산당이 1991년 소련 및 동구의 붕괴로 인해 당명을 좌파민주당(Partito Democratico della Sinistra, PDS)으로 개명한 상태로 선거연합을 결성하였다. 그 결과는 우파의 승리였으나 불행하게도 정부는 1년을 넘기지 못하고 붕괴되었다.

그렇다면 새로운 제도와 새로운 시대를 기약하는 선거에서 승리한 중도우파연합의 이념적 성격을 어떻게 규명될 수 있는가. 핵심 정당인 전진이탈리아는 과거 사회당의 비호를 받아 성장한 피닌베스트그룹의 실비오 베를루스코니가 주도하였는데, 그는 미디어 재벌답게 자신이 운영하는 기업조직과 인력을 십분 활용하여 선거에 임한 바 있다. 보여주기식 정치(Politics of Spectacle)는 언론과 방송이라는 미디어를 소유한 베를루스코니에게 효과적인 선거전을 제공하였으며, 실제로 그 효과를 보았다. 전후 사십여 년을 지배한 기민당의 공백을 효과적으로 메우면서 분리주의 내지 연방주의를 내세우는 북부동맹과의 협력, 그리고 남부에서는 극우적 성격을 띠던 사회운동당(Movimento Sociale Italiano, MSI)의 후신인 민족연합과 효과적으로 동맹 내지 선거연합(Stand-Down Arrangement)을 맺음으로써 선거에서 승리할 수 있었다.

이후 이십여 년간 이탈리아 정치무대에서 주연을 맡았던 베를루스코니 현상에 대한 평가는 그다지 긍정적이지 못하다. 신자유주의와 세계화의 물결이 밀어닥치던 시점에서 이탈리아 사회의 개혁을 유보한채 여전히 인기영합적 정책에 치중하면서 이탈리아를 유럽의 병자로 만드는 데 결정적 역할을 맡았다는 의견이 주류이다.[72] 베를루스코니주의(Berlusconismo)라 명명되는 이념은 1980년대에는 성공한 기업가의 이미지로 치장되었으나, 그가 정계에 투신한 이후 효과적인 권력의 창출에도 불구하고 실패한 정책으로 평가받고 있다.[73]

우선 그가 정계 입문한 동기가 불순하였다. 자신을 비호하던 사회당의 크락시가 부패수사가 시작되자 튀니지로 망명하게 되고, 밀라노 검찰청의 수사가 자신의 기업과 동생에게까지 진행되자, 위기를 타개하기 위해 직접 권력을 잡아 이를 해소하려는 의도에서 창당하고 선거에 임했던 사실은 널리 알려진 바 있다. 베를루스코니주의는 그럼에도 불구하고 1990년대와 2000년대 초반을 걸쳐 효과적인 이념으로 자리매김하였다. 시민과의 직접 접촉과 대화, 어려운 상황을 타개할 메시아적 지도자라는 종교적 요소의 활용과 희생자라는 이미지의 활용 그리고 반복적인 수사의 나열을 통한 신뢰획득이라는 방정식을 가지고 있었다.

개혁좌파로서 민주당(Democratici di Sinistra, DS)은 보다 온건화된 정치 노선을 지향할 수밖에 없었는데, 종주국인 소련의 붕괴로 한동안 이념적 지향에서 방황하는 모습을 노정하였다. 이 과정에서 보다 급진적 세력은 공산재건당(Partito Comunista di Rifondazione, PCR)의 이름으로 분리되기도 하였다. 1994년 선거에서는 패배하였지만, 조기총선으로 치러진 1996년 선거 그리고 2006년 선거에서 승리하면서 두 번의 집권 경험을 가질 수 있었다. 흥미로운 것은 레드컴플렉스를 극복하기 위해 두 번 모두 과거 기민계열의 학자이자 정치인이었던 볼로냐대학의 교수였던 로마노 프로디를 총리 후보로 내세워 승리하였다는 사실이다.

이탈리아 정치지형에서 과거의 공산당이나 최근의 민주당은 지리적으로 중부와 북동부에서 가장 핵심적인 지지기반을 유지하여 왔다. 이 지역은 이른바 제3의 이탈리아(La Terza Italia)로서 주로 가족 중심의 중소기업이 많이 소재하고 있는 곳이며, 1992년 이전 중앙무대에서 기민당이 장기집권하고 있는 동안에도 지방 차원에서는 좌파가 지배하던 곳이었다. 전진이탈리아당과 우파연합이 유럽통합에 소극적이었던 반면 좌파인 민주당은 통합에 적극적이었으며 외국인을 수용하는 다문화정책에서도 우호적인 태도를 유지하여 왔다.

그러나 좌파연합 내에 다양한 정파와 정당들이 분포하는 형국이어서 집권 연립내각으로서 효과적인 정책수립과 실시가 원활치 못하였으며, 프로디 총리는 두 차례 모두 임기를 마치지 못하고 낙마한 바 있다. 또한 좌파의 정치인들은 자신들의 기득권을 유지·확대하는 건에 관한 한 우파와 별다른 차별적인 모습을 보여주지 못해 결과적으로 유권자들로부터 긍정적인 평가를 받지 못하였다. 이러한 양상은 2008년 재정위기 이후 이탈리아 경제의 어려움을 배가하는 결과를 낳았으며, 이후 포퓰리즘 내지 반체제 세력들이 주요 정당으로 부상하는 새로운 시대를 예고하였다.

5. 제3공화국 (2013-)

2008년 3번째로 집권한 우파의 베를루스코니 정부는 환란기에 효과적인 대응을 하지 못하다가 결국 2011년 국가부도위기에 내몰리면서 하야하였으며, 일시적으로 재정전문가였던 마리오 몬티를 총리로 하는 위기관리내각이 들어섰다. 2013년 총선에서는 새로운 돌풍이 등장하는데 바로 오성운동(Movimento 5 Stelle)의 출현이다. 이 정당은 기존의 정당들에 대한 불신을 표출하면서 인터넷의 블로그를 통해 정치세력을 규합하는 등 새로운 면모를 보여주었으며, 선거 결과 단일 정당으로는 최대 득표율을 얻었다.

선거 이후 효과적인 정권 출현이 어렵게 되자 민주당 중심의 좌우파 대연정 형태로 정권이 출범하지만 내각을 이끌던 엔리코 레타 총리는 리더십을 발휘하지 못하였고, 민주당 내의 정풍운동을 통해 스타로 떠오른 30대의 약관 피렌체 시장 출신의 마테오 렌치가 뒤를 이어 총리를 맡으면서 개혁 드라이브를 걸었다. 초기에는 상당한 기대를 모았으나, 상원의 축소, 지방자치의 중간계층인 현의 폐지 등을 골자로 하는 개헌안이 2016년 말 국민투표에서 부결되면서 낙마하고, 다시금 위기관리 내각이 들어서는 형국을 자아내었다.

2018년 총선에서는 오성운동이 다시금 과거 선거에 비해 더 많은 지지를 받으면서 제1당이 되었지만 단독으로 정부를 구성하지는 못하였고, 전진이탈리아와 동맹당(구 북부동맹) 및 이탈리아형제당은 연합세력으로는 37%의 가장 많은 지지를 이끌어냈으나 여전히 단독으로 정부 구성이 불가하여 한동안 난항을 보이다가, 결국 오성운동과 동맹당이 연대하는 서유럽 최초의 포퓰리즘 연합이 집권하였다. 이 두 정당은 서로 성격이 다르긴 하지만 기본적으로 반유럽과 반이민을 골자로 하는 반체제적 정당들로서 유럽통합의 시각에서 암운을 드리우는 행태를 보이고 있다. 이는 전진이탈리아와 민주당이 양분하던 이십 년간의 제2공화국이 무너지고 새로운 정당 체제를 현시하는 제3공화국으로의 도래를 의미하는 것이었다.

1992년 마니풀리테 이후의 정치상황을 목도하면서 철학자나 정치이론가들의 시대가 저물고 있다는 인상을 받게 된다. 실제로 이 시기 이후 법관들과 언론인들이 사상의 흐름을 주도할 정도로 학계의 위상은 미미하였다. 베를루스코니는 선과 악의 이분법으로 세상을 재단하였고 내편이 아니면 적이라는 공식으로 사물을 대하면서 이를 대중매체를 통해 확산시키는 중우정치(Oclocrazia)를 실행하였다. 조반니 사르토리는 이를 미디어지배

(Mediacracy) 내지 비디오권력(Videopotere)으로 비판한 바 있다.

베를루스코니의 경우 스스로가 자신의 이데올로그로 활약하였다면, 북부동맹의 움베르토 보시에게는 잔프랑코 밀리오(Gianfranco Miglio)가 있었는데, 그는 분리주의에 입각한 연방제를 주장하였다. 이러한 포퓰리즘의 발현에 대한 적지 않은 비판들이 제기되었으나 경제의 악화와 더불어 이탈리아에서는 새로운 대중영합주의가 지속적으로 발생하는 세태를 보여주고 있다.

렌조 데 펠리체의 수정 파시즘론도 주목할 필요가 있다.[74] 그는 파시즘의 초기 형성 과정에서 중간계급의 주도성을 강조한 것으로 유명한데, 1980년대 이후 반파시즘 전선에서 좌파였던 공산당의 기여가 분명치 않으며, 따라서 이념적 우위를 보장할 수 없다고 보았다. 그는 반파시즘에 기초한 공화국의 헌법 정신을 존중하지만 오늘의 시점에서 파시즘 시기를 보다 현실적으로 성찰하는 것이 중요함을 역설하면서 논쟁을 야기한 바 있다.

6. 소결

이탈리아의 통일은 자유주의의 승리로 귀결된 정치적 변화였다. 신흥자본가계급은 자신들의 이해를 극대화하기 위해 국가를 경영하였으며, 동시에 아프리카 지역에 대한 식민지 지배를 공고히 하면서 자본주의 세계경제의 일원으로 성장하게 되었다. 그러나 자유주의 중심의 산업화는 사회평화를 가져다주지 못하였으며, 그 반대급부로 사회주의가 신장하고 있었다.

파시즘은 자유주의와 사회주의 모두를 배격하면서 양 체제에서 위협을 받던 중산층의 지지에 의해 성립된 이탈리아식 제3의 길이었다. 비록 2차대전에서 패전국으로 전락하였으나, 전쟁의 주요 당사국으로 경쟁을 펼쳤던 유산은 전후 평화시기에 경제발전의 원동력으로 작동하게 된다.

1950년대 이탈리아 경제의 기적은 풍요로운 사회를 가져다주었지만, 산업사회비판론이

유입되면서 학생운동과 노동운동이 심화되었다. 그 과정에서 좌파 이론이 대거 자리잡게 되었고 1970년대의 이탈리아는 폭력과 무질서가 난무하는 시기로 기록되었다. 이탈리아 공산당은 지지율의 신장에도 불구하고 기민당과의 제휴를 통해 개혁주의를 실현하는 유로커뮤니즘 전략을 채택하였다. 그러나 사회주의 실험의 실패는 이탈리아 좌파에게도 시련으로 다가왔으며, 이후 개혁적 중도좌파로 변신하였다.

부패수사 이후 이탈리아 정치사상의 지형은 다소 혼돈스러운 양상을 보여주고 있다. 자유와 평등을 각기 주장하던 세력들이 모두 국민들로부터 비판받으면서 체제를 부정하는 반민주적 성향의 집단들이 국민적 지지를 받고 있는 형국이다. 극우주의와 포퓰리즘 그리고 반체제운동은 결국 경제사회의 불안정과 연계된다고 보아야 한다. 이탈리아식 제3의 길을 걸어오면서 나름의 성장과 복지의 혜택을 누려 왔으나, 2000년대 이후 세계 질서와 유럽의 상황은 새로운 시대를 예고하고 있는 것으로 보인다.

재정위기, 이민·난민위기 및 코로나위기 등으로 점철되는 사회변화를 거치면서 이탈리아와 유럽은 새로운 사상을 요구하고 있다. 그리고 그 해답은 여전히 자유와 평등의 변증법에서 찾아야 한다고 사료된다. 경제적 비효율과 그로 인한 국가의 부채위기는 더 이상 기존의 복지국가의 실현을 어렵게 만들고 있다. 불편한 진실은 자유와 성장이 부재한 상태에서 형평과 복지가 가능하지 않다는 사실이다.

III

제도기구 및 통치론

1. 공화국 헌법[75]

1) 이탈리아 통일과 헌법

이탈리아는 19세기 말 토리노를 수도로 하는 피에몬테왕국 중심으로 통일을 맞이하여 통일 이탈리아의 헌법도 자연스럽게 피에몬테왕국에서 제정한 알베르토헌장(Statuto Albertino)이 그대로 사용되었다. 이 헌장은 1848년 당시 유럽이 혁명으로 몸살을 앓고 있던 시기에 절대왕정이 위협을 받게 되자 입헌군주제로 변모한 시도로 이해될 수 있다.

알베르토헌장은 자유주의적 속성을 지니고 있었는데, 우선 권력의 분립을 가정하였다. 상원은 군주에 의해 임명되었지만 하원의 경우 선거를 통해 선출되었다. 행정부의 경우도 왕에 의해 임명되었으며, 사법부 역시 왕에 의해 임명된 자들로 채워졌다. 입헌군주제를 지향하였다고는 하지만 헌장 설립 당시에는 여전히 군주의 권력이 상당하였다고 보아야 하며, 다만 시간이 흐르면서 사회변화에 따라 점차적으로 시민에 의해 직접 선출되는 대의민주제로 이행하였다고 볼 수 있다.[76]

헌장은 또한 군주가 양보하여 인정된 법이었다. 당시 유럽의 사회상이 민중들에 의해 봉기가 빈번히 발생하였고 공화주의의 요구가 드세어짐에 따라 선제적으로 법제화를 시도하였다고 판단된다. 결국 시민에 의해 만들어진 것이 아닌 군주 스스로 작성하였다는 점에서 흠정헌법의 전형적인 사례로 수용된다.

알베르토헌장은 이후의 공화국 헌법 대비 조항들의 수치가 적은 수준이었다.[77] 1948년의 공화국 헌법 139조 대비 총 84조에 불과하였으며, 상당한 부분이 군주에 의해 정부조직이 구성되며 시민의 권리와 의무에 관하여는 적은 수의 조문이 포함되었다.

헌장은 연성헌법적(Costituzione Flessibile) 성격을 지니고 있어, 이후 상당한 논란거리를 제공하는데, 즉 의회에서 절대다수의 지지를 받는 일반 법률에 의해 수정될 수 있는 것이었다. 이러한 성격은 파시즘 체제에서 일반법의 개정을 통해 독재체제를 굳히는 과정을 용이하게 만들었다는 비판을 받기도 하였다. 동시에 헌정 질서 파괴의 부재에도 불구하고 파시즘의 태동과 몰락이 가능하였다는 해석도 있는데, 통일 이탈리아 군주가 1922년 무솔리니에게 조각을 의뢰하여 파시즘 정부가 탄생하였던 사실 그리고 1943년 이탈리아 남부가 연합군에 의해 해방되면서, 국왕이 다시금 피에트로 바돌리오(Pietro Badoglio) 원수에게 조각을 명하면서 파시즘 체제가 공식적으로 붕괴된 역사가 바로 그것이다.

2) 공화국 헌법의 제정

이차대전 이후 이탈리아는 비록 패전국의 신분이었지만 연합군에 의해 독일로부터 해방되는 상황을 맞이하였다. 1943년 파시즘 체제가 실각하는 시기를 전후하여 이탈리아 북부 지역에서 레지스탕스 활동이 본격화되며 이는 민족해방위원회를 중심으로 전개되었다. 이 위원회에는 6개의 정파가 이념의 좌우를 불문하고 공동의 전선을 펼쳤으며, 이들은 전후 새로운 국가건설에서 주도 세력으로 부상하였다.

이러한 배경하에 1945년 9월 25일 첫 회의가 소집된 국가자문회의(Consulta Nazionale)가 설립되었으며 민족해방위원회의 구성원들이 대거 참여하였다.[78] 새로운 시대를 맞이하여 국가의 형태를 묻는 국민투표가 1946년 6월 2일 실시되어 공화국이 군주제에 신승하는 결과를 낳았다. 지역적으로 보면 남부에서는 왕정에 대한 선호도가 더 높게 나와 이후에도 국민통합과 새로운 공화국의 건설이라는 측면에서 불안한 요소를 내포하였다고 볼 수 있다. 이는 19세기 말 이탈리아 통일 과정에서 나타난 남부의 홀대현상이 다시금 재현되었다는 측면에서 우려스런 결과였다.

국민투표와 더불어 제헌의회(Assemblea Costituente) 의원 선거도 동시에 실시되어 이들은 소위원회를 구성하면서 본격적인 공화국 헌법안 기초 작업에 나서게 된다. 제헌의회에서는 초기에 75명의 의원들이 3개의 위원회로 나뉘어 법안을 마련하였는데, 추후 지역에 관한 소분과가 신설되기도 하였다. 공화국의 헌법은 1947년 12월 22일 제헌의회에서 찬성 453표 대 반대 62표로 통과되었으며, 27일 임시대통령을 맡고 있던 엔리코 데 니콜라(Enrico de Nicola)에 의해 공표되어 1948년 1월 1일 발효되었다.[79]

공화국 헌법의 구조는 다음과 같다.[80] 본문은 기본원칙, 1부 시민의 권리와 의무, 2부 공화국의 조직 그리고 부칙으로 경과규정 및 최종규정으로 구성되어 있다. 본문의 경우 총 139조이며 경과 및 최종규정은 18개조로 이루어져 있다. 기본원칙 내지 총강(Principi Fondamentali)은 12개조로 서술되어 국가형태 및 주권, 기본 인권, 시민의 평등, 노동권, 지방자치, 소수민족 보호, 가톨릭 교회의 위상, 종교의 자유, 문화촉진, 국제법의 준수, 전쟁 부인 및 국제법 준수 그리고 이탈리아의 국기에 대한 내용이 포함되었다.

1부 시민의 권리와 의무(Diritti e Doveri dei Cittadini)에서는 시민적 관계, 사회·윤리적 관계, 경제 및 정치 영역으로 세분되어 서술하였다. 시민적 관계(Rapporti Civili)는 13조에서 28조까지인데, 인신의 자유, 거주 불가침, 통신의 비밀보장, 거주이전의 자유, 집회권, 결사의 자유, 신앙의 자유, 표현의 자유, 재판을 받을 권리 및 공무원의 책임 등으로 구성된다. 사회윤리적 관계(Rapporti Etico-Sociali)는 29조에서 34조인데 가정과 혼인권, 양육권, 건강 보호권, 예술 및 학문의 자유 그리고 의무교육 및 장학제도에 대해 기술하고 있다. 경제적 관계(Rapporti Economici)에서는 35조에서 47조를 통해 노동권, 여성 및 미성년자 보호, 노동조합권, 태업권, 사유재산권, 기업의 사회화, 사적 토지소유권 그리고 협동조합 및 수공업조합 관련 규정, 노동자의 경영참가 등을 포함하고 있다. 기본원칙의 마지막 장은 정치적 관계(Rapporti Politici)를 포함하고 있는데 48조에서 54조를 통해 선거권, 청원권, 공직선임권, 국방의 의무, 납세의 의무 및 공화국과 그 헌법에 대한 충성의 의무를 규정하였다.

헌법 2부는 공화국의 조직(Ordinamento della Repubblica)을 서술하고 있는데, 의회, 공화국의 대통령, 정부, 사법부, 지방자치의 5개 장으로 구성되었다. 의회(Il Parlamento) 부분에서는 그 구성과 연석회의, 하원 및 상원의원 선거 및 임기, 의원의 피선자격과 겸직금지, 입법기능, 법률발안, 법률폐지와 국민투표, 위임입법, 대사와 감형, 국제조약의 비준 승인, 예결산의 승인 그리고 의회의 조사권을 포함하고 있다.

공화국의 대통령(Il Presidente della Repubblica) 장에서는 대통령 선출, 임기 및 합동회의 소집, 직무, 지위 및 권한, 의회해산권, 면책 및 탄핵 그리고 대통령의 선서의무를 기술하고 있다. 정부(Il Governo) 장에서는 내각의 조직과 장관의 임명, 내각총리의 권한과 책임, 공직의 조직, 국가평의회 및 회계감사원 등을 포함하고 있다.

사법부(La Magistratura)에 관한 장에서는 사법조직, 사법기능의 행사와 재판에의 국민의 참여, 사법의 독립 및 최고사법평의회의 구성과 권한, 법관 및 검찰관의 신분보장, 재판에 관한 규정, 검사의 형사소추의무 그리고 행정행위에 대한 구제수단을 서술하였다. 지방자치(Le Regioni, le Città Metropolitane, le Province, i Comuni) 관련 장에서는 공화국의 구분으로 주, 광역시, 현, 자치시의 규정, 특별자치 지역, 주의 입법권과 행정기능, 주의회의원의 선거 및 주정부의 구성, 주 헌장, 주의회의 해산, 현 및 자치시의 단체장, 주의 설정 및 합병, 현과 자치시의 경계변경 및 신설 등의 내용을 담고 있다.

이탈리아 공화국 헌법의 주요 특징은 다음과 같이 설명될 수 있다.[81] 첫째, 이탈리아 헌법은 서구 주요 국가들의 헌법과 비교하여 주권재민, 민주주의, 대의제 등을 공통적으로 포함하고 있다. 이탈리아의 경우 입헌군주제에서 공화제로 변경하여, 군주가 부재한 대신 공화국의 대통령이 그 역할을 담당하고 있다. 따라서 대통령 중심제의 대통령과는 차별적이다. 국가의 형태(Forma dello Stato)가 공화국이므로 주권이 국민에게 있음을 천명하고 있으며, 반면에 정부의 형태(Forma del Governo)는 내각책임제를 채택하여 의회 선거 결과 정부가 구성되면 그 장은 내각의 총리가 맡게 되어 있다.

둘째, 이탈리아 공화국은 지방자치에 근거한 지역국가임을 천명하고 있다. 그러나 연방국가가 아니며 좁은 의미의 단일지배의 국가도 아니라고 볼 수 있다. 서로마제국 멸망 이후 반도에서 천사백 년이나 분열의 역사를 보여온 이탈리아가 19세기 말 통일되어 오늘에 이르고 있으므로 단일지배국가를 지향하기는 어려웠을 것이고, 연방국가로 갈 수도 있었으나, 남부와 북부의 사회경제적 격차를 고려하여 단일국가이면서 지방자치를 존중하는 선에서 타협한 것으로 판단된다. 즉 분권적 성격의 지역국가라고 보아야 한다. 실제로 영국의 런던이나 프랑스의 파리와 같이 행정수도이면서 정치, 경제 및 사회문화의 중심지 역할을 하는 행태와는 다르게, 이탈리아는 현재까지도 주요 도시들이 나름의 특성을 가지고 자율성을 발휘하는 분권적 특성을 지니고 있어 독일과 보다 유사한 형태로 수용된다. 독일의 경우 연방제 헌법을 채택한 바 있다.

셋째, 알베르토헌장이 연성 헌법적 성격을 띠고 있어, 법률의 개정만으로 사실상 개헌의 효과를 보아 취약한 측면이 노정되어 왔다는 지적이 있었는데, 이는 특히 파시즘 체제를 거치면서 독재체제의 성립을 가능하게 하였다는 문제가 제기되었다. 공화국의 헌법은 이러한 과거의 폐단을 지양하고자 경성적 성격의 헌법(Costituzione Rigida)을 추구하였는데, 헌법의 개정요건을 강화하여 헌법이 여타의 법률에 비해 우위에 위치하도록 하였다.[82] 또한 헌법의 지위를 보장하기 위한 수단으로 헌법재판소를 포함하여 헌법의 정신과 철학이 훼손되지 않도록 배려하였다.

넷째, 공화국 헌법 제1조는 여타 유럽국 대비 특이한 점을 보여주고 있는데, "이탈리아는 노동에 기초한 민주공화국이다. 주권은 국민에게 있다. 국민은 헌법이 정하는 형식과 범위 내에서 이를 행사한다"라고 서술하고 있다.[83] 여기서 노동의 신성성이 강조되었는데, 그 배경은 헌법조문 작성 과정에서 좌파와 우파 정당들이 양보와 타협을 통해 만들어진 유산이었다. 실제로 사회당과 공산당 일부에서는 '노동에 기초한 민주공화국'(Una repubblica democratica, fondata sul lavoro) 대신에 '노동자의 공화국'(Una repubblica dei lavoratori)을 주장하였는데, 이는 사회주의 헌법의 내용으로 이해되어 기민당의 판파니가 절충안을 제시하였고, 결국 노동에 기초한 민주공화국이라는 문구가 최종적으로 채택되었다.[84] 노동을 강조한 제1조의 내용은 좌파 정당들이 헌법을 만드는 과정에서 소외되지 않고 주체적으로 참여하였으며, 기독교적 전통과 사회주의적 이념들이 헌법 전반에 걸쳐 나타나고 있음을 보여주고 있다.

이러한 좌우합작의 전통은 주지하다시피 반파시즘 전선을 구축하기 위한 민족해방위원회에서의 공동투쟁의 역사에서 비롯되는 것으로, 이들 정파들은 건국 과정에서 주도세력으로 나서면서 협동의 정신을 발휘한 것으로 평가받을 수 있다. 다만 이러한 우호적 환경은 1940년대 후반 세계질서가 미국과 소련으로 양분되는 냉전(Guerra Fredda)이 본격화하면서 그리고 미국의 대유럽원조계획(European Recovery Programme)인 마샬플랜의 수혜를 받기 위해 정부에서 공산당과의 더 이상의 공동정부운영이 불가능해지면서 지속할 수 없게 되었다. 이후 이탈리아공산당은 만년 야당으로 부패수사 이전 시기까지 자리매김하였다.

다섯째, 기독교적 성격과 좌파적 이념이 적정 수준에서 타협된 이탈리아 헌법은 다양한 부분에서 그 정신이 표출되었다. 이는 특히 사회경제적 관계에서 다양하게 나타나고 있는데, 국가의 역할을 강조하면서, 노동, 복지, 평등, 파업권의 인정 등을 포함함으로써 자유민주주의적 기초에 더하여 사회주의적 요소를 가미하여 혼합적 그리고 절충적 성격을 띠고 있다. 가족, 건강 및 사유재산에 대한 규정에서도 국가의 중재적 성격을 강조하여 결국 이탈리아 공화국 헌법이 경제적으로는 케인즈주의에 입각하면서도 정치·사회적으로 사회민주주의적 전통에 근사하고 있다는 인상을 주기에 충분하다고 사료된다.

여섯째, 이탈리아 헌법은 기본 철학으로 직전 체제인 파시즘을 철저하게 부정하는 유산을 채택하였다. 반파시즘정신은 패전국으로서 이탈리아인들에게 극복해야 하는 대상이었으며, 이탈리아 역사에서 예외적인 시기에 예외적으로 만들어진 기형아였다는 점을 강조하고자 했다. 특히 일당독재에 대한 혐오에서 채택된 단순비례대표제를 통한 의회선거는 다수당이 나오기 어렵게 할 뿐 아니라 선거 이후 다수의 정당들이 난립하는 상황을 유도하여 결국 이들 정당들이 타협과 화해의 정신으로 정치를 이끌기를 바랐다고 보아야 한다. 또한 경과규정 부칙 12조에서는 해산된 파시스트정당의 부활을 금지하고 독재체제에서 고위직에 종사하였던 자들에 대해 향후 5년간 투표권 및 피선거권을 제한함으로써 파시즘체제에 대한 응징의 의사를 천명하였다.

일곱째, 공화국 헌법에서 눈여겨보아야 할 또 다른 점은 가톨릭교회에 대한 위상이 헌법조문에서 보장받고 있다는 사실이다. 제7조는 국가와 가톨릭교회가 각각 그 고유의 질서 내에서 독립적이고 주권적이라 표명하고 있고, 그 관계는 라테란조약에 의해 규정된다고 밝혔다.[85] 또한 그 관계의 개정은 헌법개정의 절차를 요구하지 않는다라고 규정하였다. 이로써 여타 종교와 종파 대비 가톨릭에 대한 독점적 지위를 인정한 셈이며 사실상 국가의 종교로서의 지위를 획득하였다고 평가할 수 있다. 라테란조약 제1조에서는 1848년 알베르토 헌장에서 표명된 가톨릭 교회가 이탈리아에서 유일한 국가의 종교임을 밝히고 있으며 이를 재확인한다고 언명하였다.[86] 이러한 조항에 대해 사회당과 공산당이 적극적으로 이의제기를 하지 않았다는 점도 특이할 만하다. 공화국 헌법 7조는 350표의 찬성과 149표의 반대로 통과되었는데, 반대표들은 대체로 사회당과 중도의 비가톨릭 세력들로 추정되었다. 이를 통해 가톨릭교회와 기민당의 관계가 안정성을 지니게 되었다고 볼 수 있다.

여덟째, 공화국 헌법은 여러 조문에서 개인과 국가를 매개하는 다양한 중간집단에 대한 배려를 아끼지 않았다. 제2조에서 사회조직의 연대를 강조한 점이나, 45조에서 국가가 상호부조의 특징을 지니면서 사적인 투기의 목적을 갖지 않는 협동조합의 사회적 기능을 인정하였다. 또한 법률이 수공업자의 보호와 발전의 조치를 규정한다고 언명함으로써 이들 매개적 중간집단에 대한 특별한 관심과 배려를 표출하였다. 실제로 이탈리아의 역사나 경제구조에서 수공업자와 중소기업의 위상이 중요하다고 볼 때 이러한 조문들이 이해될 수 있으며 사실상 직능집단의 자율성을 보호육성하려는 조합주의적(Corporativo) 성격을 지닌다고 보아야 한다.

3) 헌법개정과 그 역사

앞서 언급한 바와 같이 이탈리아 헌법은 경성적 성격을 띠고 있어 그 개정 요건이 까다롭다. 그런 이유로 해서 그간 헌법의 근간을 바꾸는 개정작업이 이루어진 바 없다. 부분적인 사항에 대한 수정이 있기는 했으나 이들은 헌법의 골격을 건드리지 않아 사실상 이탈리아 공화국 헌법은 70년간 유지되고 있다고 보아야 한다. 2016년 말 마테오 렌치 정부가 시도한 상원의 축소와 현(Provincia)의 폐지를 골자로 하는 헌법개정이 국민투표를 통과하였다면 새로운 공화국이라 불릴 수 있었으나 부결된 바 있다.

헌법 139조는 공화제가 헌법개정의 대상이 되지 않는다고 정하여 입헌군주제인 구체제로의 회귀를 금하고 있다. 이탈리아의 공화제는 대통령 중심제가 아니라 의회민주주의 내지 내각책임제를 그 근간으로 하고 있다. 그리고 국가의 주요 기관으로 의회, 정부, 대통령, 헌법재판소 그리고 지방자치를 설정하였다. 138조는 헌법개정의 법률 그리고 기타의 헌법적 법률은 상하 양원에서 3개월 이상의 기간을 두고 연속된 2회의 의결로서 결정되며, 두 번째의 표결에서는 각 의회의 절대다수로서 승인되도록 하였다. 그리고 의회를 통과한 법률은 공포 이후 3개월 이내에 양원 중 한 의회의 1/5 또는 50만 명의 선거권자 또는 5개 주 의회가 요구할 경우 국민투표에 부치도록 되어 있다. 그러나 법률이 각 의회의 두 번째 표결에서 2/3 이상의 다수로 가결될 때에는 국민투표의 과정이 필요치 않다고 언급하였다. 이를 통해 이탈리아 공화국의 헌법이 경성적 성격을 띠고 있다는 사실을 확인할 수 있다.

이탈리아 공화국 헌법은 그간 17차례 헌법적 법률(Legge Costituzionale)을 통해 개정되어 왔다. 최근의 주요한 수정 내용으로는 1999년 재외국민 투표제 도입, 2000년 해외 동포구 신설, 2001년 지방자치제도의 전면 개정, 2003년 남녀 동등기회 조항 추가, 2007년 사형제의 폐지, 2012년 예산 균형의 의무 도입, 2020년 상원과 하원의원 수 축소 그리고 2021년의 상원의원 선거권 나이 하원과 일치 등이 있다. 특히 2020년에는 국민투표를 통해 하원 630석에서 400석, 상원 315석에서 200석으로 국회의원 수의 축소안이 채택되어 2023년 5월 28일 총선부터 실시될 예정이다.[87]

2. 주요 국가기관: 의회, 내각, 사법부[88]

이탈리아 공화국은 내각책임제, 의회 중심제를 기본으로 하며 행정부, 입법부, 사법부가 독립적으로 존재하는 삼권 분립의 통치 체제를 갖추고 있다. 의회는 상하원으로 구성 되는 양원제(Bicameralismo)를 채택하며 입법부인 의회가 통치 체계에서 가장 중요한 역할을 담당하고 있다고 할 수 있다. 국가의 수반인 대통령은 상징적인 존재이며 행정 수반인 총리가 국정에서 핵심 역할을 수행한다.

내각책임제 국가의 특성을 반영하여 정부는 상하원 양원의 신임을 기초로 구성되며(헌법 94조) 정부의 법안이 의회를 통과하지 못할 경우 정부의 위기가 발생하고 문제가 해결되지 않으면 정부가 해산되고 조기총선을 치루거나, 위기관리내각이 들어서는 관행을 보여왔다. 따라서 대통령 중심제에서 발생할 수 있는 여소야대 현상은 이탈리아에서 가능하지 않은 현실이다.

<그림- 1> 이탈리아 국가체제의 구조

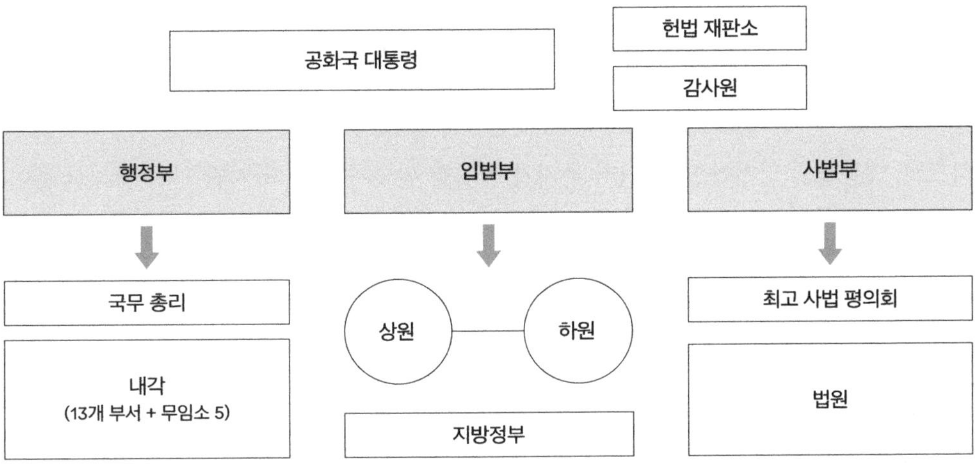

헌법 제104조는 사법부가 타의 여하한 권력으로부터 독립된 하나의 자주적인 질서를 구성한다고 천명하고 있다. 사법부는 만민평등사상에 기초하여 삼심제에 기초한 법원이 운영되고 있으며, 1958년 설립된 대통령이 주재하는 최고사법평의회(Consiglio Superiore della Magisturatura)가 사법부의 규정에 따라 법관의 임용, 배치, 전보, 승진 및 징계를 관할한다. 또한 헌법적 질서의 원활한 운영과 보장을 위해 헌법재판소(Corte Costituzionale)가 설치되어 있다.

1) 국가수반으로서의 공화국 대통령

① 선출방식 및 임기

국가수반(Capo dello Stato)은 대통령이며, 공화국 헌법 제87조에 따르면 대통령은 국가

원수이며 국가의 통합을 상징한다. 50세 이상의 시민권 및 참정권을 지닌 모든 국민은 대통령으로 선출될 수 있다. 대통령은 양원합동회의에서 선출한다. 또한 소수의 대표성을 보장하기 위해 선출된 각 주의 대표 3명이 선거에 참가하며, 그중 발레 다오스타(Valle d'Aosta)는 대표 1명만이 선거에 포함된다. 대통령 선거는 비밀 투표이며 재적의원 3분의 2 이상이 찬성해야 한다(헌법 제83조). 그러나 3차 투표 이후에는 절대다수로 선출된다.

대통령의 임기는 7년이며, 법적으로 명시된 임기 제한 횟수는 없으나 관례적으로 보아 재선은 불가하다. 대통령 임기 만료 30일 전에 하원의장은 양원합동회의와 주 대표를 소집하여 새 대통령을 선출한다(헌법 제85조). 대통령은 상징적 국가수반으로서의 역할을 수행하므로, 대통령의 임기와 의회 선거 주기가 일치할 필요가 없다. 하지만 의회가 해산 중이거나 해산 3개월 전일 경우, 새로운 의회의 첫 개회 후 15일 내에 선거를 실시한다. 그 기간 동안은 대통령의 권한이 연장된다. 대역죄나 헌법 위반의 경우에는, 양원합동회의에서 의원 절대 다수로 대통령을 탄핵할 수 있다.

② 공화국 대통령의 핵심 권한

헌법 제87조-88조에는 대통령의 권한이 명시되어 있다. 대통령은 행정부가 발의한 법안의 의회 제출 허가, 법률 공포 및 법률의 효력을 가진 명령, 규칙의 제정, 헌법과 관련된 일반 국민투표 소집, 의회에서 승인된 국제조약 비준의 권한이 있다. 대통령은 특별사면 혹은 감형을 할 수 있다. 대통령은 임기 만료 전 6개월 동안은 의회 해산권을 행사할 수 없으나, 해당 기간이 의회의 임기 만료 전 6개월과 전부 또는 일부 겹치는 경우 해산권을 행사할 수 있다. 대통령은 의회 의장들과 협의하여 한 원이나 양원 모두를 해산할 수 있다. 대통령은 임기 후 종신상원의원(Senatore a Vita)으로 추대되며, 임기 중 5명의 헌법재판소 재판관에 대한 임명권이 있고 군대의 최고통수권자, 최고국방평의회(Consiglio Supremo di Difesa) 의장, 최고사법평의회 의장 등을 맡으나 실권은 크게 제약되어 있다.

의회와의 관계에서 국가수반인 대통령과 의회의 핵심 기능은 겹치지 않으며, 공화국 헌법 제73조와 제74조에 따르면 대통령은 양원에서 승인된 법률을 1개월 내에 공포하거나, 이유를 명시한 의견서를 의회에 송부하여 공포 예정된 법률의 재심의를 요구할 수 있다. 해당 법률이 의회에서 다시 통과되면 그대로 공포된다.

③ 국가수반 관련 조직 개요

대통령실의 사무국은 9개 부서(Ufficio)와 15개의 직속 기구(Servizio), 그리고 기록 보관소(Archivio Storico)로 구성된다. 사무국의 대표는 사무총장이며 그 밑으로 서로 다른 역할을 수행하는 3명의 사무부총장이 있다. 9개의 부서는 일반업무 비서실과 대통령 비서실을 포함하며, 대통령의 역할 수행과 직접적으로 관련된 모든 업무들을 수행한다. 15개의 직속 기구는 대통령실 내 업무의 연속성을 고려하여 영구적 조직으로서의 역할을 수행하며, 능력과 연공서열에 따라 사무총장이 임명한 경력 공무원들로 구성된다. 또한 대통령에 의해 임명되는 특별비서(Segretaria Particolare del Presidente) 1명과 대통령 특별 고문/보좌관(Consiglieri) 11명, 자문위원(Consulenti) 3명이 있다. 이 외에도 대통령 경호 및 대통령실 보안을 위한 사무실이 4개가 있으며, 감사실과 홍보실이 특별 기구로 존재한다.[89]

2) 양원제: 상원과 하원

이탈리아 의회는 상하원으로 구성되어 있는 양원제이다. 상원은 주 단위로 나뉜 선거구에서 315석, 하원은 전체 인구수에 비례하여 630석을 선출하여 왔다. 이탈리아의 하원과 상원이 동일한 권한을 행사할 수 있는 불완전한 제도로 인해 2016년 12월의 국민투표 당시 렌치 전 총리는 상원의 의석수를 상징적인 수준으로 개혁하려 했다. 하원은 제1당에게 55%의 안정적인 과반수 의석을 보장하지만, 상원의 경우 주 단위로 프리미엄을 제공하고 있다. 이러한 제도의 문제로 인해 2013년 총선 결과 정부가 신속하게 구성되지 못하는 상황(Hung Parliament)이 발생하기도 했다. 또한 하원에서 통과된 법률이 상원에서 수개월에서 임기가 끝날 때까지 처리되지 못하는 일이 빈번하게 일어나고 있다. 대통령은 의회 의장들과 협의하여 한 원이나 양원 모두를 해산할 수 있다. 대통령은 임기 만료 전 6개월 동안은 의회 해산권을 행사 할 수 없으나, 해당 기간이 의회의 임기 만료 전 6개월과 전부 또는 일부 겹치는 경우 해산권을 행사 할 수 있다. 대역죄나 헌법 위반의 경우에는, 양원합동회의에서 의원 절대 다수로 대통령을 탄핵할 수 있다. 2017년의 선거법은 의석수 1/3을 소선거구제하에서 다수대표제로 나머지 2/3는 비례대표제로 선출하는 방식이다. 다수대표제의 다수당에게는 프리미엄을 제공하도록 마련되었다. 2020년 헌법개정을 통해 상하 양원의 의석수를 대폭 감소함으로써 차기 총선에서 상당한 변화가 예견된다. 또한 2023년 총선을 앞두고 추가적인 선거법의 개정이 시도될 것으로 보인다.

아래 표에서는 전후 선거제도의 변화를 보여주고 있다.

<표- 1> 이탈리아의 선거제도 변화

표위	개정 내용	비고
1948-1993	•인구비례대표제	•하원은 인구비례대표제+선호도 투표
1993-2005	•재적 인원의 3/4는 소선거구제, 1/4은 비례대표제	•전국적으로 유효 투표의 4% 이상 득표한 정당에게만 의석 배분
2005-2017	•인구비례대표제 •최대 득표 정당-연립 정당에 다수 프리미엄 •정치인 선호도 투표 제도 폐지 (정당에 투표) •하원 12석, 상원 6석은 해외 선거구에서 선출	•다수 프리미엄: 하원 54% (320/630석) 보장 상원 (주 단위 결과로) 55% 보장 •해외 선거구 제도 도입
2017 개정안	•재적 인원의 약 1/3 은 소선거구제, 2/3은 비례대표제 •소선거구제 최다 득표 정당-연립정당에 다수 프리미엄 •하원 12석, 상원 6석은 해외 선거구에서 선출	•다수 프리미엄: 하원 231/630석 상원 116/320석 보장 •선거 이전부터 정당 연합 가능

① 선거구 설정 및 선거관리, 중앙선거관리위원회 구성

1993년 이후로 하원의원 선거에는 27개의 선거구(Circoscrizioni)로 구분하여 실시한다. 상원의원 선거에서는, 헌법에 명시된 바와 같이 각 20개의 주(Regione)가 하나의 선거구가 된다. 선출 과정에서 각 지역은 국가 차원과 관련이 없는 단일 구역이다. 지방 선거에서는 하나의 현(Provincial)이 선거구가 되며, 일부 의석은 지방 차원의 의석으로 배정된다. 자치시 선거에는 선거구를 구분하지 않는다.

한국의 경우 중앙선거관리위원회는 헌법에 명시된 기관이다. 하지만 이탈리아는 하나의 통일된 기구가 선거의 전반적인 활동을 담당하는 것이 아닌 여러 기관이 선거 활동과 관련된 업무를 분담하여 수행한다. 첫 번째는 내무부의 선거관리본부(La Direzione Centrale dei Servizi Elettorali)와 각 지역의 중앙정부지역사무소이다. 내무부의 선거관리본부는 선거의 준비 활동에 필요한 모든 업무를 수행하며, 선거의 진행은 중앙정부지역사무소(Prefettura- Ufficio Territoriale del Governo)와 함께 협력하여 업무를 수행한다.[90]

보다 세부적으로는, 선거의 진행과 관련된 기구로 자치시 선거관리사무소(Ufficio Elettorale di Sezione)와 선거구 관리사무소(Ufficio Elettorale di Circoscrizioni)가 있다. 자치시 선거관리사무소는 선거구(Circoscrizioni) 내의 자치시 별 선거 관리 사무소이며, 사무소장은 해당 지역의 항소원장이 임명한다. 사무소의 구성원으로는 선거감시관(Scrutatori)과 서기(Segretario)가 있다. 선거감시관은 2-4명으로 사무소 부소장의 역할을 한다. 현 선거 위원회에서 지명하며, 서기는 현의 유권자들 중에서 선출된다. 구역선거 관리사무소는 하원선거 시 운영되며, 세 명의 법관으로 구성된다. 세 명의 법관은 해당 지역의 항소원 혹은 일반법원의 장이 임명한다(선거관리법 1957년 제361호).

② 의회 운영 및 위원회 구성방식

의회 개원을 위한 첫 소집은 국회의원 선거일로부터 20일 내에 이루어지며, 이는 대통령령으로 명시되어 있다. 또한 헌법 제61조에 따르면 다음 총선에 임박하여 의회가 해산될 경우 입법 과정과 같은 의회 업무의 연속성을 위하여 의회 활동의 유예를 인정하고 있다.

의회의 가장 중요한 역할인 입법 활동이 이루어지는 본회의 외에도 다양한 기관들이 존재한다. 상원의장의 추천으로 내각의 총리는 상원의 사무총장을 임명한다. 상원의 사무총장이 대표가 되는 사무처에는 일반 업무실, 입법부, 홍보실, 정보 전략실, 행정업무평가실,

노동 안전실, 감찰실이 있다.

<그림- 2> 이탈리아의 의회: 상원과 하원[91]

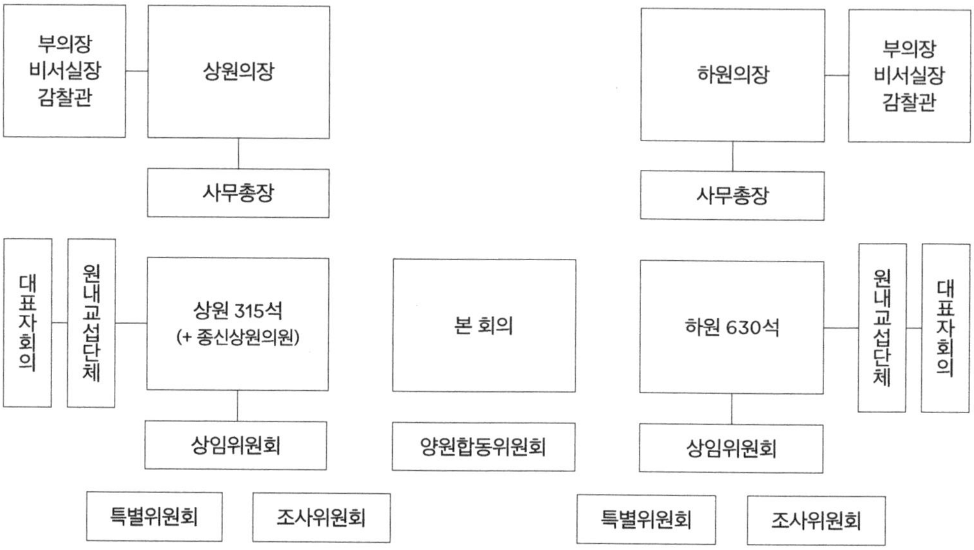

의원 수, 임기 및 선출방식에서 상원과 하원은 그 권한과 동등성에 따라 조직 형태도 유사하다. 상원과 하원에 개별적으로 설치된 기구들과 양원을 아울러 설치된 기구들도 있다. 의회의 위원회에는 상임위원회(Commissione Permanente), 상·하양원의원으로 구성되는 양원합동위원회(Commissione Interparlamentare), 특별위원회(Commissione Speciale), 조사위원회(Commissione d'Inchiesta) 등이 있다. 가장 중요한 상임위원회는 상·하원 모두 14개로 나뉘어 운영되고 있다. 각 상임위원회의 위원 수는 원칙적으로 동일하며 각 교섭단체(Gruppi Parlamentari)[92]의 건의에 따라 의장이 배정, 선임한다. 이탈리아 의회의 상임위원회는 의안의 단순한 예비심사기관에 불과한 것이 아니라 본회의와 함께 독자적인 입법기관으로 역할을 한다는 점에서 특별한 위치를 차지하고 있다. 상임위원회는 본회의에 보고할 필요가 있는 안건을 심사하며 대정부 질문을 하고 정보의 수집 및 현지 조사를 행한다.[93] 양원 합동회의 시 의장과 사무총장은 하원의 의장과 사무총장이 맡는다(헌법 제63조).

상하 양원의 의장은 의회가 개원된 후 일정한 절차를 거쳐 선출된다. 하원의장의 경우 하원 재적의원 2/3 이상의 찬성에 의해 비밀투표로 선출되며, 첫 투표에서 이 조건을 충족시키지 못할 경우 4단계에 걸쳐 재투표가 실시된다. 이는 상원의장의 경우에도 마찬가지이나, 단계에 따른 조건에는 차이가 있다. 4차 투표 이후에도 동점자가 나올 경우 연장자를 의장으로 선출된다.[94] 양원 의장은 선출 후 각 의장실을 구성하여 의회의 가장 중요한 정치 기구로 출범시킨다. 선출 전까지는 의회 개원 이전과 의장 선출 전의 원활한 의정활동 진행을 위해 임시 의회 의장실이 설치된다. 하원의 경우 임시 의장은 이전 의회의 부의장 중에서 가장 연장자를 선임하게 된다. 상원의 경우에는 일반 의원 중 연장자를 선임한다. 의장과 함께 4명의 부의장이 선출된다. 상하 양원의 의장실에는 각 3명의 감찰관도 존재한다. 이들은 의회의 일반 행정 업무를 감찰하며, 총회와 분과 회의의 질서 유지 및 의사진행규정 및 법령 적용 등의 업무를 담당한다.[95] 의회는 입법 기능 이외에 다수의 국가 주요기관의 구성원을 선출하기 위한 선거를 진행한다.

의회는 헌법재판소 재판관 5명에 대한 선거 권한과 최고사법평의회 위원 8명에 대한 선거 권한을 부여받으며, 양원 의장들은 대통령이 주재하는 최고국방평의회 의원 2명에 대한 선출 권한을 가지고 있다.

3) 내각과 행정부

행정수반(Capo del Governo)인 국무총리는 내각의 의장(Presidente del Consiglio dei Ministri) 역할을 수행한다. 대통령이 총리 후보의 임명을 거부할 수는 있으나, 관례적으로 대통령은 형식상의 임명권을 행사하며 총선 결과 다수를 차지한 정당이나 정당연합에 의해 추천되고 대통령에 의해 조각을 위임받은 자가 내각의 총리로 임명된다.

내각책임제하에서의 총리부 내지 수상집무실의 역할수행 행태는 세 가지 유형으로 대별할 수 있다. 첫째는 총리부가 모든 책임을 지며 적극적인 역할을 수행하는 형태이며, 둘째는 내각이 집합적으로 책임을 지는 협조적인 형태(Collegialità)이고, 세 번째는 관료제와 행정체계에 기반한 각 행정부서의 독자적인 영역이 강조되는 형태이다. 이탈리아의 사례는 마지막의 경우와 유사한데 정부 부처간의 협조와 조정이 부진한 것으로 평가받고 있다. 이는 곧 내각 총리의 조정능력 결여와도 연결된다. 1992년 부패수사 이후 내각과 주요 정당의 관계가 과거의 행태를 경로의존적으로 이어받아 근본적인 변화를 결여한다는 분석도 제기된 바 있다.[96]

행정부는 국무총리와 각 부의 장관들로 이루어지고, 이들은 함께 국무회의를 구성한다. 헌법 제94조는 '행정부는 양원의 신임을 받아야 한다'라고 명시하고 있으며, 정부는 구성 후 10일 내에 신임을 받기 위해 의회에 출석해야 한다.

각 의회는 호명 투표로 표결되고, 이유가 명시된 발의를 통해 신임을 부여하거나 철회한다. 내각의 총리는 정부의 일반 정책을 집행하고 그에 대해 책임진다. 장관들은 국무회의의 행위에 대해 연대하여 책임지고 각 부처 행위에 대하여 개별적으로 책임진다.

국가의 실질적인 행정을 담당하는 총리부 지원실은 그 규모가 대통령 비서실에 비하여 방대하다.[97] 먼저 총리부 지원실에는 업무를 총괄하는 사무총장 1명이 있고, 그 밑으로 사무부총장 3명이 있다. 총리부 지원실은 그 성격에 따라 크게 3개의 사무국으로 분류할 수 있다. 첫째는 내각 지도부 직속 사무국이며, 총리 및 각 부처의 장·차관(무임소 장·차관 제외)들과 직접적으로 협력하며 역할을 수행하는 15개의 사무실로 구성되어 있다. 총리 직속 사무실(Uffici di Diretta Collaborazione del Presidente)은 총 4개이며 이는 총리비서실, 홍보 및 대변인실, 외교정책보좌실, 군사정책보좌실이다. 장차관 직속 사무실(Uffici di Diretta Collaborazione dei Ministri senza portafoglio e dei Sottosegretari)은 11개이며 각 부의 장관 혹은 차관과 직접적으로 협력하며 지원하는 역할을 수행한다. 두 번째로는 독립 부처 및 사무실(Dipartimenti e Uffici Autonomi)이다. 17개의 일반 업무 부서 혹은 사무실과 총리가 지정한 특정 업무를 담당하는 10개의 사무실이 있다. 마지막으로는 특정 업무 담당 조직(Strutture di Missione)이다. 특정한 목적을 가진 업무를 담당하는 8개의 조직과 2 단위가 있다.[98]

국가수반인 대통령은 총리 임명권을 가지고 있다. 하지만 총선 결과 다수를 차지한 정치 집단에서 선발된 대표를 총리로 임명한다는 점에서 형식적인 총리 임명권이라고 볼 수 있다. 내각을 구성하는 장관들의 경우에도, 총리와 집권 연립정권 내 정당들의 합의하에 선정된 장관 후보들을 이변이 없는 한 대통령이 그대로 임명한다. 그러나 이탈리아의 대통령은 정부의 위기 시 중요한 역할을 맡기도 한다. 정부의 위기인 내각의 힘이 약화될 때, 다양한 정치 세력들로부터 의견을 구하는 과정(Consultazioni)을 통해 조정자로서 대통령의 역할이 중요해지는 상황이 발생한다.

총리와 내각은 상하 양원의 신임을 기초로 출범하며, 이탈리아에서는 헌법 94조의 내용에도 불구하고 정부의 법안이 하나라도 부결될 시 바로 정부의 위기(Crisi di Governo)로 이어지는 내각책임제로 운영된다. 또한 총리를 포함하여 내각의 장관 대부분이 국회의원이므로 의회와 정부는 불가분의 관계를 지닌다고 볼 수 있다. 또한 정부의 수명과 그 존폐 여부가 의회의 의지에 달려 있다는 측면에서 그 특징을 살필 수 있다. 그러나 이탈리아 정치 현실의 관행을 보면, 집권 여당연합 내의 불협화음으로 소수정당들이 반기를 들어 정부가 붕괴되거나, 아니면 최대 집권 여당 내부의 계파(Correnti) 간 갈등으로 위기를 맞이하는 사례가 빈번하였다는 사실을 감안할 때 이탈리아의 국가 운영에서 정당정치(Partitocrazia)의 중요성을 간과할 수 없다.

내각은 총리와 장관들로 구성된다. 이탈리아의 내각은 잦은 정권교체 때문에 안정적이지 못하다고 볼 수도 있으나 집권당, 인물, 자리의 연속성이 그 어느 서구 국가보다도 일관성을 보이기 때문에 어떤 면에서는 가장 안정적인 정권이라는 역설이 가능하다. 또한 내각의 장관들은 우선 자신이 소속하고 있는 정당을 대변하기 때문에 정당의 정책에 충실하게 되는데 정부의 구성이 주로 연정(Coalizione, 연립내각)이므로 여러 다른 정당들의 목소리를 하나로 내는 데에는 한계가 있어 총리의 노력도 한시적 조정으로 비추어진다. 이러한 결과로 정부가 집합적 결정기관으로서의 비효율성을 보이고 행정 부서간의 협조체제가 미흡한 실정이다.

내각의 각 부처 장관은 총리가 임명한다. 2022년 1월 기준 이탈리아 내각은 14개의 부처와 8개의 무임소 부처(Ministro senza portafogli)로 구성되어 있다. 내각 부처의 수와 관련된 법안은 지속적으로 개정되어 왔다. 내각의 장관과 차관은 국회의원 중에서 임명되는 것이 일반적이다. 장, 차관의 실질적인 인사권은 총리와 의회를 구성하는 집권 여당연합에 있으며, 대통령은 형식적인 임명권을 갖는다(2009년 법령 제172호).

4) 사법부의 구조와 특징

① 사법부 구성/편제 및 운영방식

법원은 법이 모두에게 평등하다는 만민평등법사상(La legge è uguale per tutti)에 기초하고 있다. 법관의 독립성과 자율성이 존중 받고 있으며, 법원은 이중 체계(프랑스의 법체계에 기초)에 근거하고 있다. 법원은 크게 보통 법원, 행정 법원, 회계 법원, 조세 법원, 군사 법원의 5범주로 분류된다. 민사, 형사 재판을 담당하는 일반법원(Corte Ordinaria)은 총 3심으로 구성된다. 1심은 보통법원(Tribunale Ordinario)에서 담당하며 합의의 가능성이 높은 민사, 형사 재판의 경우 평화법원(Giudice di Pace)에서 처리된다. 형사 사건 중 중범죄의 경우에는 중죄원(Corte d'Assise)에서 처리된다. 민사 및 형사소송을 다루는 2심의 역할은 고등재판소인 항소원(Corte d'Appello)에서 맡게 되며, 총 3인이 공동으로 판결을 내리게 된다(2명의 판사와 1명의 항소원장). 3심인 최종 재판은 대법원(La Corte di Cassazione)에서 실시되며 헌법적 문제가 아닐 경우 이곳이 가장 상위의 심판 기관이다.[99]

행정법원(Corte Amministrativa)은 공공적·행정적 문제를 처리하는 기관으로 구실하는데, 행정법원에서는 개인을 행정 기관으로부터 보호한다는 차원과 공공기금의 사용을 통제하기 위한 기능을 주로 한다. 전자의 기능에 대해서는 2단계로 구성되는데 1심에서는 주 행정법원(Tribunale Regionale Amministrativo)이 설치되어 있다. 지방행정법원에서의 결과에 문제가 있을 경우 2심이며 최종 단계인 국가평의회(Consiglio di Stato)에 소송을 제기할 수 있다. 국가평의회는 헌법에 명시된 법적 행정 자문 기관이며, 행정에 있어서의 공정성을 보호하는 기관이다. 행정법원의 후자의 기능인 공공기금의 통제에 대해서는 회계감사원 (Corte dei Conti)에서 처리된다.

<그림- 3> 이탈리아의 법원 체계[100]

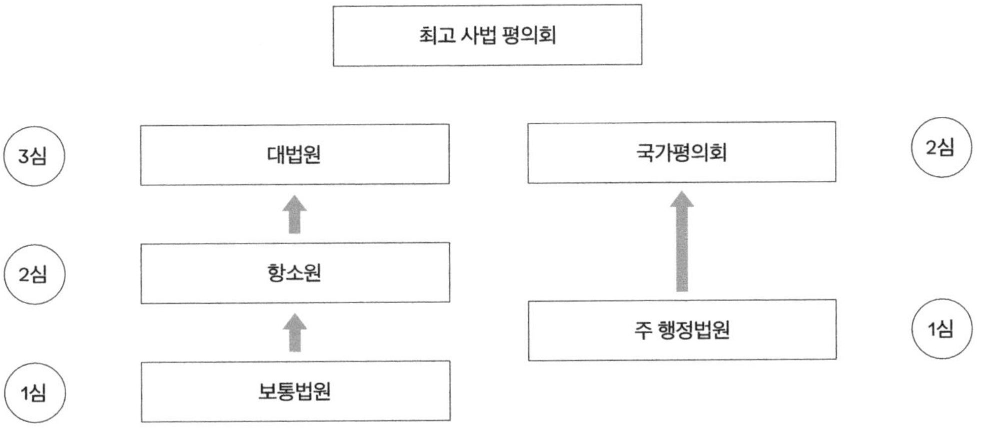

② 사법체제하에서의 구성원 선임 및 운영 방식

법관은 매년 치뤄지는 국가고시를 통해 충원된다. 법관(Magistrato)은 여러 종류로 분류된다. 즉 재판을 담당하는 판사(Giudice)와 기소 및 구형의 역할을 하는 검사(Pubblico Ministero)로 구분된다. 초기단계에서 수사를 맡는 수사 판사(Giudice Istruttore)의 경우 1989년 형법이 개정되면서 사라지게 되었다. 이탈리아의 사법체계에서는 판사와 검사가 동일한 법관들 중에서 충원되며 경우에 따라서는 판사가 검사직을 맡기도 하며 반대로 검사직을 수행하던 자가 판사가 되기도 한다.[101] 이들은 많은 경우 동일한 건물에서 업무를 수행한다. 따라서 판사와 검사의 역할을 분리해야 한다는 원칙하에 공정성에 대한 의문이 제기되어 왔으며, 헌법에 역할 분리를 명시해야 한다는 의견이 존재해 왔다.[102] 이에 대한 결과로 2017년 5월부터 입법을 위한 국민 서명 운동이 진행된 바 있다. 해당 입법안은 헌법 제4장인 사법부의 대대적인 개정(제104, 105, 106, 107, 110, 112조 개정 및 제105 - 1,105-3조 추가)을 목표로 하였다.

③ 국가 및 행정수반, 내각 등과의 관계

사법부의 자치기관으로 최고사법평의회(Consiglio Superiore della Magistratura)가 있다. 최고사법평의회는 사법부의 규칙에 따라 판사의 임용, 배치, 전보, 승진, 징계를 관할한다. 최고사법평의회는 대통령이 주재하며, 부의장은 의회가 지명한 구성원 중에서 선출된다. 최고사법평의회의 경우 2/3는 모든 일반 판사 중에서 선출되며, 1/3은 양원 합동회의가 15년 경력의 법학 교수와 변호사 중에서 선출할 수 있다. 최고사법평의회 구성원은 국회 혹은 주 의회 의원직과 겸임할 수 없으며, 임기 4년에 연임이 불가하다.

5) 지방자치

이탈리아의 지방자치제는 기본적으로 3계층, 4개의 행정구역으로 구성되어 있는데 2016년 ISTAT의 통계[103]를 기준으로 총 20개의 주, 9개의 광역시, 101개의 현 그리고 8,003개의 자치시가 존재한다.[104] 즉 공화국은 주, 현, 광역시, 자치시로 나누어지며 헌법에 규정되어 있는 원칙에 따라 고유의 조례와 권한 및 기능을 가지는 자치적 단체라고 명시되어 있다(제114조). 여기서 현과 광역시는 같은 수준의 행정계층이지만 서로 다른 명칭을 사용하는 것으로 이해될 수 있다.

20개의 주 가운데 5개의 주는 특별한 자치의 형태와 조건이 부여된다. 각 주는 헌법에 따라 정부 형태와 주의 조직 및 업무 수행에 관한 기본 원칙을 규정한 주법(Statuto Regionale)을 가지고 있다. 주는 주지사(Presidente della Giunta)와 입법기관인 주 의회(Consiglio Regionale), 그리고 행정기관인 주 정부(Giunta Regionale)로 구성된다. 주 의회와 주정부의 구성 방식은 중앙정부의 그것과 유사한 논리를 취한다. 주 의회(Consiglio Regionale)는 주민에 의해 비례대표제 방식으로 직접 선출되는데 그 임기는 5년이다.[105] 주 의회의 의원수는 주의 규모에 따라 20명에서 90명 정도이다. 주 의회는 소속 의원 중에서 의장과 사무총장을 선출한다. 주 의회는 주에 속한 입법권 뿐 아니라, 국가 의회에 법안을 제출할 수 있다. 주지사는 주를 대표하며, 주 정부의 정책 입안을 지시하고 이를 책임지며 법률과 주의 조례를 공포하고, 국가가 주에 위임한 행정기능을 중앙정부의 지침에 따라 지휘한다. 주지사는 주법(Statuto Regionale)에 따른 규정이 없을 경우 보통/직접 선거로 선출된다. 선출된 주지사는 주 정부의 구성원을 임명 및 해임할 수 있다. 각 주 정부의 구성은 각각의 주법에 명시되어 있다.

<그림- 4> 이탈리아 지방 계층 구조[106]

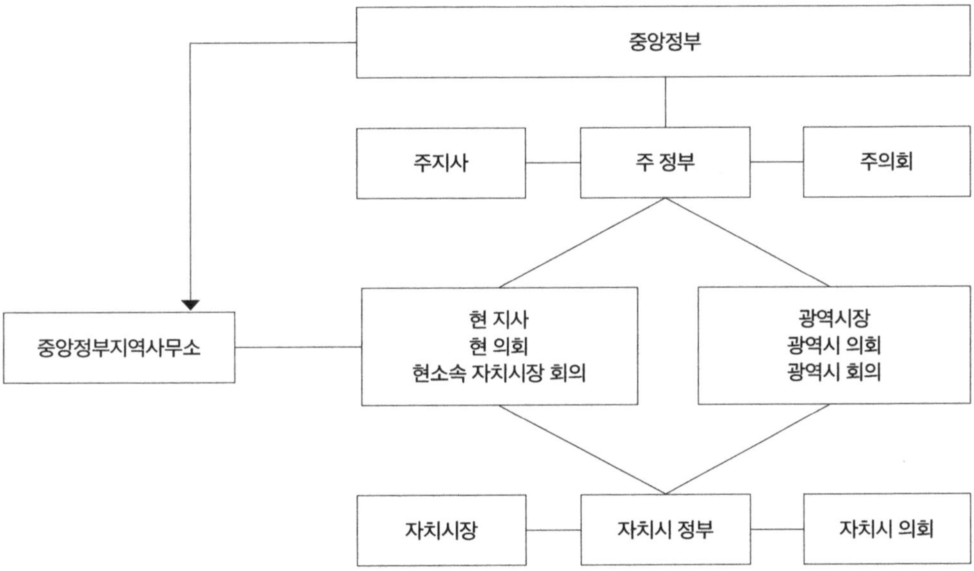

2001년의 헌법 제5장(제114-137조)과 관련된 대대적인 헌법개정 이후 헌법에 명시되었던 현의 역할 혹은 권한과 관련된 조항이 모두 삭제되었다. 현은 주와 자치시를 잇는 중간 단계적 행정계층으로써 최근에 와서는 점차 그 기능과 역할이 축소·조정되고 있으며, 심지어는 완전 폐지를 위한 제안과 논의가 계속되고 있다. 지난 2016년 12월 이탈리아의 국민투표에 부쳐진 안건에도 중간 지방 계층인 현(Provincia)을 폐지하는 내용이 포함되어 있었다. 그러나 헌법개정안이 부결되어 이탈리아의 현은 아직 존속되고 있으며, 2021년 기준 전국적으로 107개 존재한다.

현에는 현 의회(Consiglio Provinciale)가 현 주민에 의해 비례대표제로 선출된다. 현 의회의 규모는 2011년의 재정법 개정 이전까지는 인구수에 따라 24명에서 45명 정도의 의원으로 구성되었으나, 현재는 특별자치주에 속한 현을 제외하고는 그 수가 24명에서 36명으로 축소되었다. 현 지사(Presidente Provinciale)의 임기는 4년이며, 현 소속 자치시장들과 자치시 의회 의원들에 의해 선출된다. 현지사는 현 의회 구성원들 중에서 부 현지사를 임명할 수 있다.[107] 현 정부(Giunta Provinciale)는 2014년의 지방정부개혁법(법령 제56조)에 의하여 폐지되었다.

① 중앙과 지방정부 간 관계

중앙정부에서 대도시 혹은 현에 파견하는 조정관(Prefetto) 제도가 있다. 각 현에는 중앙정부에서 파견된 조정관이 있으며, 조정관은 정부지역사무소(Ufficio Territoriale del Governo)[108]를 대표한다. 조정관은 대도시 시장, 현지사와는 다른 역할을 수행한다. 조정관의 자리는 중앙정부를 형식적이고 상징적으로 대표하는 자리이며, 실질적인 주요 권한은 없다. 조정관은 지역 내에 문제가 생기면 중앙정부를 대신해 입장을 대변하거나 지방정부와의 가교 역할을 맡고 있다. 정부지역사무소와 현 정부의 행정기능이 중복화되는 것을 방지하기 위해 현 정부를 폐지한 것으로 보이며, 이는 결국 현의 정치적 자치보다는 중앙 행정의 분산화를 선택한 것으로 판단할 수 있다(공공지출개정법-2012년 법령 제95호).

광역시(Città Metropolitana)의 개념이 처음 법적으로 도입된 것은 1990년의 지방정부개혁법(법령 제142호)에 의하여 9개의 대도시지역(Aree Metropolitane)을 설정했던 것이다. 이후 2001년의 헌법 개정을 거치며 광역시는 현과 같은 수준에서 헌법에 명시된 이탈리아의 정식 지방 계층 중 하나로 자리 잡게 되었다. 광역시의 시장은 광역시청 소재지의 시장과 동일하나 로마, 밀라노, 나폴리 세 광역시에서는 보통 선거로 시장과 광역시 의원을 선출한다. 광역시는 광역시장과 광역시회의(Conferenza Metropolitana) 그리고 광역시 의회로 구성된다. 광역시회의는 광역시장과 광역시 내의 모든 자치시장들이 그 구성원이며 광역시 예산에 대한 의견을 표명하고, 시 운영에 대한 자문을 제공한다.

이탈리아 공화국에는 2021년 기준 7,904개의 자치시가 존재한다. 자치시는 유구한 역사 속에서 발전된 행정개념으로 중세의 자치시가 그 모태이다. 자치시는 우리나라의 행정계층 개념으로는 이해하기 어려운 단위이다. 200만 명이 넘는 인구 규모의 자치시가 있는가 하면 수천 명으로 구성된 자치시도 병존하는 것이 현실이기 때문이다. 이러한 문제를 해결하기 위해 최근에는 규모에 따른 차별화를 시도한 것이 광역시이다. 시장과 자치시의회 의원은 보통선거에 의해 선출되며 시장은 시정부의 구성원을 임명할 수 있다. 자치시에는 시의회(Consiglio Comunale)가 구성되는데 도시의 규모에 따라 선출 방법이 상이하다. 시의회의 의장은 시장이며 시의회의 의원수는 10명에서 48명으로 자치시의 규모에 따라 달라진다.

자치시의 공무원은 시소속이지만 직급이나 처우는 중앙정부의 공무원과 같은 대우를 받는다. 자치시의 기능은 관할 지역의 치안유지, 주택, 도시계획, 보건, 사회후생, 교육, 도로, 가격통제, 상거래 관리 등 매우 다양하며, 이들 공공서비스를 직접 공급하기도 하고 별도의 공기업을 설립하여 운영하기도 한다. 자치시에서는 의회보다 시정부의 역할이 더 중요하며 따라서 시장의 비중이 크다고 볼 수 있다. 대부분의 이탈리아 정치인들은 현이나 주에서의 역할보다 입법 및 행정권을 장악하는 자치시의 시장을 선호하는데 밀라노, 토리노, 로마, 나폴리와 같은 대규모의 자치시장은 중앙정부의 장관과도 필적할 수 있는 무게를 지닌다.[109]

② 중앙정부와 지방정부의 역할과 기능 및 권한

이탈리아에서는 주정부가 입법을 할 수 있고, 그 법에 대해 중앙정부는 거부권을 행사할 수 있다. 하지만 주법이 주의 권한을 넘어선다고 판단이 될 경우 주법의 합헌성 문제를 해당 법률 공고 후 60일 내에 헌법재판소에 제기할 수 있다(헌법 127조). 또한 입법에 대한 지방의 재량권은 확보돼 있지만, 재정은 중앙정부가 독점하고 있다. 주, 현 차원의 모든 세금은 일단 중앙정부로 보내고, 그 예산을 다시 나누는 구조이다. 따라서 지방정부의 자치권은 법적으로 보장되어 있지만, 중앙정부로부터 재정적으로 독립하지 못한다는 점에서 지방 자치권은 한계를 보인다. 세수의 규모를 보아도 국세가 80% 그리고 지방세는 20% 수준에 머무르고 있다. 이탈리아 지방분권의 특징으로 중앙정부에서 파견하는 조정관(Prefetto) 제도가 있다.

조정관은 지역 내에 문제가 생기면 중앙정부를 대신해 입장을 대변하거나 지방정부와의 가교 역할을 맡고 있다. 조정관은 정부지역사무소(Prefettura-Ufficio Territoriale del Governo)를 대표한다. 정부지역사무소에서는 신분 등록, 운전면허, 이민, 선거활동 등의 업무를 담당한다.

3. 통치구조

1) 의회와 정부

총리와 내각은 상하 양원의 신임을 기초로 출범하며, 이탈리아에서는 헌법 94조의 내용에도 불구하고 정부의 법안이 하나라도 부결될 시 바로 정부의 위기(Crisi di Governo)로 이어지는 내각책임제로 운영된다. 또한 총리를 포함하여 내각의 장관 대부분이 국회의원이므로 의회와 정부는 불가분의 관계를 지닌다고 볼 수 있다. 또한 정부의 수명과 그 존폐여부가 의회의 의지에 달려 있다는 측면에서 그 특징을 살필 수 있다. 그러나 이탈리아 정치 현실의 관행을 보면, 집권 여당 연합 내의 불협화음으로 소수 정당들이 반기를 들어 정부가 붕괴되거나, 아니면 최대 집권 여당 내부의 계파간 갈등으로 위기를 맞이하는 사례가 빈번하였다는 사실을 감안할 때 이탈리아의 국가 운영에서 정당정치(Partitocrazia)의 중요성을 간과할 수 없다.

이탈리아에서는 상원과 하원 양원제로 운영되고 있고 각 원은 동등한 권한을 갖는 것으로 되어 있지만, 현실 정치에서는 하원이 더욱 중요시되고 있다. 따라서 내각의 장관들도 상원의원보다는 하원의원들로 충원되는 경향을 보여 왔다. 즉 의회와 정부의 관계는 기본적으로 의회가 더 우위에 있다고 볼 수 있으며, 의회는 교섭단체를 구성하는 정당들로 구성되면서, 집권연정에 포함되는 정당의 관료들이 사실상 가장 큰 권력을 행사한다는 차원에서 정당정치의 관행을 보여 왔다.

2) 정부와 사법부

행정부와 사법부는 기본적으로 서로 독립적이다. 그러나 제1공화국 시기에 정부의 영향을 일부 받은 바 있는데, 파시즘 체제에서 봉사하던 법관들이 해방 이후에도 사법부를 장악하면서 정권과의 일부 유착 관계를 형성한 것으로 알려졌다. 이러한 관행은 1992년 마니풀리테 이후 민주법관들(Magistrati Democratici)의 등장으로 비판적 성향이 증대되면서, 보다 자율적인 사법관행이 자리잡게 되었다.

3) 의회와 사법부

사법부를 관장하는 최고위 기관은 최고사법평의회인데 공화국의 대통령이 주재하며, 법관들로 구성된 조직체이다. 최고사법평의회의 2/3는 법관 중에서 선발되나, 나머지 1/3은 법학교수 및 15년 이상 경력의 변호사 중에서 상하 양원 연석회의에서 선발된다. 여기서 의회가 사법부에 대한 일정 정도의 영향력을 가진다고 볼 수도 있으나, 실제에서는 정당들의 의사가 의회에서 표출되는 기제를 무시할 수 없다. 공화국 헌법 제107조에서는 법관의 신분보장을 천명하고 있으며, 그러한 의미에서 의회와 사법부의 직접적인 상관관계를 상정하기 어렵다. 다만 이탈리아 법원에서는 판사와 검사직이 서로 보직 이동이 가능한 특징을 지니고 있는 관행을 유지하고 있다.

IV

선거제도와 정당론

1. 선거제도

1) 서론

이탈리아의 선거제도는 1861년 통일을 맞이하면서 본격적으로 실시되었다. 토리노를 중심으로하는 사르데냐왕국의 알베르토헌장에 기초한 선거제도는 보통, 직접, 평등 및 비밀이라는 현대민주주의의 요건을 아직 충족시키지 못하였으나, 시간이 흐르면서 점차 유권자의 폭이 확대되는 변화를 경험하였다.[110] 통일 이탈리아 왕국의 선거는 파시즘기를 맞이하여 왜곡되기도 하였는데, 전후 공화국의 출범은 이러한 일당독재의 유산을 극복하는 과정에서 의의를 찾을 수 있다.[111]

이차대전 이후 이탈리아는 새로운 국가를 형성하는 과정에서 반파시즘 세력들이 주도적 역할을 담당하였고 1946년 국가의 정체를 묻는 국민투표에서 공화제가 채택되고 바로 제헌의회가 결성되어 이 년여의 기간을 거치면서 공화국의 헌법이 탄생하게 되었다. 이후 1992년 부패수사운동으로 새로운 선거제도가 마련되기 전까지 비례대표제하의 선거제도를 활용하여 11차례의 총선이 치러진 바 있다.

1992년의 부패수사운동에서 선거제도가 이탈리아의 문제를 가져온 주원인으로 간주되어 1993년 다수대표제 중심의 새로운 선거법이 마련되게 된다. 즉 양당제를 기반으로 하는 그리고 정권교체가 원활해지는 새로운 정치문화를 생성해 보려 했던 것이다. 이후 치러진 수 차례의 총선을 통해 적어도 외견상으로는 좌우의 정권교체가 가능하였지만, 당초 의도하였던 이탈리아 사회의 개혁과 발전이라는 차원에서는 근본적인 문제가 해결되지 못하였다는 지적들이 제기되었다.

2005년 급조된 선거제도는 다시금 비례대표 중심으로 변경되었는데, 그 이후 정권교체 현상은 발생하였지만, 이탈리아 사회의 정체현상과 경쟁력의 하락은 여전한 문제였다. 또한 이 선거제도가 총선 결과 정권을 창출할 수 있는 상원과 하원에서의 다수가 만들어지지 못하는 문제를 야기하면서 최근 새로운 선거법의 마련이 중요한 정치과제로 남아 있다.

2) 입헌군주제시대

이탈리아 통일 이후의 선거제도는 <표- 2>와 같은 변화를 겪으면서 발전하였다. 1861년 로마와 베네치아 등 일부 지역을 제외하고 1차적 통일을 달성하고 난 이후 적용한 입헌군주제하의 선거법은 기본적으로 이전의 사르데냐왕국에서 실시하던 제도와 동일하였다. 알베르토 헌장으로 일컬어지는 동법에 의하면 하원의 경우 전 국토는 선출할 의원수와 동수의 소선거구로 구획되었다. 후보자가 당선되려면 1차 투표에서 유권자 총수의 1/3 이상을 득표하여야 하며, 기권을 포함하여 투표총수의 1/2 이상을 얻어야 했다. 만일 이러한 요건을 충족시키는 후보자가 없을 시에는 다득표자 상위 2인에 대한 결선 2차 투표를 실시하여 최종 당선자를 확정짓는 방식이었다. 상원의원은 모두 국왕에 의해 임명되는 종신의원으로 구성되어 선거를 치르지 않았다.

<표- 2> 입헌군주제하의 선거제도 (1861-1945)[112]

선거법	선거권	의석수	특징
1861	25세 이상 남자	443-508석	소선거구 결선투표제
1882	21세 이상 남자	510석	소선거구 결선비례대표제
1891		508석	소선거구 결선투표제
1911	30세 이상, 납세자이거나 병역필자는 21세 이상	508석	소선거구 결선투표제
1917	21세 이상 남자	1919년 508석 1921년 535석	동트식 비례대표제
1923	21세 이상 남자	535석	병용 프리미엄제
1928	21세 이상 남자 노조원, 직능단체원 및 종교인으로 국한	400석	전국 단일 명부제

당시의 선거권은 극도로 제한되어 있었으며, 일부 유권자들은 자신들의 투표권을 행사하지 않았는데, 사회주의자들이 구조적으로 배제되었고, 가톨릭 교회의 수장인 교황이 세속국가에 대한 반감으로 가톨릭 신도들에게 선거에 참가하지 말라는 권고 때문이었다. 실

제로 1870년에 반도 전체를 통일한 이탈리아왕국은 교회의 입장에서 보면 자신들이 실효적으로 지배하고 있던 중부 이탈리아 지역의 교황령을 접수하여, 교황은 자신을 바티칸의 죄수로 명명하면서 통일 이탈리아왕국에 대한 적대감을 감추지 않았다. 또한 토리노 중심의 통일 지도부는 자유로운 국가에서의 자유로운 교회를 주장하면서 가톨릭 교회의 우위를 인정하지 않은 세속적 속성을 보였기에 이러한 갈등은 오랜 기간 지속되어 60년이 지난 1929년에 와서야 라테란 조약을 통해 양측이 국교를 정상화하게 되는 결과를 낳았다.

1861년의 선거제도는 후보자가 획득해야 할 최소득표수와 관련하여 여러 차례 개정되었으나 1919년까지 유효하게 지속되었다. 1919년에 이르러서야 성인 남자에게 보통 선거권이 부여되었고, 비례대표제가 도입되어 의석 배분 방식을 동트식 혹은 단계적 당선기수법으로 채택하게 된다.[113] 그러나 파시즘 체제의 출현으로 선거법(Acerbo Law)이 변경되는데, 프리미엄 또는 병용제라 부르는데, 총 선거구 535석에서 유효투표의 1/4 이상을 얻는 최대 정당에게 의석의 2/3(356석)를 부여하고 나머지 1/3(179석)을 선거구마다 헤어식의 최대잉여법으로 각 당에 배분하되, 1/4 이상을 얻는 정당이 없으면, 전 의석을 헤어식으로 배분하는 제도이다.

실제로 1924년 총선에서 파시스트당은 66%의 득표율로 375석(70%)을 획득한 바 있다. 1928년에는 선거제도를 다시금 변경하여, 국민투표 방식으로 변경하였는데, 이 제도는 유권자들이 파시스트 평의회가 제출한 단일명부(400인)의 후보자에 대한 찬반의 가부만을 결정하는 방식이었다. 이 제도는 1929년과 1934년에 실시되었는데 찬성의 비율이 99% 수준이어서 사실상 일당독재국가였음을 알 수 있다. 1912년 이후 성인 남성이면 모두 투표에 참여하던 방식에서 파시즘 체제하에서는 노조 가입이나, 직능단체 소속원 그리고 종교인으로 투표권이 제한되어 체제의 독재적 성격이 강화된 것으로 평가할 수 있다. 이후 1938년 의회에서 공식적으로 폐지되었지만 이차 대전이 종료되는 시점까지 총선이 치러지지 않아 사실상 1934년의 총선 결과가 십여 년 지속되는 결과를 낳았다.

3) 공화국시대

<표- 3> 공화국시대의 선거제도 (1945년 이후)[114]

선거법	선거권과 피선거권	의석수(상원/하원)	특징
1946	성인남녀 21세 이상	556	비례대표 1단계 대선거구 2단계 전국명부
1948	하원 18세, 상원 25세 하원 25세, 상원 40세	237/574	단순비례대표 선호도투표제 하원 인구비례 상원 지역대표성격
1993	하원 18세, 상원 25세 하원 25세, 상원 40세	315/630	다수대표 3/4 비례대표 1/4 하원 다수대표 4% 규정 Mattarellum
2005	하원 18세, 상원 25세 하원 25세, 상원 40세	315/630	비례대표, 해외동포선거구 프리미엄제 다수당 하원 340석 보장 하원 10-4-2, 상원 20-8-3 규정 Porcellum
2017	하원 18세, 상원 25세 하원 25세, 상원 40세	315/630	비례대표 61%, 다수대표 37%, 해외 2% 3-1% 규정 Rosatellum bis

① 1946년 제헌의회 선거제도

이차대전 이후 치러진 1946년의 총선은 국가의 형태를 묻는 국민투표와 제헌의회를 결성하는 선거로 구성되었다.[115] 최초로 여성에게도 참정권이 주어지게 되어 성인 남녀 모두가 참여하는 보통, 평등, 직접 및 비밀의 원칙이 적용되었다. 주지하다시피 국체의 경우 공화국이 입헌군주제에 신승하여 이에 맞는 헌법의 제정 과정이 진행되어 1948년 공화국 헌법이 선포되고 시행되었다. 총선의 경우 파시즘 시대의 독재적 성격을 지닌 투표 방식을 지양하면서, 그 이전 시대의 비례대표제 방식으로 치렀는데, 전국을 31개 선거구로 획정하여 정당별 리스트에 대한 득표율 대비 의석수를 배분하는 방식이었다. 베네치아 줄리아 국경지대와 남티롤은 아직 유엔의 군사지배에 있어 이들을 제외하고 선거가 진행된 바 있다. 선거를 통해 구성된 제헌의회 의원들은 공화국 헌법을 만드는 데 주력하였으며, 당시에는 반파시즘 운동을 위해 연대하였던 기민당과 공산당을 포함하는 6개 정파세력이 거국내각을 형성하여 전후 재건 사업에 주력하던 시기였다.

② 1948년 선거제도

파시즘 체제를 거쳐 공화국의 헌법을 기초하면서 의회에 대한 성격을 규명하는 것이 중요한 문제로 부상하였는데 초기에 기민당은 상원이 조합주의적 원칙에 입각하여 조직되는 것을 선호하였고 공산당은 강력한 정부를 가정하여 상원을 없애고 단원제를 실시하자고 주장하였다. 그러나 파시즘 체제하에서의 조합국가의 경험이 부정적으로 나타났기 때문에 상원에서의 조합주의 적용은 무리였으며 단원제의 실시도 전통을 잇는다는 전제하에 부정되었다. 타협의 결과는 양원제하에서 상원과 하원이 동일한 권력과 동일한 기능을 수행하는 방향으로 정해졌다.

1948년부터 치러진 총선에서는 새로운 선거제도가 마련되어 1992년 총선까지 활용되었다.[116] 국회는 상원과 하원으로 구분되었으며, 각기 선거권과 피선거권의 연령이 차별화되었다. 정당명부식 단순비례대표제(Party-List Proportional Representation System)를 채택하였는데, 다당난립의 우려에도 불구하고 정치권은 이 제도에 합의하였다. 가장 큰 이유로는 파시즘 체제기의 일당독재와 파시스트당에 대한 찬반 여부를 묻는 국민투표적 선거행태에 대한 환멸이 이와 같은 제도의 도입으로 귀결된 것이다. 소수당의 경우 전국적으로 특정 비율 이하로 지지를 받는 경우 의석수를 배분하지 않는 제도를 도입하지 않아, 사실상 일인 정당 내지 지역정당이 다수 생성되는 결과를 낳게 되었다.

하원선거의 경우 전국을 31개 선거구로 획정하여 정당별로 리스트를 제시하고 득표수 대비 의석수를 배분하는 방식이었다. 그리고 잔여 투표수를 전국단위로 계산하여 헤어방식으로 나머지 의석들을 할당하였다. 비례대표제에 의한 중선거구제의 하원의원 투표방식은 다당난립의 빌미를 제공하고 있는데, 하원의 경우 투표는 기본적으로 정당후보자명부제이며 유권자는 특정한 정당을 선택하고 난 이후 선호도투표(Voto Preferenziale)라 불리는 해당 정당의 3-4정도의 후보자를 명기한다. 하원의원 한 자리를 얻기 위해서는 일정한 할당량의 득표를 해야 하는데 할당량에 못 미치는 잔여 표는 전국적으로 계산되어 남은 자리수에 비례하여 배분되었다. 통상적으로 전국 풀에서 한 자리를 얻기 위해서는 한 정당이 한 선거구에서 적어도 한 할당량의 득표를 해야 하며 전국적으로 합산된 득표수가 삼십만이 넘어야 했다.

상원의 경우 일단 237개의 선거구로 구분하여 선거구당 유권자의 2/3 이상의 득표를 한 후보에게 의석이 주어졌는데, 1948년 총선에서는 15명만이 이 조건을 충족한 바 있다. 나머지 대다수 의석들은 주 단위의 정당명부에 기초하여 의석을 배분하는 방식을 채택하였다. 보다 구체적으로 상원은 315명의 의원으로 구성되는데 하원과는 다른 방식으로 선거를 치른다. 즉 동트식(D'Hondt Highest Average Formula)이라 불리는 방식으로 각 주(Regione)는 인구수에 따라 여러 상원 의원구로 나뉘며 각 정당은 한 구당 한 명의 후보자를 낼 수 있다. 각 구에서 65% 이상을 득표하는 개인 후보는 상원의원으로 당선될 수 있으나 현실적으로 이 상황은 거의 나타나지 않았다. 따라서 각 주마다 개별정당에 배분되는 방식은 다음과 같이 결정된다. 우선 득표율이 가장 높은 정당에 한 석이 할당된다. 다음은 그 당의 득표수를 2로 나누어 타당과 비교하는데 역시 제일 높은 수준이면 한 석을 더 갖게 되지만 만일 2로 나눈 수치가 제2당의 득표보다 낮을 경우 제2당이 한 석을 갖게 된다. 다음으로 제1당의 득표수를 3으로 나누어 만일 제2당의 득표수를 2로 나눈 수치보다 클 경우 제1당이 제3석을 갖게 되고 제2당의 수치가 크면 제2당이 제3석을 차지한다. 이러한 방식으로 남은 의석수를 배분하게 된다. 따라서 제3당 이하가 소수의 득표만을 얻었을 경우 제1, 2당이 독점하는 현실을 초래할 수 있다. 각 당 내의 개인별 당락은 각 당이 제시한 리스트 중 번호순으로 결정되는데, 즉 3석이 할당되면 기호 1에서 3까지가 당선권이었다. 이러한 상원의원 선거방식은 상위의 두당에 유리한 측면을 보이게 되어 상원 선거는 다수당이 득표에 비해 많은 의석을 얻는 현실을 초래하였다.

③ 1993년 선거법

1991년 선거법 개정 여부를 국민투표에 부쳐 95%의 지지를 얻었고 1993년 8월에는 상원과 하원에서의 비례대표제 선거법을 폐지하기에 이르렀다. 핵심적 배경은 이른바 제1공화국 시기에 단순비례대표제를 활용한 결과, 다수당이 난립하여 연립정부가 필수적이었고 집권 여당들간의 알력 등으로 정부가 자주 붕괴되어 문제가 있었다는 지적이 제기되었다. 또한 선호도투표라는 추가적 제도에 의해 후견제가 작동되어 특정 정치인들에게 지나치게 큰 권력이 집중되어 정경유착의 부패가 고착화되었다는 비판도 중요한 배경이 되었다.

새 선거법에 의하면 양원 각 의회 의석수의 3/4(하원 475석, 상원 232석)은 소선거구제하의 다수대표제에 의해 한 선거구에서 한 의원을 선출하게 되었으며, 나머지 1/4은 정당명부(하원은 전국적 명부, 상원은 주 단위의 명부)에 기초한 비례대표제로 할당하였다. 그러나 과거와는 차별적으로 군소정당의 난립을 막기 위해 비례대표제 부분에서도 전국적으로 최소한 4%의 득표를 해야 의석이 배분되는 제한(Quorum)을 두었다. 상원에서는 주 단위의 선거구에서 4%의 득표를 하지 못하면 당선될 수 없으므로 제한규정이 필요 없었다. 이러한 소선거구제로의 선거법 변화는 여러 정당들이 모든 선거구에서 연합공천을 하여야 정당의 생명이 유지될 수 있는 방향으로 전환하였다고 볼 수 있다. 실제로 1994년 3월의 총선에서는 크게 보아서 십 여개의 정당들이 3개의 블럭으로 나뉘어 총선에 참가하였다.

④ 2005년 선거법

2006년 총선을 앞두고 전진이탈리아 중심의 중도우파 집권여당은 선거법의 개정에 착수하게 된다. 1993년 상원 법률 제276호와 하원 제277호(마타렐라법)에 의해 마련된 제도를 통해 다수대표제 중심의 선거를 세 차례 실시하였으나, 이번에는 외형적으로 과거의 비례대표제로 회귀하는 모습이었다. 2005년 12월 21일에 통과된 법률 제270호는 의회 내의 다수당만의 투표로 통과되어, 소수파인 야당이 참여치 않은 불완전한 것이었다.[117] 주요 특징은 효율적인 정부를 위해 다수를 얻은 정당연합에게 프리미엄을 제공하며 광역선거구에서 선호도 투표를 하지 않는 방식이었다. 여론조사 결과 기존의 제도로 선거를 치르게 될 경우 불리하다고 판단한 집권우파가 재집권을 위해 자신들에게 유리한 방향으로 수정을 가한 것이다.

새로운 선거법의 주요 내용은 다음과 같은 특징을 지녔다.[118] 첫째, 단기명선거구를 폐지하였는데 새로운 제도에 의해 유권자는 후보자의 리스트가 적혀 있는 두 개의 투표용지에 기표하게 되어, 과거에 사용되던 특정 정치인에 대한 선호도의 표시가 불가능해졌다. 따라서 국회의원 선거 결과는 정당들에 대한 선택에 전적으로 달려 있게 되었다. 둘째, 다수에 대한 프리미엄제도를 신설하여, 하원의 경우 다수파 연합에게 전체 의석수 630석 중에서 과반수가 넘는 340석의 의석이 보장되었다. 이는 해외선거구에 할당된 12석과 발레다오스타 주의 의석을 제외하고 계산된 것이다. 상원의 경우 프리미엄은 주차원에서 보장되며, 해당 주의 다수득표 정당이나 집단이 전체 의석수의 55%를 차지하는 것이었다. 단 몰리세, 발다오스타, 트렌티노 알토아디제 및 해외선거구에서는 다수파의 프리미엄이 적용되지 않는다. 셋째, 선거연합의 대표를 명시하기로 하여 특정 정당연합의 대표자 또는 집권 시 총리후보에 대한 지지의 의미가 포함되었다. 넷째, 소수당 봉쇄제도를 변경하여 하원에서 의석을 할당받기 위해서는 각 정당연합이 전국적으로 10%의 득표를 해야 하며, 연합에 참가하지 않는 단독정당은 4%, 그리고 연합에 참가한 개별 정당도 2%의 득표를 해야 의석이 배분될 수 있다. 상원에서는 주차원에서 설정되는데, 각각 20%, 8%, 3% 수준으로 결정되었다. 이상과 같은 봉쇄제도로 인해 소수정당들은 정당연합체에 가입하는 것이 유리하게 되었다. 다섯째, 언어적 소수집단 보호제를 도입하였는데, 이는 소수집단의 의사를 존중하기 위한 것이며, 정당연합에의 참가 여부와 상관없이, 하원의 경우 해당 선거구에서 20% 이상의 지지를 받게 되면 의석수를 배당받을 수 있게 되었다. 상원에서는 트렌티노 알토아디제 주에서 전체 의석 7석 중 6석이 단기명선거구 방식으로 선정된다. 마지막으로 해외선거구가 최초로 도입되어 해외동포들이 총선에 참가할 수 있게 되었다.

⑤ 2017년 선거법

2017년에 변경된 선거제도는 2005년의 제도가 전적으로 비례대표로 시행되었고, 상원과 하원 모두에서 다수당이 나오지 못하는 2013년의 총선에 대한 우려와 비판을 통해 마련된 것이었다. 2016년의 헌법개정에 대한 국민투표 결과 그리고 헌법재판소의 두차례에 걸친 선거제도에 대한 위헌판결로 인해 선거법의 개정이 불가피한 상태였다.[119] 이에 2017년 10월 민주당, 전진이탈리아당, 북부동맹 등이 중심이 되어 새로운 선거법을 마련하였고 하원과 상원을 모두 통과하게 되었다. 이 과정에서 오성운동과 이탈리아형제당 등은 반대표를 던졌다.

새로운 선거제도는 다시금 다수대표제를 도입하여 전체 의석의 37%를 소선거구제를 통해 선출하고, 61%는 비례대표제를 활용하고 나머지 2%는 해외동포구에 할당되었다. 비례대표부분은 하원의 경우 전국단위의 정당명부에 대해 정당별 득표에 비례하여 의석수를 배분하였다. 상원의원 비례대표 선거에서는 주 단위로 정당명부에 대한 득표수를 계산하여 의원들의 당선이 결정되었다. 해외동포구는 비례대표방식으로 의석이 배정되었다. 이번 선거제도에서도 정당에 대한 봉쇄 규정이 마련되어 다수대표에서 의석을 얻기 위해서는 전국적으로 1%의 지지를 받아야 하며, 비례대표에서는 전국적으로 3% 이상의 지지를 얻는 정당에게만 의석이 할당되었다.[120] 그러나 이 제도를 활용하여 치러진 2018년 총선에서도 선거 결과 상하 양원에서 공히 다수를 얻는 정당들의 연합이 나오지 않아 상당 기간 의회가 구성되지 못하는 상황(Hung Parliament)이 연출되었다.

4) 이탈리아 선거제도의 평가

이상에서 19세기 말 통일 이후부터 최근까지의 선거법의 변천사를 분석하였다. 선거제도는 해당 국가의 정치문화를 반영한다. 이탈리아의 경우 이러한 논리가 극명하게 적용된다고 본다. 1861년 통일 이탈리아 왕국 최초의 하원 선거에서 시작하여 파시즘 체제가 공고화된 이전 시기까지는 선거권이 성인 남자이면서 문자해독자 그리고 일정 재산의 요건까지 고려되어 참정권이 극도로 제한된 정치행태를 보였다. 상원의 경우 국왕이 임명하는 종신의원으로 구성되어 내각책임제라고는 하지만 군주의 권한이 잔존하던 시기였다고 볼 수 있다.

파시즘 시기에 무솔리니와 그 지도부는 고대로마의 영광을 재현하자는 모토를 내세우며 국민동원을 시도하였고, 체제에 순응하는 집단과 비판하는 집단을 구분하여 배타적 조합주의를 시도한 것으로도 유명하다. 선거제도의 경우, 사실상 파시스트당의 후보 리스트에 대한 찬반을 묻는 국민투표로 실시되어 독재의 행태를 보였다.

1945년 이차대전이 종식되고 1946년 국민투표를 통해 군주제가 폐지되고 공화국이 결정되면서 비로써 이탈리아에서도 성인남녀 모두가 선거권을 갖는 시대가 도래하게 되었고 제헌의회에 의해 마련된 헌법과 선거법을 통해 제도가 도입되었다. 새로운 제도는 이전 시대인 파시즘 체제의 망령의 유산을 청산하려는 의지가 발현된 것이었다. 즉 일당독재에 대한 환멸이 강력하게 표출되어 어느 특정 정당이 과도하게 권력을 차지하는 현상을 기피할 수 있는 제도를 만들고자 했다. 그 결과 여타 유럽국들과는 다르게 단순비례대표제를 도입함으로써 이후 다당난립, 정부구성의 어려움 그리고 잦은 정권의 붕괴라는 이탈리아적인 고질적 문제에 봉착하게 되었다.

1992년 부패수사운동을 통해 그간의 문제가 단순비례대표제를 중심으로 하는 선거와 정치관행에 있다고 보아 익년 다수대표제 중심의 새로운 선거제도를 마련하였다. 새 제도를 통해 양대정당제로의 수렴 그리고 원활한 정권교체를 도모하였다. 이후 실시된 총선들에서 적어도 좌우의 정권교체는 원활하게 이루어졌으나, 이탈리아가 필요로 하는 개혁작업이 성공하였다는 분석은 존재하지 않는다. 즉 외형적 변화에도 불구하고 진정한 사회발전이 달성되지 않아 이탈리아의 경제사회발전에 상당한 지장을 초래하고 유럽의 병자로 낙인 찍히게 되었다는 주장이 지배적이다.

2005년과 2017년의 선거법 개정들로 실시된 선거 결과에서도 유효한 집권세력의 형성이 가능하지 않아, 이탈리아의 선거제도는 아직도 개정이 요구되는 현재진행형이라 판단된다. 앞으로 실시될 총선에서 정당들은 기존 제도의 미비점을 지적하면서 개정작업에 착수할 것이지만, 여러 정당들의 이해관계를 반영하다 보면, 이탈리아가 필요로 하는 제도의 출현을 기대하는 것이 무리일 수 있다. 양원제에서 단원제로의 의회개혁, 국회의원 의석수를 줄이려는 국민투표의 실시 그리고 구체적으로 유효한 정부를 구성하기 어려운 현행 제도의 개정 등의 작업을 통해 이탈리아 정치의 미래가 결정될 것이다.

2. 정당론

프랑스의 정치학자 모리스 뒤베르제는 소선거구제가 양당제 그리고 비례대표제는 다당제와의 연관성 높다는 주장을 개진한 바 있다.[121] 이탈리아는 비례대표제를 주로 선택하여 다당제 현상을 보여 왔다. 1993년의 다수대표제 중심의 선거제도하에서도 결과적으로 연합공천이라는 방식을 취했으나 다당난립의 현상이 현저히 감소되지 못하였다. 최근 선거에서는 소수당이 불리한 제도를 도입하고 있으나 여전히 영국식의 양당제로의 지향성을 보여주고 있지 못하다. 따라서 뒤베르제의 주장은 상당한 설득력을 지니나, 다른 변수들의 가능성도 배제할 수 없다. 가령 통일 이후의 역사성, 남부와 북부의 격차, 지방정치문화의 지속성, 파시즘의 유산 등이 다양한 형태로 영향을 미친 것으로 해석될 수 있다.

조반니 사르토리는 1976년 정당과 정당체제론에서 뒤베르제의 이론과 차별적인 주장을 펼쳤는데, 과거의 분석이 단순화한 측면이 있어, 실제적인 정치현상을 충분히 고려하고 있지 못하다는 비판을 제기하였다. 즉 사르토리는 정당체제의 구분에서 형태와 계급이라는 변수를 도입하여 같은 양당제와 다당제하에서는 차별적인 행태가 나타난다고 분석하였다.[122] 이 틀에서는 양당제가 온건화된 형태와 양극단적 형태로 대분되며, 다당제는 제한된 형태와 극단적 형태로 구별된다고 보았다. 그리고 군소정당들의 경우 뒤베르제가 이념으로 분화된다고 한 반면, 사르토리는 원자화되어 탈이념적 지향을 보인다고 주장하였다.

이탈리아적인 정당체계에 대한 분석에서는 조르지오 갈리의 불완전한 양당제론(Bipartitismo Imperfetto)이 유명한데, 그는 1992년 이전 제1공화국 시기에 기민당의 장기 여당화 그리고 공산당의 만년 야당화 현상에 대한 해석을 통해 정권교체가 원활하지 않은 원인을 분석한 바 있다.[123]

잔프랑코 파스퀴노는 1992년 부패수사 운동을 거치면서 기존의 정당체계가 붕괴되고 새로운 형태가 나타난 점에 주목하여 이후의 정당체계를 연구하였는데, 과거에 비해 개인주의적(Personalist) 성향이 두드러지게 현시되어 집단지도체제나 시스템에 의해 운영되는 정당의 모습이 변모하였다고 주장하였다.[124] 기업인에서 정치로 입문한 실비오 베를루스코니를 대표적 사례로 보면서, 여타의 정당들에서도 유사한 패턴이 발생하였다고 보았다. 움베르토 보시 그리고 마테오 살비니가 당수로 있는 북부동맹당, 마테오 렌치가 주도하였던 민주당 등에서도 정당의 개인주의화 성향이 유사하게 나타난다고 볼 수 있겠다.[125]

이탈리아에서 근대적인 정당의 출현은 통일운동을 거치면서 발전하였다. 1831년에 결성된 청년이탈리아당(la Giovine Italia)은 이전의 비밀결사 단계의 규모를 넘어서서 확대되어 북부의 여러 지방에서 노동자와 민중의 견고한 기반을 가질 수 있었다. 따라서 청년이탈리아당은 비밀결사에서 근대적 정당으로 넘어가는 중간 과정으로 이해될 수 있다. 그러나 본격적인 대중적 정당의 출현은 1892년 제노바에서 무정부주의자와 조합주의자들을 배제한 사회주의자들의 집단이 이탈리아사회당(Partito Socialista Italiano)을 결성하면서 시작되었다. 1919년에는 가톨릭집단들이 정치세력화하여 인민당(Partito Popolare)을 창당하면서 두 번째의 대중 정당으로서 발돋움하였다. 그리고 사회당의 일부 세력이 분열하여 이탈리아공산당(Partito Comunista Italiano)이 1922년 창당되어 대중정당으로 자리매김하게 된다. 파시즘체제를 거치면서 대중 정당들은 체제로부터 억압받았으나 이차세계대전이 종식된 후에는 이들 세력들이 새로운 공화국을 건설하는 데 주체적인 역할을 수행하였다. 따라서 대중 정당의 명맥은 파시즘체제를 거치면서 끊어진 것이 아니라 다시 부활함으로써 연속성을 보였다.

전후의 이탈리아 정당체계는 여러 양상을 보여주고 있다. 우선 기민당의 장기집권이 주요 특징이다. 1980년 이전까지 기민당은 약 40%의 지지율을 보여 왔으나 1980년대 이후 점진적인 하락현상을 보였고 1990년대에 들어와서는 당명의 변경과 부패관련 수사에 의해 혁명적인 형해화현상을 보였다.[126] 그러나 적어도 1990년 이전의 정치체계에서는 기민당을 제외하고 정당사와 집권연정사를 논할 수 없을 정도로 그 영향력과 권력의 지속성이 견고하였다. 두 번째의 특징은 주요 야당인 공산당이 전후 20%정도의 지지에서 1970년대를 거치면서 35%에 접근하여 상승세를 보였으나 1980년대 이후로는 하락세에 접어들었으며 심지어 1991년에는 당명을 좌익민주당(PDS)으로 바꾸면서 새로운 가능성을 보이고 있다는 사실이다. 이념적 차원에서 마르크스주의적 노선에도 불구하고 공산당의 기본정책은 개혁주의를 표방하였으나 공화국 초기와 1970년대 후반기의 몇 년을 제외하고는 만년 야당으로 남아야 했다. 조르지오 갈리는 1966년에 만년여당인 기민당과 만년 야당인 공산당의 병존현상을 불완전한 양당제라고 명명하였다.[127] 세 번째의 양상은 군소의 좌우정당들이 전부를 합하여도 지지율이 30%를 넘는 적이 없었으나 적어도 기민당으로 하여금 보수적 혹은 개혁적인 정책을 실시하도록 부분적인 압력을 행사하였다는 점이다.

이상과 같은 선거 결과의 안정성은 네 가지의 차원에서 살필 수 있다. 첫째는 양대 정당의 이념적 전통에서 비롯되는데 기민당은 가톨릭주의에 그리고 공산당은 마르크스주의에서 철학적 기초를 두고 있다. 19세기 이후 발전된 이와 같은 부분 문화적 요소는 사회단체적 연결망에 의해 공고화하였다. 즉 기민당은 교회와 가톨릭 단체들 그리고 공산당은 노동조합과 협동조합이 주요한 사회적 기반이었다. 지리적인 차원에서도 기민은 백색지대라고 불리는 북동부에서 공산은 적색지대로 알려진 중부에서 차별적인 지지도를 보였다. 두 번째로는 이탈리아 남부에서 나타나는 후견제적 사회구조의 모습이다. 남부의 정치인들은 배타적인 선거 기제를 통하여 정당 내에서 지방유지로서의 자신들의 역할을 맡았다. 세 번째는 냉전체제의 속성으로, 미국과 소련으로 나뉜 세계질서는 국가 내에서 양극화의 현상을 초래하였고 이러한 양극화는 좌파 내에서 사회당의 위상을 위협하였다. 네 번째는 비례대표제의 실시로 특정 정당이 절대적인 다수를 차지하지 못하게 하여 다수당의 난립현상을 영속화하였다.

이탈리아에서는 의회나 정부에 비해 정당이 중요한 위치를 차지하는데 첫째, 비례대표제의 투표 방식은 정당의 확산을 용이하게 하며 한 정당이 의회 내에서 절대적인 다수를 차지하기가 어렵기 때문에 다수당이 타당과의 협상을 벌일 수밖에 없다. 따라서 소수당들도 상당한 권력행사와 자원동원이 가능하게 되며 자신들의 지지자들과도 상대적으로 안정적인 관계를 형성하게 된다. 둘째로는 이탈리아 사회체계 특히 헌법의 정신이, 강한 의회와 약한 정부를 기초로 하기 때문에 서구의 다른 나라보다도 의회 내의 정당들이 강하게 행정부를 통제해 왔다는 사실이다. 마지막으로는 경제기관들이 직접 혹은 간접적으로 정당에 의해 통제된다는 사실은 상당한 정도로 정당의 힘을 키우게 하였다.

이 밖에도 역사적인 요인으로 이탈리아통일운동과 연결된 것을 들 수 있는데, 당시의 지배집단이었던 산업자본가계층은 농업과 연결된 지역이해관계를 제거하거나 복속시키기에 충분히 강하지 못했으며 따라서 그들은 농업기반의 세력과 타협하거나 연합을 해야 했다. 즉 이탈리아의 지배집단이 분열되어 있었다는 것으로 의회를 통해 끊임없이 교섭을 하고 타협 과정을 거쳐야만 통치가 가능했다는 것이다. 이러한 과정에서 배제되었던 그룹은 농촌 민중과 산업노동자층이었는데, 전자는 투표권이 없기도 했으며 가톨릭교회의 가르침이 정부의 활동에 참여하지 말라는 것이었기에 이를 따랐으며, 후자의 경우도 선거권이 없었고 사회당에 의해 조직되었으며 사회당의 이념은 자유국가의 기본정신과 반대되는 것이었다.

이러한 상황은 파시즘 체제에서 일신되어 중앙정부가 정치는 물론 여가(Dopolavoro)와 노조까지 관할하는 전체주의체제를 유지하였는데 반파시즘 운동을 위해 연합전선을 폈던 집단들은 해방 후의 정당설립에 유일한 모태로 변모하게 된다. 또한 해방 이후의 정국에서 정상적으로 정권교체가 이루어지지 않았다는 사실, 즉 기민당의 영구집권과 공산당의 만년 야당화도 이탈리아 정치현실의 중요한 특성으로 이해할 수 있다.

그러나 기민당이 공공부문을 독식했다는 사실은 동시에 대중의 지지를 점차로 잃어갔다는 현실과도 맞물리게 된다. 즉 1960년대 중반까지는 지지자들의 이해를 반영할 수 있었으나 새로운 사회운동인 학생, 여성, 평화, 반전, 반핵 등은 새로운 욕구를 야기하여 정당들은 보다 효율적인 중간적 매개체를 만들어야 하는 부담을 안게 된다. 이는 자원배분을 더욱 어렵게 하여 요구에 비해 충족이 못 미치는 악순환을 잉태하게 되고 기존의 기관들은 더욱 비효율성을 보이게 되었다. 물론 이는 서구사회가 공통적으로 직면한 복지국가의 위기와도 연결되는 것이지만 이탈리아의 경우 기민당의 독주는 이러한 새롭게 변화된 현실에 적응하는 능력을 감소시키는 방향으로 나아갔다.

마지막으로 정당들은 자신들의 이념이나 정치적 논쟁을 주도할 수 없게 되었는데 그 이유는 기민당의 경우 세속화가 진행되면서 더 이상 과거식의 종교적 이념을 사용하기가 어렵게 되었고 공산당도 노동자층의 중산층화 현상으로 전통적인 마르크스적 계급연대에 의한 사회변화를 추구하는 것이 적절치 못하게 되었다. 사회당 역시 근대화를 지지하는 중도정당으로 변하려는 시도를 보였다. 또한 점차 정당들로부터 독립하게 된 언론도 중요한 역할을 담당하였으며 젊은 판검사들도 생태운동의 전위역할을 하였다. 급진당과 같은 소규모의 조직도 시민운동에 적극적으로 참여하였으며 여성, 평화 그리고 기민당과 연결되지 않은 가톨릭 운동도 활발해졌다. 정당들이 신뢰의 위기를 맞이한 점을 객관적으로 증명하기는 어려우나 1970년대에 실시된 국민투표와 일반선거의 지지도가 차이를 보인다는 점에서 이해할 수 있다. 가장 큰 괴리는 기민당의 경우였으며, 이로써 특정 사안 즉 이혼과 낙태 등의 경우 유권자들이 자신의 지지 정당과는 독립적으로 행동한다는 사실을 보였다.

1) 통일 이후

1861년 이탈리아 통일 이후의 주요 정치세력은 역사적 우익과 좌익으로 대별될 수 있다. 이들은 근대적 의미의 대중정당이 아니었으나, 사회엘리트들이 이해관계에 따라 두 집단을 형성하여 의회에 진출하는 형태를 띠었다. 대체로 역사적 우익은 자유주의적 입헌군주제를 옹호하는 세력으로 볼 수 있으며 지역적으로는 통일의 주도세력이었던 중북부 지역에서 배출되었다. 반면 역사적 좌익은 공화주의를 신봉하던 자들에 의해 형성되었고 진보적 자유주의 성향을 띠고 있었다. 따라서 일반적인 좌우 이념 대립의 정치집단으로 보기 어렵다.

① 역사적 우익 (Destra Storica, 1849-1913)

역사적 우익은 통일 초기 집권세력으로 부상하였는데 그 기원은 1849년으로 거슬러 올라간다. 당시 사르데냐왕국 체제에서 마시모 다젤리오가 이끌었던 정부들 그리고 이어서 카밀로 벤소 디 카부르가 1852년부터 왕국의 총리로 재임하다가 1861년 통일 이탈리아왕국이 시작되면서 집권 여당으로 1876년까지 권력을 이어가게 된다.

역사적 우익은 통일 이후 총선을 통해 다수당으로 자리매김하는데, 이들의 유산은 카부르의 정신을 이어받으면서 자유주의적 부르주아의 이해를 대변하는 정치세력으로 존재하였다. 따라서 자유무역을 주창하였으며, 피에몬테 지역에서 통용되던 제도를 이탈리아화하는 데 주력하였다. 국가의 운영에서는 통일 이후 각종 공공사업을 통해 재정적자에 시달렸는데, 1876년 밍케티 정부에서 최초로 균형을 맞추는 실적을 기록하기도 하였다. 그러나 조세의 부담으로 인해 국민들로부터 상당한 원성을 들었으며, 이는 특히 통일 과정에서 소외된 남부 지역에서 더욱 돌출되는 양상을 현시하였다.

1860년대 역사적 우익의 대외정책은 로마와 베네치아를 포함하는 리소르지멘토의 완성이 시급한 과제로 대두되었다. 로마의 병합으로 결국 교황 및 가톨릭 교회와 상당 기간 결렬된 관계를 유지해야 했다. 이는 로마의 문제(Questione Romana)로 지칭되며 60년이 지나서야 1929년 라테란 조약에 의해 양자 관계가 정상화된다.

역사적 우익 내에서도 계파 정치가 존재하여 크게 보아 피에몬테세력은 사르데냐왕국 출신의 정치인들로 구성된 반면, 토스카나와 에밀리아로마냐 계파는 피에몬테세력으로부터 파벌(Consorteria)이라는 이름으로 불리었는데, 롬바르디아와 남부정치인들을 대체하는 세력으로 존재하였다. 이 밖에도 역사적 우익 내에는 계파에 소속되지 않은 독립적 정치인들도 있었는데, 대표적으로 셀라와 밍게티를 들 수 있다.

역사적 우익은 1876년 역사적 좌익에게 정권을 빼앗기고 야당으로 남게 되는데, 철도의 국유화를 반대하는 등 적극적인 의회활동을 이어나갔다. 야당으로서 역사적 우익은 주로 피렌체를 중심으로 하는 토스카나주의 정치인들로 구성되었으며, 자신들을 헌법적자유당

(Partito Liberale Costituzionale)으로 지칭하면서 활동을 이어가다가 1912년 이탈리아자유당(PLI)의 창당과 함께 자취를 감추게 된다.

② 역사적 좌익 (Sinistra Storica, 1849-1912)

역사적 좌익 역시 1849년 결성되어 활동하다가 1912년에 해체되면서 자유연합(Unione Liberale)으로 합류하는 과정을 밟았다. 핵심 이념은 사회적 자유주의, 중도주의, 개혁주의 및 군주제로 대변된다. 초기에는 중도좌파적 성향을 지니다가 1882년부터는 중도를 표방하는 색채를 띠었다. 주요 정치인으로는 라타치, 데프레티스, 카이롤리, 크리스피, 졸리티 및 오를란도를 들 수 있다.

이탈리아 통일 직후에는 의회에서 주로 야당의 역할을 담당하다가, 1876년 데프레티스 정부가 들어오면서 역사적 좌익이 이후 정치를 주도하게 된다. 역사적 좌익의 구성원들은 대체로 중간 규모의 자본가이거나 변호사들로 구성되었다. 역사적 우익과는 차별적으로 이탈리아의 근대화와 민주화를 통한 현실적 국가건설에 주력하였으며, 초등교육의 확산과 참정권의 확대에 주력하는 모습을 보였다.

우익과는 다르게 역사적 좌익은 자유무역이 아닌 보호무역주의를 강조하였으며, 국가가 경제에 직접적으로 개입하는 정책을 선호하였다. 1887년 경기침체기를 맞으면서 농업과 산업의 연대를 도모하는 과정에서 사회평화를 추구하였다. 경제분야에서는 전체적으로 내수시장의 역할을 강조하면서 국제적 경쟁으로부터 이들을 보호하려는 정책을 구사하였다.

대외정책에서는 전통적인 우방이었던 프랑스와의 협력을 거부하고, 1882년 독일 및 오스트리아와 삼국동맹(Triplice Alleanza)을 체결하게 된다. 이로서 이탈리아식 제국주의 경영에 주력하면서 아프리카대륙의 에리트리아 지역으로 진출하였다. 역사적 좌익은 1896년 총선을 통해 중도에서 보수성향으로 색채를 변모하는데, 이를 통해 좌파와 우파의 연합을 도모하게 된다. 이러한 과정은 변형주의, 정치적 편의주의 내지 다수파공작(Trasformismo)[128]으로 불리는데 당시 정치관행에서 일상적인 모습으로 현시되었다. 변형주의는 공화국 시대에서도 중도의 정당들이 기민당과 연대하는 방식으로 빈번하게 활용되는 정치행태로 발현되었다.[129] 1913년 역사적 우익과 좌익이 자유연합으로 병합되면서 자취를 감추게 된다.

2) 20세기 전반기

① 이탈리아사회당 (Partito Socialista Italiano, 1892-1994)

이탈리아의 주요 대중정당 중에서 가장 오래된 역사를 가지고 있던 사회당은 1892년의 제네바전당대회에서 출발하였다.[130] 그러나 당시의 정치현실에서는 커다란 힘을 발휘하지 못했는데 그 이유는 투표권이 소수의 국민에게 제한되어 있었기 때문에 기층민중을 기반으로 하는 사회당의 현실적인 영향력은 한계를 가질 수밖에 없었다. 1919년의 총선에서는 32.4%의 득표율을 보임으로써 자신감을 얻게 되나 곧 이은 공산당의 1922년 리보르노 전당대회에서의 분당은 좌익세력의 결집에 부담으로 작용하였다. 따라서 사회당은 반파시즘 운동에서도 상대적으로 미미한 역할만을 수행하였다.

② 인민당 (Partito Popolare, 1919-1943)

1919년 1월에 창립된 인민당(Partito Popolare)은 기민당의 전신으로 시칠리아 출신의 가톨릭 사제였던 루이지 스투르초에 의해 시작되었다. 이로서 그동안 교황의 권유에 의해 불참여를 견지해 왔던 가톨릭세력의 정치현실에 대한 공식적인 참여가 시작되었다. 당시의 총선에서 인민당은 20.5% 그리고 사회당이 32.4%를 차지하여 통일운동 이후로 지속되어 온 다수파공작은 더이상 가능치 못하게 되었으나 인민당이 반사회주의적이고 사회당이 반사제적이라는 사실은 두 당의 연합을 저해하는 요인으로 작용하여 결국 파시즘을 야기하는 간접적인 결과를 가져오게 되었다. 그러나 파시즘 체제하에서는 연합전선(CLN)을 구축하여 반파시즘운동을 벌이기도 하였다. 2차대전 중이었던 1943년 알치데 데 가스페리가 사무총장으로 있을 때 인민당에서 기민당(Democrazia Cristiana)으로 당명을 개정하였다.

③ **공산당** (PCI, Partito Comunista Italiano, 1921-1991)

이탈리아공산당은 1921년 리보르노에서 열린 사회당의 전당대회에서 극좌세력이었던 보르디가의 주도로 분리되어 생성되었다. 1924년 안토니오 그람시와 팔미로 톨리아티에 의해 당 지도부가 형성되었으며 스탈린식의 마르크스레닌주의와는 일정 정도의 거리를 두었다. 사회주의에로의 궁극적인 이행을 위한 단계인 진보적 민주주의를 지향하며 기민당, 사회당 등과 반파시스트 운동을 연합하여 전개하였는데 이는 점진주의와 타협을 통한 방식으로 이해되었다. 무솔리니의 파시즘 체제는 공산당을 거부하는 노선을 유지하였기 때문에 전간기에 가장 많은 탄압을 받은 정당으로 자리매김하였다.

④ **파시스트당** (Partito Nazionale Fascista, 1921-1943)

파시스트당은 1921년 사회운동적 성격의 전투파시스트집단(Fasci Italiani di Combattimento)이 로마로의 행진을 통해 정권을 잡으면서 정당으로 변모한 사례인데 1923년 국가이탈리아협회(Associazione Nazionalista Italiana)로 병합되게 된다. 1920년대 후반에 이르면 사실당 이탈리아 내에서 유일한 정당으로 남게 되는데, 이는 모든 정당 활동을 금지하는 독재체제로의 전환을 의미하였다. 이 정당의 공식적 조직은 이탈리아의 국민(Il Popolo d'Italia)이라는 일간지로 무솔리니에 의해 1914년 창간되었다. 파시스트당의 이념적 성격은 시간이 지나면서 변화의 과정을 거치게 되는데 초기에는 혁명적 민족주의에서 출발하여 사회적 보수주의, 국가적 보수주의, 자유주의 및 군주제를 핵심으로 하였다. 1930년대에 들어서면서 보호주의, 반소비에트주의, 자급자족경제 및 제국주의를 표방하다가 말년에는 반유대주의와 국가파시즘을 주창하였다. 기본적으로 극우정당으로 분류될 수 있다.

3) 제1공화국 (1945-1992)[131]

① **기민당**(DC, Democrazia Cristiana, 1943-1994)

이 정당에 대한 성격구분은 여러 가지 의견으로 대별된다: 독점자본의 정당, 국가자본가의 정당, 가톨릭 정당, 보수정당, 사회민주적 정당, 대중적 지지기반의 보수민주 정당.[132] 기민당에 대한 다양한 견해는 우선 공산당의 입장으로 기민당이 독점자본을 위한 정당이나 팔미로 톨리아티의 경우 대중적 성격도 갖고 있다고 판단하였다. 국가자본가로 볼 수 있는 공공지출을 통제하고 그로부터 이득을 보는 사회계층의 이해관계를 대변하는 정당이며 비정상적인 국가부문의 팽창을 지적하는 입장도 있다. 한편 프랑코 카사노는 기민당이 파시즘에 대한 반체제적 내지 반자본가적 정당으로 출발하였다고 보았으나 이탈리아의 특수한 상황 즉, 공산당이 여당이 될 수 없다는 사실은 기민당으로 하여금 보수적인 자본가의 지지뿐 아니라 좌익적인 요소인 공공영역에 적극적으로 개입하는 양태를 만들었으므로 기민당을 순수한 보수정당으로서만 이해하는 것은 무리라고 보았다. 사실 이는 기민당 내에 우파와 좌파가 공존한다는 사실로도 대변된다. 잔니 바젯 보쪼(Gianni Baget Bozzo)는 만일 공산당과 같은 야당이 존재하지 않았다면 오히려 그들이 인위적으로 만들었어야 했다고 봄으로써 냉전체제하에서의 여당과 야당의 위상을 이해하였으나 공산당이 소련의 노선과 멀어짐에 따라 기민당은 공산당의 반서구적 성격을 강변하기가 어렵게 되었으며 이념적 양극화를 이용하는 데 곤란성을 경험하였다고 주장하였다.[133]

한편 기민당이 오랜 기간 동안 집권할 수 있었던 강점들을 살펴보면 우선 가톨릭 교회 덕분에 특히 북동부와 남부에서 중요한 사회적 기반을 가질 수 있었다는 사실이다. 또한 가톨릭의 이념은 중간계급과 하층계급에 공히 통할 수 있었다. 두 번째는 지방의 조직과 다양한 지역사회운동을 중시하여 이탈리아사회에 잘 적응할 수 있었다. 세 번째로는 이념적으로 특정 형태의 국가나 사적 소유권에 대한 지향을 내걸지 않았기 때문에 다양한 부문(Interclassista)으로부터 지지를 받을 수 있었다.[134] 따라서 전적으로 자본주의적 자유국가를 주창하지 않으면서도 반공산주의를 표방할 수 있었다. 네 번째로는 파시즘 기간 중에 통일운동 이후의 체제였던 자유국가의 정치인들은 신체제에 의해 동화되거나 탄압을 받았으며 좌익의 정치인들은 음성적으로 활동하였다. 그러나 교회는 라테란조약에 의하여 상대적인 자율을 부여받았기 때문에 파시즘 붕괴 이후에 현실적 능력을 지닌 지도자의 집단은 기민당이 될 수밖에 없었다. 또한 기민당은 서구진영에 머무른다는 약속을 기반으로 미국으로부터의 마샬 플랜을 통한 재정적 지지를 받아낼 수도 있었다.

그러나 기민당의 노선이 무변화의 상태를 이어온 것은 아니어서 정당으로서의 발전과 위치의 변화를 끊임없이 경험하였다. 초대 수상이었던 알치데 데 가스페리(Alcide de Gasperi)는 기민당이 사제의 직접 통제하에 놓이는 것을 거부하였을 뿐만 아니라 반자본주의적인 가톨릭민중적 노선을 견제하였다. 또한 그는 타당이 친자본주의적 노선으로 대중적 지지를 획득하려는 시도를 차단하였다. 계층적으로 보아서는 사회의 반(反)프롤레타리아화에 진력하였으며 무산자계급이 정치적으로 단일화되는 것을 경계하였다. 결국 이는 공산당이 지나치게 강해지는 것을 막았다는 것으로 이해할 수 있다. 즉 기민당의 성공비결은 전통적 가톨릭주의 이념과 이탈리아의 근대화라는 실제적인 관심을 적절하게 조화하는 능력을 발휘함으로써 가능하였다.

1950년대에 들어와 아민토레 판파니(Amintore Fanfani) 시대에는 공공부문에 대한 직접적인 지배를 강화하게 되는데 이는 가톨릭 이념과 정치적 현실주의의 배합으로 가능하였다.[135] 즉 국가의 역할에 대한 기독교적 관점은 경제와 민간 기업이 윤리적 시각에서 검토되어야 한다는 견해이다. 또한 지배적 경제집단의 속성이 불리한 위치에 놓인 사람들의 상황을 더욱 악화시키는 경향이 있으므로, 이러한 현실은 대중 정당로서의 기민당의 지지기반을 축소시키게 되어 이를 견제할 필요가 있었다. 당시의 국제경제 상황에서 이탈리아가 필요로 하는 에너지와 기술적 노하우를 얻어내기 위해서는 권력의 중심을 다변화 즉 공공사업의 기관과 은행 등으로 확장시킬 필요가 있었고 이는 국회를 소외시키려는 의도와도 연결되는 것이다. 판파니는 사회당과의 중도좌파 연합도 꿈꿔 왔는데 이는 그가 실각한 후인 1960년대에 실현되었다.

권력의 중심이 다변화되면서 기민당 내부의 분파도 다양해졌으며 중도좌파내각은 1963년에 알도 모로가 여타의 지도자들에게 좌익에게 문호를 개방하는 것이 기민당의 위치를 공고히 할 수 있는 유일한 전략임을 확신시키면서 가능하였다. 그러나 이 내각이 붕괴되면서 기민당은 일관성 있는 전략을 구사하지 못하였다. 따라서 현상유지에 보다 많은 관심을 두게 되었다. 데 가스페리 이래로 기민당이 추구해 온 정책은 사회 제계층에 영향을 미치는 것이었는데 후견제를 통해 계급연대를 저지하려는 시도를 지속해 왔다. 또한 후견제 역시 현대적인 모습으로 전환되었으며 농지개혁에 의한 남부에서의 대지주층의 몰락과 중소자영농의 출현은 공산당의 진입을 효과적으로 봉쇄하는 역할을 하였고 국가부문의 비대화는 이를 위한 화이트칼라노동자의 양산을 가져와 기민당의 사회적 기반을 공고히 하는 중요한 계기가 되었다.

기민당은 다양한 사회계층을 창출하는 것뿐만 아니라 이들을 조직하기도 했다. 이는 수평적 조직체를 양산함으로써 가능하였다. 가톨릭노동자 조직인 ACLI, 가톨릭노조인 CISL, 평신도단체인 Azione Cattolica, 가톨릭 기업가와 사용자단체인 UCID, 중등교사단체인 UCIIM, 초등교사단체인 AIMIC, 변호사협회인 UGC 등이 대표적이다. 그러나 이러한 단체들과 공공부문의 기관들은 점차적으로 기민당의 영향으로부터 벗어나 자율을 요구하게 되었으며, 언론과 정치학자들로부터 국가부문의 비대현상에 대한 비판이 제기되었다. 줄리아노 아마토는 기민당의 체제를 엽관제에 기초한 것(Governo Spartitorio)으로 규정지었다. 즉, 갈등에 대한 근본적인 해결이 기민당의 지지를 하락시킬 것으로 염려하여 항상 미봉책에 불과한 대응만을 일삼는다고 비판하였다.

기민당의 조반니 보네티는 아마토의 비판에 대해 다음과 같이 응수하였다. 만일 아마토의 분석이 옳은 것이라면 기민당만의 책임이 아니라 연정에 참가하는 모든 정당들도 부분적으로 책임을 느껴야 한다. 또한 야당인 공산당도 이권의 배분에 대해 무관심을 보인 적이 없다. 오히려 여러 운동을 통해 더 많은 자원, 특히 공공지출을 통한 자원을 얻기 위해 노력하였다. 그리고 현대의 사회민주적 국가에서 타협이란 정상적인 게임의 규칙이므로 문제는 원칙의 차원이 아니라 정도의 차원일 것이다. 기민당이 산업에 투자하여야 하는 자원을 공공부문의 확대로 사용하여 지지기반을 확충하였다는 지적은 공산당 역시 이들 부문에서 1970년대에 지지기반을 얻었다는 점을 간과하는 것으로서 공공부문의 임금인상에 대한 공산당의 반대가 없었다는 사실로도 대변된다.

이상에서 이탈리아의 상황이 사회민주적 합의에 기초한 복지국가의 건설과 공공지출의 정치적 사용이라는 여타 산업국가의 사례와 흡사함을 발견할 수 있다. 다만 이탈리아의 경우에 특이한 것은 여타의 산업국가의 경우 국가가 상대적 자율성을 유지하면서 영역을 확대한 반면 이탈리아는 특정 정당인 기민당이 국가기관을 독점하는 양상으로 나타난 점이다.[136]

70년대의 석유위기로 인한 세계적인 경기침체는 기민당으로 하여금 자원활용을 어렵게 만들었고 난관에 봉착하게 하였다. 새로운 지도자인 치리아코 데 미타(Ciriaco de Mita)는 80년대 초에 신자유주의적 이념을 가지고 기업가들에게 손을 내밀며 경제회복을 경주하게 되나, 이는 사회당의 노선과 흡사한 것이었기에 날카로운 대립을 가져왔다. 1983년의 총선 결과는 기민당의 패배와 사회당의 선전으로 결과되었고 1984년의 유럽의회선거에서는 공산당에게도 뒤지는 최악의 상황을 연출하였다. 따라서 데 미타의 기민당 결집노력은 실패로 귀결되었고 반대파의 움직임이 드세게 되었다. 한편으로 중도의 전통적이고도 보수적인 판파니를 포함하는 분파는 위기를 받아들이고 사회당과의 관계를 공고히 하자는 분위기를 대변하였는데 이는 현상을 유지하면서도 공산당을 고립시키는 정책으로 요약된다. 다음의 분파는 알도 모로의 지지자들로서 공산당과 협조하였던 1970년대의 역사적 타협과 같은 정책을 추구하고 대중적 지지를 유지하자는 견해를 갖고 있었다.

이는 데 가스페리와 판파니가 추구해 온 정책과도 맥을 잇는 것으로서 남부의 중간계급을 지지기반으로 삼음으로써 노동자계급에게 계층상승의 희망을 부여하자는 의도였다. 즉 공공지출을 남부에 집중적으로 사용함으로써 남부를 공산당의 영역밖에 놓아두자는 의도였다. 따라서 중도좌파정부의 한계를 직시하고 제3의 국면(La Terza Fase)이라는 정책을 제시하게 된다. 이는 지속적인 경제발전의 가능성을 유지하고 노조로 하여금 교섭 과정을 통해 자신들의 여건을 개선시킬 수 있다는 희망을 갖게 하며, 공공지출의 증가속도를 늦추는 시도인데, 이는 타 정당들이 받아들일 수 있는 정책으로, 그 이유는 공공지출의 감소가 기민당의 영향력 감소를 의미하는 것으로 이해되었다.

이러한 정책은 기민당으로 하여금 약간의 권력손실을 가져올 것이지만 타당에게도 책임감을 전가하는 것이었다. 긴축정책은 야당인 공산당이 지지할 경우 성공할 수 있는 것이었는데 이는 결국 헤게모니 프로젝트로서 모든 정치세력들로 하여금 책임을 분담하는 방식으로 전개되는 것이었다. 그러나 모로의 죽음과 공산당의 역사적 타협으로부터의 이탈은 국가적 일치를 붕괴시켰고 제3의 국면을 종식시키는 결과를 초래하였다.

1980년대에 기민당의 위치는 한편으로 세계적인 추세였던 좌익의 붕괴로 이득을 본 반면 다른 한편으로는 사회당의 주도적인 위상에 압도당하는 모습을 보였다. 특히 개혁지향적인 데 미타의 지도력은 80년대의 시대정신이 복지국가의 위기론과 신보수주의로 흐르게 되자 입지가 좁아졌으며 새로운 기업가정신을 강조한 사회당의 크락시에 대해 수동적인 자세를 견지할 수밖에 없었다. 90년대 초에 들어와서는 데 미타의 지도력이 약화되면서 안드레오티, 포를라니 등의 기민당 우파가 사회당과 연합하는 면모를 보였으나 부패스캔들과 제도개혁의 바람으로 인해 당의 운명이 기로에 서게 되었으며 마리오 센니 등은 상원과 지방의회에 대한 제도개혁을 주창하며 분당해 나갔고 북부에서는 롬바르디아연맹 등의 분리주의운동이 거세지면서 급기야 당명을 바꾸려는 시도 즉 기독교의 명칭을 제거하고 중도우파를 폭 넓게 포함하는 정당으로의 변신을 도모하였다.

참고로 전후 기민당의 주요 계파를 이념적 스펙트럼화하여 정리하면 다음과 같다.[137]

<그림- 5> 1960년대 이후 기민당의 계파와 집단

<table>
<tr><th colspan="5"><1964년: 제 9회 전당대회></th></tr>
<tr><td>계파</td><td>좌익 (21%)</td><td rowspan="3">Fanfaniani (21%)</td><td>Dorotei, (46%)</td><td>우익(11%)</td></tr>
<tr><td rowspan="2">집단 및 인물</td><td>*Forze Nuove:
Pastore,
Donat-Cattin</td><td rowspan="2">Moro,
Rumor,
Colombo,
Andreotti</td><td rowspan="2">(Scelba)</td></tr>
<tr><td>*Base:
De Mita, Galloni</td></tr>
</table>

<table>
<tr><th colspan="7"><1973년: 제 12차 전당대회></th></tr>
<tr><td>계파</td><td>Forze Nuove, (10%)</td><td>Morotei, (9%)</td><td rowspan="2">Fanfaniani, (20%)</td><td>Base, (11%)</td><td>중도, (34%)</td><td>ndreottiani, (16%)</td></tr>
<tr><td>집단 및 인물</td><td>Donat-Cattin</td><td>Moro, Zaccagnini</td><td>De Mita, Granelli</td><td>Rumor, Piccoli, Taviani</td><td>Andreotti, Colombo</td></tr>
</table>

<table>
<tr><th colspan="3"><1976년: 제 13차 전당대회 ></th></tr>
<tr><td>계파</td><td>Pro-Zaccagnini(개혁파), (49%)</td><td>온건파, (49%)</td></tr>
<tr><td>집단 및 인물</td><td>Forze Nuove,
Base,
Morotei,
Rumor,
Colombo</td><td>Dorotei,
Fanfaniani,
Andreottiani,
Splinter Groups</td></tr>
</table>

<table>
<tr><th colspan="7"><1986년: 제 15차 전당대회></th></tr>
<tr><td>계파</td><td rowspan="2">좌익 (Zaccagnini계), (34%)</td><td>중도, (26%)</td><td rowspan="2">Forlaniani, (11%)</td><td rowspan="2">Fanfaniani, (5%)</td><td rowspan="2">Andreottiani, (16%)</td><td rowspan="2">Forze Nuove, (7%)</td></tr>
<tr><td>집단 및 인물</td><td>Dorotei (Piccoli, Bisaglia), Scotti, Colombo</td></tr>
</table>

<table>
<tr><th colspan="6"><1989년: 제 18차 전당대회></th></tr>
<tr><td>계파</td><td rowspan="2">좌익 (De Mita), (35%)</td><td>중도, (37%)</td><td rowspan="2">Fanfaniani, (3%)</td><td rowspan="2">Andreottiani, (18%)</td><td rowspan="2">Forze Nuove, (7%)</td></tr>
<tr><td>집단 및 인물</td><td>Dorotei, Forlani, Scotti, Colombo</td></tr>
</table>

<table>
<tr><th colspan="8"><1992년도의 계파 및 집단구성></th></tr>
<tr><td>계파</td><td>좌익 De Mita</td><td>중도</td><td rowspan="2">Andreottiani</td><td>anti-Andreottiani</td><td rowspan="2">Fanfaniani</td><td>Forze Nuove</td><td rowspan="2">국민투표파 Segni</td></tr>
<tr><td>집단 및 인물</td><td>북부의 좌파 각료집단 (Goria, Rongoni, Fracanzani) Cossighiani</td><td>Gava, Forlani, Scotti</td><td>Sbardella, Formigoni</td><td>Marini</td></tr>
</table>

② 공산당(PCI)

공산당은 반파시즘전선을 공유한 정당들과의 연대로 인해 전후 새로운 공화국헌법의 작성에도 참가하여 사회적 권리 등의 개념을 포함시키는 데 일조하였다. 그러나 냉전의 분위기는 기민당과의 더 이상의 공조를 어렵게 하여, 다시금 소련의 노선을 추종하게 되었다. 그러나 계속하여 '이탈리아식 사회주의로의 길'(Via Italiana al Socialismo)을 추종하였고 국제정세의 변화에 따라 점차로 소련의 노선과는 거리를 두게 되었다. 그리고 다양한 비정치적 활동에도 신경을 쓰면서 사회당과 공동으로 여가 등의 분야에도 진출하였고 그람시적 문화영역의 헤게모니장악을 위해 연구활동도 활발히 하는 대중정당으로서의 면모를 중시하였다.[138]

사회당과의 분리 이후에 파시즘체제를 지나면서 공산당의 세력은 탄압에 의해 미미한 상태에 머물렀으나 종전 후 1946년에는 당원이 이백만 명에 이르러 대중적인 기반이 확고해졌다. 민병대원들(Partigiani)과 구지도층은 여타 부르주아정당들과의 협조를 거부하고 계급투쟁을 통해 사회주의혁명을 시도해야 한다고 주장하였지만, 최고 지도자였던 팔미로 톨리아티는 이러한 노선에 다음의 두 가지 이유로 반대하였다. 첫째, 파시즘체제하의 파르티잔운동은 무장인원이 최대 삼십만 명에 불과하였고 그중에 공산계열은 절반에 머물렀으며, 그나마 전국적이 아닌 북부에 몰려 있었다. 따라서 섣부른 사회주의 투쟁은 국내의 혁명세력을 충분히 결집시킬 수 없을 뿐 아니라 외국으로부터도 지지를 받기가 어려웠을 것이다. 또한 저항운동의 힘이 미약한 남부는 오히려 반혁명의 온상이 될 가능성이 많았다. 두 번째의 반대 이유는 국제적 환경이 공산집권에 불리한 상황이었다. 이탈리아에 해방군으로 진주한 소련, 미국, 영국은 어떠한 공통의 영역으로 묶을 수 없으며 소련의 지지를 받을 수 있는 가능성도 미약하였다. 즉 이탈리아는 미국의 영향하에 놓였다고 보는 것이 정확한 사태 파악이라는 주장이었다.

이상의 두 가지 이유는 당장의 혁명이 필요하다고 주장하는 자들에게 설득력이 있는 것이었으며, 톨리아티 자신은 소련식보다는 자신의 동료였던 안토니오 그람시의 전략, 즉 민중봉기적 혁명이 아닌 과정으로서의 혁명개념 즉 기동전이 아닌 진지전을 주장하게 된다. 이는 진보적 민주주의에 기초한 새로운 형태의 공화국을 건설하여 점진적인 방법으로 사회주의를 실현한다는 이탈리아식 사회주의전략으로 이해할 수 있다. 따라서 공산당은 여타의 집권당들, 특히 기민당과 연합을 도모하였으며 헌법에서 라테란조약을 인정하였고 노동자(Lavoratori)와 사용자(Datori di Lavoro)의 휴전도 제안하였다. 이러한 접근은 비록 짧은 기간이었지만 1945년에서 1947년 시기 즉 양대 초강대국사이의 국제적 공존시기에 보장되는 것이기도 했다.

그러나 냉전의 본격적인 시작은 상황을 급변시켰다. 공산당은 정부에서 축출되었으며 바티칸 역시 인정치 않았고 소련으로부터도 타협정치에 지나치게 열중한다는 비판을 받았다. 그러나 지속적으로 이탈리아식 사회주의노선을 유지하였으며, 외교정책에서는 소련을 지지하고 마샬플랜과 나토가입 그리고 유럽공동체를 반대하는 입장을 취하였다.

1950년대 중반에 들어서면서 공산당은 매우 어려운 상황에 놓이게 되는데, 우선 이탈리아의 경제가 도약의 단계에 들어섰고 노동조합들의 활동이 정당들의 노선에 따라 분열되었으며 토리노의 피아트노조에 대한 헤게모니를 잃게 되면서 치명타를 입게 된다. 또한 국제적인 분위기도 1956년의 소련공산당 20차 전당대회에서 스탈린의 노선과 거리를 두고 일국사회주의의 가능성을 인정하게 된다. 이러한 모습은 이탈리아식 사회주의 노선을 견지해 오던 공산당으로서는 고무적인 변화였으나 현실적으로는 노선의 실현이 오히려 불가능에 가깝게 수용되었다. 또한 소련의 헝가리침공에 대해서도 개입을 정당화하는 방향으로 입장을 정리하면서 운신의 폭이 좁아졌으며 소련과 중공의 분쟁에서도 중국과의 갈등으로 별다른 역할을 하지 못했다.

국제적인 차원에서 공산당이 견지해 온 정책은 톨리아티식의 다중심주의(Policentrismo)로서 다음의 두 가지 차원에서 이해할 수 있다. 우선 국제공산주의 운동은 하나의 중심에 의해서만 지도되어서는 안되며 여러 다양한 사회주의의 길이 있을 수 있다는 것이다. 둘째로는 국제체계 자체의 변화로서 더 이상 양극체제라고 볼 수 없으며 긴장완화정책은 미국의 영향에서 벗어나는 자율성에 기반한 새로운 유럽이 가능하다고 보았다. 따라서 공산당은 60년대 초에 들어오면 유럽공동체에 대한 견해를 바꾸면서 적극적인 지지를 보내게 된다. 또한 사회주의 진영도 소련과 중국과의 갈등으로 일방통행적인 일치를 보인다고 볼 수 없으며 비동맹의 결성 역시 양극체제의 경직성을 대변하는 환경변화로 이해되었다.

1964년 톨리아티의 사망에도 불구하고 공산당은 독립적인 외교정책을 고수하였으며 1972년 정당지도권을 물려받은 엔리코 베를링게르(Enrico Berlinguer)는 유럽공동체의 발전을 적극적으로 지지하였고 나토로부터의 탈퇴 주장도 삼가하는 자세를 보였다. 1975년에는 공식적으로 나토체제에 남겠다는 발언을 함으로써 소련과의 갈등에도 불구하고 이탈리아식 사회주의노선을 지속적으로 유지하였다. 한편 1968년의 소련의 체코에 대한 침공은 이탈리아공산당으로 하여금 신랄한 비판을 하게 만들었으며 이 사건 이후 프랑스와 스페인 등 서유럽 공산당들과의 협조체제가 강화되어 1975년에는 유로커뮤니즘을 주창하기에 이른다. 유로커뮤니즘은 자유민주주의 전통인 언론의 자유, 종교의 자유, 시민권, 정치적 다원주의, 선거 등을 포함한 모든 민주주의원칙을 인정하는 듯이 보였으며, 국제적으로 보아도 지속적인 화해분위기는 다중심주의를 옹호하는 방향으로 나아갔다.

문제는 그러나 국제적인 화해분위기가 위기를 맞았다는 데 있었다. 나토의 솔트II 협정에 대한 인준거부는 핵에 대한 유럽의 새로운 시각을 제공하였으며 소련의 아프칸침공, 미국의 모스코바올림픽거부, 소련의 로스엔젤레스올림픽대회 거부, 국지적인 분쟁의 다발 등은 화해분위기의 와해를 가져왔고, 소련의 아프간침공에 대한 프랑스공산당의 지지와 스페인공산당의 애매한 입장 등은 유로커뮤니즘의 근간을 흔들어 놓았다. 결국 유러커뮤니즘은 공통의 원칙에만 동의한 것에 불과하였으며 어떠한 구체적인 행동프로그램, 가령 에너지, 실업, 남북대화, 유럽공동체 등에 대한 대책을 제시하지 못하는 결과를 낳았다.

따라서 이탈리아공산당은 외로운 길을 걸을 수밖에 없었으며 1981년 폴란드자유노조에 대한 군사적 개입은 모스코바와의 완절한 단절을 가져오게 하였다. 결국 이탈리아공산당은 소련의 10월혁명 이후 국가에 의해 주도된 소련식의 노선이 더 이상 의미를 갖지 못한다는 결론에 다다르게 되었다. 한편 양대진영으로부터 일정 거리를 유지하는 국제정책은 국내문제에도 일관적으로 적용되었다. 그러나 1968년의 학생운동과 1969년의 뜨거운 가을 시의 노동자운동에서 공산당을 개량주의자 내지 권위주의적-관료적 성격을 띠는 정당으로 매도하는 움직임이 나타났고, 이러한 새로운 변화는 공산당만이 아닌 이탈리아정치체제의 전반적인 위기로 받아들여졌다.

이상의 사회변화는 공산당의 지도자 베를링게르로 하여금 보다 구체적인 당의 전략을 구성하도록 강요하였으며 칠레의 사회주의화에 대한 군부쿠데타의 개입 및 성공은 비록 좌익정당이 선거에서 51%의 지지를 얻었다고 하더라도 이것이 정치적인 안정이나 효율적인 정부운영을 보장해 주는 것이 아니라는 점을 간파하게 된다. 결국 이탈리아의 경우에도 가톨릭대중의 지지를 받고 있는 기민당과의 협조가 필수불가결하다는 결론에 이르렀으며, 이는 역사적 타협(Compromesso Storico)[139]이라는 대단히 흥미로운 노선을 걷게 만드는 계기를 형성하였다.

기민당우파인 판파니정부가 이혼에 대한 국민투표에서 패하고 70년대 중반에 공산당이 여러 선거에서 선전을 보이게 되자 역사적 타협에 유리한 환경이 조성되었다고 볼 수 있었다. 또한 지방정부나 시에서는 기존의 붉은 지역 이외에서도 공산당이 참여하는 국면이 노정되고 중도좌익정부의 연정파트너였던 사회, 공화, 사민당 등이 공산당을 배제하는 연정을 거부하게 되자 수상이었던 줄리오 안드레오티(Giulio Andreotti)는 의회에서 공산당의 지지를 호소하게 된다. 즉 정부에 직접적으로 참가하지 않으면서도 정부의 입장에 서는 역할을 수행하였는데 사실상 거국일치(Unità Nazionale) 내각으로 이해될 수 있다. 이는 공산당으로 하여금 국가적 일치의 정부가 진정한 의미에서의 정부참여를 위한 전단계적 역할을 하는 것으로 생각하게 만들었다.

그러나 이러한 전망은 오래 가지 못하였다. 타협기의 3년(1976-79) 동안 공산당은 지지의 하락을 경험하였고 당지도자들은 자신들의 프로그램이 좋은 것임에도 불구하고 실현시키지 못한 점을 반성하였다. 결국 공산당은 자신들을 지지하는 계층에게 구체적인 보상을 가져다 주지 못하였고 역사적 타협이 아닌 기민당에 대한 복속으로 수용되었다. 또한 테러리즘의 다발현상은 공산당으로 하여금 반테러리즘을 옹호케 만들었고 이러한 태도는 의도한 바와는 다르게 부패와 타락 그리고 편협성에 기반한 국가기관을 공산당이 정당화시켜 준다는 비판까지도 받는 상황을 연출하였다.

사실 기민, 공산의 양당은 평행선적인 따라서 결코 서로 만날 수 없는 전략을 추구해 왔다고 볼 수 있는데 우선 공산당은 타협을 통해 기민당이 보다 더 진보적인 성격을 띨 수 있다고 가정하였으며 반대로 기민당은 공산당이 보다 완화된 형태의 개혁을 추구하는 모습을 보이리라는 생각을 가지고 임했던 것이다. 적어도 표면적으로는 알도 모로의 기민당안이 엔리코 베를링게르의 공산당안보다 우위에 놓인 것처럼 보였다. 그러나 경제적 위기는 이러한 타협의 유지를 어렵게 만들었으며 1978년 붉은 여단(BR, Brigate Rosse)에 의한 알도 모로 전수상의 납치와 살해는 일견 기민당을 목표로 한 것같이 보이지만 실은 역사적 타협을 한 공산당을 겨냥하는 것이었다. 이로써 타협체제는 붕괴되었다.

1979년의 총선에서 공산당은 표를 잃었고 이는 노선의 변화와도 맞물리는 것이었다. 베를링게르의 새로운 노선은 민주적 대안(Alternativa Democratica)이라는 정책이었다. 그러나 베티노 크락시 주도의 사회당은 이에 관심을 보이지 않았으며 자신들의 집권을 위한 정열만을 불태우고 있었다. 그러나 공산당이 모든 면에서 패배한 것은 아니어서 적어도 기민당으로 하여금 공산당을 공식적으로 인정하는 상징적인 효과를 보았다. 그리고 70년대 좌익의 위축은 서유럽 전반에 걸쳐 나타난 현상이었다.

1980년대에 들어와서도 공산당의 지지율은 베를링게르가 사망했던 1984년을 제외하고는 지속적인 지지율의 하락을 경험해야 했으며 동구권의 사회변화는 공산당의 입지를 더욱 어렵게 만들었다. 당 총서기였던 아킬레 오케토는 급기야 1991년 2월 전당대회에서 당명을 공산당에서 좌익민주당(PDS, Partito Democratico della Sinistra)으로 변경하는 데 성공하였지만 공산당의 좌파는 공산재건당(Rifondazione Comunista)을 만들면서 떨어져 나갔고 대세는 좌익의 운신폭을 더욱 좁게 하였다. 그러나 정치현실의 변화 즉 마니풀리테(Mani

Pulite)에 의한 부패수사 및 기민당과 사회당의 하락세 그리고 1994년 총선에서의 좌익민주당의 선전 등은 좌파집권을 향한 새로운 가능성을 제시하기도 하였다.

전후 이탈리아공산당의 주요 계파를 정리한 그림은 다음과 같다.

<그림- 6> 이탈리아공산당의 계파 (1970-1990)

좌익		중도		우익
		<1960-1970년대>		
급진주의자 Ingraiani		정당지도부의 서기국 Togliatti>Longo> Berlinguer		개혁 및 온건론자 Amendola
		<1980년대>		
Cossutta	Ingrao	정당지도부의 서기국 Berlinguer>Natta> Occhetto		개혁주의적 사회민주주의자와 온건론자 Amendola>Lama, Napolitano
		<1991년 제19차 전당대회이후 좌익민주당결성>		
Cossutta 3.9% 공산재건당으로 분당		Ingrao 외 30.0%	Occhetto 65.9%	
		<1990년대>		
당내 좌파		다수파 당서기국 Occhetto, Turco, D'Alema, Petruccioli, Bassolini, Ranieri, Rodano, Salvi, Stefanini		온건파

③ 사회당(PSI)

이탈리아사회당은 전후 1946년에는 기민당에 이어 제2당의 위치였으나 1953년 선거이후 군소정당 중에서 우두머리이며 전체에서는 제3당의 위치를 유지하여 왔다. 그러나 공산당에 비해 대중적 지지기반이 약했으며 공산당에 복속하는 모습을 보여왔다. 우선 당내 토론의 주류를 이루는 것이 독자적인 정치프로그램을 창출하는 것이 아니라 공산당과의 협조나 일치의 정도를 정하는 것이었다. 1945년에 열린 전당대회에서의 양자택일은 독자적인 모습을 유지하면서도 공산당과의 제휴를 유지할 것인가 아니면 노동자계급을 기반으로 하는 단일의 정당을 만들려는 노력을 할 것인가 중에서 선택할 사항이었다. 전자의 견해는 24%의 지지를 보였는데 이들은 나중에 사회당을 떠나 사회민주당(PSDI, Partito Socialista Democratico Italiano)을 결성하는 사라갓을 중심으로하는 집단이었으며, 후자는 협동조합, 여가와 문화조직 그리고 노조(CGIL) 등에서 연결된 점을 중시하여 공산당과의 강한 연합을 주장하는 입장이었다.

그러나 소련에서의 탈스탈린화와 헝가리에 대한 침공사태는 사회당으로 하여금 공산당과 거리를 두게 하였고 오히려 사민당과 가까워지는 형세를 띠게 하였다. 이러한 변화는 1960년대 초에 사회당이 합류하는 중도좌파연정을 가능케 하였는데 이로써 사회당의 좌파는 따로 떨어져 나가 노동자일치의 사회주의당(Partito Socialista di Unità Proletaria, PSIUP)를 결성케 했다. 이러한 대가는 이미 예상한 것으로 사회당과 사회민주당의 결합이 강력한 비가톨릭적 거점(Polo Laico)을 형성하여 연정 내에서 기민당을 적절하게 견제할 수 있는 계기를 마련하는 것이라고 믿었기 때문이었다. 새로운 정당인 통일사회당(Partito Socialista Unificato)은 그러나 1968년의 선거에서 패배하였으며 이러한 부정적 결과는 사회당과 사민당으로 다시금 분당사태를 가져오게 하였다.

사회당의 연정참여의 상황은 두 가지 측면에서 사회당을 곤란하게 만들었다. 우선 좌익일반 즉 공산당과 사회당의 좌파들에게 자신들의 입장을 방어해야 했으며, 동시에 연정 내에서 개혁의 프로그램을 되도록이면 회피하려는 기민당과 씨름을 해야 했다. 둘째로는 노동자의 당에서 국가와 지방행정부의 공무원, 중소기업가, 전문직종사자 그리고 기타의 도시 지역 집단들의 이해관계를 대변하는 정당으로의 변화를 시작하였다는 점이다.

한편 1968-9년의 학생과 노동자의 운동을 대하면서 사회당은 기회포착의 호기로 생각하였으나 공산당이 약진하고 있었던 것에 비해 현실적으로는 무능한 모습을 보였으며 70

년대의 선거에서도 별다른 진전을 경험하지 못하였다. 이러한 상황에서 사회당의 지도부는 더이상 기민당을 지지하고 공산당을 야당으로 남게 하는 것이 유리하지 않다고 결론내렸다. 결국 이것은 기민당으로 하여금 공산당과의 국가적 일치정책을 채택하여 역사적 타협을 달성하는 방향으로 나아가게 만든 것이다. 이러한 역사적 타협기간은 사회당의 입장에서 본다면 부정적인 시절이었다. 따라서 외부적인 노력보다는 내실을 다지는 노력을 보이게 되는데 공식적인 노선은 공산, 사회당 연합의 극좌적 대안(Alternativa Sinistra)이었는데 1979년 이후 사회당이 중도좌파연정을 꾀한 것을 볼 때 이 노선의 일관성은 대단히 의심스러운 것이었다. 그리고 베티노 크락시(Bettino Craxi)가 지도권을 맡고 나서는 공산당을 혐오하고 기민당과의 연정을 적극적으로 추구하는 방향으로 방향을 잡았다.[140] 1976년의 선거에서 여타의 모든 좌익정당들이 승리하였음에도 불구하고 사회당만이 정체된 이유는, 지지기반에 있어 3차산업과 남부에서는 그런대로 유지가 되었으나 학계, 교육계, 지식인, 노동자들로부터는 인기가 떨어진다는 사실에 연유하였다.

여하튼 1979년부터는 이탈리아를 통치할 수 있는 유일한 정당으로 탈바꿈하는 노력을 보이기 시작했다. 즉 기민당은 퇴보하는 전통정당이요 공산당은 기민당에 의지하거나 분파적 행동만을 일삼는 정당이기에 사회당이 중도적 위치를 점하면서 중앙에 나서야 한다는 주장을 하게 되었다.[141] 양진영에 대한 투쟁은 중앙에서의 기민 그리고 지방에서의 공산을 견제하기 위해 필요한 전략이었고 통치성(Governabilità)이라는 이슈는 연정의 안정을 위해 사회당이 중도의 개혁주의정당(Partito Riformista del Centro)이라는 이미지를 형성케 했다. 즉 사회당이 기민당과 불편한 관계에 있고 공산당과는 맞지 않는 진보적인 중간계급을 대변하는 정당으로 변모함으로써 인기를 얻으려 했던 것이다. 그러나 이는 중도의 사민, 공화, 자유당과 경쟁을 해야 하는 것이었다. 결국 1984년에 크락시가 수상직을 맡게 되나 지지율은 여전히 15%를 밑도는 수준이기 때문에 한계를 갖고 있었다.

그럼에도 불구하고 사회당은 1980년대의 이탈리아 정치사에서 주도적인 역할을 담당하게 되었으며 전성기를 구가하게 된다. 이는 80년대의 시대정신이었던 공공기업의 민영화와 신보수주의의 흐름을 잘 탔으며 밀라노를 중심으로한 신흥기업가들과의 연결 때문이었다. 문제는 1990년대에 들어와서인데 당 간부의 대부분이 부패스캔들에 연루되어 사회당이 공중분해되는 위기에 놓였다는 사실로서 상원에 대한 선거제도가 제도개혁에 의해 변경되어 사회당은 이미 와해된 상태였다.[142]

1960년대 이후 사회당의 주요 계파는 다음과 같다. 이들 내용은 정기적인 전당대회를 거치면서 계파의 변화를 추적할 수 있는 자료를 제공하고 있다.

<그림- 7> 1960년 이후 사회당의 주요 집단 및 계파

<1961년: 제 34차 전당대회>	
좌익 (42%)	중도우익 독립파 (55%) Nenni

<1965년: 제 36차 전당대회>	
좌익 (20%) Lombardi	중도우익 독립파 (80%) De Martino, Nenni

<1968년: 제 38차 전당대회>		
좌익 (8%) Lombardi	Giollitti (5%)	De Martino, Bertoldi (33%) 독립파 (36%) 사회민주파(15%)

<1972년: 제 39차 전당대회>			
좌익(11%) Lombardi	Mancini (24%)	Bertoldi (7%)	De Martino (45%) 독립파 Nenni/Craxi (13%)

<1976년 : 제 42차 전당대회>				
좌익 (11%) Lombardi/Signorile	Mancini (7%)	Bertoldi (5%)	De Martino, Achilli (42%)	개혁파 (14%)

<1978년: 제 42차 전당대회>		
대체적 좌익 De Martino/Achilli (24+4%)	Mancini (7%)	개혁주의자 Craxi와 구좌익 Lombardiani (65%)

<1981년: 제 44차 전당대회>		
대체적 좌익 (20%)	Presenza파 (5%)	Craxi (70%)

④ **사회운동당**(MSI, Movimento Sociale Italiano, 1946-1995)

사회운동당은 네오파시스트라 불리울 만큼 권위주의적 체제의 유산을 물려받으려는 세력에 의해 대표되었다. 공화국 헌법에서 구체제의 주요인사에 대한 참정권이 제한되었음에도 불구하고 국민투표에서 왕정을 지지하는 세력이 폭넓게 존재했던 사실은 파시스트세력과 왕당파의 결집을 가능케 만들었다. 사회운동당은 1946년 12월 26일 로마에서 결성되었다. 독일제국의 괴뢰정권이었던 밀라노의 이탈리아사회주의공화국(Repubblica di Salò)이 무너지면서 잔존세력들이 비밀조직의 형태로 활동을 하였다.

사회운동당은 당명에서 사회운동이란 용어를 사용하여 혼동을 야기하지만 시간이 지나면서 운동의 차원보다는 정당의 형태를 띠게 되었다. 초기의 당권은 조르지오 알미란테(Giorgio Almirante)에 의해 유지되었으며 1956년 이후에는 아르투로 미켈리니가 권력을 장악하게 되었다. 중도좌파정권이 들어서기 전인 1960년대 초에 기민당의 단독정부에 우파였던 사회운동당이 지지를 보낼 수 있는 기회가 발생하였으나 탐부로니정부의 실각으로 위기에 봉착하였다. 그러나 1950년대 이후 총선에서의 사회운동당에 대한 지지율은 5%에서 6% 정도를 차지하였으며 1972년 선거에서는 8.7%의 높은 지지율을 확보함으로써 극우적 사회변화에 대한 염려를 야기하였으며 간접적으로는 공산당의 지도자였던 베를링게르가 기민당과 역사적 타협을 시도하게 만드는 계기를 제공하였다. 이는 곧 사회운동당이 집권세력으로 부상하지는 못하였으나 기민당으로 하여금 중도우파나 중도좌파의 정당들과 연합하도록 만드는 역할을 수행한 것으로 평가될 수 있다. 1980년대에 들어와서는 초기에 선전하다가 후반기에 지지율의 하락현상을 경험하였으나 잔프랑코 피니(Gianfranco Fini)가 당권을 장악하면서부터는 새로운 도약을 위해 노력하였으며 이후 당명을 보다 완화된 의미인 민족연합(Alleanza Nazionale)으로 바꾸면서 대중정당으로 발돋움하려는 시도를 보였다.

⑤ 공화당(PRI, Partito Rebubblicano Italiano, 1895-)

이탈리아 공화당은 통일운동의 정신적 지도자였던 주세페 마치니의 이념을 기반으로 출발하였다. 1946년의 국민투표에서 공화정이 왕정에 승리한 사실은 마치니의 오랜 숙원이 해결된 것으로 받아들일 수도 있다. 이념적 스펙트럼으로 보아 공화당은 중도좌파의 정당으로 간주되는데 총선 결과를 토대로 공화당의 변천사를 검토해 보면 제헌의회선거에서는 4.4%의 지지로 비교적 높은 수준을 보였으나 1980년까지는 3%를 넘지 못하는 소규모의 정당이었으며 1980년대에 들어와 공화당의 당수였던 조반니 스파돌리니가 최초의 비기민당 출신의 내각총리로 되면서 당의 활성화를 가져왔다. 이러한 배경으로 1983년의 총선에서는 6.8%의 지지도를 기록하기도 하였으나 이후로는 약간의 감소세를 보였다. 5개당 집권연정의 일원으로 활약하였으나 1990년 정부에서 이탈하였으며 조르지오 라 말파(Giorgio La Malfa)라는 유능한 지도자를 보유했음에도 불구하고 유권자들로부터 더 이상의 지지율 상승을 기대할 수 없었으며 부패수사가 시작된 이후로는 양심세력의 하나라고 알려진 공화당의 지도자들이 Enimont 사건에 연루되면서 최대의 위기를 맞았다.

공화당의 주요 정책을 보면 경제적으로는 국영기업을 통한 국가의 개입과 경제계획을 일정정도 찬성하며 협동조합운동을 지지하였고 케인즈의 경제이론과 뉴딜정책의 정신을 본보기로 삼았다. 사회정책에서는 폭 넓은 복지국가를 추구하였으며 시민적 자유와 개인의 권리를 중요시하였다. 비마르크스주의적 사회주의를 선호하였으며 이는 사회적 민주주의(Democrazia Sociale)라고 표현될 수 있다. 제도적 측면에서는 전통적으로 주개념의 강화를 통한 탈중앙화를 지지하며 제도개혁을 강하게 주장하였다. 교회와 국가의 관계에 관한 한 반성직자주의에 심취하였으며 교회에 대한 특권을 부인하고 소수 종교에 대한 차별을 반대하였다. 국제적인 면에서는 나토에 찬성하며 유럽연합에도 적극적인 태도를 보였다.[143]

⑥ 자유당(PLI, Partito Liberale Italiano, 1922-1994)

자유당의 이념적 기초는 베네데토 크로체에서 찾을 수 있는데 조직적인 정당의 시작은

1945년 전쟁이 종료되기 전에 존재했던 민족해방위원회의 일원으로서 활약하면서부터였다. 자유당은 중도우파의 정당으로서 사회생활의 공적 혹은 사적 부문을 불문하고 자유의 원칙을 최고의 기준으로 간주하는 강령을 가지고 있다. 총선을 통한 지지율의 변화상을 보면 1950년대의 3%대에서 1963년에는 7%의 높은 상승을 경험하였으나 이후로는 지속적인 감소세가 이어졌다. 공화당과 함께 기민당과의 연정사에서 중요한 위치를 점하였으나 1980년대에 들어와서는 5개당연정의 파트너중에서 지지율이 가장 낮은 정당이었다.

자유당의 정책적 특성을 보면 경제정책에서는 자유방임주의에 입각한 시장경제를 지지하며 제한된 계획경제의 필요성도 제기하였다. 기본적으로 사기업에 대한 정부의 규제에 부정적이다. 사회정책 분야에서는 정부의 지출이 감소되기를 희망하며 복지국가(Stato Assistenziale o Stato di Benessere)의 개념에 반대하는 입장이다. 제도적 측면에서는 주정부의 도입을 반대하는 대신에 현정부를 강화하자고 주장하며 교회와 국가와의 관계와 외교적 측면에서는 공화당의 입장과 대동소이하다.[144]

⑦ **사회민주당**(PSDI, Partito Socialista Democratico Italiano, 1947-1998)

사회민주당은 1947년 사회당으로부터 분리된 정당이다. 분당의 주역은 주세페 사라갓(Giuseppe Saragat)이었는데 기본 노선은 완화된 서구식 사회민주주의의 실현이었다. 사민당은 1960년대에 들어와 중도좌파정권이 성립되면서 사회당과 재통합의 시도를 보이기도 하지만 선거의 결과가 기대에 못 미치자 양당 모두에게 부정적인 기억으로 남게 되었다. 1970년대 후반의 지도자였던 피에트로 롱고(Pietro Longo)는 비밀결사인 P2의 명단에 들어감으로써 구설수에 올랐으며 이는 결국 사민당의 지지율을 감소시키는 방향으로 결과되었다.

사민당은 1950년대의 총선에서 4.5% 정도의 지지율을 보이다가 1963년 선거에서는 자유당과 함께 비약적인 상승세를 경험하여 6.1%라는 최고의 성적을 올렸다. 그러나 사회당과의 연합이 부정적으로 결과되고 1970년대 이후 복지국가의 위기와 함께 입지가 줄어들었으며 1980년대에는 사회당의 상승세에 밀리게 되었다. 1994년 총선에서는 정당명부를 제출하는 데 실패함으로써 위기를 맞았다.

4) 제2공화국 이후

① 전진이탈리아 (Forza Italia, 1994-2009 & 2013-)

전진이탈리아당은 1994년 3월의 총선 직전에 언론재벌인 실비오 베를루스코니에 의해 결성된 정치조직이다. 좌파인 진보연합이 좌익민주당의 주도로 만들어지고 선거에서 집권가능성이 높아지면서 우파적 대응이 필요했으며 이러한 사회적 요구에 부응하려는 의도로 선거에 임하였다. 총선에서 21%의 지지율을 보이면서 제1당으로 등극하였으며 6월의 유럽의회 선거에서는 30%의 득표를 함으로써 안정성을 보였다. 양대선거를 통하여 베를루스코니는 자신의 언론재벌그룹인 피닌베스트를 최대한 활용하여 텔레비전 화면을 이용한 미디어 선거전을 치뤘으며 이는 1980년대에 소개된 스펙타클의 정치(Politica dello Spettacolo)를 대변하는 것과 다름없었다.

전진이탈리아당의 주요 인물들은 과거 사회당과 긴밀한 관계를 맺어 왔기 때문에 부패수사와 함께 그 위상이 염려되었으나 적어도 초기에는 기민당의 몰락과 함께 온건한 중간계급의 지지를 얻을 수 있었다. 전진이탈리아당의 지역적 지지기반은 북부와 시칠리아이다. 베를루스코니는 선거에서의 승리를 기반으로 집권연정을 구성할 수 있었으며 5개 정당 즉 전진이탈리아, 북부동맹, 민족연합, 기독민주연맹, 중도연합의 연정정부를 출범시켰다.[145] 전진이탈리아당의 주요 정책은 고소득층에 대한 감세와 백만 개가 넘는 새로운 고용기회 창출을 목표로 하였다. 정부부채인 공공재정적자에 대한 뚜렷한 대응책은 보이지 않았으나 높은 법인세와 근로자에 대한 의무적인 복지혜택에 지쳐 있는 중소기업주들에게는 희망적인 공약이었으며 전술한 바와 같이 지지대상을 잃고 방황하던 전통적인 기민당 지지자들에게도 하나의 준거(Riferimento)로서 작용하였다.

그러나 연정내부의 이질적 구성은 그 출범에서부터 불안한 것이었다. 우선 북부동맹과 나머지 주요 두당인 전진이탈리아와 민족연합의 입장이 첨예하게 대립하였는데 가령 민영화에 대한 견해와 재정적자를 해소하는 방안에서 현격한 차이를 보였다. 북부동맹은 두당의 입장을 파시스트적 중앙집권화 정당이라고 비판하였으며 베를루스코니의 지속적인 언론장악도 심각한 문제라고 보았다. 한편 전진이탈리아당과 민족연합은 외견상으로는 평화적인 관계를 유지하였으나 전진이탈리아당이 밀라노 검사들이 주축이 된 부패수사를 방해내지 억제하려는 시도를 보이자 민족연합은 이에 반대 입장을 견지하였다. 또한 전진이탈리아당 내부적으로도 자유시장경제를 추종하는 세력과 민족연합에서 주장하는 민영화 과정에서의 국가와 대기업의 긴밀한 관계유지를 찬성하는 자들과의 알력이 심화되고 있다. 결국 7개월을 버티지 못하고 민족연합과 북부동맹 간의 갈등으로 정부가 붕괴되었다.

전진이탈리아당은 1996년 총선에서 패배하여 야당으로 머물렀지만 2001년 총선에서 승리하여 두 번째로 집권하였으며, 여러 문제에도 불구하고 5년간 정부를 이끌 수 있었다. 그러나 국민과의 약속사항이 제대로 이행되지 않아 2006년 선거에서는 좌파에게 정권을 내어주게 된다. 좌파정권은 내부의 극심한 알력으로 2년을 버티지 못하고 붕괴되어 2008년 조기총선으로 이어졌으며, 베를루스코니의 전진이탈리아는 국민들로부터 기대감을 받지 못한 상태에서 대안부재의 이유로 세 번째로 집권할 수 있었다. 그러나 베를루스코니총리는 개인적 추문들로 인해 법정에 서야 했으며, 마침 도래한 글로벌 재정위기로 이탈리아 경제가 파탄이 나자 사임하게 되었다.

2013년 총선에서는 세력이 약화되었으나, 좌우 대연정의 일원으로 참여하게 되었다. 2018년 총선에서는 더 이상 우파의 맹주가 아닌 소수정당으로 동맹당 및 이탈리아형제당과 연대하게 되는데, 선거 결과에서 어느 측도 과반을 차지하지 못하여 난항을 겪다가 다시금 좌우 연정을 통해 정부에 참여했지만 2019년의 정치적 갈등으로 야당으로 남아 있다. 전진이탈리아당은 초기에 비해 약화된 정치세력으로 되었으나, 여전히 건재하며, 조기총선이 치러질 경우 우파의 승리가 예상되어 그 생명력을 이어갈 것으로 전망된다.

② **민주당** (PD, Partito Democratico, 1991-)

민주당은 1990년대 초 이탈리아공산당으로부터 당명을 변경하면서 좌익민주당(Partito Democratico della Sinistra)의 이름으로 탄생하여 진화해 온 정당이다. 공산당의 좌파는 이에 반발하여 공산재건당(Partito Comunista di Rifondazione)을 출범시킨 바 있다. 1994년 총선 결과에서 이 당은 제2의 정당으로 자리매김하였는데 아킬레 오케토 서기장을 중심으로 하여 좌파연합인 진보동맹을 구축하여 좌익민주당은 20.4%의 지지율을 확보함으로써 제1당인 전진이탈리아와 박빙의 승부를 보였다. 그러나 진보동맹의 다른 지지자들이 예상보다 낮은 득표를 함으로써 집권에는 실패하였다. 6월의 유럽의회선거에서는 우파의 지지도가 상승하면서 좌익민주당의 위상이 떨어졌으며 결국 아킬레 오케토는 마시모 달레마(Massimo D'Alema)에게 당권을 넘겨주게 되었다.[146]

그러나 1994년 말에 집권연정이 붕괴하면서 좌익민주당은 새로운 전기를 맞이하였으며 1995년 4월에 실시된 지방선거에서 선전함으로써 집권 가능성을 높였다. 비정치색의 기술관료내각인 람베르토 디니(Lamberto Dini)정부를 지지함으로써 정국의 주도권을 장악하면서 결국 1996년 총선에서 전후 최초로 좌파가 집권하는 승리를 거두게 된다. 로마노 프로디(Romano Prodi) 총리의 좌파정부는 특히 유럽통합에 적극적 자세를 취하고 단일화폐에 가입하기 위한 노력을 기울인 것으로 유명하다. 그러나 프로디의 리더십은 연립정권 내 소수정당들의 반발로 이 년을 넘기지 못하고 종식되었으며, 이후로는 민주당의 당료들이 총리를 맡게 되었고 당명도 좌파민주(DS, Democratici di Sinistra, 1998-2007)로 변경하였다.

2001년 총선에서 민주당은 대패하면서 야당으로 남게 되었지만 2006년 총선에서 다시금 로마노 프로디를 총리후보로 내세우면서 재집권에 성공하게 된다. 그러나 이 년을 못 넘기고 붕괴하여 2008년 조기총선에서는 우파에게 패배하였다. 2011년 글로벌 재정위기로 베를루스코니 정부가 붕괴하면서 위기관리내각이 들어서지만, 결국 2013년 총선에서 다시금 집권에 성공하게 된다. 출범한 엔리코 레타(Enrico Letta) 정부는 그러나 리더십의 불안정으로 인해 민주당 내의 청년 정치인이자 피렌체 시장 출신의 마테오 렌치가 총리에 오르면서 개혁드라이브를 걸었으나, 당내 구정치인들에 의해 배격됨으로써 결국 실각하게 된다.

민주당은 2018년 총선에서 지지율의 큰 하락으로 야당으로 남게 되었지만, 포퓰리즘 정당들이 구성한 정권이 불안정해지면서 2019년 8월 이후 다시금 오성운동과 연대하여 정권을 이끌고 있다. 민주당의 이러한 행로는 전통적인 좌파의 색채를 더 이상 내세우지 못하는 모습으로 수용되고 있다.

③ 동맹당 (Lega Nord, 1991-)

동맹당의 전신인 북부동맹은 움베르토 보시에 의해 주도된 롬바르디아 동맹(Lega Lombarda)이 주변의 북부 지역 정치집단들을 병합하면서 결성한 정치단체이다. 이로써 북부의 연방화 내지 자치화의 목표가 부분적으로 달성된 셈이었다. 북부동맹의 이념적 노선은 규명하기 어려우나 기본적으로는 우파의 정당으로 이해되며 신민중주의적 정당으로 설명되기도 하였다.[147]

1994년 3월의 총선에서는 전진이탈리아와 민족연합의 진영인 자유연합에 참여하여 득표율(8.4%)에 비해 월등히 우세한 의석수(118석)를 확보하였으나 그 이후로는 집권연정 내에서 문제를 일으키는 존재로 이해되었다. 이러한 결과로 6월의 유럽의회선거에서 6.6%의 지지율을 얻는 데 불과하였으며 1995년의 지방선거에서도 6.4%를 기록하여 감소세를 보였다. 북부동맹 내부적으로도 지도자인 움베르토 보시와 여타의 간부들이 갈등을 노정하기도 하였다.

1996년에 총선에서는 우파연합에 참가하지 않으면서 의석수에서 큰 손실을 경험하게 된다. 2001년 총선에서는 다시금 베를루스코니의 전진이탈리아와 연대하여 대승을 거두면서 집권에 성공하였다. 그러나 2006년 총선에서 다시금 결렬하여 당의 지지세가 하락하는 추세를 보여주었다. 또한 당의 지도자인 움베르토 보시의 스캔들로 인해 적지 않은 내홍을 겪기도 하였다.

2013년 당권을 장악한 마테오 살비니(Matteo Salvini)는 강력한 리더십을 발휘하면서 총선에서 선전하였으며, 2018년 총선에서는 17%를 상회하는 지지율을 얻으면서 주요 정당으로 부상하였으며, 오성운동당과 연대하여 정권을 구성하게 되었다. 이번 총선에서의 지지율 증가는 과거 북부동맹으로 지역정당에 머물던 당의 정체성을 동맹당으로 변경하면서 전국적인 지지를 호소하여 남부에서도 상당한 득표를 한 것으로 평가받고 있다. 2019년 5월 치러진 유럽의회 선거에서는 34%를 상회하는 득표율을 기록하여 제1정당으로 부상하였다. 비록 2019년 8월 살비니의 계산착오로 조기총선을 실시하는 데 실패하여 야당으로 남게 되지만, 2022년 2월 현재 동맹당을 포함하는 우파연합은 50%에 근접하는 지지율을 보이고 있어 차기집권의 가능성에서 좌파에 비해 우세한 상태이다.

④ **오성운동** (M5S, Movimento 5 Stelle, 2009-)

오성운동은 2009년 방송인이자 사회풍자 개그맨으로 유명한 베페 그릴로(Beppe Grillo)의 주도로 결성되었으며 핵심 가치로 대중주의, 환경, 유럽회의주의, 직접민주주의, 인터넷 접속 무료, 부패 반대를 내걸고 있다. 오성은 5개의 핵심 쟁점을 의미하는데 공적 수자원(Acqua Pubblica), 지속가능한 교통(Mobilità Sostenibile), 발전(Sviluppo), 연계성(Connettività) 그리고 환경(Ambiente) 등이다. 오성운동은 정치인은 고용자로, 그리고 정책을 서비스 개념으로 주장하며 국회의원 급여 삭감, 다중 직무부여 폐지 및 투명, 시민권리, 동성애 찬성 등을 주장한다. 전국민의 인터넷 사용 무료화를 추진함으로써 디지털 격차를 줄여야 한다는 정책도 개진한 바 있다.[148]

오성운동은 인터넷 시대의 소셜미디어를 기반으로 결성된 사회운동이자 정치조직으로 2013년 총선에 참가하면서 국회의원 후보를 인터넷으로 공모하고 블로거들로 하여금 투표하게 하여 명단을 확정한 바 있다. 이는 전자정부를 지향하는 오성운동의 의도를 반영하는 정치적 실천으로 비추어졌다. 이러한 모습은 기존 정당들에 대한 혐오를 의미한 것이었으며, 실제로 오성운동은 반체제(Anti-Establishment)를 핵심 가치로 공유하고 있다. 2013년 총선에서 25%의 지지율로 개별 정당으로는 1위에 오른 바 있으며, 2018년 총선에서도 반유럽 및 반유로를 외치고 경제적으로 곤란을 겪고 있는 사람들에 대한 시민소득제를 주장하면서 32.7%의 득표로 다시금 제1정당으로 등극하게 되었고 결국 동맹당과 연대하여 집권하게 된다.

그러나 2019년 동맹당과 결별하고 민주당과 연계하여 재차 집권하여 정부를 이끌고 있지만, 지지율의 점진적 하락으로 인해 그 미래가 불투명한 상태이다. 사회운동으로서의 오성운동은 글로벌 재정위기 이후 경제적 빈곤을 경험한 남부의 청년들에게 상당한 지지를 받았지만, 체제내로 들어오면서 각종 스캔들과 당내의 불협화음 등으로 초기의 신선함이 많이 하락하였다.[149] 다가올 총선에서는 메이저 정당으로 잔존할 수 있는가가 관건이 될 것이며 다소 부정적 전망이 지배적이다. 실제로 오성운동은 지속적인 지지율의 하락세를 경험하고 있으며, 정책의 실행이나 공화국의 대통령 선거과정에서 심각한 당내의 분규 표출로 추가적인 세력감소가 불가피한 실정이다. 이는 사회운동으로 출발하여 반체제를 내걸었던 정치집단이 선거에서 승리하여 집권 세력이 되었지만, 초기의 에너지가 소모되면서 정체성의 위기에 빠진 형국으로 수용될 수 있다. 따라서 2023년 봄 치러질 총선에서 군소정당으로 전락할 가능성이 높아 보인다.

⑤ 이탈리아형제당 (FdI, Fratelli d'Italia, 2012-)

이탈리아형제당은 극우정당으로 국가보수주의, 이탈리아민족주의 및 주권주의를 표방하고 있다. 2012년에 창당되었지만, 부패수사 이후 사회운동당이 개명하여 출범한 민족연합에 그 정치적 뿌리를 두고 있다. 2014년부터 조르지아 멜로니(Giorgia Melloni)가 당을 이끌고 있다. 형제당의 전신이었던 사회운동당은 마니풀리테 이후 1994년부터 잔프란코 피니 주도로 민족연합으로 당명을 교체하면서 베를루스코니 정부에 참가하여 왔으나 지속적으로 북부동맹과의 불협화음으로 안정성을 보여주지 못하였다.

이탈리아형제당은 우파정당으로 2013년 조르지아 멜로니의 주도로 결성되어 네오파시스트를 지향하였던 이탈리아사회운동당에서 사용하던 삼색불꽃기를 채택하면서 그 전통을 이어가고 있다. 2013년과 2018년 총선에서 북부동맹 및 전진이탈리아당과 연대하면서 우파연합의 일원으로 참가하고 있다. 2013년 총선 결과 집권 연정에 참가하지만 레타 총리가 물러나면서 야당으로 남게 되었으며, 이후 국민들로부터의 지지세가 완만하게 상승하고 있는 정당이다. 2018년 총선에서는 하원 기준으로 4.35%의 지지를 받았으며, 2019년 유럽의회선거에서는 6.46%로 상승하였다. 2019년 8월 동맹당이 연정에서 탈퇴하면서 이탈리아형제당도 야당으로 남게 되는데, 2022년 1월 여론 조사에서는 18.5%를 기록하면서 우파 진영에서 확실한 파트너는 물론이고 주요 3대 정당의 하나로 부상하였다. 다가올 총선에서 우파가 승리하고 연정 구성시 멜로니는 총리직을 놓고 동맹당의 살비니와 자웅을 겨룰 가능성이 예상되고 있다.

즉 조르지오 멜로니가 당권은 잡은 이후로는 보다 선명한 우파 내지 극우정당을 표방하고 있으며, 우파연합의 동맹당이 민주당과의 연대를 통한 위기관리내각에 참가하고 있는 것에 반해, 지속적으로 야당의 선명성을 강조하고 있다. 2021년 2월에 출범한 마리오 드라기 위기관리내각을 지지하지 않았으며, 2022년 초 공화국 대통령의 선거에서도 주요 정당으로는 유일하게 마타렐라 대통령안에 반대표를 던진 바 있다. 이러한 과정을 통해, 우파의 지도자를 자처했던 동맹당의 살비니는 지지율의 하락을 경험한 반면, 멜로니의 형제당은 2022년 3월 현재, 정당별 지지도 여론조사에서 민주당에 이어 제2 정당의 위치를 보여주고 있다. 우파연합에서는 그간 지속적인 하락세를 보여준 전진이탈리아 역시 다소 지지율을 회복하면서 우파진영 내 앞으로의 리더십 향방이 흥미로운 분석대상이며, 멜로니의 리더십이 지속될 수 있는가가 시금석이 되리라 본다.

⑥ 기타 정당

1992년 마니풀리테 부패수사운동 이후 이탈리아에서 중도세력은 점차 약화되는 모습을 현시해 왔다. 지난 이십여 년간 적지 않은 수의 군소정당들이 존재하였지만, 제1공화국 시기와는 달리 전국적으로 4%의 지지를 확보하지 못하는 경우 의석수를 배분하지 않는 제한조항을 도입하여 이들 정당들의 위세가 과거에 비해 대폭적으로 약화되었다. 기타의 정당에서는 인민당, 공산재건당, 이탈리아가치당 및 이탈리아형제당을 제시하려 한다.

인민당(Partito Popolare Italiano, 1994-2002)은 1994년 총선에서 기민당으로부터 당명을 변경하여 참여하였으나 과거에 비해 약화된 세력으로 남게 되며 중도우파와 좌파라는 양대계열에 포함되지 않는 한 미래를 기약하기 어렵게 되었다. 구기민계열의 군소정당들은 1994년 선거에서 일정 정도 지지세를 확보하였지만 이후 이탈리아 총선의 양상은 양대블록으로 나뉘어 경쟁하는 형국을 연출하면서 제3세력의 위상을 크게 위협하였다.

인민당은 1919년에 창당된 과거의 이름을 되살리려 했다는 점에서 정당사적으로 의미가 있는데, 핵심 이념은 기독교 민주주의와 사회적 기독주의로 대표되며, 정치 지형에서 중도 내지 중도좌파의 유권자들에게 지지를 호소하였다. 1994년 총선을 앞두고 구기민우파가 민주기독동맹을 형상하여 우파진영으로 떨어져나가면서, 기민좌파가 구기민당을 재편하여 창당되었다. 1996년 총선에서는 좌파연합에 참가하였으며, 2000년 마르게리타당에 병합되면서 생명을 다하게 된다.

공산재건당(Partito della Rifondazione Comunista-Sinistra Europea, 1991-)은 1991년 구공산당이 당명을 좌익민주당으로 변경하면서 중도좌파를 지향하게 되자, 이에 반발하여 전통적 사회주의를 유지한다는 명분을 내걸고 공산당의 극좌세력이 중심이 되어 창당되었다.

1994년 총선에서 단독으로 참여한 공산재건당은 6%의 지지를 받았으며, 1996년(8.6%)과 2001년(5%) 총선에서는 단독으로 참가하되 좌파연합을 지지하는 방식으로 연대하였다. 2006년 총선에서는 좌파연합 내에 들어와 5.84%의 지지를 받은 바 있다. 그러나 2008년 조기총선에서 3%의 지지를 얻는 데 그쳐 원내진출에 실패하였으며, 그 이후에도 2013년과 2018년 총선 모두에서 4% 원칙을 통과하지 못해 현재 국회의원을 배출하지 못하고 있어 사실상 쇠락하는 형세를 보여주고 있다.

그러나 지난 이십오 년간 당의 간판을 변경하지 않고 유지하였다는 사실 하나만으로도 정치적 의미를 부여할 수 있다고 본다. 흥미로운 점은 공산재건당이 좌파연합에 포함되었을 경우 단독으로 참가하는 경우보다 성적이 좋았으며, 결과적으로 좌파의 집권을 가능하게 하였다는 사실이다. 이는 우파의 북부동맹당에도 적용할 수 있는 원칙인데, 그간의 총선에서 북부동맹이 전진이탈리아와 연대한 경우 선거에서 승리할 확률이 높았다.

이탈리아가치당(Italia dei Valori, 1998-)은 1998년 부패수사의 영웅이었던 안토니오 디 피에트로(Antonio Di Pietro) 전 검사에 의해 만들어진 정당이다. 출범 초기 좌파민주연합(I Democratici)에 잠시 참여하였다가 2000년에 독립하였으나 지지율의 답보상태로 인해 2006년 총선에서는 다시금 좌파선거연합(l'Unione)에 포함되게 된다. 2013년 총선에서는 시민혁명연합(Rivoluzione Civile) 그리고 2018년 총선에서는 인민시민당(Civica Popolare)으로 참가하지만 상원 의석 하나를 제외하고는 의석을 배출하고 있지 못한 정당이다. 이탈리아가치당은 2013년 총선에서 좋은 성과를 내지 못하여 안토니오 디 피에트로가 사임하게 되었고 이후 지속적인 하락세를 경험하고 있다.

2022년 현재 주요 정당을 제외하고 의미 있는 군소정당은 이탈리아가치당과 이탈리아용기당이다. 이탈리아가치당(Italia Viva, 2019-)은 2019년 9월 주세페 콘테 2기 정부가 결정되면서 마테오 렌치를 중심으로 민주당에서 분리되어 나온 세력들이 창당하였다. 2021년 1월에는 차세대유럽기금의 사용에 대한 의견 차이로 연립정부에서 나오면서 결국 콘테 정부가 붕괴되었고 이후 마리오 드라기를 총리로 하는 위기관리내각이 들어서게 되었다. 그러나 창당 초기 4.8%의 지지율을 유지하다가 지속적으로 하락하여 2022년 2월 현재 1.8%에 그치고 있어 미래를 장담하기 어려운 형국이다. 한편 이탈리아용기당(Coraggio Italia, 2021-)은 중도 내지 중도우파를 지향하면서 결성되었는데, 기존의 전진이탈리아당, 오성운동당 및 동맹당의 일부 의원들이 연대하여 만들어진 정당이다. 22명의 하원의원 그리고 8명의 상원의원을 보유하고 있다. 정당의 지지율은 1% 수준이어서 정당체제에 심도한 영향을 주기에는 미력하다고 판단된다. 다만 다가오는 총선에서 우파연합에 포함되어 일정 수준의 의석을 차지한다면 의미 있는 소수 정당으로서의 위상을 이어나갈 가능성도 배제할 수는 없다.

V

총선과 정부의 구성 1: 통일에서 제1공화국

1. 서론

이탈리아 공화국은 의원내각제(Parlamentarismo)를 채택하고 있다. 2차 대전 이전에는 입헌군주제로 인해 왕이 존재하는 형태였지만, 전후 국민투표를 통해 공화국으로 변신하였으며, 내각의 총리가 정부의 수반으로 실권을 행사한다. 헌법에서는 공화국의 대통령을 포함하고 있지만 대체로 상징적 그리고 국가적 일치를 지향하는 역할에 국한된다.

내각책임제 국가에서는 국회의원 선거인 총선(Elezioni Politiche)이 가장 중요한 정치적 의미를 지닌다. 그런 점에서 대통령중심제를 운영하고 있는 한국과는 대비되면서도 차별적이다. 즉 한국에서는 국회의원 선거도 중요하지만 대통령 선거가 보다 의미 있는 권력의 원천으로 이해된다. 실제로 이탈리아에서는 대통령이 상하의원 연석회의에서 선출되는 간선제도를 채택하고 있다. 따라서 총선 결과 구성되는 정부는 의회에서의 다수(Maggioranza)를 필수적 요건으로 한다. 그런 의미에서 내각책임제 국가에서는 여소야대라는 개념이 존재할 수 없다. 즉 의회 과반의 지지를 받지 못하는 상황이 오면 바로 정부의 위기(Crisi di Governo)나 붕괴로 이어지기 때문이다.

내각책임제 국가에서도 형태별로 차이점을 보이는데, 영국과 같은 나라는 양대 정당제(Bipartitismo)가 발달하여, 비교적 정권 교체가 원활하게 이어지며, 심지어 야당은 그림자 내각(Governo Ombra, Shadow Cabinet)의 개념을 활용하여 차기 총선을 통해 수권 능력과 의지를 함양하는 행태를 보이게 된다. 이탈리아의 경우 내각책임제를 활용하면서도 특이한 선거제도와 정치문화로 인해 다당제(Multipartitismo)의 행태를 현시하여 왔다. 특히 2차 대전 이후 파시즘 일당 독재의 유산을 혐오하고 극복한다는 취지에서 단순비례대표제를 도입하면서 극단적인 다당난립 현상을 보여왔다. 그리고 냉전 치하에서 공산당이 제2의 정당이자 만년 야당으로 자리매김하여, 사실상 기민당 중심의 장기집권이 가능한 정치행태를 보여주었다.

이 장에서는 19세기 말 통일 이후 실시된 총선들을 분석하면서 정당체계와 특정 시기의 상황 그리고 선거제도의 변화를 야기한 주요 변인들을 검토함으로써 보다 본격적으로 이탈리아 정치현상을 해석해 보고자 한다.[150] 이를 위해 크게는 입헌군주제하의 총선과 공화국 시대의 총선으로 대별할 것이다. 그리고 각기 시대는 정당체계나 집권 여당 또는 연립내각의 성격에 따라 세부적으로 시기를 나누어 설명하려 한다. 각 시기마다 신생정당들이 태생하는 현상은 이탈리아 정치에서 중요한 함의를 지닌다. 가령 19세기 말 사회당(PSI)의 출현, 1차대전 이후 만들어진 인민당(PP)과 공산당(PCI)이 우선적으로 중요하다. 그리고 냉전 이후 만들어진 전진이탈리아당(FI)이나 북부동맹(Lega Nord) 그리고 최근의 오성운동당(M5S) 등은 모두 이탈리아 정치사적으로 유의미한 창당의 의미를 지니며 또한 그 흥망성쇠의 주기를 통해, 보다 심층적인 이해가 가능할 것으로 기대된다.

2. 입헌군주제 시대 (1861-1945)

이탈리아 통일 이전과 직후의 시기에는 현대적 의미의 대중정당이 존재하지 않았다. 통일 운동시기의 청년이탈리아당(Giovine Italia)은 반외세 반봉건을 기치로 이탈리아의 혼을 되살려 독립국가를 건설하려는 사상운동이자 사회운동적 성격을 지니고 있었다. 통일 직후의 정치행태에서 이른바 역사적 우익(Destra Storica)과 역사적 좌익(Sinistra Storica)으로 정치 집단이 대별되는데, 이는 어디까지나 통일 주도세력이 양분된 현상이었지, 이념에 기초하거나 국민과 정당의 상호 유관적합성이 게재된 형태가 아니었다.

실제로 통일 이후의 이탈리아는 군주국가였으며 주권이 국민에게 주어지지 않았다. 의회는 양원제도를 표방하였지만, 상원은 군주에 의해 임명되는 종신제로 존재하였으며, 하원의원의 경우에도 선거권이 문자해독이 가능하고 일정 재산을 소유한 성인 남성에게만 주어져서 사실상 소수의 인구만이 참정권을 보장 받던 시기였다. 설상가상으로 이탈리아의 통일로 인해 중부이탈리아에 소재하던 교황령에 대한 세속권을 강탈당한 로마의 교황은 통일 이탈리아를 적대시하여 자신의 신자들에게 세속국가의 정치에 참여하지 말라는 윤리적 권고(Non Expedit)[151]를 수용해야 하는 상황도 연출되었다.

이상의 현실은 통일 이탈리아의 정치가 오랜 기간을 거쳐 현대적 민주주의를 발전시켜 나간 영국과 같은 국가와는 차별적인 행태를 보이게 하는 주 원인으로 작용하였다. 통일 주도세력은 교회와 세속국가의 상호자율성에 기초한 비가톨릭적이며 반성직자주의에 심취해 있었으며 이탈리아의 산업화와 경제발전이 지상명제여서, 이른바 후발주자로서 이른 시간 내에 당시의 선진공업국이었던 영국과 프랑스를 따라잡아야 하는 국가적 과제를 안고 있었다.

주지하다시피 월러스타인의 세계체계론에서는 이러한 이탈리아나 독일의 입장을 반주변국(Semi-Periferia)으로 해석하면서 국가주도로 산업화를 도모하게 되었다는 해석을 내리고 있다. 즉 단기에 선진공업국들을 따라가기 위해서는 장기적 발전전략보다는 단기적 그리고 동원가능한 자원을 특정 분야에 집중적으로 배분하는 방식으로 국가운영이 이루어졌다는 주장이다. 이 이론에서는 1차대전의 원인을 평화적 방법으로 선진화하는 것이 어렵게 되자 무력을 사용해서라도 자신들의 반주변적 위상을 끌어올리려는 의도에서 찾고 있다. 그러한 논의는 2차대전에서도 유추적으로 해석될 수 있다.

이절에서는 이상의 논점을 중심으로 총선들을 네 시기로 구분하여, 각각 역사적 우익 집권기, 역사적 좌익집권기, 혼돈기 그리고 파시즘 시기로 분석해 보려 한다. 공화국 시대 이전의 선거들을 분석하는 작업은 국내에서는 최초의 시도인데, 사실상 이탈리아 통일 초기에 대한 이해 그리고 파시즘의 흥망과 성쇠를 파악함으로써 전후 이탈리아 정치문화의 맥을 잡을 수 있다는 차원에서 매우 의미 있는 작업이 될 것으로 기대한다.

1) 역사적 우익 집권기 (1861-1876)

1861년 1차적 통일이 완성되고 통일 이탈리아 왕국의 수도는 우선 토리노에 자리 잡게 된다. 통일의 주도세력이었던 사르데냐왕국의 수도였던 토리노에 통일 이탈리아의 중앙정부가 들어서게 된다는 사실은 이탈리아 현대정치에서 중요한 함의를 지닌다. 이후 1870년

2차 통일이 완성되면서 로마로 수도가 이전하여 오늘에 이르지만, 통일 초기에 토리노에서 중앙정치가 행해진 사실은 상당한 의의를 지닌다고 볼 수 있다. 무엇보다도 토리노로부터 먼 지역일수록 통일 이후의 국가발전 과정에서 소외될 수 있다는 우려가 제기되었는데, 실제에서는 그러한 우려가 악몽으로 재현되었으며, 이후 이탈리아 통일 160년을 통해 남부와 북부의 고질적인 사회경제적 격차를 가져오게 되는 단초를 마련하는 것이었다. 이러한 격차는 또한 물질적 차원에 머무르지 않고 심리적, 정서적 차원에서의 지역주의로 고착되는 결과를 야기하게 된다.

이상의 현실을 비판적으로 분석한 안토니오 그람시는 이탈리아의 통일을 미완의 혁명(la Rivoluzione Passiva)으로 명명하면서, 북부의 산업자본가계급과 남부의 토지귀족이 결탁하여, 결과적으로 국민 대중, 그중에서도 남부의 주민들을 고려하지 않는 불균형 성장전략을 펼치게 되어 남과 북의 격차와 갈등이 고착되었다는 분석을 제기하였다. 실제로 통일 당시에 남부와 북부의 사회경제적 격차는 최소한에 머물렀으며, 나폴리는 당시 반도 내에서 대표적인 정치와 경제의 중심 도시였다.

여기서는 통일 이후 실시된 총선 결과를 중심으로 정치사적 설명과 해석을 시도하려 한다. 주지하다시피, 19세기 말 이탈리아의 상황은 그리 녹록치 못하였다. 무엇보다 정치적 통일이 경제적 그리고 사회문화적 통합을 동반하지 못한 상태였다. 이탈리아를 통일하였으니, 이제부터는 이탈리아인을 만들어야 한다(Abbiamo fatto l'Italia, ora dobbiamo fare gli Italiani)는 명제는 당시의 상황을 대변해 주는 표현이다. 시칠리아섬에 파견된 토리노의 관리는 그곳을 아프리카라고 지칭하였다는 사례에서 보듯이 이탈리아는 지리적 표현(Un'Espressione Geografica)에 그치고 있었다.[152] 그리고 남부는 북부의 공략 대상으로 수동적인 입장에 있었으며, 남부 출신의 엘리트들은 자신들의 이해관계에 치중하였지 남부발전을 위한 이상이나 구도를 가지고 있지 않았다. 이러한 상황은 북부자본가계급 중심으로 진행된 통일에서 남부의 토지귀족들이 자신들의 이해를 유지하기 위한 방편으로 결탁하는 결과를 야기하였다. 여기서 북부의 자본가계급을 역사적 우익 그리고 남부의 토지귀족을 역사적 좌익으로 대별할 수 있다. 일부에서는 군주제를 옹호한 세력을 우익으로 그리고 공화제를 꿈꾸었으나 실현하지 못한 세력들을 좌익으로 명명하기도 한다.

역사적 우익(Destra storica)은 1849년에 결성되었으며 1882년 이후 헌정자유당(Partito Liberale Costituzionale)과 합당하게 된다. 핵심 이념은 보수주의, 자유주의적 보수, 군주제 등으로 대별되며 대토지소유자와 산업자본가층이 주를 이루었고 자유주의 무역을 주창하였다.[153] 주요 정치인으로는 마시모 다젤리오, 카밀로 벤소 디 카부르, 마르코 밍게티, 퀸티노 셀라, 조반니 란자, 베티노 리카솔리 등이 있다. 통일 이후 집권하였으며, 1876년 역사적 좌익에게 정권을 내주면서 세력이 약화되었다.

역사적 좌익(Sinistra Storica)도 1849년에 시작하였으며 1912년 자유연합(Unione Liberale)과 합당하였다. 사회적 자유주의, 중도주의, 개혁주의 및 군주제를 지지하였으며, 주요 정치인으로는 우르바노 라타치, 아고스티노 데프레티스, 프란체스코 크리스피 및 조반니 졸리티 등이 있다.[154] 1876년 역사적 우익 정권이 무너지면서 수권하게 되어 1차대전 이전까지 집권세력으로 자리매김하였다. 정책 방향에서는 자유무역보다는 보호주의에 치중하였으며, 국제 정치에서는 전통적 우방이었던 프랑스와 거리를 두면서 삼국동맹을 통한 독일 및 오스트리아와 노선을 같이 하였다.

아래 <표- 4>에서 나타나듯이 역사적 우익은 1861년부터 1874년 총선까지 1867년도의 선거를 제외하고는 집권 여당으로 군림하게 된다.

<표- 4> 역사적 우익 집권기 총선 결과[155]

정당	1861 지지율/의석수	1865 지지율/의석수	1867 지지율/의석수	1870 지지율/의석수	1874 지지율/의석수
역사적 우익	46.1 342	42.0 183	30.6 151	45.9 233	53.6 276
역사적 좌익	20.1 62	36.3 156	45.6 225	38.4 195	46.4 232
역사적 극좌	2.3 14	4.9 15	-- --	-- --	-- --
독립파	3.9 25	16.8 89	23.8 74	15.7 56	-- --

기타	27.3 0	-- --	43	24	-- --
합계	100.0 443	100.0 443	100.0 493	100.0 508	100.0 508
총리	Camillo Benso dl Cavour	Alfonso Ferrero La Mormora	Urbano Ratazzi	Giovanni Lanza	Marco Minghetti

1861년 이탈리아 통일 왕국 최초의 의회선거에서 역사적 우익이 46.1%의 지지를 받아 과반수를 넘는 의석인 342/443석을 차지하여 정부를 구성하게 된다. 앞선 장에서 보았듯이 당시의 선거제도는 소선거구제하에서 유권자 총수의 1/3 이상 및 투표자의 1/2 이상의 지지를 받아야 선출되었는데, 1차 투표에서 이들 조건을 충족시키지 못할 경우 상위 2인 후보에 대한 결선투표를 진행하였다.

<인물- 1> 카밀로 벤소 디 카부르 (Camillo Benso di Cavour, 1810-1861)

카부르 백작은 이탈리아 리소르지멘토 시기의 정치인이다. 토리노의 귀족가문에서 출생하였으며, 초기에는 가정교육을 받다 토리노사관학교를 졸업하였다. 종교적으로는 개신교와 가까운 행태와 사고를 지녔으며, 교회와 국가의 분리를 주장하였다.

정치적으로는 역사적 우익의 핵심 정치인으로 활동하였으며, 이탈리아 통일 왕국의 초대 총리를 지냈다. 그의 외교적 수완으로 인해 이탈리아의 통일이 달성될 수 있었던 것으로 평가받고 있다.

현재 이탈리아의 많은 도시들은 그의 이름을 기리기 위해 도로명이며 광장의 이름으로 사용하고 있는데, 마치니와 가리발디와 함께 국민들로부터 사랑받는 정치인으로 기억되고 있다. 그의 온건한 사상은 보다 급진적인 마치니의 공화주의를 극복할 수 있었으며, 그 결과 입헌군주국으로 통일 이탈리아의 출범이 가능하게 되었다.

1865년 그의 서거 이후 토리노에서 가장 오래된 고등학교가 카부르국립학교로 지정된 바 있다. 그러나 자유로운 국가에서의 자유로운 교회를 주장함으로써 가톨릭 교회와의 관계를 어렵게 했다는 비판을 받기도 하였다.

당시 투표권은 문자해독력과 일정 정도 납세 실적 그리고 25세 이상의 성인남자만을 대상으로 하여, 전체 국민의 3% 정도만이 선거에 참여할 수 있었다. 그리고 피선거권의 경우 30세 이상이 되어야 선거에 나설 수 있었다. 또한 상당수 가톨릭 신자들이 교황의 권고에 따라 선거에 참여하지 않아 대의민주주의를 실현하는 선거라고 하기에는 많은 제약이 있였다.

선거전에서 역사적 우익은 전 총리였던 카밀로 벤소 디 카부르 백작이 지도부를 형성하였으며, 역사적 좌익은 이 블록을 형성한 자유주의 정치인이었던 우르바노 라타치가 이끌었다. 이상의 양대 집단을 제외하고는 이탈리아 통일운동의 정신적 지주이자 공화주의자였던 주세페 마치니가 극좌그룹의 좌장으로 선거에 임했다. 선거 결과 승리한 역사적 우익세력은 카부르 백작이 총리를 맡는 내각을 구성하여 국가형성에 진력하게 된다.

1865년 선거는 1861년 총선과 유사한 세 정치블럭 중심으로 치러지게 되는데, 이전에 비해 역사적 좌익세력이 36.3%의 지지를 받게 되어 우파를 위협하는 세력으로 성장하였다. 극좌세력도 상당한 지지를 받았지만 거대 정당에 유리한 소선거구제하에서 의석수에서는 별 차이가 없는 결과를 얻게 되었다. 그리하여 상대적 다수였던 역사적 우익이 다시금 집권하게 되었고 장군 출신의 알폰소 페레로 라 마르모라가 총리가 되어 정부를 이끌게 되었다.

1867년 총선은 조기총선으로 진행되는데, 당시의 역사적 우익 정부는 저항적이며 다루기 힘든 의회에 봉착하여 이 년 만에 실권하게 된다. 선거를 통해 이번에는 역사적 좌익이 승리하게 되고 리더였던 우르바노 라타치가 총리에 등극하게 된다. 그러나 2차 투표에서 지지를 보냈던 독립세력들은 라타치에 대한 미온적 태도를 보임으로써 향후 정치향배가 불확실해질 것임을 예고하였다. 실제로 역사적 좌익의 집권은 실효적 정치와 행정을 어렵게 만들게 되어 다시금 1870년 조기총선에 임하게 된다.

1870년 총선은 로마의 입성을 통해 이탈리아의 2차 통일이 완성된 시점에서 치러졌는데, 역사적 우익이 압도적인 지지를 받았음에도 불구하고 의석수에서는 과반을 차지하지 못하였는데, 가장 큰 이유는 교황 비오 9세의 가톨릭 신자들에 대한 비정치 참여 권고 때문이었다. 실제로 당시의 유권자는 여전히 국민의 일부만을 형성하고 있어, 우익과 좌익이라고 하지만, 실제로는 모두들 권력을 지니고 있는 자들만의 잔치였다. 차이라고는 보수적이냐 자유적이냐 정도여서 이후에 나타나는 좌우의 스펙트럼과는 차별적인 모습으로 수용되어야 한다.

1874년 총선 역시 임기 5년을 다 채우지 못하고 실시된 조기선거였다. 당시 총리는 자신의 권력을 더욱 공고히 하고자 의회를 해산하고 선거에 임하려 했다. 여전히 선거권은 국민 전체의 2% 남짓한 권력자들만이 행사하였는데, 아무튼 역사적 우익은 과반을 넘는 지지를 받아 안정적인 정부를 구성하고 장기적 전망을 가질 것으로 보였음에도, 지방 토착 세력들의 이해관계 조정에 실패하여 조기에 붕괴하게 된다. 이러한 일련의 총선 결과와 정치행태는 통일 이탈리아의 민주주의가 아직 미숙한 단계에 머물렀으며, 광범위한 유권자들이 참여하는 선거가 아닌 일부 권력자들의 잔치로서 그들간에 이권 다툼에 탐닉하는 모습으로 비추어졌다. 특히 지방주의와 부정부패는 항다반사로 일어났으며, 효과적인 정치행태를 보여주지 못하였다는 점에서 미완의 통일 테제를 지지하는 모습으로 수용되었다.

2) 역사적 좌익 집권기

역사적 좌익은 1876년 조기총선을 통하여 집권하는데, 통일 이탈리아사에서 상당한 의미를 갖는 정치 변동으로 기록된다. 이전 우익 정권이 토스카나 주의 재정문제에 대해 중앙정부가 개입하지 않으면서 불만이 고조되어 붕괴되었다는 점에서 좌익에게는 권력을 차지할 수 있는 기회였다. 이러한 배경하에서 치러진 1876년 선거에서 아고스티노 데프레티스를 리더로 하는 역사적 좌익이 전체 의석의 80%를 차지하는 압승을 거두게 된다.[156] 우익 세력이 북부귀족 출신의 지주계급이었다면 좌익의 정치적 입장은 군주에 대한 충성도에서 그리고 지방정부의 지출에서 보다 완화된 형태를 보였다. 좌익정부는 지역적으로 남부의 유산자층을 대변하였으며, 감세, 세속주의, 강력한 외교정책 그리고 공공의 일자리를 선호하였다.

<표- 5> 역사적 좌익 집권기 총선 결과

정당(의석수)	1876	1880	1882	1886	1890	1892	1895	1897	1900	1904	1909
역사적 좌익	414	218	289	292	401	323	334	327	296	339	329

역사적 우익	94	171	147	145	48	93	104	99	116	76	44
역사적 극좌			44	45	42	56	47	42	34		
급진좌파		119	19	26							
기타			9	--	17	36	8	--	--	--	5
사회당							15	15	33	29	41
공화당								25	29	24	23
급진당										37	48
가톨릭 선거연합										3	18
합계	508	508	508	508	508	508	508	508	508	508	508
총리	Agost ino Depre tis	Bene detto Cairo li	Agost ino Depr etis	Agost ino Depr etis	Fran cesco Crispi	Giova nni Giolit ti	Franc esco Crispi	Anto nio Starb ba	Giuse ppe Sara cco	Giova nni Giolit ti	Giova nni Giolit ti

1880년 총선에서는 이전에 비해 새로운 정치 지형이 형성되는데, 역사적 좌익 내의 불만 세력이 분리되어 급진좌파(Estrema Sinistra Storica 1877-1904)를 구성하면서 선거에 참여하여 119석(23.4%)를 차지하면서 선전하게 된다. 또한 역사적 우익도 이전 선거에 비해서는 세력을 회복하여 171석(33.7%)을 얻었다. 급진좌파는 역사적 좌익이 우익과의 연대를 시도하면서 반기를 들었으며, 주요 지도자는 브레샤 출신의 주세페 자나르델리(Giuseppe Zanardelli)였다. 그럼에도 불구하고 역사적 좌익은 과반에 못 미치는 218석(42.9%)으로 정권을 이어갈 수 있었는데, 가장 주된 이유는 역사적 우익과 급진좌파가 연대할 수 없는 상태에서 상대적 다수(Maggioranza Relativa)로서의 이점을 활용한 결과였다.

1882년 선거 역시 이 년 만의 조기총선으로 치러졌다. 이번 선거부터 참정권의 나이가 25세에서 21세로 낮추어지면서 유권자 수가 이백만 명을 상회하게 되었는데, 1880년 총선에서 그 수치가 육십만 명 수준이었다는 점에서 적지 않은 변화로 수용될 수 있겠다. 선거제도에서도 1차 투표는 여전히 소선거구제로 진행되지만 2차투표에서는 정당명부식 비례대표제 방식을 채택하였으며 유권자는 최대 4표까지 행사할 수 있었다. 선거 결과 역사적 좌익이 56.8%의 득표로 289석을 얻게 되어 재집권에 성공할 수 있었다. 급진좌파의 결과는 획기적으로 그 위세가 감소되었으며, 역사적 우익도 지지율의 하락을 경험하였다. 1886년도 총선에서도 역사적 좌익이 57.6%를 득표하여 292석의 하원의원을 배출하면서 절대다수당으로 등극할 수 있었다. 나머지 정당들도 이전 선거와 유사한 성적을 기록하였다. 따라서 데프레티스 정부는 지속되었으며 주요 정책들도 연속성을 가지고 시행되었다.

1890년의 선거에서는 역사적 좌익이 압도적인 승리를 가져갔는데, 508석 중에서 401석을 배출함으로써 여타 정당들 대비 완승을 거둔 결과였다. 다만 좌익의 지도자가 데프레티스에서 프란체스코 크리스피(Francesco Crispi)로 변경된 점이 이채롭게 수용되었다. 그는 보다 진보적인 정책구상을 가지고 있어 지체되고 있는 개혁작업들에 속도를 내었으며, 사형제도를 폐지하고, 반파업법을 없앴으며, 경찰력의 권한을 축소하였고 형법을 개정하는 등 상당한 진전이 있었다. 또한 공중위생법을 통과시켰으며 해외근로자를 보호하는 법규도 마련하였고, 국내와 대외정책에서의 프로그램 개발과정에서 대중적 지지를 확보하는 수완을 보여주었다. 그의 북아프리카 지역에 대한 제국주의적 시도는 프랑스와 갈등을 겪기도 하였는데, 이 과정을 통해 비스마르크 지배하의 독일과 정책연대를 강화하는 계기를 만들었고, 종국적으로는 독일 및 오스트리아와 삼국동맹(Triplica Alleanza)을 결성하는 결과를 야기하였다. 당시 이탈리아는 프랑스와의 긴장 관계를 지속하면서 1889년도 파리박람회의 초대를 거부하는 등 강경자세를 유지하였다.

1892년의 총선에서는 여전히 역사적 좌익이 323석을 얻어 과반이 넘는 지지를 받았지만 이전 선거 대비 지지율의 하락을 경험한 반면, 역사적 우익 등의 여타 정당들은 지지세를 회복하는 양상을 보여주었다. 이번 선거에서는 투표 방식이 1882년 이전에 실시하던 제도로 회귀하여 결선투표를 실시하였지만 비례대표제 방식이 아닌 다득표자 상위 2인에 대한 결선투표 방식으로 진행되었다. 크리스피 총리가 물러나고 그 자리에 조반니 졸리티(Giovanni Giolitti)가 정부를 구성하게 되는데, 그의 치세는 불행과 정책의 실패로 귀결되었다. 프랑스와의 지속적인 갈등 관계로 인해 국영은행의 위기를 야기하였으며, 이 과정을 통해 기존의 로마은행(Banca Romana)이 이탈리아은행(Banca d'Italia)으로 변모하게 되었다. 그리고 국영은행에 대한 국가의 통제를 강화하였지만 성공적이지 못하였다. 또한 노동조합 등의 사회적 소요에 대해 질서를 바로잡지 못하는 방관하는 자세를 견지하여 국왕과 국민 모두로부터 신뢰를 잃어가는 상황이 발생하였다. 즉 정부가 문제해결에 적극적으로 나서기 보다는 관련 당사자들 간의 상호작용과 조정을 통해 완화될 수 있다는 기조를 유지한 결과 비판여론이 비등하게 되었던 것이다.

1895년의 선거에서는 이탈리아 최초의 대중적 정당으로 기록된 사회당(PSI)이 결성되어 참가하였는데 비록 6.8%의 지지에 15석을 얻는 데 그쳤지만 새로운 정당체계를 시사하는 변화로 수용되었다. 여전히 역사적 좌익이 58.6%의 득표율과 334석의 의원을 배출하여 안정적 기반을 다질 수 있었다. 실정에도 불구하고 집권 여당의 성적은 양호하였으며 1893년 졸리티에 이어 총리를 다시 맡은 크리스피의 지도하에 사회질서를 적극적으로 바로잡는 등 차별적인 행태를 보인 점이 국민적 지지를 얻게 된 배경으로 이해된다. 당시에는 시칠리아의 소요사태로 로마정부가 골치를 썩이고 있었는데, 공권력을 사용한 무력진압을 사용하는 모습을 보여주었다. 그 과정에서 무정부주의자의 크리스피총리 암살 사건이 벌어지기도 했으나 1894년 반무정부주의법을 제정하여 적극적으로 대응한 바 있다. 당시 프랑스에서는 무정부주의자의 암살시도로 대통령이 사망하는 등 유럽 차원의 극렬세력이 발호하던 세기말적 상황에 처해 있었다. 이상의 치안 불안상황으로 인해 총선에서의 안정적 다수를 확보하는 배경이 되었다.

1897년의 총선은 다시금 조기 총선으로 진행되었다. 가장 주된 이유는 크리스피 정부에서 추진한 1차 에티오피아 전쟁에서 이탈리아 군대가 충격적인 패배를 하여 사임하는 결과를 낳았고 이탈리아의 여러 도시에서 폭동이 일어나는 등 소요사태도 이어지는 사회불안상태가 이어지고 있었다. 의회 특별조사위원회는 횡령의 죄목으로 크리스피를 처벌하는 조치를 마련할 목적으로 가동되었다. 그 내용은 비밀정보국의 금고가 동이 나자 국고로 이를 메우려 했다는 것이었으며, 이러한 행태가 규칙에 어긋난다는 결론에 이르렀는데 실제로는 처벌의 수행을 거부하면서 일단락되었다. 이번 선거에서는 카를로 스포르자가 이끄는 공화당이 최초로 참여하였는데 3.0%의 득표와 15석의 의원을 배출하였다. 결과적으로는 여전히 역사적 좌익이 기록적인 64.4%의 지지와 327석의 차지하면서 압도적인 표차로 정부를 구성할 수 있었다. 졸리티가 다시금 총리직을 맡아 국가의 위기를 수습하는 면모를 보여주었다.

1900년도에는 선거제도의 부분적 수정이 진행되어 유권자 총수의 최소 1/6의 득표를 하여야 하는 2차투표에서의 조건이 삭제되어, 투표자 대비 절대다수의 지지로 당락이 결정되는 방식을 채택하였다. 선거 직전의 정부는 루이지 펠로 장군이 이끄는 내각이었는데, 1876년 이래 가장 보수적 정권의 색채를 가지고 있었으며 남부 이탈리아의 혁명 분자들에 대한 강력한 조치를 취하였고, 억제적 입법조치들을 통해 국가공무원의 파업을 불법화하는 등의 면모를 보여주었다. 새로운 강압적 법규들은 사회당을 중심으로 좌파와 극좌파가 연대하여 강력하게 저항하게 되었고, 그 결과 정부의 붕괴를 야기하게 되었다. 총선 결과 여전히 역사적 좌익이 절대다수를 차지하게 되지만 이전 선거들에 비해 지지율이 감소하고 의석수도 줄어들게 되었다. 졸리티 중심의 내각이 다시 결성되지만 국내 및 국제정세의 변화로 인해 안정적인 국가운영을 도모하기 어려운 상황이 전개되고 있었다.

1904년의 총선에서도 역사적 좌익은 전체 508석 중에서 339석을 차지하여 안정적 다수를 확보하였다. 특이할 점은 교황의 가톨릭 신자들에 대한 세속국가 정치에 참여하지 말라는 금지령이 완화되어 3명의 가톨릭 세력을 대표하는 사람들이 국회에 입성하게 되었다. 선거 이전의 정치상황은 여전히 여러 명의 총리가 바통을 이어받는 불안정한 정치문화를 노정하고 있었다. 졸리티를 계승한 주세페 자나르델리 내각은 좌파에 더욱 문호를 개방하여 사회적 입법을 통한 노동조합 친화적인 면모를 보여주었다. 사회적 입법의 주요 내용은 저소득 가구에 대한 주택보조금 지급, 노동자연합을 위한 정부계약에서의 우선순위 배치, 노령 및 재해연금 도입 등을 포함하는 것이었다. 그러나 자나르델리 역시 사회적 소요사태에 대해서는 억압적 조치를 취함으로써 사회주의자들의 지지를 받지 못하면서 세력이 약화되고 있었다.

역사적 좌익 주도의 마지막 총선은 조기선거가 아닌 정상적으로 5년 임기를 마친 상태에서 1909년에 치러졌다. 역사적 좌익 진영은 508석 중 329석을 차지하여 확고한 과반을 차지하였는데, 신생 정당으로 급진당(Partito Radicale Italiano, 1904-1922)이 의회에 입성하게 되었다. 선거 이전의 정치상황은 시드니 손니노가 졸리티를 대체하여 정부를 이끌고 있었는데, 그는 제국주의 경영 과정에서 그간 소원해졌던 프랑스와의 연대를 재개하였다. 그러나 그의 임기는 단명에 그쳤으며, 다시금 졸리티가 총리를 맡게 되었다. 선거 결과는 정치지평의 변화를 예고하는 것이었는데, 그간 야당의 핵심 축을 담당하던 역사적 우익세력의 지지가 현저히 약화되어 의석수에서 급진당에게도 추월당하는 수모를 겪게 되었다. 에토레 사키가 대표로 있는 급진당은 역사적 좌익 정부를 지지하는 핵심 연대세력으로 부상하였으며 필리포 투라티가 이끄는 사회당은 정부에 대한 강력한 비판자로 남았다.

3) 1차세계대전과 격동기

1912년에 개정된 선거법을 통해 참정권의 확대가 이루어졌다. 우선 문자해독 가능한 21세 이상 남성이 모두 포함된 것은 물론이고 병역을 마친 자에게도 선거권이 주어졌다. 그리고 30세 이상의 남성에게는 문맹 여부 조건이 폐지되었다. 이로서 선거권자가 기존 기준으로 1909년 293만 명 수준에서 844만 명으로 대폭 확대되게 된다. 선거제도는 이전 선거와 동일한 방식으로 진행되었다.

<표- 6> 1차대전 전후 총선 결과

1913	지지율	의석수	1919	지지율	의석수	1921	지지율	의석수
자유연합	47.6	270	사회당	32.3	156	사회당	24.7	123
사회당	17.6	52	인민당	20.5	100	인민당	20.4	108
급진당	10.4	62	민주자유	15.9	96	국민연합	19.1	105

헌정민주당	5.5	29	사회민주	10.9	60	민주자유	10.4	68
가톨릭선거연합	4.2	20	자유연합	8.6	41	자유당	7.1	43
개혁사회	3.9	19	전투당	4.1	20	사회민주	4.7	29
민주당	2.8	11	급진당	1.9	12	공산당	4.6	15
공화당	2.0	8	경제당	1.5	7	공화당	1.9	6
보수가톨릭	1.8	9	개혁사회	1.4	6	개혁민주	1.8	11
반대공화당	1.4	9	반대인민	1.2	0	전투당	1.7	10
독립사회	1.3	8	공화당	0.9	9	슬라브독일	1.3	9
반대급진	1.3	11	독립사회	0.6	1	경제당	0.8	5
						전투파 시스트	0.4	2
합계	100.0	508		100.0	508		100.0	535
총리	Giovanni Giolitti		Francesco Saverio Nitti			Ivanoe Bonomi		

위의 <표- 6>에 따르면 1913년 선거에 참여한 정당들의 수가 팽창하였으며, 신생정당들도 대거 진입하였고 기존의 정당들로 당명이 변경되는 상황이 전개되었다. 역사적 우익과 역사적 좌익은 조반니 졸리티의 지도하에 자유주의와 중도를 표방하면서 자유연합(Unione Liberale)이라는 단일의 정당으로 재탄생하였다. 이는 다수파공작 내지 변형주의(Trasformismo)로 명명되는 방식으로 그간의 적대적 정당들이 합당한 결과였는데, 이념이나 원칙과는 배치되는 정치적 현상으로 간주되었으며, 이후 이탈리아 정치에서 자주 등장하는 개념으로 수용되었다. 아무튼 자유연합은 파시즘체제 등장 이전까지 합당을 통해 권력을 유지할 수 있게 되었다. 그러나 이러한 이질적인 집단들의 합당은 이후 이탈리아 정체에서 계파정치를 탄생하게 하였고, 동일 정당 내에서도 의견이 극명하게 갈리는 정치문화를 탄생하는 계기를 만들었다.

이 밖에도 헌정민주당, 개혁사회, 민주당, 보수가톨릭, 반대공화당, 독립사회 및 반대급진 등의 신생 정당들이 우후죽순격으로 선거에 참가하는 행태를 보여주었다. 이러한 상황은 이탈리아의 정치 현실이 소용돌이치는 형국으로 이해되며 앞으로의 향배가 녹록치 않음을 웅변하는 변화이기도 했다. 총선 결과 신생 연합정당인 자유연합이 47.6%의 지지를 받아 270석을 획득함으로써 과반을 넘을 수 있었다. 그리고 사회당 이하 11개의 정당들의 국회의원을 배출하는 원내 정당으로 진입하는 다당제 현상을 노정하였다. 교황의 정치참여 금지가 풀리면서 가톨릭 진영이 보다 본격적으로 참가하고 있으며, 헌정, 개혁, 보수, 반대, 독립 등의 형용사를 포함하는 다수의 정당들이 보이고 있다. 정부의 구성에서는 자유연합을 필두로 급진당, 헌정민주, 가톨릭선거연합, 민주당 및 보수가톨릭 등이 연립정권을 형성하였고, 총리직은 조반니 졸리티가 맡게 되었다.

1919년 총선은 1차대전을 마치고 치룬 선거였다. 이탈리아는 전쟁이 시작되면서 애매한 입장을 취하고 있었다. 국내적으로는 전쟁에 대한 중립과 참전으로 여론이 양분되는 상황이 전개되었다. 기왕의 삼국동맹에 따르면 독일과 오스트리아가 전쟁에 참가하는 경우 이탈리아는 동맹의 취지에 맞추어 무조건 독일편에 서야 했다. 그러나 이탈리아 정부는 이런 저런 이유를 들면서 시간을 끄는 입장(Wait and See)을 견지하였고, 일 년이 지난 1915년 4월 26일 영국 및 프랑스와 런던에서 비밀조약(Patto di Londra)을 체결하면서 진영을 갈아타는 행태를 취하게 된다. 즉 영국 편에서 1차대전에 뒤늦게 참전하게 된 것이다. 런던조약에서는 연합군 측이 승리할 경우 이탈리아는 참전의 대가로 북동부 지역의 영토인 오늘날의 슬로베니아 지역을 차지한다는 밀약 내용이 포함되었다.

주지하다시피 전쟁은 연합군 측의 승리로 귀결되었고, 전쟁의 처리를 위해 1919년 파리 근교 베르사유궁전에서 강화회의가 열리게 되었다. 이탈리아는 당초의 약속이 이행되리라는 기대를 갖고 회의에 임했지만 영국과 프랑스는 난색을 표명하는 자세를 취했고, 결정적으로 미국의 윌슨 대통령이 나서서 이탈리아의 기여가 크지 않았으며, 오히려 부분 전투에서는 오스트리아에 패배하였으므로 약속된 땅을 줄 수 없다는 주장을 펼치게 되어 종국적으로 좌절감을 맛보아야 했다.

한편 1917년 선거법의 개정을 통해 21세 이상의 모든 성인 남성에게 투표권이 주어졌다.

과거식의 소선거구제하의 결선투표제는 사라지고, 전국을 58개 선거구로 획정하여 구당 5명에서 20명의 의원을 배당하는 비례대표제가 새롭게 채택되었다. 따라서 선거제도의 변화에 따른 정당들의 체계변화가 클 것으로 예상되었으며, 이후 이탈리아 정치문화에서 강하게 현시되는 다당제 현상하에서의 지역정당들의 출현도 가능하게 만드는 변화로 수용되었다.

1919년 총선은 붉은 두해(Biennio Rosso, 1919-1920)라는 정치사회 현실에서 치러진 선거였다. 이 시기는 1차대전에 참가한 이탈리아가 승전국의 일원임에도 불구하고 염원하던 영토를 할양받지 못한 상태를 반영하였는데, 실제로 애국시인이었던 가브리엘레 다눈치오는 실토회복(Irredentismo)을 명분으로 군사를 동원하여 피우메 지역을 합병하는 거사를 단행하기도 했다.[157] 다른 한편, 전쟁 중에 러시아에서 볼셰비키혁명이 발발하여 공산주의 이념이 현실정치화하는 상황이 발생하였고, 이는 이탈리아 사회주의자들에게 고무적인 영향을 주었다. 전후 경제의 피폐화에 더해 좌파와 노동조합이 주도하는 간단없는 총파업의 단행은 이탈리아 사회를 마비시켰으며, 극도의 사회혼란상으로 귀결되었다. 기차가 멈춰섰으며, 북부의 공장들은 노조에 의해 점거되어 가동되지 못하는 상황이 연출되었다. 이러한 붉은 두해 기간을 통해 자유주의자들은 공산혁명을 염려하게 되었으며, 중도세력들은 기왕의 통제장치를 결여한 자유자본주의에 대한 비판이 비등하던 시점이었다.

선거전에서 분절화된 기존의 집권 자유세력은 사회당과 인민당의 선전으로 하원에서 다수를 점하는 데 실패하게 된다. <표- 6>에서 나타나듯이 사회당이 32.3%의 지지를 받아 156석의 의원을 배출하면서 제1당으로 등극하게 된다. 가톨릭 계열의 세력들이 연대하여 루이지 스투르초신부의 지도하에 결합한 인민당은 20.5%의 득표율로 100석을 차지하였으며, 과거 집권세력이었던 민주자유는 15.9% 그리고 96석에 머물게 된다. 이번 총선에서도 의석을 배출한 12개의 정당들이 포진하면서 전형적인 다당제 형태를 보여주었다.

사회당의 경우 에밀리아 로마냐, 피에몬테, 롬바르디아, 토스카나 및 움브리아 주에서 선두를 차지하여 주로 북부와 북동부 지역에서 선전한 반면, 인민당은 베네토와 롬바르디아에서 좋은 성적을 보였고, 자유진영은 주로 남부인 아부르초, 캄파니아, 바실리카타, 풀리아, 칼라브리아 및 시칠리아에서 상대적으로 높은 득표율을 현시하였다. 정부의 구성에서는 제1당으로 등극한 사회당이 야당 진영으로 남고, 인민당 중심으로 민주자유, 사회민주, 자유연합, 급진당 및 개혁사회 진영들이 연합하여 정부를 구성하였다. 총리직은 급진당의 프란체스코 사베리오 니티가 맡아 연립정권을 운영하였다.

1921년 총선은 파시즘체제의 등장으로 연계되는 선거였다. 우선 전후 이탈리아에 귀속된 지역들이 참가하게 되었는데, 트렌티노-알토아디제, 프리울리 베네치아 줄리아, 자라 그리고 라고스타섬 등이었고 이들은 대부분 독일어권 내지 남슬라브족으로 구성된 공동체들이었다. 붉은 두해에 이어 1921년과 1922년 시기는 검은 두해(Biennio Nero)로 기억되고 있다. 이제 좌파의 폭력이 사라지고 이를 억압하는 과정에서 우파의 폭력이 자리잡게 된다. 검은 셔츠대의 파시스트들은 사회주의자, 노동조합 간부 및 파업에 참가한 자들에 대한 무자비한 테러를 가하면서 유명해졌는데, 당시의 상황에서는 이러한 폭력적 행동이 극도로 혼란한 사회질서를 바로잡는 정당한 것으로 수용되었다. 이러한 기세를 몰아 밀라노의 파시스트들은 베니토 무솔리니를 필두로 로마로의 행진(La Marcia su Roma)을 통해 1922년 결국 집권에 성공하게 된다.

<인물- 2> 베니토 무솔리니 (Benito Mussolini, 1883-1945)

무솔리니는 이탈리아 중부 에밀리아 로마냐 지방의 도비아 디 프레타피오에서 태어났다. 그의 부모는 각기 대장장이와 학교 교사를 지냈으나, 아버지의 경우 사회당에 심취하였으며, 마치니나 가리발디를 영웅시하는 가족문화를 유지하였다.

무솔리니의 초기 경력은 사회당기간지 아반티(Avanti!)의 편집장을 맡으면서 역사에 심취하게 되었고 그 과정에서 고대 로마제국 군대의 일치를 의미하는 용어인 파시에 착안하여 이후 파시즘체제를 구축하게 되었다. 이러한 그의 경력은 언론인으로서 그리고 사상가로서의 면모를 보여주는 대목이다.

이후 밀라노 지역에서 전투파쇼집단을 조직하면서 극우세력의 지도자로 변신하여 정권을 잡게 되었고 결국 독재자로 자리매김하였다. 그는 고대로마의 영광을 되살려야 한다는 국가적 목표를 설정하여 전국적 동원령을 내리는 정치를 펼쳤으나, 효과적인 국민형성에는 실패한 것으로 평가받고 있다.

그는 1943년 연합군이 시칠리아에 상륙하게 되면서 실각하고, 북부 이탈리아에서 독일군의 지원을 받는 이탈리아사회공화국을 열었지만 패퇴하면서 결국 비극적인 최후를 맞이하게 되었다.

무솔리니의 파시즘체제는 이후 많은 연구자들에 의해 지속적인 학술적 연구 대상이 되었는데, 현재까지도 매년 많은 수의 단행본과 논문들이 유럽과 미국 등에서 출간되고 있다.

총선에서 승리한 자유연합진영은 국가적 블럭에서 파시스트 후보자들과 연대하여 강화되었지만 절대다수에는 다소 못 미치는 결과를 얻었다. 이탈리아사회당은 공산당이 분리되어 떨어져나가면서 약화되었으며, 그 결과 지지율의 하락과 의석수의 감소를 경험하게 되었다. 인민당의 경우 20%의 지지를 그대로 유지할 수 있었다. 사회주의 좌파진영은 롬바르디아, 피에몬테, 에밀리아-로마냐 및 토스카나에서 공산당의 선전으로 강세를 보인 반면, 인민당은 베네토에서 그리고 자유진영은 대다수 남부 지역에서 높은 지지를 받았다. 이러한 지역별 특성은 이전의 1919년 총선과 크게 다를 바가 없었다.

여당 연립내각에서 인민당, 국민연합(Blocchi Nazionali), 민주자유, 자유당, 사회민주 및 전투당이 참가하였으며, 야권에서는 사회당, 공산당, 공화당 및 개혁민주당이 포진하였다. 총리는 다수당이 아닌 소수당이었던 사회민주계열의 이바노에 보노미가 맡았는데, 정파의 구성도 다양하고 확실한 다수를 형성하지 못한 결과 이후 정치에서 효과적인 행정을 집행하지 못한 것으로 평가받고 있다. 그 결과는 1922년 10월 28일과 29일 양일에 걸친 로마로의 행진으로 귀결되었다. 행진에 참가한 파시스트 밀리티아는 삼만 명 수준이었지만, 이탈리아 군주의 입장에서 이미 북부를 접수한 세력이고 왕가에 대한 위협이 되지 않는다는 판단하에 무솔리니에게 총리직을 맡기면서 정부구성을 의뢰하게 된 것이다.

2. 파시즘기

1924년 4월 6일 실시된 총선은 1923년에 제정된 선거법인 아체르보법(Legge Acerbo)에 따라 치러졌는데, 그 핵심 내용은 선거에서 25% 이상의 최다득표를 얻은 정당이 전체 의석의 2/3를 차지하는 프리미엄제도를 도입하였다는 점이다. 베네토 무솔리니의 국가리스트는 가톨릭 세력, 자유주의자 및 보수주의자들을 포함하는 선거연합이었는데 상대방에게 겁을 주는 전략(Intimidazione)을 활용하면서 전국적인 승리를 쟁취하였고 결국 의석수의 2/3인 374석을 얻어 압도적인 제1당으로 등극하였다. 그러나 정부를 단독으로 구성하지 않고 연립내각의 형태로 출범시켰다. 집권연정은 국가리스트, 인민당, 자유당, 민주자유 및 사회민주당이 참가하여 우파와 중도를 아우르는 폭 넓은 정치적 스펙트럼에 걸친 연대였다.

<표- 7> 1924년 총선 결과

정당	득표수	%	의석수	증감
국가리스트1	4,305,936	60.09	355	+250
인민당	645,789	9.01	39	-69
연합사회당	422,957	5.90	24	신설
사회당	360,694	5.03	22	-101
국가리스트2	347,552	4.85	19	신설
공산당	268,191	3.74	19	+4
자유당	233,521	3.27	15	-28
민주자유	157,932	2.20	14	-54
공화당	133,714	1.87	7	+1
사회민주당	111,035	1.55	10	-19
농민당	73,569	1.03	4	신설
슬라브-독일리스트	62,491	0.87	4	-5
사르데냐행동당	24,059	0.34	2	신설
반대파시스트	18,062	0.25	1	신설
무효표	448,949	--	--	--
합계	7,614,451	100.0	535	--
총유권자	11,939,452	63.8	--	--

파시즘체제의 성격과 주요 정책에 대한 논의에는 방대한 작업이 요구되므로 여기서는 간략하게 전기와 후기로 대별하여 약술하고자 한다. 우선 파시즘의 등장을 가능하게 한 사회적 배경에 관한 설명이 필요한데, 가장 일반적인 이론은 자유자본주의의 폐해와 공산사회주의의 폭력적 성격을 모두 우려한 중간계층의 광범위한 지지를 받아 출범하였다는 주장을 펼치고 있다. 많은 이론과 반론이 제기되어 왔지만 적어도 체제 설립 초기에 관해서는 이 이론이 설득력을 갖는다고 판단된다. 그러나 체제가 완성되고 후반기로 접어들면서 파시즘체제는 중간층보다는 대자본의 이해관계에 더 충실하게 변모하였다는 설명이 주력 이론으로 자리잡았다.[158]

파시즘체제는 조합주의를 채택하여 전국을 직능집단별로 구분하여 전국적인 리스트(Albi)를 작성하고 체제순응적 리스트와 반대하는 리스트를 구분하여 당근과 채찍을 혼용하는 정책을 펼친 바 있다. 이러한 형태를 배제적 조합주의(Corporativismo Esclusivo)라 지칭한다. 무솔리니는 기본적으로 로마의 영광을 재현하자는 기치로 정치에 나서면서 로마만국박람회(EUR, Espisizione Universale Roma)[159] 및 대규모의 토목건설사업을 벌였지만, 대외적으로는 자급자족경제를 지향하면서 자유무역과 일정 정도 거리를 두는 입장을 견지하였다. 그러나 제국주의 경영측면에서는 북아프리카나 발칸반도에 대한 영향력을 고취하는데 주력하기도 하였다.

1928년 파시즘정부는 선거법을 개정하게 되는데, 전국단일명부제에 대한 찬반을 묻는 국민투표적 형태로 변모하여 사실상 독재체제의 성격을 대변해 주는 제도의 변화라고 볼 수 있다.[160] 유권자의 경우 이전 선거제도와 비교하여 노동조합이나 직능협회의 회원, 군인, 종교인만을 대상으로 하여 유권자가 950만 명 수준으로 감소하였다. 1929년 3월 26일 실시된 총선 결과는 아래의 표와 같다.

<표- 8> 1929년 총선 결과

선택	득표수	%	의석수
국가파시스트당	10,043,875	99.85	400
반대	15,215	0.15	0
무효	1,300	--	--
합계	10,059,090	100.00	400
총유권자	10,527,608	95.56	

총선을 통해 사실상 일당독재에 들어간 파시즘체제는 이후 독일 나치즘체제와의 주축국 동맹(Potenze dell'Asse)을 통해 군사국으로의 전환을 도모하고 1939년 독일의 폴란드 침공을 시작으로 이탈리아 역시 2차대전에 참가하고 결국 패전국의 멍에를 쓰게 되었다. 파시즘체제는 1943년 연합군의 시칠리아 상륙으로 무너지고, 이후 이탈리아 반도가 연합군과 독일군과의 전쟁터로 변모하여 산업시설의 파괴는 물론이고 상당한 인명손실과 심리적 공황상태를 경험하게 된다.

파시즘 말기 반체제운동을 펼친 세력이 등장하게 되는데, 이들은 비록 이념적으로 다양한 스펙트럼에 속하였지만 공동의 적(Nemico Comune)인 무솔리니체제에 저항하고 이에 대항한다는 차원에서 공동의 전선을 형성하였다. 1943년 9월 9일 이른바 민족해방위원회(Comitato di Liberazione Nazionale, CLN)에는 6개의 정파가 참여하여 활발한 운동을 전개하기 시작하였고, 전쟁이 종료되고 새로운 이탈리아를 건설하는 과정에서도 이들 집단이 주도세력으로 등장하게 되는 계기를 마련하였다.

한편 이탈리아국왕은 무솔리니가 실각하게 되자 군부의 장성이었던 바돌리오(Pietro Badoglio) 원수에게 조각을 의뢰하게 되면서 1943년 7월 25일 비상정부가 출범하였다. 바돌리오 정부는 1944년 4월까지 연명하다가, 이탈리아공산당의 팔미로 톨리아티가 소련에서 귀국하면서 살레르노의 전환을 계기로 2기 정부를 출범시키게 되었다. 그러나 바돌리오 2기 정부는 임기를 채 두달을 채우지 못하고 붕괴하였으며, 이후 민족해방위원회의 6개 정파가 공동으로 보노미를 총리로 하는 임시정부를 구성하면서 새로운 시대를 예고하였다.

3. 공화국 시기

전쟁의 종식과 해방은 이탈리아의 의지와 무관하게 진행되었다. 2차대전 마지막 시기에는 사실상 무정부상태에서 이탈리아 반도가 연합군과 독일군과의 전쟁터로 변모하면서 극심한 고통을 경험하여야 했다. 종전은 이탈리아인들에게 물질적으로나 정신적으로 상흔(Cicatrice) 그 자체였다. 산업시설이 파괴되고 경제활동이 극도로 위축되었음은 물론이고 전쟁을 일으킨 전범국이라는 패전의 멍에도 감수해야 했다.

그럼에도 불구하고 국가의 면모를 쇄신하고 새로운 시대에 나서기 위해서 국가의 지도자들이 제2의 건국을 준비하는 모습을 보여주었다. 그 주도 세력은 앞서 언급한 민족해방위원회의 구성원들이었는데, 주지하다시피 기민(DC), 공산(PCI), 사회(PSI), 행동(PdA), 자유(PLI), 노동민주(PDL) 등의 6개 세력이 연대한 이 조직은 전후 국가재건에 중추적 역할을 담당하게 되었다. 실제로 1945년 6월 이들 정파는 연대하여 페루초 파리(Perrucio Parri) 총리 하에 정부를 구성하게 된다.

1) 제헌의회와 공화국 건설기

① 페루초 파리 내각 (1945.6 - 1945.12)

전후 최초의 정부는 민족해방위원회의 구성원이었던 행동당의 페루초 파리를 총리로 하는 6개당 연립정권으로 출범하였다. 파리 총리는 내무부장관과 이탈리아아프리카장관직도 겸직하였으며 자유당이 지지를 철회하게 되자 172일 만에 사임하면서 단명하였다. 내각에서 기민당의 데 가스페리는 외교부장관, 공산당의 팔미로 톨리아티는 법무부장관직을 수행함으로써 이념적으로 좌우합작의 공동정권의 특성을 보여주었다. 25명의 장관직의 배분을 살펴보면 행동 5, 기민 4, 공산 5, 사회 4, 자유 5, 노동민주 3명 등으로 참여 정치집단

간의 균형을 고려하였음을 알 수 있다.

파리 총리는 내전을 우려하였으며, 파시즘의 잔존세력이 부활하는 것을 경계하였지만, 미국과 영국으로부터 반파시즘에 대한 입장이 석연치 않다는 이유로 신뢰받지 못하여 안정적인 정부 운영에 어려움을 겪었다. 그는 이후 제헌의회 의원으로 활동하였고 공화국 시대에 들어 1948년 상원의원에 당선되기도 하였다. 그가 소속한 행동당은 이후 공화당으로 변모하게 된다. 비록 단명으로 그쳤으나 파리 정부는 전후 혼돈상을 수습하고, 국가의 주권을 회복하며, 군주국에서 공화국으로의 이행을 염두에 두는 정책을 펼친 것으로 평가받고 있다. 또한 반파시즘 정신에 입각하면서도 교회와 국가의 분리를 지지하는 입장을 개진하였다.

② 알치데 데 가스페리 1기 정부 (1945.12 - 1946.7)

전후 2기 정부는 기민당의 지도자였던 알치데 데 가스페리를 수반으로하는 연립정권이었다. 참여 정치집단으로 보면 파리 정부와 차이가 없었으나, 이후 1992년까지 한 번도 여당연합에서 제외되지 않았던 기민당의 대표가 최초로 총리를 맡았다는 점에서 의의가 크다. 그러나 여전히 임시정부의 성격을 지니고 있어 1946년 6월 국민투표와 제헌의회가 구성되면서 사임하였다. 가스페리는 이후 8개 정부를 거치면서 1953년까지 연속적으로 총리직을 수행하였다.

정부구성에서도 이전 정부와 유사한 방식으로 연립정권 내의 6개 정당들에게 장관직이 배분되었다. 가스페리는 외교부장관을 겸임하였으며 톨리아티도 법무부장관직을 계속 수행함으로써 근본적인 변화가 없었다. 따라서 이 정부의 핵심 임무는 국가의 형식을 묻는 국민투표와 새로운 헌법을 제정하기 위한 제헌의회선거를 준비하는 작업이었다.

<인물- 3> 알치데 데 가스페리 (Alcide de Gasperi, 1881-1954)

데 가스페리는 가톨릭계 정치인으로 공화국 초기 다년간 총리를 맡으면서 이탈리아를 재건하고 미국의 지원을 받아 경제성장의 기반을 조성하였던 인물이다. 유럽통합의 창시자의 한명으로 전후 유럽질서의 평화체제 구축에 기여한 것으로 유명하다. 그는 1919년에 루이지 스투르초 신부에 의해 만들어진 가톨릭계 정당인 인민당을 기민당으로 개명하는 데 기여하였다.

데 가스페리는 1881년 북이탈리아 티롤지방에서 태어났는데, 당시 그 지역은 오스트리아헝가리 제국의 영토였다. 그의 아버지는 하급 경찰이었으며, 제한된 소득으로 인해 여유로운 유년기를 보내지 못한 것으로 알려져 있다. 그는 비엔나대학에서 문헌학을 전공하였다. 그는 1891년 교황 레오 13세의 사회회칙 노동헌장에서 많은 영향을 받았으며, 이러한 지적 전통이 가톨릭계 사회운동과 반파시즘운동으로 연결되게 된다.

전후 8년에 걸친 초대 이탈리아공화국의 총리로서 새로운 국가건설에 앞장섰으며, 어려운 이탈리아의 경제상황을 타개하기 위해 미국의 원조를 적극적으로 수용하는 정책을 펼쳤다. 그러나 이러한 그의 정책은 이후 좌파의 비판을 받으면서 점차 세력을 잃게 되며, 결국 1953년 총선에서 지지율이 하락하면서 그 책임을 지고 총리직을 사임하게 된다.

그는 유럽통합의 열렬한 주창자로 프랑스의 로베르 슈만, 독일의 콘라드 아데나워와 함께 공동체 건설에 기여하였으며, 1949년에 만들어진 유럽평의회(Consiglio d'Europa, Council of Europe)의 출범과정에서도 상당한 영향력을 미친 것으로 알려지고 있다.

③ 알치데 데 가스페리 2기 정부 (1946.7-1947.2)

가스페리 2기 내각은 이탈리아왕국(Kingdom of Italy)이 공화국(Republic of Italy)으로 변모한 이후 들어섰으며, 노동민주당과 행동당이 빠진 4개당 연립정부로 출범하였다. 정부의 신임은 제헌의회의 동의를 받으면서 가능하였으며 1947년 2월까지 203일 또는 6개월 19일 동안 재임하였다. 이탈리아 정치에서 내각의 임기가 단명으로 마치게 되면서 임기를 적시하는 것이 여타 유럽국가들 대비 유의미한 의미를 가진다. 그리고 정부가 붕괴한 이유가 설명되어야 하며 이어지는 정부가 새로운 면모가 아닌 동일한 인물들로 채워지는 현상 역시 이탈리아적인 정치행태로 보아야 하기 때문이다. 이를 두고 불안정 속에서의 안정이라는 설명이 제기되기도 하였다.[161]

정부구성은 이전과는 다르게 제헌의회의 선거 결과를 반영한 것이어서 우선 그 내용을 분석해 보고자 한다. 선거제도는 전형적인 비례대표제 방식을 채택하여 정당별 리스트를 작성하고 전국적으로 31개의 선거구별로 득표수 대비 의석을 배분하였다. 여성이 최초로 국회의원 선거에 참가하였으며, 이로서 유권자는 전체 국민의 61.4%를 차지하였고 투표참가율에서 89% 수준을 나타내어 진정한 의미에서 형식적·제도적 민주주의가 정착되는 계기가 되었다. 우선 주목할 것은 상위 3개의 정당인 기민당, 사회당 및 공산당이 차지한 득표율이 75%에 달했다는 사실이다. 제1정당인 기민당은 절대다수에는 못 미치는 35%의 지지를 얻었고, 좌파의 사회당과 공산당의 합이 40% 수준을 기록하였다.

<표- 9>에서 나타나듯이 선거에 참가한 정당들의 수가 많을 뿐 아니라 국회에 입성한 정당들만해도 16개에 달해 전형적인 다당제의 모습을 현시하였다. 그러나 앞서 보았듯이 상위 3개 정당의 지지율이 전체의 3/4을 차지하여 나머지는 군소정당들로 구성되어 있음을 알 수 있다. 기민당의 경우 가톨릭을 표방하면서 범계급적 성격을 강조하여서 이른바 적색지대라 불리는 에밀리아로마냐, 토스카나 및 움브리아를 제외하고는 전국적으로 고른 득표율을 기록하였다. 사회당은 중북부에서 많은 지지를 받았지만 나머지 지역에서는 빈약한 결과를 보였다. 높은 득표는 피에몬테, 롬바르디아에서 현시되었지만, 남부인 캄파니아와 사르데냐섬에서는 10%에 못 미치는 결과를 얻었다. 공산당은 적색지대인 에밀리아로마냐, 토스카나에서 40% 수준의 지지를 받았지만 사회당과 마찬가지로 남부에서는 15% 미만을 기록하였다. 이러한 표심은 통일 이후 중북부 중심으로 산업화가 진행되어 이들 지역에서 노동자층이 성장한 반면, 남부에서는 봉건적 잔재와 여전히 농업에 치중하면서 좌파적 토양이 형성되지 못한 사실을 대변한다고 분석할 수 있겠다.

<표- 9> 1946년 제헌의회 선거 결과[162]

정당	득표수	%	의석수
기민당	8,101,004	35.21	207
사회당	4,758,129	20.68	115
공산당	4,356,686	18.93	104
국가민주연합	1,560,638	6,79	41
모두다전선	1,211,956	5.27	30

자유당	1,003,007	4.36	23
자유국민블럭	637,328	2.77	16
행동당	334,748	1.45	7
시칠리아독립당	171,201	0.74	4
농민당	102,393	0.44	1
민주공화	97,690	0.42	2
사르데나행동당	78,554	0.34	2
이탈리아연합	71,021	0.31	1
기독사회	51,088	0.22	1
노동민주	40,633	0.18	1
진보민주공화	21,853	0.09	1
기타	417,890	1.82	0
합계	23,010,479	100.00	558

선거의 결과는 다시금 민족해방위원회의 위상을 확인시켜 주었으며, 데 가스페리는 좌우합작의 연립정부를 출범시키게 된다. 11개 정당이 정부에 참가함으로써 전체 의석수 556석에서 503석을 차지하는 사실상 메가정부였다고 볼 수 있다. 그러나 민족해방위원회의 구성원 중에서 행동당과 민주노동당이 연정에서 탈퇴하여 정당체계의 변화 조짐을 내비치고 있는 형국이기도 했다. 내각의 구성에서는 소수 정당들이 장관직을 거의 차지하지 못하였는데, 국방장관직에 공화당 출신의 치프리아노 파키네티(Cipriano Pacchinetti)를 제외한다면 절대 다수의 장관직이 상위 3당인 기민, 사회 및 공산당 의원들로 메워지게 되었다. 데 가스페리 2기 정부는 1947년 1월 사회당의 분열로 인해 변수가 생기게 되었고, 공화당의 전당대회에서 정치적 평가를 요구하면서 붕괴되었다.

④ 알치데 데 가스페리 3기 정부 (1947.2-1947.5)

데 가스페리 3기 정부는 큰 틀에서 보면 사회당의 분리 이외에 큰 이슈는 없었다. 다만 총리의 미국 방문으로 인한 연립정부 내의 좌파 정당들이 우려를 표시하는 정도에 그쳤다. 그러나 정부의 재임기간이 119일에 그치게 되어 빈번한 정부의 붕괴라는 현상이 재현되었으며, 그럼에도 불구하고 인물 중심으로 보면 같은 정치인들이 다시금 정부를 구성하는 모순 현상을 노정하였다. 민족해방위원회의 구성 차원에서 보자면 행동당과 민주노동당에 이어 자유당이 연정에서 탈퇴하였다. 장관직의 배분에서는 기민당 6, 공산당과 사회당이 각각 3, 민주노동 1 및 비정파 1명으로 구성되어 이전 정부들에 비해 점차 기민당의 파워가 강해지고 있는 현상을 발견하게 된다.

1947년 3월 미국의 트루먼 대통령이 의회에서 미국 외교정책의 기조라 할 수 있는 트루먼 독트린(Truman Doctrine)을 제시하였는데 그 핵심 내용은 소련의 팽창주의를 경계하면서 서방세계 국가에서 공산당이 연립정권에 참여하는 것이 적절치 않다는 주장이었다. 이 독트린은 이후 유럽부흥계획(ERP)과 북대서양조약기구(NATO)의 근간이 되었다. 또한 냉전체제의 시작을 알리는 경고이기도 하였다. 이러한 배경하에서 데 가스페리 총리는 동년 5월 5일 좌우합작의 정부가 더 이상 효과적이지 않으며 새로운 변화가 필요하다는 의견을 피력하면서 총리직에서 사임하여 정부의 위기가 시작되었다. 이러한 상황은 결국 반파시즘 공동전선을 펼쳤던 민족해방위원회의 유산이 더 이상 지속될 수 없다는 현실을 일깨워 주었으며, 이제 공산당과 이별을 고해야 하는 시간이 다가오고 있었다.

⑤ 알치데 데 가스페리 4기 정부 (1947.5-1948.5)

데 가스페리 4기 정부는 연립정권 내에서 좌파 정당들과의 결별을 통해 중도우파 정권을 창출하였다는 점에서 이후 정부구성의 준거로 할 만큼 위력적인 공식으로 자리매김한다. 이러한 좌우합작의 중단은 물론 미국의 입김이 강하게 작용하였음을 부정하기 어렵다. 더욱이 경제가 파탄하여 외국의 자본을 들여와야 하는 이탈리아의 입장에서 세계 최강대국이자 자본주의 발전의 화신이었던 당시 미국의 요청을 거절하기 어려웠을 것이기 때문이다.

결국 새로운 정부의 출범은 기민당과 자유당 중심으로 출범하였고 이후 노동사회당(사민당의 전신)과 공화당을 포함하는 중도우파 정권으로 지속되었다. 초기에 기민당이 11개의 장관직을 맡게 되면서 강력한 힘을 발휘하게 되며, 집권 후반기에는 여타 정당들이 진입하면서 9명으로 줄어들게 되었다. 1947년 6월 11일 야당이 된 공산당 당수 팔미로 톨리아티는 당중앙회의에서 민주세력들이 힘을 모아 광범위한 국민들의 지지를 받아야 하며 이를 통해 집권이 가능하다는 호소를 하기도 하였다.

한편 데 가스페리 총리는 미국의 재정적 지원이 이탈리아를 위해 반드시 필요하다는 대국민 호소를 이어가고 있었다. 동년 12월 22일 공화국의 헌법안이 제헌의회에서 찬성 453표 그리고 반대 62표로 통과되었으며 익년 1월 1일부터 발효되었다. 1948년 1월 3일 데 가스페리 총리와 카를로 스포르차(Carlo Sforza) 외교장관 그리고 제임스 클레멘트 던(James Clement Dunn) 주이탈리아 미국대사간에 이탈리아에 대한 지원을 약속하는 협정이 서명되었다. 3월 23일에 교황 비오 12세는 공산주의에 반대한다는 성명을 발표하여 사실상 선거에 개입한다는 인상을 주었다. 동년 5월에는 공화국의 대통령 선거가 실시되어 루이지 에이나우디(Luigi Einaudi)가 선출되었다. 이제 4기 데 가스페리 정부는 사임하면서 4월 18일의 공화국 헌법 선포 이후 최초의 총선에 즈음하여 선거전의 양상으로 진입하였다.

2) 제1공화국[163]

1948년 제정 선포된 이탈리아 공화국 헌법은 몇 가지의 주요한 특징을 지녔다. 우선 제헌의회의 헌법조문 작성 과정에서 좌파와 우파 정당들이 충분한 토의를 거치면서 축조적으로 세부적인 검토를 거쳤다는 점에서 공을 많이 들인 헌법이라 평가할 수 있다. 또한 좌우합작의 소산이었기에 자유주의와 사회주의의 이념이 적절하게 혼재되었다는 특징을 지니고 있었다. 무엇보다도 간판이라 볼 수 있는 헌법 제1조 첫 문장에서 이탈리아 공화국이 노동에 기초한 민주공화국임을 천명함으로써 기민당이 좌파의 주장을 일정 정도 수용한 것으로 이해할 수 있다.

그러나 헌법이 선포된 시점과 그 이후의 시간들에서 과거 반파시즘 전선에서 우애를 나눈 좌우합작의 유산이 지속되지 못함으로써 이탈리아 정치에도 적지 않은 부담과 왜곡을 가져오는 결과를 낳게 되었다. 즉 냉전체제의 본격화 그리고 이로 인한 미국의 이탈리아공산당에 대한 부정적 시각이 어우러지면서 기민당은 공산당 및 사회당과의 동거를 뒤로 하고 중도우파라는 방정식을 채택하게 된 것이다. 역사에 가정은 부적절하다고 보지만 만일 미소냉전이 부재하고 미국의 도움 없이도 전후 유럽 경제가 회복될 수 있었다면 오늘의 유럽은 어떠했을까라는 의문을 가져보기도 한다. 그리고 그것은 아직도 분단상태에 처해 있는 우리에게도 시사하는 바가 적지 않기 때문이다.

현실 정치는 이탈리아에게도 냉혹하게 작용하였다. 1948년부터 치러진 총선들의 추이를 살펴보면 일정 정도의 진화와 변화를 보여주기도 하였지만 기본적으로는 기민당이 만년 여당화하는 현상이 그 핵심이라 보아야 한다. 즉 기민당은 냉전체제의 공고화와 전후 유럽 경제의 재건과정에서 가장 큰 수혜를 본 정당이라고 평가할 수 있다. 그리고 그 방정식은 1992년 부패수사에 의해 이른바 '제1공화국'이 붕괴되면서 종언을 고하게 되었다. 여기서는 5년마다 치러지는 총선을 중심으로 결과를 분석하고 정부의 구성을 살피면서 정치변동의 의미를 추적해 보고자 한다.

① 1948년 제1대 총선과 중도우파 정부

공화국의 헌법이 발효되고 새로운 선거법을 활용하여 최초의 국회의원 선거가 1948년 4월 18일 실시되었다. 이는 이탈리아의 의회를 상원과 하원으로 구분한 양원제도하에서의 선거였으며, 구체적인 선거제도는 선거제도와 정당론의 장을 참고하기 바란다. 이른바 단순비례대표제라 명명되는 제도를 차용하였는데, 기본적인 정신은 파시즘 체제하에서 일당독재를 경험하였던 부정적 유산을 극복하기 위한 정치 집단들간의 합의에 의해 어느 정당에도 과도한 권력이 집중되는 것을 방지하려 했다는 점이 중요하다. 또한 상원과 하원의 권한을 균등하게 배분하여 특정 법이 양원 모두를 통과해야 발효될 수 있어 일방적 의사를 관철하는 정치문화를 지양하려 했다. 결과적으로 이러한 선거제도와 의회문화는 이후 이탈리아의 정치를 불안정하고 이합집산화하며 효율적이지 못한 모습으로 만드는 계기가 된다.

1948년 총선은 냉전체제가 본격화되고 미국으로부터 이탈리아로 재정적 원조가 도착하는 시점에서 치러졌다는 점에서 우파에게는 유리하고 좌파에게는 불리한 환경이었다는 점을 기억해야 한다. 실제로 그 결과에서도 기민당의 압도적인 승리로 귀결되었다.

<표- 10> 1948년 총선 결과 (하원)

정당	득표수	%	의석수	증감
기민당	12,740,042	48.51	305	+98
인민민주전선	8,136,637	30.98	183	-36
사회당(US)	1,858,116	7.07	33	신설
국가블럭	1,003,727	3.82	19	-52
군주국민당	729,078	2.78	14	-2
공화당	651,875	2.48	9	-14
사회운동당	526,882	2.01	6	신설
남티롤인민당	124,243	0.47	3	신설
농민당	96,914	0.37	1	0
사회기독당	72,854	0.28	0	0
사르데냐행동당	61,928	0.24	1	-1
기타	854,445	--	--	--
합계	26,855,741	100.00	574	+18

기민당은 공화국 역사에서 다시 나오지 못할 48.51%의 지지를 받았으며 단독으로 과반수의 의석을 차지할 수 있었다. 인민민주전선(Fronte Democratico Popolare)으로 나선 이탈리아공산당과 사회당의 연합은 30.98%를 기록하였지만 기민당과의 격차를 줄이는 데 실패하였다. 사회당(Unità Socialista)은 사실상 사회민주당이었으며 7.07%를 차지하였다. 상

위 두 개의 정당이 80% 수준의 지지를 받음으로써 내용적으로는 양강체제가 형성된 것으로 판단할 수 있다. 그렇지만 이후 선거에서 인민민주전선은 와해되어 각각 공산당과 사회당으로 나서게 되며 이후로도 제2 및 제3당의 위치를 지속적으로 유지한다.

상원선거에서도 하원과 매우 유사한 결과가 도출되었다. 기민당 48.11%, 인민민주전선 30.76%, 국가블럭 5.40%, 사회당 4.16% 등이 순이다. 따라서 여기서도 기민당은 전체 237석 중에서 131석을 획득하여 단독으로 의석수의 과반을 넘기게 되어 확실한 승리를 얻었다. 따라서 데 가스페리 지도하의 기민당은 단독으로 정부를 구성할 수 있었으나, 자유당, 공화당 및 사회민주당과 연대하는 중도연정을 선호하였다.

1948년 총선은 여러 의미에서 역사적이었다. 기민당의 압도적 승리는 기록적이었으며, 상당 부분 미국의 보호 내지 지원하에서 가능하였다는 설명이 가능하다. 실제로 냉전이 본격화되면서 미국 정부와 정보기관들은 이탈리아에서 공산당 세력이 확대되지 못하도록 물심 양면의 지원을 제공하였으며 이러한 흐름은 이후 1970년대 초반까지 이어지게 된다. 또한 1950년대 초반 미국에서는 매카시즘(McCarthyism)이 창궐하여 좌파와 공산주의에 대한 견제가 더욱 횡행한 시기였음을 기억해야 한다. 이탈리아의 입장에서는 선택의 여지가 적었으며, 극도의 경제적 어려움으로 미국의 자본을 환영할 수밖에 없는 형편이어서 이러한 상황이 기민당의 성공으로 귀결되었다고 보아야 할 것이다. 그럼에도 불구하고 이 4개 정당 연립정부는 두 차례나 재구성되는데, 1950년 보다 우경화된 정책을 주장하던 자유당이 떠나면서 3개당 2기 내각이 출범하게 되었고 1951년 보다 좌경화된 정책을 선호한 사민당이 떠나면서 3기 내각은 기민당과 공화당의 2개당 연립정부로 남게 되었다.

여기서 흥미로운 사실은 연정에 참가하는 소수당들이 자신들이 얻은 투표율에 비해 과도한 내각의 장관직을 받았다는 점이다. 이러한 행태는 제1공화국 내내 지속되는데, 기민당의 입장에서는 일정 수준의 권력배분을 통해 군소정당들을 아우르면서 정치를 하는 것이 보다 안정적이고 유리하다고 판단한 것으로 이해된다. 실제로 전후 내각의 평균 수명이 11개월에 그칠 정도로 불안정성을 보였지만, 주 원인이 정부에 참여하는 군소정당들의 문제보다는 기민당 내부의 계파 갈등에서 유래하였다는 점에서 이탈리아 정치문화의 특징을 살필 수 있다. 실제로 이후 공화국의 대통령이 되는 조반니 그롱키(Giovanni Gronchi) 하원 의장은 미국의 지원을 받는 데 가스페리 정부의 정책노선를 문제 삼아 외교 및 국방 장관을 해임하라는 주장을 펼쳤는데, 그가 기민당 내 좌파의 일원이었음을 기억할 필요가 있다.

데 가스페리는 이탈리아 공화국 건국 과정에서 대표적인 인물이었으며, 유럽석탄철강공동체(ECSC)에도 창립회원국으로 참여하는 등 유럽통합운동에 적극적인 태도를 보였다. 아직은 경제상황이 안정화되지 못하여 미국의 입김에 상당한 영향을 받았다는 비판이 있었지만, 다른 선택의 여지가 없었다는 차원에서 수용되어야 하며, 무엇보다도 이탈리아가 2차대전에서 패전국의 멍에를 지고 있던 상황을 고려할 필요가 있다고 본다. 실제로 이탈리아는 1950년 한국전쟁 발발 시 아직 유엔의 회원국이 아니어서 공식적으로 참전을 할 수 없는 형편이어서 대신 의료지원을 제공하게 되었다. 아무튼 미국주도의 유럽부흥계획의 수혜자가 되고 북대서양조약기구에도 적극적으로 참여하면서 그리고 유럽통합운동에도 나서면서 이탈리아는 서방 세계의 일원이 되는 의미 있는 성과를 낸 것으로 평가가 가능하다. 그리고 데 가스페리 집권기는 이후 이탈리아 경제기적기를 준비하는 기간으로도 수용할 수 있다.

② 1953년 제2대 총선과 중도우파 정부

이번 총선은 5년의 임기를 마치고 정상적으로 치러진 선거였다. 공화국 시기 두 번째의 총선은 중도 연립정권에 대한 평가 성격을 지니기도 했다. 선거제도에 대한 부분적 개정이 있었는데, 그 주요 내용은 하원선거에서 절대다수를 차지하는 정당에게 전체의석의 2/3를 부여하는 일종의 프리미엄제였다.[164] 이 제도는 야당과 중도의 군소정당 모두에게 비판을 받았는데, 가장 큰 이유는 현실성이 없다는 이유에서였다.

이탈리아는 1949년 나토 가입에 이어 1952년 유럽석탄철강공동체의 일원이 되고, 1955년에는 유엔에 가입하며 이어서 1957년 로마조약을 통해 유럽경제공동체(EEC)의 일원이 되는 변화를 경험하고 있었다. 그리고 경제기적기(Miracolo Economico)가 시작되는 시기이기도 했다. 기민당의 지리적 지지 기반은 남부와 중부 그리고 북동부에서 강하게 현시되었다. 반면 반도의 북서부와 적색지대는 좌파 정당들의 선호가 높은 지방문화를 보여주었다. 가톨릭 교회는 기민당에 대한 지지를 공공연하게 표현하는 동시에 공산당에 투표하는 것이 도덕적으로 문제가 있다고 주장하였다. 그럼에도 불구하고 적색지대의 좌파 성향의 유권자들은 가톨릭 신자로 남았다.

<표- 11> 1953년 총선 결과 (하원)

정당	득표수	%	의석수	증감
기민당	10,862,073	40.10	263	-41
공산당	6,120,809	22.60	143	+13
사회당	3,441,014	12.70	75	+22
군주국민당	1,854,850	6.85	40	+26
사회운동당	1,582,154	5.84	29	+23
사회민주당	1,222,957	4.51	19	-14
자유당	815,929	3.01	13	-6
공화당	438,149	1.62	5	-4
남티롤국민당	122,474	0.45	3	0
기타	1,946,088	--	--	--
합계	28,406,479	100.00	590	+16
총유권자	30,272,236	93.84		

1953년 총선에서는 기민당과 중도 정당들의 지지율 감소가 나타났는데, 이는 어느 정도 데 가스페리 정부에 대한 비판적인 의견이 반영되었다고 분석될 수 있다. 반면 좌파 정당들과 극우정당들이 지지율의 상승을 경험하였다. 이러한 결과를 야기한 중요한 요인으로 선거 전 프리미엄제도를 무리하게 도입한 기민당에 대한 부정적 시각이 존재하였다는 점을

들 수 있다. 그리고 기민당의 감소 부분이 일정 정도 극우정당인 사회운동당(MSI)과 군주국민당(Partito Nazionale Monarchico)으로 옮겨갔다는 해석이 가능한데 지역적으로는 남부에서 이 현상이 현시된 것으로 보인다.

중도연합 정당들의 지지율의 합이 49.9% 수준을 보였는데, 비록 오 년 전에 비해 많이 약화되었다고는 하지만 기술적으로는 여전히 정부를 구성할 수 있는 수치를 보였다. 그러나 객관적으로 부정적인 변수가 존재하지 않았음에도 부진한 선거 결과에 대한 집권 연립내각 구성원간에 내홍이 발생하였으며, 결국 데 가스페리는 총리 취임 한 달 만에 의회에서 신임을 받지 못하여 사임하게 되고 일 년이 지나 사망하였다.

결국 주세페 펠라(Giuiseppe Pella)를 총리로 하는 기민당 단독정부가 구성되지만 5개월을 못 버티고 단명하게 되었다. 이어서 아민토레 판파니(Amintore Fanfani)가 이어받았지만 채 한달을 채우지 못하였고 마리오 셀바(Mario Scelba)와 안토니오 센니(Antonio Segni)가 각각 기민, 사민 및 자유당의 3개당 중도 연정을 꾸리면서 이어가다가 국회 임기 마지막 일 년 동안은 아도네 졸리(Adone Zoli)가 이끄는 기민당 단독의 소수정부가 차기 선거를 준비하게 되었다. 이 시기에 정치적인 쟁점으로 인해 데 가스페리 이후의 기민당 중심의 정치는 좌표를 잃고 방황하는 모습으로 비춰지는데. 이탈리아 경제가 고속으로 성장하는 시기에 이러한 아이러니한 정치의 비효율은 지속적인 문젯거리로 남게 된다.

③ 1958년 제3대 총선과 중도우파 정부

이탈리아는 1950년대 중반부터 1960년대 초반까지 고속성장을 통해 이른바 경제기적기를 보냈으며 그 결과 1960년 로마올림픽을 치루면서 선진국으로 발돋움하게 된다. 1958년의 총선은 이제 전후의 극심한 어려움을 뒤로하고 미래지향적인 국가건설과 정치제도의 안정화를 도모해야 하는 시기와 맞물리게 된다.

1958년 선거법의 부분적 변경이 있었는데, 정당명부식 단순비례대표제가 안착하였으며, 하원의 경우 전국을 32개 선거구로 획정하여 구별로 다수의 하원의원을 선출하였다. 상원의 경우 전체 237명의 의원을 선출하는 데 있어 1차선거에서 2/3 이상의 득표를 얻게 되면 결정이 되지만, 현실적으로 이는 매우 어려운 조건이어서 주 단위로 정당별 득표수를 계산하여 비례대표 방식으로 의석수를 배분하였다.

1953년 전후 이탈리아 정치를 이끌었던 데 가스페리가 정치 일선에서 물러나면서 기민당에서는 아민토레 판파니가 그 후계자로 부상하였는데, 그는 1954년부터 1959년까지 당 서기장을 맡았다. 판파니는 전국적인 차원에서 당조직을 재구성하고 쇄신하였으며 교회와 정부의 상호의존성도 약화시키려 했다. 그러나 그의 다소 권위주의적이면서 경제적 개혁가로서의 모습은 당내 온건파들에게 국가가 경제에 과도하게 개입하는 것을 저해하도록 만들기도 하였다.

<표- 12> 1958년 총선 결과 (하원)

정당	득표수	%	의석수	증감
기민당	12,520,207	42.35	273	+10
공산당	6,704,454	22.68	140	-3
사회당	4,206,726	14.23	84	+9
사회운동당	1,407,718	4.76	24	-5
사회민주당	1,345,447	4.55	22	+3
자유당	1,047,081	3.54	17	+4
인민군주당	776,919	2.63	14	신설
군주국민당	659,997	2.23	11	-29
공화당	405,782	1.37	6	+1
공동체운동	173,227	0.59	1	신설
남티롤국민당	135,491	0.46	3	0
발다오스타연합	30,596	0.10	1	신설
기타	1,021,036			
합계	32,434,681	100.00	596	+6
총유권자	32,434,852			

정당체제는 이전 총선 대비 크게 변화하지 않았다. 선거 결과 기민당의 약간의 선전 이외에 괄목할 만한 차별성을 보이지 않았다. 결국 기민당과 사회민주당의 연립정부가 출범하였으나 단명하면서 기민당 단독의 중도정부가 이어지다가 마지막 해에는 다시금 사회민주당과 자유당을 포함하는 연립정부를 구성하였다.

그러나 기민당은 내부적으로 좌파와 우파로 계파가 갈리면서 계파정치가 본격화되는데, 판파니는 기민좌파의 인물이었다. 그는 사회당과의 대화를 강조한 반면, 공산당과의 연계는 거부하는 입장을 개진하였다.[165] 판파니는 일 년간 총리직을 수행하게 되지만 기민우파의 견제로 인해 낙마하고 이후에는 오히려 극우정당과 사회운동당의 지지를 받은 페르난도 탐브로니(Fernando Tambroni)가 당의 헤게모니를 잡게 되지만 이내 실각하고 판파니가 사회당의 기권이라는 양해를 통해 재차 총리직을 수행하게 되었다. 이러한 양상은 기민당 내의 계파 정치가 본격화되고 있음을 보여주는 서곡과도 같은 현상으로 이해되었다. 이 시기에 기민당 정부는 노동자를 위한 중학교 과정을 개설하였으며, 1962년에는 전기에너지를 국유화하면서 이탈리아전기공사(ENEL)를 설립하기도 하였다.

<인물- 4> 아민토레 판파니 (Amintore Fanfani, 1908-1999)

아민토레 판파니는 이탈리아의 경제학자, 역사학자, 교수이자 정치인으로 여섯 차례 총리를 지낸 인물이다. 그는 이차대전 이후 가장 유명한 정치인 중의 하나이며, 기민당의 좌파 진영에서 역사적 존재이고 이탈리아 정치에서 중도좌파 개념을 창시한 것으로도 유명하다. 토스카나주 아레초의 가난한 대가족에서 자라난 그는 밀라노의 성심가톨릭대학 경제학과를 졸업하였는데, 그의 책 <가톨릭주의, 자본주의 그리고 프로테스탄티즘>은 1935년 영어로도 번역되었다. 그는 막스 베버의 주장에 대한 비판을 제기하였으며 이러한 입장은 미국 존 에프 케네디 대통령에게도 상당한 정치적 영향력을 준 것으로 알려져있다.

그는 조합주의에 심취하여 국가파시스트당에 가입하기도 하였는데, 파시즘체제가 무너지면서 스위스에서 체류한 기록도 있다. 전후 이탈리아로 돌아온 판파니는 인민당에서 기민당으로 당명을 변경한 상태에서 데 가스페리의 보호를 받으면서 자신의 지론인 국가의 사회경제적 개입주의 입장을 개진하였다. 이러한 사상은 1950년대 경제기적기의 이탈리아에서 그리고 케인즈주의하에서 강력한 이론으로 활용된 바 있다. 사실 이탈리아는 국영기업집단을 광범위하게 활용하여 경제발전을 이룩한 것으로 유명하며, 이는 1960년대 한국경제발[166]전의 준거로도 검토된 바 있다.

데 가스페리 정부에서 그는 노동부장관, 농림부장관, 내무장관 등을 역임하면서 정치적으로 성장하였으며 이후 1958년 총선을 통해 총리직에 오르고 당서기장을 겸임하면서 당 조직의 개혁을 시도하였다. 그러나 그의 시도는 권위주의적 성정으로 인해 광범위한 지지를 받지 못한 것으로 평가받고 있다. 1963년 총선 이후 당지도부에서 물러났으며 기민우파와 자본가들로부터 많은 비판을 받았다. 그러나 그의 정치적 이념은 알도 모로에 의해 사회당과 연립정권을 구성하는 중도좌파 시대를 여는 데 핵심적 역할을 한 것으로 평가받고 있다.

판파니는 이후로도 외무장관직을 수행하였으며 세 차례 상원의장을 역임하기도 하였다. 1971년 공화국의 대통령에 나서기도 했지만 실패한 바 있다. 그는 1982년 다섯 번째 그리고 1987년 여섯 번째로 총리직을 수행한 바도 있어 당의 원로로서의 역할도 간과할 수 없다. 그는 1999년 91세의 나이로 로마에서 사망하였다. 조합주의 국가에 대한 그의 이상은 오랜 동안 논쟁을 야기하였으며, 파시즘에 부역한 자신의 과오를 인정하고 반성하는 태도를 보여준 것으로 유명하다. 그는 마지막 순간까지 공화국의 대통령직을 희망하였으나, 기민당의 고질적인 계파정치는 이를 허락하지 않았다.

④ 1963년 제4대 총선과 중도좌파 정부

1960년대의 이탈리아는 경제적으로 풍요로운 시간을 맞이하고 있었다. 노동자 가정에서도 피아트 500이나 600 모델과 같은 경차를 구입할 수 있었으며, 여타 자동화된 가전제품의 대중화로 여성이 가사노동으로부터 일정 정도 해방되는 시간이기도 했다. 이제 이탈리아는 전범국으로의 굴레에서 벗어나, 로마올림픽을 치루면서 라돌체비타(La Dolce Vita)의 이미지를 만들고 메이드 인 이탈리아 제품을 전 세계에 확산시키면서 선진국으로 발돋움할 수 있게 되었다. 노동자들은 늘어난 소득으로 소비주의에 심취하였지만 동시에 조직화되어 더 큰 요구를 하는 모습으로 변모하고 있었다. 베이비붐세대의 상당수가 대학에 진학하면서 엘리트대학은 대중대학으로 양적 팽창을 경험하였고 이러한 변화로 인해 이탈리아 사회에서는 1968년의 학생운동과 1969년의 노동운동으로 이어지면서 다시금 혼란의 소용돌이에 빠지게 된다.

제4대 총선은 1963년 4월 28일 실시되었다. 1963년 2월의 제2차 헌법개정으로 국회의원 수가 고정화되어 실시되는 첫 선거이기도 했는데, 선거 이후 기민당의 당서기장이 총리직을 고사한 첫 번째의 사례로 기록되었다. 이 의미는 내각의 총리 내지 장관직보다 당권을 더 중요시 여기는 이탈리아 정치의 정당정치(Partitocrazia)적 관행을 고착시키는 사건으로 이해되었다.

<표- 13> 1963년 총선 결과 (하원)

정당	득표수	%	의석수	증감
기민당	11,773,182	38.28	260	-13
공산당	7,767,601	25.26	166	+16
사회당	4,255,836	13.84	87	+3
자유당	2,144,270	6.97	39	+22
사회민주당	1,876,271	6.10	33	+11
사회운동당	1,570,282	5.11	27	+3
민주군주연합	536,948	1.75	8	-17
공화당	420,213	1.37	6	0
남티롤국민당	135,457	0.44	3	0
발다오스타연합	31,844	0.10	1	0
기타	1,254,105			
합계	31,766,009	100.00	630	+34
총유권자	34,199,184	92.89		

전후 기민당은 지지율이 서서히 그렇지만 지속적으로 감소하는 패턴을 보여주었는데, 이번 총선에서 그러한 조짐이 드러나게 되었다. 좌파와 중도의 정당들이 이전보다 높은 득표를 하였으며, 이제 기민당 단독으로 정부를 구성하는 것이 더욱 어려워지게 되었다.

총선 직후 안토니오 센니(Antonio Segni) 대통령은 상대적 다수당이 된 기민당의 리더였던 알도 모로(Aldo Moro)에게 조각을 의뢰하게 되고, 모로는 사회민주당 및 공화당의 의사를 타진한 이후 사회당과의 연립정권 계획을 세우게 되지만, 사회당 내부의 반대로 뜻을 이루지 못하게 되었다. 이에 센니 대통령은 2단계로 조반니 레오네(Giovanni Leone)에게 정부 구성을 요청하여, 사민당, 공화당 및 사회당의 기권하에 기민 단독의 정부가 구성되었지만, 이는 사회당이 중도좌파 연정을 위한 준비 기간으로 이해되었다.

결국 1963년 12월 알도 모로가 총리가 되는 기민, 사회, 사민 및 공화당의 4개당 연립내각이자 공화국 최초의 중도좌파(Centro-Sinistra) 정부가 들어서게 된다. 사립중학교에 대한 지원 문제로 기민당과 여타 정당들 간의 의견 대립이 발생하자 7개월 만에 정부가 붕괴되지만 같은 방식으로 이내 정부가 재구성되었다. 모로 2기 내각은 1년 7개월의 비교적 장기적으로 존속하게 되지만 국립유치원법 관련하여 정부 법안이 의회에서 부결되면서 붕괴되었다. 이후 모로 3기 정부가 들어섰는데 2년 4개월간 존속하면서 다음 총선을 맞이하게 된다.

모로 내각은 중도좌파를 지향하였기에 정책분야에서도 새로운 면모를 보여주었다. 사회적 조합주의(Corporativismo Sociale)로 명명되는 연립정부의 이념은 주택기본법의 제정, 빈곤 가정 출신 대학생에 대한 보조금 지급, 연금개혁, 보편적 의료보험 도입 등을 통해 이른바 복지국가의 기틀을 다진 것으로 평가받을 수 있다.

⑤ 1968년 제5대 총선과 중도좌파 정부

풍요로운 60년대는 또 다른 사회 갈등을 내포하고 있었다. 단기간에 급속도로 증가한 대학인구를 기존의 체제와 예산구조로 감당할 수 없어서, 학생들의 불만이 제고되었으며, 독일 프랑크푸르트대학의 사회학과 교수들이 제기한 산업사회비판론의 영향을 받으면서 이탈리아 대학은 1968년 서구 사회에서 공통적으로 발생한 학생운동의 소용돌이에 휘말리게 된다. 이 과정에서 정치인, 기업인 및 교수 집단은 낡은 시대의 인물들로 묘사되면서 급진적 이념들이 횡행하는 대학문화가 확산되었다. 1969년에는 노동자들이 들고 일어나, 더 높은 임금과 근로조건의 보장 그리고 복지혜택을 요구하는 뜨거운 가을(L'Autunno Caldo)이라는 노동운동이 발생하여 학생운동과 더불어 극단적인 사회혼돈현상이 이어지게 된다. 이는 1차대전 직후 붉은 두해에 버금가는 정치사회적 갈등의 표출 현상이었다. 역설적이게도 물질적으로 풍요롭게 된 이탈리아에서 말이다. 산업사회비판론은 빵만으로는 살 수 없으며 인간은 소외감을 느껴서는 안되고 진정한 의미에서 자아실현이 추구되는 사회상을 주장하였으며, 이러한 사고가 이탈리아 대학생들과 노동자들에게 막대한 영향을 미치게 된 것이다. 헤르베르트 마르쿠제의 1차원적 인간이 대표적이었다.[167]

<표- 14> 1968년 총선 결과 (하원)

정당	득표수	%	의석수	증감
기민당	12,437,848	39.12	266	+6
공산당	8,551,347	26.90	177	+11
연합사회당	4,603,192	14.48	91	-29
자유당	1,850,650	5.82	31	-8
노동자사회당	1,414,697	4.45	23	신설
사회운동당	1,414,036	4.45	24	-3
공화당	626,533	1.97	9	+3
민주군주연합	414,507	1.30	6	-2
남티롤인민당	152,991	0.48	3	0
기타	1,535,477			
합계	33,001,644	100.00	630	0

제5대 총선은 1968년 5월 19일 실시되었는데, 정당들의 이합집산 현상이 발생하였다. 무엇보다도 지난 5년간 중도좌파 정부에 대한 반작용이 있었다. 즉 사회당과 기민당의 연립정부 실험을 통해 불만 세력이 증대되었고 이는 사실상 분당으로 결과되었다. 이에 보다 급진적 세력은 이번 선거에서 노동자사회당(PSI di Unità Proletaria)으로 나서게 되었고 기존의 사회당은 사회민주당과 연합하여 선거에 참가하였다. 결과는 위의 표에서 나타나듯이 기민당은 기존의 지지율을 유지한 반면, 공산당은 보다 큰 향상을 경험하였다. 반면 연합사회당은 사민당과의 함께 나섰음에도 부진한 성적을 보여주었다. 신설된 노동자사회당이 4.45%의 지지를 얻음으로써 사실상 중도좌파에 대한 경종이라고 보아야 하며, 전체적으로는 학생운동과 노동운동의 전조적 증상으로 좌파 세력이 신장된 것으로 평가할 수 있다.

정부 구성에서는 일차적으로 조반니 레오네를 총리로 하는 기민당 단독 정부가 들어섰으나 반년을 넘지 못하고 붕괴되었으며, 연합사회당과 공화당이 참여하는 중도좌파 연정이 다시 들어서게 되었다. 그러나 8개월을 못 버티고 붕괴되어 다시금 사회당, 사민당 및 공화당과 함께 연립정권을 구성하였다. 적지 않은 사회입법들을 만들면서 개혁작업을 이어 나갔으나 당시 사회상이 학생운동과 노동운동이 빈발하면서 효율적인 정부를 기대하기 어려운 상황이었다. 결국 에밀리오 콜롬보(Emilio Colombo)가 이끄는 4개당 연정이 구성되어 일 년 반 정도의 임기를 이어갔지만 경제정책에 이의를 제기한 공화당이 지지를 철회하면서 임기를 다 마치지 못하고 공화국 시대 최초의 조기총선(Elezioni Anticipate)을 맞이하게 된다.

⑥ 1972년 제6대 총선

이번 선거는 조기총선으로 치러지는데, 주지하다시피 이탈리아 사회가 극심한 내홍을 겪는 시기를 보내고 있었다. 극도의 사회적 혼돈은 군부와 극우세력의 쿠데타 시도와도 연결되었는데, 비록 성공하지 못하였지만 질서를 바로 잡아야 한다는 여론이 형성되고 있었다. 즉 극우와 극좌 세력이 발호하는 양극화된 상황하에서 폭력이 난무하는 시간을 보내게 되는데, 실제로 이탈리아 사회의 1970년대를 납의 나날(Anni di Piombo)이었다고 평가하고 있다.[168] 이러한 현실에서 공산당의 서기장이었던 엔리코 베를링게르(Enrico Berlinguer)는 칠레에서의 살바도르 아옌대(Salvador Allende) 좌파정부가 미국의 사주를 받은 군부세력에 의한 쿠데타에 의해 좌절되는 모습을 관찰하면서 의미 있는 성찰을 하게 된다. 즉 좌파 세력이 국민들의 지지율이 신장되더라도 독자적으로 정부를 구성하기 보다는 중도 및 중도우파 정당들과 연대해서 이들이 보다 개혁적인 자세를 취하도록 하는 방식이 유효하다는 이른바 유로커뮤니즘(Eurocomunismo)을 주장하게 되며, 이는 결국 1976년 기민당과의 역사적 타협(Compromesso Storico)으로 귀결된다.

<표- 15> 1972년 총선 결과 (하원)

정당	득표수	%	의석수	증감
기민당	12,912,466	38.66	266	0

공산당	9,068,961	27.15	179	+2
사회당	3,208,497	9.61	61	
사회운동당	2,894,722	8.67	56	+32
사회민주당	1,718,142	5.14	29	
자유당	1,300,439	3.89	20	-11
공화당	954,357	2.86	15	+6
남티롤인민당	153,674	0.46	3	0
DC-UV-RV-PSDI	34,083	0.10	1	+1
기타	2,280,346			
합계	34,525,687	100.00	630	
총유권자수	37,049,351	93.19		

1972년 총선에서 거대 정당들에서는 큰 변화가 나타나지 않았으나, 파시즘의 유산을 이어받았다고 알려진 사회운동당(MSI)의 약진이 가장 주목할만하다. 이전 선거 대비 3%의 지지율 상승이 있었는데, 주로 우파의 자유당 그리고 좌파의 노동자사회당의 의석을 가져간 것으로 분석될 수 있다. 즉 극좌에 대한 견제 그리고 우파 내에서의 주도권 다툼의 차원에서 해석이 가능하며, 극우정당인 사회운동당의 선전은 그만큼 이탈리아 사회의 혼란상을 반영하는 것이었다. 이 정당의 지도자였던 조르지오 알미란테(Giorgio Almirante)는 온건한 우파를 지향하였지만, 이전 지도부가 기민당과의 간극을 좁히려는 시도를 보였던 것과는 대조적으로 우파 내에서의 선명성 중심의 정체성을 강화하는 데 주력하였고, 이러한 전략이 선거에서의 승리로 연결되었다고 판단된다.

선거 이후 구성된 정부는 줄리오 안드레오티(Giulio Andreotti), 마리아노 루모르(Mariano Rumor) 및 알도 모로를 총리로 하는 여러 차례의 내각을 통해 중도 또는 중도좌파 연정을 형성하였다. 안드레오티는 제5대 의회 임기 마지막 시기에 기민당 단독의 정부를 잠시 이끌었는데, 총선 이후 사민당 및 자유당과 연립정부를 구성하여 일 년 남짓 임기를 보내다 공화당이 지지를 철회하면서 물러나게 된다. 마리아노 루모르는 재차 중도좌파 연정으로

일 년 반을 통치하였다. 이후 알도 모로는 공화당과 정부를 구성하여 다음 총선까지 정부를 이끌게 된다.

<인물- 5> 엔리코 베를링게르 (Enrico Berlinguer, 1922-1984)

베를링게르는 이탈리아 좌파 정치인으로 1970년대에 공산당의 서기장을 맡으면서 유로커뮤니즘을 창시하고, 기민당과 연계하여 역사적 대타협의 정치를 펼친 것으로 유명하다.

그는 귀족가문의 변호사였던 가정에서 태어났는데, 이러한 배경은 그가 공산주의자로 변신한 경력과 부합되지 못하는 것으로 알려졌다. 그는 1943년 이탈리아공산당에 당원으로 가입하게 되며, 열렬한 반파시스트로 활약하였다. 사르데냐섬의 사사리대학에서 법학을 전공하였는데, 그 과정에서 수차례의 저항운동을 전개하기도 하였다. 전후 공산당의 간부로서 다양한 경력을 쌓았으며, 1972년 당 서기장에 오르게 된다. 1968년부터 죽기 전까지 하원의원으로 활동하였다.

그는 1971년 선거를 통해 집권한 칠레의 아옌데사회주의 정권이 군사쿠데타에 의해 무너지는 모습을 목도하면서, 이탈리아식 사회주의의 새로운 길을 주장하였는데, 핵심 내용은 선거를 통한 사회개혁이며, 공산당을 포함하는 좌파의 지지율이 상승하더라도 직접적인 정권창출보다는 우파정당들이 개혁조치들을 단행하게 만드는게 중요하다는 주장을 개진하였다. 그의 생각은 1976년 기민당과의 역사적 타협으로 귀결되었다.

베를링게르는 대중적으로도 높은 지지를 받던 좌파 정치인이었으며, 1984년 그의 사후 이탈리아공산당 지도부는 좌표를 잃고 세력이 약화되다가 결국 사회주의 전체의 붕괴와 함께 1991년 당명을 좌파민주당으로 변경하는 현실에 이르게 된다.

⑦ 1976년 제7대 총선

이번 선거에서부터 하원의원 선거권의 나이가 18세로 낮아지게 되었다. 이는 유권자의 총수 증가로 이어지며, 또한 결과적으로 공산당의 약진으로 귀결되었다. 이탈리아의 1970년대는 세계적인 경기침체를 야기한 석유위기와 더불어 부정적인 현실로 다가왔다. 마침 중화학 공업에 대규모의 투자를 시도하던차라 석유에너지에 전적으로 의존하는 이들 분야는 심각한 철퇴를 맞게 되었다. 기민당 중심의 정부는 효과적인 대응을 하지 못하였고 그 결과는 중도 및 중도좌파의 약세로 나타났다.

<표- 16> 1976년 총선 결과 (하원)

정당	득표수	%	의석수	증감
기민당	14,209,519	38.71	262	-4
공산당	12,614,650	34.37	228	+49
사회당	3,540,309	9.64	57	-4
사회운동당	2,238,339	6.10	35	-21
사회민주당	1,239,492	3.38	15	-14
공화당	1,135,546	3.09	14	-1
노동자민주당	557,025	1.52	6	신설
자유당	480,122	1.31	5	-15
급진당	394,439	1.07	4	신설
남티롤국민당	184,375	0.50	3	0
PCI-PSI-PdUP	26,748	0.07	1	0
기타	1,132,526			
합계	37,755,090	100.00	630	
총유권자수	40,426,658	93.39		

이번 총선의 결과는 공산당의 대승으로 요약될 수 있는데, 이전 선거 대비 7%의 지지율 상승이 있었다. 상원선거에서도 하원만큼은 아니었으나 상당한 지지율의 증가가 나타나 공산당에 대한 선호도 변화는 세대를 아우르는 현상으로 수용되었다. 이제 남은 변수는 이탈리아 공산당이 소련과의 관계설정을 어떻게 가져가는가였다. 선거를 통해 자신감을 얻은 베를링게르는 소련으로부터 자율성을 갖는 유럽식 공산주의 노선을 선포하면서 프랑스 및 스페인 공산당과 연계하게 된다. 이제 기민당과 공산당의 협력은 분위기가 무르익게 되었고 그 결과는 역사적 타협으로 현시되었다.

형식적으로는 줄리오 안드레오티 총리하의 기민당 단독 정부였으나, 공산당은 의회에서 기민당의 정책을 지지하는 국가적 일치(Solidarietà Nazionale)의 모습을 보여주었다. 이 과정을 통해 비록 공산당이 정부에 직접 참가하지는 않았으나, 국영방송국의 한 채널(RAI

3)에 대한 운영권을 갖는 등 현실적인 변화도 가시화되었다. 이제 이탈리아는 극심한 폭력으로부터 해방되어 보다 안정적이고 평화로운 사회로의 이행이 가능해 보였다. 그러나 이러한 좌우합작의 관행은 극좌폭력단체인 붉은 여단(Brigate Rosse)이 기민좌파의 거물 알도 모로 전총리를 납치하고 처형하면서 깨지게 된다.

<인물- 6> 알도 모로 (Aldo Moro, 1916-1978)

알도 모로는 여러 차례에 걸쳐 6년간 총리를 지낸 기민당 좌파의 거물 정치인이다. 그는 남동부에 위치한 풀리아 지방 바리에서 태어나 그곳에서 법대를 졸업하고 교수직을 역임하기도 하였다. 외무, 법무 및 교육부 장관을 지냈으며, 당내에서는 지식인이자 협상가로 명성을 날렸다. 그는 1963년 총선 이후 사회당과 연대하여 중도좌파 연립정권을 이끌면서 중요한 사회개혁을 수행하였다. 1974년 재차 총리직을 맡으면서 공산당과의 제휴를 시도하였고 성공하여 역사적 대타협의 실험을 가능하게 하였다.

이러한 그의 업적은 극좌세력들에게 공동의 적(Nemico Comune)으로 대두되게 하였는데, 1978년 3월 16일 실제로 붉은 여단은 알도 모로 전 총리를 납치하여 구금하고, 정부와의 협상에 들어가지만 여의치 않게 되자 그를 살해한 바 있다. 붉은 여단의 명목상의 조건은 수감상태에 있었던 자신들의 리더인 레나토 쿠르초(Renato Curcio)와의 맞교환을 요구하였지만, 실제의 의도는 기민좌파의 리더였던 모로가 공산당과의 협력을 통해 좌파 세력을 와해시켰다는 것에 대한 단죄 성격을 지닌 것으로 이해되었다. 이러한 극좌파의 입장은 긴장의 전략(Strategia della Tensione)으로 설명되었다.

그의 납치는 국가적 그리고 국제적 쟁점으로 부상하였는데, 이후로도 당시 총리였던 기민우파의 안드레오티가 그를 적극적으로 구명하지 않았으며, 이것이 문제였다는 국민적 의혹이 불거지게 되어 차후 사법부의 판단을 묻는 사태에까지 이르게 되었다.

알도 모로는 전후 공화국 정치현실에서 보기 드문 학자이자 협상가로서 기억되고 있으며 이를 기념하기 위해 국립로마대학의 정문 앞 광장이 그의 이름(Piazzale Aldo Moro)으로 명명되었다. 또한 그의 납치와 살해 그리고 역사적 타협의 종결을 담은 영화가 여러 차례 만들어졌다.

⑧ 1979년 제8대 총선

이번 선거는 3년 만에 치러지는 조기총선이었다. 알도 모로 전 총리의 납치 및 살해 사건은 거국일치 내각을 무너뜨리게 되어 유권자의 심판을 새롭게 받아야 할 상황이었다. 이제 1970년대의 폭력현상은 사회적 저항에 처하게 되어 새로운 시대를 요구하는 여론이 형성되고 있었다. 석유위기로 파생된 세계 경제의 침체도 조금씩 회복되는 추세를 보여주면서 신자유주의 경제의 도래를 목도에 둔 상태였다.

<표- 17> 1979년 총선 결과 (하원)

정당	득표수	%	의석수	증감
기민당	14,046,290	38.30	262	0
공산당	11,139,231	30.38	201	-26
사회당	3,596,802	9.81	62	+5
사회운동당	1.930,639	5.26	30	-5
사회민주당	1,407,535	3.84	20	+5
급진당	1,264,870	3.45	18	+14
공화당	1,110,209	3.03	16	+2
자유당	712,646	1.94	9	+4
노동자연합당	502,247	1.37	6	0
남티롤국민당	204,899	0.56	4	+1
트리에스테당	65,505	0.18	1	신설
발다오스타연합	33,250	0.09	1	+1
기타	2,228,795			
합계	38,242,918	100.00	630	
총유권자수	42,203,354	90.62		

제8대 총선에서는 공산당의 지지율 감소와 중도 정당들의 회복세가 나타났다. 붉은 여단의 모로 전 총리 납치 및 살해 사건은 공분을 낳았으며, 좌파의 위상을 흔들어놓았다. 사회당은 1976년 베티노 크락시(Bettino Craxi)가 당권을 장악하면서 낫과 망치에서 카네이션으로 당의 상징을 변모시키면서 새로운 제2의 창당을 통해 당의 면모를 혁신적으로 가져가고 있었다. 극단적 혼란 시기에 지지율을 높였던 사회운동당의 위세도 하락세를 보였는데, 이는 다시금 중도 내지 중도좌파 정치의 부활을 시사하는 것으로 이해되었다.

실제로 1980년부터 세계적으로 새로운 흐름이 형성되는데, 이른바 신자유주의의 탄생이었다. 미국 레이건 대통령의 공급위주의 신경제(Supply Side Economics), 영국 대처수상의 철혈정책은 모두 지나친 노동운동과 좌파이념에 부정적인 기류가 형성되어 반대급부적으로 우파의 자유주의적 사상이 주류 이론으로 부상하게 되었다. 이탈리아도 이러한 흐름이 반영되어 이제 공산당과의 제휴는 과거의 역사가 되었으며, 새로운 자본가층을 대변하게 된 사회당의 출현으로 이어지게 된다. 또한 폴란드 자유노조운동에서 시작된 공산체제의 종말이 서서히 시작되는 시기이기도 했다.

<인물- 7> 줄리오 안드레오티 (Giulio Andreotti, 1919-2013)

안드레오티는 데 가스페리의 후원으로 정계에 입문하였으며, 전후 기민당의 정치인 중에서도 가장 오랜 기간 동안 총리와 장관직을 맡으면서 롱런한 인물로, 알도 모로 전 총리의 죽음과 관련하여 그리고 마피아와의 연계설로 말년에 구설수에 올랐다. 마니풀리테 수사에서 직접적으로 기소되지는 않았다.

안드레오티는 인민당이 출범하였던 1919년 로마에서 출생하였으며 로마대학에서 법학을 전공하였다. 청년가톨릭운동에 참여하면서 데 가스페리와 인연을 맺었고 이후 그의 비호하에 이른 나이에 총리부 차관직을 시작으로 주요 정부부처의 장관과 총리를 다년간 역임하였다. 이러한 그의 이미지는 기민당의 장기 집권과 연계되면서 전후 우파를 대표하는 정치인으로 자리매김하였다. 전후 기민당 우파의 핵심적인 인사로서 그는 1945년 초기내각에서 수상비서실장을 필두로 하여 수상직만 7차례 그리고 내무, 외무, 재무 등 장관직은 그 수를 헤아릴 수 없을 만큼 많이 맡아 오랜 기간 동안 정부 내에 머물렀다. 이러한 현상이 바로 잦은 정부의 붕괴에도 불구하고 인물 기준으로는 엄청난 안정성을 보이는 이탈리아 정치의 아이러니를 의미한다.

주지하다시피 1978년 기민좌파의 리더이자 전 총리였던 알도 모로의 납치사건에서 당시 총리직에 있었던 안드레오티가 적극적으로 구명협상에 임하지 않아 결국 모로가 처형되었고, 이는 안드레오티가 당내의 경쟁자였던 모로를 사실상 제거한 것이라는 비판에 시달리게 되었다.

⑨ 1983년 제9대 총선과 중도좌파 정부

제9대 상하양원 선거는 1983년 6월 26일 실시되었다. 선거 이후 이른바 5개당 연합의 정부(Pentapartito)가 출범하면서 이탈리아 정치는 새로운 양상을 보여주었다. 첫째, 집권 연정 내에서 기민당의 위상이 현저하게 감소하게 되었다는 사실이다. 둘째, 공산당을 만년 야당화하는 개념은 지속되었으나 중도의 군소정당들의 위세가 강화됨으로써 보다 균형이 잡힌 정부의 거버넌스가 구축된 것이다. 셋째, 비기민당 출신의 총리가 등극함으로써 정치 변동의 새로운 양상을 보여주었다. 특히 사회당 출신의 베티노 크락시는 4년여 총리직을 통해 강력한 리더십을 발휘하면서 기민당을 제압하는 면모를 보이게 된다. 넷째, 중도 정당들 중에서도 공화당이 전후 최고의 득표율을 보였다는 점이다. 이미 선거 이전에 총리직을 수행하고 이후에 상원의장을 맡게 되는 조반니 스파돌리니(Giovanni Spadolini)의 개인적인 카리스마가 상당 부분 작용한 결과로 이해된다.

아무튼 1980년대 중반기는 1950년대에 필적할 만한 이탈리아 경제의 부흥기(Boom Economico)였다. 국제적인 삼저현상과 호황으로 메이드 인 이탈리아가 전 세계에 위용을 떨쳤다. 피아트가 부활하였고, 아르마니와 베르사체로 대변되는 밀라노 패션은 파리를 위협하였으며, 이탈리아 중소기업은 제3의 이탈리아(La Terza Italia)라는 개념과 함께 세계적인 경쟁력을 자랑하던 시기이기도 했다. 이러한 흐름은 결국 1987년 이탈리아 경제가 국내총생산 기준으로 영국을 제치고 세계 5대 경제대국(La Quinta Potenza Mondiale)으로 부상하는 결과(Il Gran Sorpasso)를 낳았다.

<표- 18> 1983년 총선 결과 (하원)

정당	득표수	%	의석수	증감
기민당	12,153,081	32.93	225	-37
공산당	11,032,318	29.89	198	-3
사회당	4,223,362	11.44	73	+11
사회운동당	2,511,487	6.81	42	+12
공화당	1,874512	5.08	29	+13
사회민주당	1,508,234	4.09	23	+3
자유당	1,066,980	2.89	16	+7
급진당	809,810	2.19	11	-7
노동민주당	542,039	1.47	7	+7
남티롤인민당	184,940	0.50	3	-1
베네토동맹	125,311	0.34	1	신설
사르데냐행동당	91,923	0.25	1	+1

아오스타당	26,086	0.08	1	
기타	3,006,099			
합계	39,188,182	100.00	630	
총유권자수	44,526,357	88.01		

선거 결과 사회당의 크락시를 총리로 하는 5개당 연립정부가 출범했는데, 이후 1992년 부패수사(Mani Pulite)가 발생하기 전까지 경제 호황과 함께 1970년대의 혼돈시기를 뒤로 하면서 비약적인 경제사회발전이 이루어졌다. 이러한 정당들의 합의는 이른바 CAF(Craxi-Andreotti-Forlani)라는 연합체로 출범한 것이었다. 이들 세 인물은 정책과 권력배분에서 기본적인 합의에 도달하게 되어 이후 안정적인 정부의 운영을 가능하게 하였다. 그러나 집단지도체제 형태를 지닌 기민당에 비해, 크락시 당서기장 중심으로 움직이는 사회당은 보다 효과적으로 대응할 수 있어, 사회당이 자신들이 얻은 득표수에 비해 확장된 권력을 행사할 수 있었다. 또한 크락시 총리 개인의 대중적 지지도 역시 상당 부분 작용하여, 강한 카리스마를 형성하면서 정치와 경제 양 분야에서 이탈리아가 국제적인 위신을 드높이는 계기를 형성하였다.

<인물- 8> 베티노 크락시 (Bettino Craxi, 1934-2000)

사회당의 정치인으로 1980년대 이탈리아 경제호황기에 총리를 다년간 역임하였다. 마니풀리테 수사로 튀니지에 망명하여 그곳에서 서거한 불우의 정치인이며 베를루스코니와의 정경유착의 관계로 유명하다.

1934년 이탈리아 밀라노에서 태어난 크락시는 부친이 변호사이자 정치인으로 활동하여 비교적 유복한 청년시절을 보낸 것으로 알려져 있는데, 1956년 이탈리아사회당에 정식으로 가입하면서 경력을 쌓아나갔으며, 1976년 당권을 장악하면서 투쟁적 상징의 사회당을 카네이션을 내세우는 새로운 정당으로 변모시켰다. 이후 밀라노를 중심으로 신흥자본가세력의 이해를 대변하면서 당세를 확장하였으며, 그 결과 1984년 기민당과의 중도좌파연정에서 총리에 오르면서 장기 집권에 성공하였다. 그의 재임시절 이탈리아의 경제붐이 발생하여 통계적으로 국내총생산 기준 영국을 제치면서 세계5대 경제대국으로 부상하였지만, 정경유착의 부패관행으로 연계되어, 1992년 부패수사를 받게 된다. 크락시는 검찰의 수사를 피하기 위해 북아프리카의 튀니지로 망명하여 돌아오지 않았다.

비록 크락시의 부패기록이 부정적으로 나타났지만 그는 대중적 인기를 받은 정치인이었으며 1980년대 이탈리아 호황기를 대표하는 인물이기도 했다. 크락시의 몰락은 그의 비호를 받아 사업영역을 확장해 오던 베를루스코니에게 재앙으로 다가오게 되어 그가 직접 정계에 뛰어들게 만든 원인으로 작용하였다.

⑩ 1987년 제10대 총선과 중도좌파 정부

이러한 경제의 호황과 5개당 연정의 안정성은 그 자체에 적지 않은 문제점을 배태하고 있었다. 이탈리아의 정치관행은 국영기업을 통한 정치 자금의 수수 그리고 그 과정이 정경유착의 형태로 진행되면서 점차 경제의 비효율성을 노정하게 되었고, 이러한 문제는 결국 1992년 밀라노 검찰청의 부패수사와 함께 제1공화국의 종언이라는 상황과 만나게 된다.

1987년 6월 14일 실시된 선거에서 기민당과 사회당의 지지율이 상승한 반면 중도의 공화, 사민 및 자유당의 의석수는 이전 대비 감소하였다. 야당이었던 공산당도 지도자였던 베를링게르가 1984년 사망하면서 지도부가 약화되었고, 소련과 동유럽 공산주의국가들의 와해가 시작되면서 약세에 놓이게 되었다.

<표- 19> 1987년 총선 결과 (하원)

정당	득표수	%	의석수	증감
기민당	13,233,620	34.31	234	+9
공산당	10,250,644	26.58	177	-21
사회당	5,501,696	14.26	94	+21
사회운동당	2,281,126	5.91	35	-7
공화당	1,428,663	3.70	21	-8
사회민주당	1,140,209	2.96	17	-6
급진당	987,720	2.56	13	+2
녹색연합	969,218	2.51	13	신설
자유당	809,946	2.10	11	-5
노동민주당	641,901	1.66	8	+1
남티롤인민당	202,022	0.52	3	0
롬바르디아동맹	186,255	0.48	1	신설
사르데냐행동당	169,978	0.44	2	+1
아오스타당	41,707	0.11	1	0

기타	2,741,481			
합계	40,586,573	100.00	630	
총유권자수	45,692,417	88.83		

총선 결과, 전후 최초로 기민당과 공산당의 지지율이 벌어지는 형국을 야기하였다. 그간 지속적으로 공산당의 득표율이 상승하면서 기민당을 위협해 왔다는 점에서 새로운 정치상황을 예고해 주는 지표로 수용되었다. 즉 서비스 산업의 성숙 그리고 탈산업화와 함께 전통적인 노동자층을 대변해 오던 좌파 정당들은 정체성의 위기에 빠지게 되었다. 소수당이었지만 녹색당(I Verdi)이 만들어지면서 의회에 진출하였으며, 북부 지역의 이해를 대변하는 롬바르디아동맹(Lega Lombarda)도 국회의원을 배출하면서 정치행태의 새로운 국면을 보여주기도 하였다.

결국 선거 이후 집권 연정 내에서의 권력 교체 원칙에 따라 이번에는 기민당이 총리를 내는 5개당 중도좌파 연립내각이 출범하게 되었다. 문제는 이탈리아 경제의 중심추라 볼 수 있는 국영기업집단의 경영자를 여당의 입장에 맞는 인물들로 교체하면서 불거지게 된다. 즉 1980년대에 민간대기업과 중소기업은 물론이고 이탈리아의 국영기업들도 좋은 성과를 내었는데, 가장 의미 있는 사례는 최대 국영기업집단이었던 산업재건공사(IRI)의 회장직에 볼로냐대 교수 출신의 로마노 프로디가 취임하면서 적자 상태를 흑자로 돌리면서 경영 수완을 발휘했다는 것이다. 당시 영국의 시사경제주간지 이코노미스트(The Economist)는 프로디 회장을 커버 스토리로 다루면서 경제학 교수 출신이 문제가 많던 공룡 국영기업들을 체질 개선시키면서 경쟁력을 높이게 된 점을 긍정적으로 보도하기도 하였다.

1987년 다시 총리를 배출하면서 집권하게 된 기민당 수뇌부는 이러한 프로디 회장을 경질하고 정경유착에 어울리는 인물로 대체하면서 비극을 예고하였다. 이탈리아 국영기업들은 재차 경영상태가 악화되었으며, 결국 부패수사로 진행되면서 총체적인 경제사회위기로 이어지게 되었다.

⑪ 1992년 제11대 총선과 위기의 정치

1992년 2월 17일 밀라노 검찰청이 관내 시립요양원 비리를 밝히면서 시작된 부패수사 운동(Mani Pulite)은 일파만파로 확산되면서 이탈리아를 뒤흔드는 사태가 발생하게 된다. 이 과정에서 그간 집권 여당으로 군림하였던 기민당과 사회당의 주요 정치인들이 연루된 혐의로 수사를 받고 기소되었으며, 이와 연계된 기업인들도 대거 수감되는 대사건이 이어지게 되었다. 이 년여에 걸친 밀라노 검찰청의 수사를 통해 그간 이탈리아가 자랑해 오던 방식에 심각한 문제가 있었으며, 그러한 정경유착에 기초한 방식으로는 미래지향적인 사회발전이 더 이상 가능하지 않다는 국민적 합의가 도출되었다. 이제 공산당이 좌파민주당으로 당명을 변경하면서 새로운 시대를 맞이하게 된 현실과 맞물리면서 기민당과 사회당은 사실상 역사의 뒤안길로 사라지는 운명에 처하게 되었다.

<표- 20> 1992년 총선 결과 (하원)

정당	득표수	%	의석수	증감
기민당	11,640,265	29.66	206	-28
좌파민주당	6,321,084	16.11	107	-70
사회당	5,343,930	13.62	92	-2
북부동맹	3,396,012	8.65	55	+54
공산재건당	2,204,641	5.62	35	신설
사회운동당	2,107,037	5.37	34	-1
공화당	1,722,465	4.39	27	+6
자유당	1,121,264	2.86	17	+6
녹색연합	1,093,995	2.79	16	+3
사회민주당	1,064,647	2.71	16	-1
연결망당	730,171	1.86	12	신설
파넬라리스트	485,694	1.24	7	-6
남티롤인민당	198,447	0.51	3	0

연방연금자당	154,621	0.39	1	신설
베네토자율동맹	152,301	0.39	1	신설
아오스타당	41,404	0.11	1	0
기타	3,701,786			
합계	41,479,764	100.00	630	
총유권자수	47,486,964	87.35		

이상과 같은 비정상적인 상황에서 1992년 4월 5일과 6일 제11대 총선이 치러졌다. 이번 선거에서는 공산당의 간판이 사라지고 이들은 좌파민주당(PDS)과 공산재건당(PCR)으로 분리되어 참가하였다. 결과적으로 두당의 지지율 합이 지난 선거 대비 4% 수준에서 감소하여 좌파정당의 위기 상황을 대변해 주었다. 기민당도 부패수사로 인해 지지율이 대폭으로 감소하였으나, 중도 정당들은 비교적 선전하였다. 가장 큰 변화는 북부동맹(Lega Nord)이 8.65%의 지지율로 55석의 하원의원과 25석의 상원의원을 배출하였다는 사실이다. 지역주의 정당이었던 북부동맹의 약진은 이미 새로운 시대를 예고하는 정치변동으로 수용되었다.

언론과 학자들은 집권 여당들의 이러한 부정적 현실이 야기된 주 원인으로 단순비례대표제와 선호도투표제(voto di preferenza)를 지적하였다. 즉 다당난립으로 정부구성이 원활치 않았으며, 구성 이후에도 자주 정부가 붕괴되어 불안정한 모습을 보여 왔으며, 선거제도에서 특정 정치인에게 기표하는 방식으로 인해 정치인들이 내각의 장관직을 보장받게 되고 이러한 권한을 활용하여 자신을 지지해준 국민들이나 지역에게 편파적인 혜택을 제공하는 후견제도(il sistema clientela)가 정착하게 되었다는 지적이었다.

VI

총선과 정부의 구성 2: 마니풀리테 이후

1. 제2공화국

제2공화국의 표현은 언론적 수사이다. 근본적인 헌법의 변화가 있지 않았으며, 선거법이 바뀐 것에 불과했으나, 선거제도의 변화 만으로도 새로운 공화국의 출현을 언급할 만큼 정치적인 지형의 변화가 있었기에 이러한 분류가 가능할 수 있다.[169] 유추적으로 2013년 총선 이후를 제3공화국이라 일컫는 이유는 정당체계의 근본적 변화를 통해 이전 시기 이십 년을 풍미해 온 우파와 좌파의 양분화된 정당체계가 붕괴하고 오성운동당이나 동맹당과 같은 반체제나 포퓰리즘 정당이 주도적인 정치세력으로 부상한 현실이 도래하였기 때문이다. 즉 정당체계와 정부구성에서의 불확실성이 높아진 상황을 반영하는 시각이다.

1) 1994년 제12대 총선과 우파정부[170]

부패수사 이후 실시된 1994년의 총선은 정상적인 선거가 아닌 조기총선(Elezione Anticipata)이었다. 조기총선은 이전의 국회의원 선거 결과로 새로운 정부를 구성할 수 없을 때 치러지게 되는데, 전후 이탈리아 정부의 평균수명이 1년을 채 넘기지 못하였음에도 불구하고 여러 번 실시된 것은 아니었다. 이번 총선은 정치변동이 극심하던 시기였고 부패수사의 영향으로 새로운 정치판을 구성해야 한다는 사회적 합의가 있었으며, 새로운 선거법을 사용하는 선거였음으로 국민적인 관심이 높았다. 다수대표제 중심의 새로운 방식은 소수당의 존립을 어렵게 하고 연합공천이 유리하였기 때문에 정당들은 선거용블럭을 형성하여 선거에 참가하게 되었다.

우파진영에서는 크게 보아 3개의 정당이 연합하였다. 전진이탈리아당(Forza Italia)은 북부에서 자유동맹(Polo delle Libertà)의 이름으로 북부동맹(Lega Nord)과 연합하였으며, 남부에서는 민족연합(Alleanza Nazionale)과 좋은 정부를 위한 동맹(Polo del Buon Governo)이라는 깃발 아래 제휴하였다.[171] 이 밖에도 군소그룹으로는 기독민주센터과 중도연맹 및 마르코 판넬라가 우파동맹에 참가하였다. 북부동맹은 이탈리아의 북부 지역에서 유력한 정당으로 롬바르디아동맹이 주변 지역의 지지자들을 통합하면서 범북부의 지역정당으로 출범한 정당이었다. 민족연합은 신파시스트 정당인 사회운동당이 당명을 교체한 경우인데 지도자인 잔프란코 피니(Gianfranco Fini)는 부정적 의미에서의 파시즘유산을 청산하는 새로운 우익정당을 표방하였다. 우파진영에서 가장 큰 새로움은 전진이탈리아당이었는데 이 당은 선거가 실시되기 직전에 급조된 신생정당이었다. 당수는 실비오 베를루스코니(Silvio Berlusconi)인데 그는 언론재벌그룹인 피닌베스트(Fininvest)그룹의 회장이었으므로 재벌총수가 정치인으로 변모한 사례였다. 특히 이 정당은 그룹소속의 축구클럽인 밀란(AC Milan)팀의 전국적인 지지자(tifoseria) 연결망을 정당의 모태로 삼아 출범한 특이한 사례였다. 우파연합은 좌파의 집권을 저지하는 데 선거운동의 초점을 두었으며 시장경제의 수호와 침체된 경기회복, 과감한 감세정책 및 민영화의 추진 등을 주요 쟁점으로 삼았다. 이를 통해 좌파의 집권 가능성에 불안을 느낀 중산층 이상의 지지에 호소하였다.

좌파진영은 진보주의자(Progressisti)라는 이름으로 여러 정파들이 연합을 형성하였다. 좌익민주당, 공산재건당, 녹색당, 연결망당 등이 주요 파트너들이었으며 이 밖에 군소집단으로 사회당의 잔존세력, 사회기독당, 공화당, 민주연합 등이 참가하였다. 좌익민주당은 구공산당이며 연합의 최대주주였고, 공산재건당은 좌익민주당에서 분리되어 나온 세력으로 선거를 위해 연합하게 되었다.[172] 녹색당은 1970년대 말부터 산발적으로 존재하던 환경집단들이 하나로 뭉친 세력으로 로마시장선거에서 자신의 후보인 프란체스코 루텔리(Francesco Rutelli)를 당선시킴으로써 상승세에 있었다. 연결망당(la Rete)은 마피아의 본거지인 시칠리아섬의 팔레르모에서 생성된 정당으로 반마피아운동을 모토로 결성된 정당이었다. 이 정당은 1992년 총선에서도 2%에 육박하는 지지율로 선전한 바 있었다. 좌파연합은 정치개혁을 바라는 유권자들을 목표로 하였으며 사회복지의 확대를 강조하였지만 급격한 변화는 지양하는 입장을 견지하였다. 좌파는 1993년 지방선거에서의 선전을 기반으로 집권을 향한 의지를 강하게 현시하였다.

중도진영에서는 기민당의 잔존세력들이 연합을 형성하였는데 기민당에서 당명을 교체한 이탈리아민중당(PPI) 그리고 선거법개정을 위한 국민투표를 제안하여 유명해진 마리오 센니(Mario Segni)가 이끄는 이탈리아를 위한 협약(Patto per l'Italia)이 주요 참가단체였다. 그러나 부패수사와 내부의 정치투쟁으로 세력이 약화된 상태였으며 당내의 좌파세력은 사회기독당의 이름으로 진보주의자연합에 참가하였고 우파는 기독민주센터의 이름으로 자유동맹에 합류하였다. 중도연합은 부패수사에 연루된 모든 정치인들이 선거에 참가할 수 없었으며 과거와 같은 후견제적 기제를 통한 유리함을 활용할 수 없었지만 가톨릭교회의 지지를 확보하는 것으로 만족해야 했다.

총선 결과 우파동맹이 승리하였는데 하원에서는 절대다수를 확보하였고 상원에서는 한 석이 모자라는 상태였다. 1992년의 선거와 1994년의 선거가 서로 다른 방식으로 치뤄진 결과 과거와의 비교는 용이하지 않지만 하원의 비례대표부분을 참고자료로 활용할 수 있다. 구체적인 결과는 <표- 21>과 <표- 22>과 같다.

<표- 21> 1994년 하원 선거 결과

연합	의석수	정당	의석수
자유동맹	366		
		전진이탈리아	101
		북부동맹	118
		민족연합	105
		기독민주센터	32
		판넬라	6
		중도연맹	4
중도연합	46		
		민중당	33
		센니	13
진보주의자	213		
		좌익민주	115
		공산재건	40
		민주연합	17
		사회당	15
		녹색당	11
		연결망당	9
		사회기독당	6
기타	5		
계	630		

<표- 22> 하원 비례대표 결과 (1992년과 1994년)

1992			
정당	득표수	%	의석수
북부동맹	3,396,012	8.7	55
사회운동당	2,104,682	5.4	34
판넬라	485,694	1.2	7
기타	2,026,462	5.2	6
기민당	11,640,265	29.7	206
공화사민자유	3,908,376	9.9	60
좌익민주	6,321,084	16.1	107
공산재건	2,201,568	5.6	35
사회당	5,343,930	13.6	92
녹색당	1,089,031	2.8	16
연결망당	730,171	1.9	12

1994			
정당	득표수	%	의석수
전진이탈리아	8,119,287	21	30
북부동맹	3,237,026	8.6	11
민족연합	5,202,698	13.5	23
판넬라	1,355,739	3.5	
기타	1,370,844	3.5	
민중당	4,268,940	11.1	29
센니	1,795,270	4.6	13
좌익민주	7,855,610	20.4	38
공산재건	2,334,029	6	11
민주연합	452,396	1.2	
사회당	841,739	2.2	
녹색당	1,042,496	2.7	
연결망당	718,403	1.9	

* 1994년 선거에서는 전국적으로 4%의 지지율을 받지 못하면 비례대표부분에서 한석도 배분하지 않음.

이번 선거는 각 당이 획득한 지지율과 그 결과로 얻은 의석수와의 괴리가 컸다는 사실이 중요한 결과로 수용되었다. 다수대표제로의 이행은 주요 정당이 유리한 방향으로 작용할 것으로 예상되었지만 그 정도가 심한 것으로 나타났다.[173] 이것은 의회 내에서의 정당수를 줄이기 위해서 지불해야 하는 대가였으며 탄탄한 의회 내의 다수를 창출하기 위해 필요한 조치로 이해되었다. 그러나 현실은 이론대로 결과하지는 않았다. 우선 선거에 임한 정치집단의 수가 1992년 선거의 23개당에서 1994년에는 19개로 나와 큰 효과를 얻었다고 볼 수 없었다. 또한 1994년 선거에서는 두 개의 거대정당인 전진이탈리아와 좌익민주당이 과거의 기민당과 공산당보다 높은 득표율을 얻지 못하였다.[174]

이번 선거가 과거와 다른 점은 경쟁적 정치시장(Mercato Politico Competitivo)의 도래를 예고했다는 것인데 선거의 양상은 과거와 같은 닫혀지고 정태적인 것이 아니라 열려져 있고 경쟁적으로 변모하였다. 정치시장이 경쟁상대들에게 열려졌다는 사실은 정치체계에도 적지 않은 반향을 불러일으켰는데, 유권자들의 정치적 수요(Domanda Politica)로부터 정치인, 정당 및 조직의 정치적 공급(Offerta Politica)으로 초점이 이행되었다. 이는 정당들의 공약에서도 잘 드러났는데 선거전은 정당들의 선언내용보다는 개인들의 개성이 중요하게 작용하였으며 이러한 강조점의 변화는 선거 결과에서 상당한 함의를 갖는 것이었다.[175] 첫째, 정치신인들이 유권자들에게 인상을 심어주기 용이한 방향으로 나아갔다. 즉 구정치인보다 신인들이 유리하였으며, 구세대는 자신들의 소속정당들 때문에 부진하기도 했지만 선거에 임하는 방식에서도 구태의연한 방법으로 변화를 희망하는 유권자들에게 호소할 수 없었다. 둘째, 선거시장의 개방성과 선거경쟁의 개인화는 언론매체의 역할을 중요하게 만들어서, 유권자들에게 합리적 동기보다는 감성적 내지 애정적 동기를 유발하도록 만들었다. 즉 정치인은 자신들의 정치적 공약내용보다는 자신들이 표현하는 신뢰성이나 희망 등의 수준에 의해 판단되었다. 우파의 승리는 이러한 부분에서의 성공으로 판단되며 특히 언론재벌인 베를루스코니는 유리한 고지를 점한 상태에서 선거에 임했던 것이다.

선거 결과 베를루스코니가 총리로 등극하였으며 자신의 정당인 전진이탈리아를 비롯하여 신파시스트정당인 민족연합 그리고 북부동맹 등으로 구성된 우파연합의 집권연정이 실시되었다. 야당인 좌익민주당의 지도자 아킬레 오케토(Achille Occhetto)는 웨스트민스터적 접근을 통해 선거의 패배를 인정하며 건설적인 야당의 역할을 할 것이고 다음 번 선거에서의 승리를 약속한다고 천명함으로써 새로운 게임의 규칙을 보여주었다. 이 정부는 그러나 집권 초기부터 불협화음을 보였는데 민족연합의 경우 강력한 국가적 리더십을 통한 사회발전이 목표였던 반면 북부동맹은 연방제로의 개헌을 통한 지역국가의 창출을 이상으로 삼아 효과적인 정부를 기대하기 어려웠다. 또한 정치 지도자들 간의 알력도 심화되어 총리인 베를루스코니와 북부동맹 당수인 움베르토 보시(Umberto Bossi)는 간단없는 정쟁을 일삼게 되어 불안한 모습을 노정하였다.

베를루스코니정부가 조기에 붕괴된 이유는 정부 내의 분열상, 총리로서의 문제, 그리고 야당의 역할 등으로 정리할 수 있다.[176] 첫째, 우파연합인 자유동맹은 선거에서 승리하기 위해 급조된 전술적 조직에 불과하였다. 북부동맹과 전진이탈리아와의 관계는 초기부터 긴장상태를 보였는데, 그 이유는 두 정당의 사회적 기반이 유사하여 동일한 유권자들에 대한 경쟁이 심화되었다. 선거의 결과 북부동맹은 하원에서 의석수를 배로 늘리게 되어 외견상 성공으로 보였으나, 이는 전진이탈리아의 도움으로 만들어진 것이며 개인적인 차원에서는 북부동맹이 전진이탈리아에게 상당한 정도로 득표 손실을 경험하였다. 이는 당내에서 보시의 위상에 해를 입혔으며 결국 초반서부터 두 당의 지도자가 대립하는 결과를 야기하였다. 북부동맹은 민족연합에 대해서도 적대적인 자세를 견지하였는데 민족연합이 파시즘의 유산을 이어받았다는 점과 남부에 기반을 둔 정당이라는 사실이 만족스럽지 못하였다.

베를루스코니 총리의 위상이 정부의 위기를 야기한 두 번째의 요인이었다. 이는 집권 초기부터 지적된 사실로 연정정부의 여러 장관들이 객관적인 능력(competenza)에 의해 발탁된 것이 아니라 베를루스코니와의 관계 즉 피닌베스트그룹의 인사들을 임명함으로써 세간의 비판을 받았다. 또한 일반적으로 이탈리아 정치에서 관례인 야당에 대한 일부 권리와 특전을 배제함으로써 문제를 일으키게 되었다. 그러나 보다 심각한 문제는 그가 자신의 역할들인 내각의 총리직, 피닌베스트회장직, 그리고 전국적 상업방송의 3개채널에 대한 소유주 등을 정리하는 데 주저했다는 사실이다.[177] 그는 공화국의 대통령, 중앙은행인 이탈리아은행, 사법부의 법관들과도 심각한 갈등을 빚었는데, 법무부에 의한 예비구금제(Incarcerazione Preventiva)의 수정시도가 피닌베스트그룹과 자신의 동생에 대한 혐의 때문인 것으로 이해되었으며, 밀라노의 검사들이 베를루스코니 일가에게 혐의를 두자, 법관들의 행동이 탈법적이라 지적하였으며 결국 반부패수사의 영웅인 안토니오 디 피에트로(Antonio di Pietro)가 사임하도록 만들었다.

야당인 좌익민주당은 우파의 집권 초기에 건설적인 역할을 다짐함으로써 정치평화를 약속하였으나 야당 내의 일부 세력들은 그러한 행태가 정당성이 결여된 우파정권을 도와주는 결과를 초래한다고 보아 비판적인 입장을 견지하였다. 즉 우파의 승리는 사회적 합의에 기초한 것이라기보다는 대중매체를 적절히 이용하여 사회의 냉소적 측면을 조작한 결과라고 보았던 것이다. 우파정부는 이탈리아의 민주주의를 위해 위험하다고 보았으며, 연정 내에 신파시스트들을 포함하고, 정당이 일종의 기업화하여 권력독점을 통한 대중매체의 조작과 야당에 대한 탄압을 가할 것으로 이해하였다. 따라서 야당의 역할은 적대적 내지 공세적 성격으로 나아가야 하고 연정정부가 너무 많은 일을 수행하도록 만들어서는 안 되며, 가능한 한 조속한 시일 내에 정부가 붕괴되도록 노력해야 한다고 주장하였다. 집권 초기의 4개월 동안 좌익민주당은 협조와 비판이라는 두 가지 입장에서 방황하는 모습을 보이다가, 가을의 지방선거에서 전진이탈리아의 지지율이 하락하고 노동조합이 정부의 경제정책에 반기를 들게 되자, 좌익민주당의 새로운 지도자가 된 마시모 달레마(Massimo D'Alema)는 정부에 대한 타협과 협조의 정신을 버리고 적대시하게 되었다. 즉 베를루스코니를 '크락시의 가장 발전된 형태'[178]로 이해하여 정부의 즉각적인 사퇴를 종용하고 헌법개정을 통한 보다 정상적인 민주사회로의 진행을 위한 과도내각으로의 이행을 주장하게 되었다.

결국 우파정부는 7개월을 지속하여 1994년 12월까지 연명하였으나 북부동맹의 연정이탈로 붕괴하게 되었다. 그 결과 새로운 조기총선이 무리라는 합의가 도출되어 비정치색의 세 번째 위기관리내각인 람베르토 디니(Lamberto Dini)정부가 들어서게 된다. 과도정부는 여러 위기에도 불구하고 15개월을 버티면서 개혁작업을 진행시켰는데 이 과정에서 공화국의 대통령인 루이지 스칼파로(Luigi Scalfaro)와 좌익민주당의 지원이 결정적으로 작용하였다. 과도내각은 제한된 권한을 지닌 한시적인 정부여서 다음과 같은 4가지의 목적을 달성하기 위해 결성되었다: 교정된 예산안의 승인; 사회보장제도의 개혁; 언론에 대한 정당들의 접근에 대한 규제법; 지방선거법의 개정. 1995년을 통해 디니내각은 매우 효율적인 성과를 거두었으며, 예상보다 오래 정부가 연명함으로써 1995년 12월 새 예산안을 통과시켰고, 마스트리히트조약이 요구하는 공공재정에 대한 이탈리아의 문제를 개선시키는 효과도 보게 되었다. 그러나 우파진영의 조기총선 요구가 거세어지자 과도내각은 지속될 수 없었으며 결국 1996년 4월의 총선을 실시하게 되었다.

<인물- 9> 실비오 베를루스코니 (Silvio Berlusconi, 1936-)

베를루스코니는 밀라노 출신 기업인으로 이후 정계에 투신하여 세 차례 총리를 역임하였다. 지속되는 구설수와 논란거리를 제공하였으며, 러시아의 푸틴대통령과 돈독한 사이를 유지하는 것으로도 유명하다.

그는 1936년 밀라노의 중산층 가정에서 태어났으며 밀라노 국립대학에서 법학을 전공하여 광고법에 대한 졸업논문을 작성하였다. 1970년대에 들어와 부동산 사업으로 큰 돈을 벌었으며 밀라노 외곽의 신도시인 밀라노 두에 지역의 대규모 아파트 건설사업에 참가하였다. 이후 미디어 산업에 진출하여 지방 방송국을 시작으로 전국적 규모의 민간 방송 채널을 세 개나 소유하는 미디어 재벌로 변모하였다. 그 과정에서 동향인 밀라노 출신 사회당 당수였던 베티노 크락시 전 총리의 비호하에 비약적으로 성장할 수 있었다.

크락시는 1980년대 중반 4년여 기간 동안 총리직을 수행하면서 이탈리아 경제의 재도약을 상징하는 인물이었으며, 대중적 인기를 지닌 카리스마적 지도자였다. 그러나 1992년 부패수사운동인 마니풀리테가 진행되면서 정경유착의 화신으로 지목되었고 밀라노 검찰에 의해 수사가 진행되자, 1994년 초 튀니지로 망명하여 2000년 1월 그곳에서 당뇨병으로 사망하였다.

베를루스코니에게 크락시의 부재는 재앙이었으며, 자신의 회사와 동생인 파올로 베를루스코니에게까지 검찰의 수사망이 좁혀오자 수세적 자세에서 직접 정치 일선에 뛰어드는 방식(discesa in campo)으로 위기를 타개하려 했다. 정계 진출에 대한 이러한 부정적 동기는 이후에도 지속적으로 그를 괴롭히게 되었고 자주 재판대에 올라야 하는 결과를 초래하였다. 그는 세 차례 총리직에 오르면서 사실상 제2공화국을 대표하는 이탈리아 정치인으로 자리매김하였으나, 긍정적인 평가를 받지는 못하였다. 그는 팔순이 넘은 현재에도 활동 중인 정치인이며 전진이탈리아당을 이끌고 있다.

2) 1996년 제13대 조기총선과 좌파정부[179]

지난 5년간에 걸쳐 세 번째로 실시되는 조기총선은 이탈리아의 국민들의 입장에서 보면 반가운 현실이 아니었다. 정상적인 정치상황에서는 5년마다 총선이 실시되므로 1992년의 선거에 뒤 이은 1994년의 조기총선 그리고 1996년의 조기총선은 경제적·사회적 부담이 가중되는 현실에서 치뤄지는 것이었다. 우파진영의 총선요구가 거세었다고는 하나 전진이탈리아당의 경우 좌파와의 합의로 과도내각의 가능성을 추진하였다. 그러나 결국 민족연합의 거센 반발로 선거를 통한 새로운 정치판의 구성이 추진되었다. 이번 선거에서는 1994년의 연합들과 기본적으로는 유사하나 상당한 변화상을 보였는데 구체적인 사항은 다음과 같다.

① 중도연합의 붕괴

중도의 정당인 이탈리아민중당(PPI)은 로코 부틸리오네(Rocco Buttiglione)에 의해 이끌어졌는데 전략적 방향을 잡지 못해 방황하는 형편이었다. 그는 중도우파와의 연합을 주장하게 되는데 그 이유로는 민중당의 중도우파화가 우파연합의 중도화를 진작시키고, 민족연합으로 하여금 민주화를 가속화하게 하며, 우익의 보다 완화된 보수당화하고 자신들의 극우적인 요소들을 제거하리라는 가정하에서였다. 그러나 민중당 우파와의 연합은 당내의 다른 계파지도자인 제라르도 비안코(Gerardo Bianco)에게는 부정적으로 비쳤으며 이들은 지방선거에서 이미 좌익민주당과 밀접한 관계에 있었으므로 파시스트적 뿌리가 완연한 민족연합과는 유대가 불가능하였다. 민중당 좌파의 압력으로 로마노 프로디(Romano Prodi)는 올리브나무연합이라는 중도좌파운동을 시작하게 되며 민중당으로 하여금 좌익민주당과의 연합을 위한 하나의 대안을 제시하였다. 1995년 2월의 전당대회 이후 당내의 두 계파는 갈등의 골이 깊어지면서 결국 민중당은 둘로 분리되었다. 로코 부틸리오네는 기독민주연합당(CCD-CDU)을 만들어 우파쪽으로 기울었고, 비안코는 민중당의 지도자로서 중도좌파와의 연결을 도모하게 되었다. 남은 계파는 센니였는데 여러 사정이 여의치 않자 중도좌파로 기울게 되었다.

② 자유동맹의 변화

움베르토 보시(Umberto Bossi)는 베를루스코니정권의 붕괴에 결정적인 역할을 한 인물로서 북부동맹의 향후 위상을 중도의 정당으로서 연방주의를 내걸면서 좌우의 양측에게 캐스팅보트적 권력균형의 역할을 자임하려 하였다. 이러한 새로운 노선은 당내에서 반대파를 낳게 되어 로베르토 마로니(Roberto Maroni) 전내무장관을 비롯하여 상당수는 북부동맹을 떠나게 되었다. 피니도 사회운동당에서 민족연합으로의 이행에서 유사한 경험을 하게 되는데, 이러한 우익에서 중도우파로의 전환은 강경파인 피노 라우티(Pino Rauti)가 삼색불꽃당(Fiamma Tricolore)이라는 정치집단을 결성하면서 분당을 경험하게 되었다. 결과적으로 우파연합인 자유동맹은 1994년과 1996년 기간에 상당한 변화를 보였다. 즉 전진이탈리아와 민족연합이 동맹의 주요 구성원이었으나 북부동맹과 민족연합의 일부를 잃게 된 것이다. 물론 구중도의 일부인 기독민주연합과 소수파인 파넬라-스가르비(Panella-Sgarbi)도 동맹에 참가하였지만 전체적으로 보면 상당한 규모의 손실을 보게 되어 상대적으로 좌파는 중요한 기회를 얻게 된 셈이었다.

③ 올리브나무연합: 새로운 중도좌파의 결성

지난 1994년의 총선과 유럽의회선거에서 좌파인 진보연합은 약간의 세력감퇴를 경험하였으며 여러 정파들이 떨어져 나가는 침체상을 보였다. 그러나 진보연합은 좌파와 중도를 합하여 단일한 모습을 보여주었다는 긍정적인 측면도 있었고 좌익민주당의 경우 단독으로는 자유동맹에게 맞설 수 없었기 때문에 지속적으로 연합에 관심을 표명하였다. 따라서 초점은 좌익민주당이 자신의 색채를 적절히 감추면서 중도좌파연합을 만들어낼 수 있는가로 모아졌다. 이러한 기대는 1995년을 보내면서 서서이 실현되었는데 올리브나무연합(L'Ulivo)을 결성하면서 볼로냐대학 경제학교수이자 구기민당 출신이며 정직, 효율 그리고 대중성을 겸비한 기업가이자 학자라는 이미지를 가진 로마노 프로디를 연합의 총리후보로 내세움으로써 가시화되었다. 올리브연합은 완화된 공약, 프로디의 총리후보 및 연합 내 상대방이 유리한 지역에서는 후보를 내지 않는 전략(Stand-down Arrangement)에 합의하였다. 남은 문제는 공산재건당이 1996년 선거를 위한 연합에 참가할 것인가로 모아졌다. 1994년 총선의 패배요인 중에서 공산재건당의 참가가 지배적이었다는 견해도 있었으므로 이는 첨예한 문제였다. 공산재건의 경우 올리브연합이 너무 중도로 치우쳤다고 보았으며, 반대로 중도파들은 공산재건이 연합에 참가한다면 물러나겠다는 입장을 견지하였다. 공산재건당은 연합의 주요 공약사항인 국영기업의 민영화, 유럽 차원의 경제화폐연합, 임금물가연동제(Scala Mobile) 원상복귀 반대 등에 반대하는 입장이었다. 결과는 연합에 참가하지 않되 서로 유리한 지역에서는 한쪽을 밀어주는 전략이 대안으로 채택되었다. 중도좌파인 올리브연합이 성공한 비결은 좌익민주당의 새 지도자인 마시모 달레마 덕이었다. 그는 과거식의 국가경영이나 복지주의를 지양하고 공적기구에 의해 조정되는 시장메커니즘을 신봉하였으며 이를 자유주의적 혁명이라 명명하고 민주주의자들의 연합이 올리브연합이라 보았다. 결국 올리브연합은 1994년에 우파인 자유동맹이 승리한 비결인 참신하고도 새로운 인물의 추대 그리고 연합의 강조 등을 최대한 활용하여 1996년 선거에 임하려는 자세를 보였다.

이상의 세 집단이 1996년 선거에서 자웅을 겨루게 되는데 각 연합의 공약사항 내지 주장은 확연하게 구분되기 어려웠다. 즉 연합의 중요성과 연합 자체가 선거에 임박하여 늦게 이루어졌다는 사실은 선거전이 공약사항에 깊은 관심을 보이지 못하도록 만들었다. 중도로 방향을 돌린 북부동맹은 연방제국가로의 전환을 보다 급진적으로 요구하였다. 전진이탈리아는 자신의 약속에 대해 덜 낭비적으로 변모하였으며 공약의 자제가 필요함을 주장하였다. 한편 민족연합은 적어도 북부의 선거구에서는 전진이탈리아의 민영화를 찬성하였고 세금의 감소, 자유시장의 동조 등을 지지하는 태도를 취하였다.

중도좌파인 올리브연합의 공약도 온건한 성격을 보였는데 이는 과도내각이었던 참피와디니의 전통을 이어받는 내용이었다. 공약 중에서 주목할 내용은 이탈리아의 화폐인 리라화를 다시 유럽환율체계(ERM)에 복귀시키며, 유럽경제통화연합(EMU)에 가입하기 위한 준비를 진행하겠다는 것이었다. 이는 앞으로의 국가예산안이 마스트리히트조약의 요구조건(Convergence Criteria)에 부합해야 한다는 방향이었다. 즉 국가의 지출이 증가되어서는 안 되며, 세금은 감소될 수 없고, 민영화계획이 진행되어야 한다는 내용이었다. 또한 남부에서의 고용창출을 위해 노력하고 공공행정을 개혁하여 작은 정부를 지향하고, 가족과 모성애 수당을 확장하며, 북부민들을 위해 조세연방주의를 통한 국가의 탈중심화를 지지하였다.

전체적으로 보아 1996년 4월 선거의 쟁점은 네 가지로 정리될 수 있다.[180] 첫째는 부패문제로서 1992년이래 진행되어온 부패수사가 1996년의 시점에서도 진행되고 있었으며 1994년 선거 결과 출범된 우파정부의 일부 인사들도 연루설에 포함되면서 우파의 수세적 입장을 부추기게 되었다.[181] 두 번째는 조세정책의 문제였는데 좌우파의 정책이 차별적이지는 못했으나 공공재정적자를 줄여야 한다는 대전제로 인해 세금을 감소하라는 주장은 합리성을 결여하는 듯이 보였다. 세 번째의 문제는 선거기간 중에 각 정당이 언론매체에 동등한 조건(par condicio)으로 접근해야 한다는 것이었는데, 이는 물론 언론재벌인 베를루스코니 진영을 염두에 둔 쟁점이었다. 동등한 조건문제는 1996년 선거에서 특정 정당이 1994년에 보여준 언론매체의 독점현상을 방지한다는 차원에서 중도좌파가 이를 효율적으로 이용한 점이 선거의 결과에 상당한 영향을 주게 되었다. 마지막으로는 전통적인 문제로서 우파에 의해 이념문제가 제기되었다. 그러나 좌파는 1994년과는 달리 공산재건당을 연합에 참가시키지 않았으며 총리후보로 온건한 이미지의 프로디를 내세움으로써 이를 극복하였다고 볼 수 있다. 따라서 전체적으로는 중도좌파가 1994년에 비해 착실한 선거전을 준비하였다는 인상을 주었다.

그러나 1996년 선거의 감상법은 이들 연합 간의 공약 내용에서의 차별성보다는 양대진영인 자유동맹과 올리브연합의 지도자들이 보여준 이미지에서 찾아야 한다. 자유동맹의 지도자이자 전진이탈리아당의 당수인 베를루스코니는 사적인 부와 성공의 이미지, 매니큐어를 칠한 모습, 비싼 의복, 전용비행기로의 여행, 정치적 슬로건을 반복적으로 외치는 양태를 보였다. 반면 올리브연합의 지도자인 프로디는 대조적으로 겸손하고 대중적인 자세를 견지하였는데, 선거전을 통해 자신의 이미지를 변신해야 한다는 주변의 요구를 거절함으로써, 조용히 말하고 패션에 민감하지 않으며 버스로 여행하고 자신의 공약을 예의바르고 심사숙고하는 모습으로 전달하였다.

선거의 결과 중도좌파인 올리브연합이 승리하였으며 중도우파는 패배를 감수해야 했다. 또한 일반적인 예상과는 달리 연합을 거부하고 독자후보로 선거에 참가한 북부동맹이 득표율의 증가를 경험하였다는 사실이 이채로운데, 비록 의석수는 감소하였으나 1994년의 8.4%에서 1996년 선거에서는 10.1%의 지지율을 보였다. 공산재건당도 올리브연합에 직접적으로 참가하지는 않았으나 암묵적인 동의로 협조한 결과 선전하였으며, 하원의 경우

이 당의 도움 없이는 중도좌파가 집권할 수 없을 정도로 중요한 결과를 얻었다. 우파 중에서 민족연합은 선거전의 기대와 예상과는 달리 낮은 증가세를 보였으며 이는 선거 후 당내에서의 갈등을 유발하였다. 투표참가율의 경우 1994년에 비해 3.4% 줄어든 82.7%를 보여 1976년 이후의 지속적인 감소패턴을 반영하고 있다. 그리고 하원의 다수대표제 선거의 경우 지역구당 후보자의 평균인원이 3.3명으로 1994년의 4.5명에 비해 상당히 감소하였다. 이는 새로운 선거법의 취지인 양대정당제로의 이행이 그 효과를 보이는 현실로 이해되었다.

<표- 23> 1996년 상·하원선거 결과

하원	비례대표		비례의석수		다수대표의석수		전체의석수	
	득표수	%	수	%	수	%	수	%
올리브연합	13,017,001	34.7	38	24	245	51	284	45
좌익민주	7,897,044	21.1	27	17	146	31	172	27
민중	2,555,082	6.8	4	3	63	13	67	11
디니	1,627,191	4.3	8	5	16	3	24	4
녹색	937,684	2.5	0	0	21	4	21	3
공산재건	3,215,960	8.6	20	13	15	3	35	6
북부동맹	3,777,786	10.1	20	13	39	8	59	9
자유동맹	15,780,752	42.1	77	50	169	36	246	39
전진이탈리아	7,715,342	20.6	37	24	86	18	123	19
민족연합	5,875,391	15.7	28	18	65	14	93	15
기독민주연합	2,190,019	5.8	12	8	18	4	30	5
판넬라	701,033	1.9	-	-	-	-	-	-
피암마	338,721	0.9	-	-	-	-	-	-
기타	663,712	1.7	-	-	-	-	-	-
계	37,494,965	100.0	155	100	475	100	630	100

상원	비례대표		비례의석수		다수대표의석수		전체의석수	
	득표수	%	수	%	수	%	수	%
올리브연합	13,448,393	41.2	23	28	134	58	157	49
공산재건	935,298	2.9	-	-	10	4	10	2
자유동맹	12,187,498	37.3	49	59	67	29	116	37
북부동맹	3,394,527	10.4	9	11	18	8	29	7
판넬라	511,689	1.6	1	1	-	-	1	1
피암마	748,759	2.3	1	1	-	-	1	1
기타	1,410,438	4.3	-	-	3	1	3	1
계	32,636,602	100.0	83	100	232	100	315	100

정당들이 획득한 득표수와 그 비율을 통해 선거결과를 분석할 수 있지만 1993년의 선거법 개정 이후 정당들간의 의석수 배분도 정치적 결과에 대한 해석이라는 차원에서 유의미한 작업으로 이해된다. 왜냐하면 중도우파에서 중도좌파로의 정권교체가 선거 결과의 획기적인 변화라기보다는 선거제도의 묘미에서 비롯된 것이었기 때문이다. 따라서 투표에 영향을 준 사회적·비제도적 요소를 지적하는 것만으로는 부족하며, 중요한 것은 선거제도의 효과를 알아보는 작업이다. 여기서는 유권자들이 선택하기를 희망한 정당들의 연합형태, 이들 정당들의 호소에 대한 유권자들의 반응, 그리고 유효한 득표수와 의석수배분의 상관관계 등의 세 가지 요소로 선거 결과를 분석할 수 있다.[182]

선거의 결과 좌파는 상하원을 포함하여 151석(하원 106석, 상원 45석)의 증가를 보였는데 이는 일견 좌파의 득표증가로 보여지지만 사실은 그렇지 못하다. 하원에서의 비례대표부분을 좌우파로 보면 1994년과 1996년의 선거 결과가 별 차이를 보이지 않고 있다. 즉 우파의 두 정당인 전진이탈리아와 민족연합은 1994년에 34.5%에서 1996년에는 36.3%로 증가하였으며, 좌파의 두 정당인 좌익민주와 공산재건은 26.4%에서 29.7%로 약간의 변화를 기록하였다. 또한 전체적으로 중도좌파인 올리브연합은 약 16,232,000표, 그리고 자유동맹은 파넬라-스가르비를 포함하여 약 16,481,000표를 얻어 의석수의 결과와 큰 차이를 보이고 있다.

이러한 득표율과 의석수와의 불일치현상은 단순히 통계적 수준의 관심으로 치부될 수 없으며, 오히려 선거제도의 문제에 대한 규명이 요구되고 선거 결과를 설명하기 위한 출발점으로 간주되어야 한다. 즉 1996년 선거에서 좌파의 성공을 설명하기 위해서는 비례대표부분(전체의석의 1/4)보다 다수대표제부분(전체의 3/4)에서의 승리요인을 분석하는 것이 중요하다. 왜냐하면 하원의 다수대표부분에서는 두 장의 투표용지에 각각 다수대표 및 비례대표 선거를 실시하여 다수대표에서 좌파의 후보에게 투표한 유권자가 비례대표부분에서 우파의 정당에 기표했을 사례가 많다고 추정되기 때문이다.

1996년 선거에서 좌파가 다수대표제에서 승리한 배경은 두 가지 정도로 압축되어 설명될 수 있다. 우선은 1994년과 비교하여 공산주의라는 좌파의 위협이 감소된 점을 들 수 있다. 좌파의 수장격인 좌익민주당의 지도자 달레마는 자신이 직접 중도좌파연합인 올리브연합의 총리후보로 나서지 않고 구기민당 출신의 프로디를 내세움으로써 레드컴플렉스를 극복할 수 있었으며 유권자들에게 좌파집권의 위협이라는 의심의 효과를 현저하게 완화시키면서 반사이익을 얻을 수 있었다. 두 번째의 요인으로는 선거 이전에 존재한 과도내각인 디니정부하에서 좌파는 지속적인 개혁작업에 지지를 보냄으로써 건설적인 태도를 보인 반면, 우파는 편파적이면서도 파괴적이고 개혁에 대한 비판적 태도를 견지하였다. 유권자들의 입장에서 보면 좌파가 국가를 위해 노력하는 모습으로 비췄다면 우파는 선거에서 자신들의 이익에만 신경쓰는 집단으로 여겨졌다. 즉 유권자의 판단으로는 좌파에게 힘을 실어주고 우파에게는 경종이 필요하다는 선거심리가 작용하였다고 판단된다.

한편 우파가 선거에서 부진하였던 이유는 세 가지 정도로 정리할 수 있다. 첫째, 우파의 표가 분산되었다는 사실이다. 보시가 이끄는 북부동맹이 자유동맹에서 떨어져 나와 독자적으로 선거에 임한 것이 결정적이었다. 만일 북부동맹이 1994년 선거와 마찬가지로 우파동맹에 남아 있었다면 중도좌파는 결코 승리하지 못하였을 것이다. 또한 남부에서 라우티가 이끄는 삼색불꽃당이 민족연합의 표를 분산시켜 효과적인 득표에 실패한 점도 중요하다. 디니 전총리가 이끄는 이탈리아개혁당이 좌파에 합류한 사실도 무시할 수 없는데, 그 이유는 만일 디니가 정치일선에 나서지 않았다면 그의 지지자들이 우파에게 표를 주었을 것이기 때문이다. 둘째, 1994년과 비교하여 우파동맹의 성격은 1996년에 비해 현저히 변모된 상태였다. 즉 이 년전의 선거에서 자유동맹은 일사불란하고 단합된 모습이었으나, 그 이후로는 지속적으로 불협화음이 현시되었다. 그리고 북부동맹이 분리되면서 우파진영에서는 베를루스코니와 피니가 서로 자신이 우파의 최고지도자라는 촌극을 빚음으로써 신뢰도에 타격을 입혔다. 셋째, 1996년 선거에서 우파연합이 내세운 후보들의 면면이 함량미달이었다는 사실도 간과할 수 없다. 이 년 전의 선거에서는 새로운 인물이라는 요인만으로 승리할 수 있었으나, 이는 한 번만 사용할 카드이지 반복적으로 활용할 수 있는 전략은 아니었다. 또한 유권자의 입장에서 보면 수년간의 정치변동상황에서 이제는 안정적인 정부를 희망하였으며 선정적인 우파보다는 합리적인 좌파에게 보다 호감을 갖게 되었던 것이다.

총선의 결과가 나온 후 예상대로 새 정부의 구성은 신속하게 이루어졌는데, 이는 과거와 같이 공화국 대통령이 총리지명자를 선정하기 위해 필요한 시간(consultazioni)을 절약할 수 있었기 때문이었다. 또한 올리브연합의 최대주주인 좌익민주당이 많은 요구를 하지 않아 원활히 진행될 수 있었다. 새 정부는 프로디 총리를 필두로 하여 20여명의 장관을 임명하였는데 이 중에서 여성장관이 세 명, 그리고 지역적으로는 북부와 남부보다는 이탈리아의 중부에서 절대다수의 장관들이 배출되었다. 이는 사회변화의 차원에서도 매우 흥미로운 결과인데 좌익민주당의 전통적인 지지기반이 이 지역이며 프로디가 볼로냐 출신이고 디니가 피렌체에서 태어났다는 사실과도 부합된다. 또한 산업적으로 보면 대기업위주의 공업삼각지대(Triangolo Industriale)인 밀라노-토리노-제노바보다 이들 중부 지역이 헤게모니를 잡았다는 사실은 중소기업위주의 경제정책이 보다 높은 비중을 갖게 될 것이라는 전망을 가능케 하였다. 장관들의 인물면에서 보면 신세대와 경험 있는 장년세대가 적절히 어우러지고 있으며 공공사업부장관에 부패수사의 영웅인 안토니오 디 피에트로를 임명한 것도 이채로운 점이었다. 이 정부가 앞으로 처리해야 할 문제로는 북부동맹이 요구하는 연방제로의 개헌, 제도개혁의 과제 및 공산재건당과의 협조 등으로 요약할 수 있다.

좌파정부는 비록 3명의 총리(프로디, 달레마, 아마토)를 통해 5년간 통치하였지만 전체적으로 보아 과거에 비해서는 안정적인 정치행태를 보여주었다. 유럽세(Eurotassa)의 신설을 통해 정부의 재정적자 수준을 줄이고 더 나아가 유럽의 단일통화동맹에 잔존함으로써 유럽적 기준을 충족시키려 한 정책은 대체적으로 보아 긍정적으로 수용되었다. 신자유주의와 세계화의 물결에서 이탈리아 역시 빗겨갈 수 없었으며 어찌보면 중도좌파정부는 이탈리아식 제3의 길의 노선을 걸었다고 평가할 수도 있다. 그러나 공기업의 민영화 과정에서 나타난 구조조정의 문제는 연립정권에 지지를 보내던 공산재건당의 입장에서 받아들일 수 없는 것이었기에 취약한 모습이 나타나기 시작하였고 총리가 세 번이나 바뀌는 상황이 연출되었다.

<인물- 10> 로마노 프로디 (Romano Prodi, 1939-)

프로디는 볼로냐 대학 경제학과 교수출신으로 내각의 장관과 국영기업 총수, 총리 및 유럽연합 집행위원장 등을 역임한 거물 정치인이다. 합리적인 성품과 정책구사를 시도하였으나 현실정치의 두터운 벽을 극복하지 못하고 실패하였다. 프로디는 1996년부터 1998년 그리고 2006년부터 2008년까지 두 차례 중도좌파 정부를 이끌었으며, 두 번의 총선에서 모두 우파의 베를루스코니를 패퇴시킨 것으로 유명하다.

프로디는 에밀리아로마냐주 스칸디아노 출생으로 밀라노 성심가톨릭대학에서 수학하고, 런던정치경제대학교에서 경제학 박사학위를 받았다. 청년시기부터 기민당의 당원으로 활동하였으며, 1978년 산업부 장관을 역임한 바 있다. 1982년부터는 이탈리아 최대 국영기업집단인 산업재건공사(IRI)의 회장직을 두 차례 맡으면서, 적자상태를 흑자로 만든 경영성과를 보여준 것으로 유명하다.

1차 총리직을 마친 이후 1999년 유럽연합 집행위원회 위원장으로 선임되어 5년간 활동하게 되는데, 이 시기에 단일통화인 유로화가 실제로 통용되기 시작하였다. 2006년 2차 집권하게 되지만 이전에 비해 초라한 성과를 보여준 것으로 평가받았다. 2007년 총리로서 한국을 공식 방문한 바 있다.

프로디는 그러나 경제학자가 현실 정치에 참여하여 비교적 성공한 사례로 치부되고 있는데, 총리직만이 아니라 유럽차원의 리더로서도 활약한 인물로 기록되었다. 철저한 유럽주의자이자 국제주의자로서 정치 일선에 나섰으나 현실 정치의 벽을 실감하였으며, 특히 우파가 아니라 좌파의 기득권층으로부터 배척되었다는 점에서 이탈리아 정치사의 오점으로 남아있다. 즉 프로디를 내친 좌파세력은 이후 부패한 우파 정치인들과 별반 다르지 않다는 부정적 평가를 받게 되어 2008년의 조기총선에서 더 이상 정치적 인기가 없었던 베를루스코니에게 정권을 내주게 되었다.

3) 2001년 제14대 총선과 우파정부[183]

2001년 5월 총선은 1996년에 이어 국회의원 임기인 5년을 마치고 실시되는 정상적인 선거였다. 1996년과 마찬가지로 기본적으로는 유사한 정당 간 블록형태를 보였으나 약간의 변화도 있었다. 우선 우파동맹의 경우 자유의 집(Casa delle Libertà)의 이름으로 연합하였는데 1994년 선거에서는 제휴하고 1996년에 헤어진 북부동맹이 다시금 참가하게 되었다. 이미 유럽선거나 지방선거를 통해 우파는 집권의 의지를 불태우고 있는 상황이었고 상대적으로 좌파의 결속이 미약하였기 때문에 좋은 분위기를 타고 있었다. 민족연합은 유럽주의에 회의적인 입장을 보이는 우파정당인데 남부에 지지기반을 두고 있기 때문에 중앙정부의 지방으로의 권력이양을 반대하는 입장이었다. 북부동맹 역시 유럽통합에 대해 비판적이며 불법 이민문제가 심각한 상황이라는 주장을 펼치고 있었다. 이 밖에도 중도우파에는 두 개의 구기민우파계열 정당인 중도민주기독당(CCD, Centro Cristiano Democratico)과 연합기민당(CDU, Cristiani Democratici Uniti)이 포함되는데 이들은 바티칸과 밀접한 관계를 유지하는 집단이었다.

좌파의 경우 1996년에 승리한 올리브나무 동맹은 더 이상 존재하지 않는 상태였다. 비록 당시의 좌파연합이 정책을 공유하고 공동의 총리후보를 내세우는 선거연합이었으나 그 결속력은 강하지 못하였으며 프로디는 정당에 기반하지 않은 인물이었기에 파트너들 간의 불협화음이 끊이지 않았다. 또한 공산재건당의 지지 없이는 존속할 수 없는 소수연정이었기에 정책의 조화와 조정이 용이치 않았다. 1998년에서 2000년 사이의 이 년 동안 좌파진영의 정당들은 상당한 정도의 변화를 경험하는데 그 내용은 다음과 같다. 1998년 2월 좌익민주당은 당명을 좌익민주(DS, Democratici di Sinistra)로 변경하는데 이로써 중도의 비가톨릭, 가톨릭, 사회주의 및 공산주의 집단들과 융합하는 대신에, 구공산당의 헤게모니에 부정적이었던 일부 그룹들이 이탈리아사회민주당(Socialisti Democratici Italiani)을 결성하게 되었다. 공산재건당의 연합 탈퇴는 프로디의 뒤를 이은 달레마 총리로 하여금 과거식의 변형주의(Trasformismo)[184]를 추구하게 만들었다. 이러한 상황은 좌익을 더욱 분열시키는 것이어서 선거제도의 특성상 연합하지 않으면 공멸하리라는 위기감이 조성되었다. 2000년 하반기에 가톨릭계 중도진영인 이탈리아민중당(PPI, Partito Popolare Italiano), 유럽민주연합(Udeur, Unione Democratica per l'Europa) 및 이탈리아혁신당(RI, Rinnovamento Italiano) 등이 중심이 되어 마르게리타(Margherita)라는 정당연합을 구축하게 되었다.[185] 마르게리타연합은 구기민좌파와 람베르토 디니 및 총리후보인 루텔리가 주도하였다. 녹색당과 구사회당 좌파는 해바라기(Girasole)라는 이름으로 연합하여 선거에 참여하였다.

2001년 총선에서도 우파나 좌파 진영에 참가하지 않은 정당들이 있었는데, 중도에서는 급진당에서 변모하고 강력한 시장자유주의를 주창하는 보니노집단, 부패수사의 영웅인 안토니오 디 피에트로가 주도한 이탈리아가치당(Italia dei Valori), 안드레오티의 영향을 받아 중도의 가톨릭정당을 표방한 유럽민주당(Democrazia Europea) 등의 세력이 있었다. 급진적 우파인 라우티가 이끄는 삼색불꽃당(Fiamma Tricolore)은 신파시스트정당으로 선거에 단독으로 참가하였다.

2000년 2월에 자유의 집 동맹이 형성되면서 많은 분석가들은 2001년 선거에서 우파가 승리할 것으로 전망하였다. 이미 2000년 봄의 지방선거에서 우익은 좋은 결과를 얻었으며 그 대세를 몰아 조기총선을 요구하는 형편이었다. 사실 달레마 정부는 의회의 절대다수를 점하지 못한 상태였으며 뒤를 이은 아마토 총리는 현직 국회의원도 아니었다. 좌파는 재정비를 위해 시간이 필요했으며 되도록 시간을 지연시켜 의원의 임기가 끝나는 2001년 5월에 총선을 실시해야 한다고 주장하였다.[186] 좌파는 또한 총선과 지방선거를 동시에 실시함으로써 그 반사이익을 보려 하였다. 이를 통해 선거의 전략이라는 측면에서 좌파진영은 일정 정도 성공한 것으로 평가받고 있다. 또한 연방제로의 변화를 포함하는 개헌문제에 대한 국민투표를 총선이 실시되는 날에 동시에 치르려는 의도도 보였는데 이는 결국 성사시키지 못하였다.

2001년 3월 경 베를루스코니의 승리가 점쳐지자 일련의 지식인들이 이러한 결과가 가져다줄 위험성에 대해 경고하는 글들을 쓰기 시작하였다.[187] 이는 특히 우파의 승리가 이탈리아 공화국 헌법의 전반부에 나와 있는 사법부의 독립성을 훼손시킬 수 있다는 점에서 제기되었다. 또한 베를루스코니 자신의 다양한 이해관계(Conflitto di Interessi)[188]를 어떻게 조정할 수 있겠는가에 대한 근본적인 의문과도 연계되었다. 그러나 우파는 정상적인 정권교체라는 명분으로 이상의 비판을 피해갔으며 공화국의 대통령인 참피도 지나치게 상대방을 비방하는 선거전이 바람직하지 않다는 견해를 피력하기도 했다.

우파진영은 1994년 선거 이래 주요 추세로 자리잡은 베를루스코니에 대한 찬반으로 선거전을 몰아갔다. 마치 성인전기의 영웅을 대하듯 그의 초상화는 떠받들어졌으며 동맹의 주요 파트너인 민족연합당도 자신들의 소신이 직선으로 총리를 선출하는 것이었기에 이러한 국면을 대체로 수용하는 입장이었다. 정책적 대결을 상대적으로 주변화시키는 우파의 전략은 매우 효과적인 것으로 판명되었다. 반면에 좌파의 선거전략은 일관성이 결여된 모습으로 나타났다. 초기에는 좌파진영의 총리 후보인 프란체스코 루텔리(Francesco Rutelli)의 생각대로 서로 의지하여 연합이 공고히 된다는 점을 강조하는 방향으로 설정되었으나 지속화되지 못하였다. 특히 선거 막바지에는 국제여론에서 비등해진 베를루스코니에 대한 부정적인 시각을 적절하게 활용하지 못하였다. 좌익민주는 약화된 조직으로 내적 분열상을 보였으며, 총리후보인 루텔리가 혼자 분전하는 모습으로 비추어졌다. 당의 사무총장인 벨트로니는 총선보다는 로마시장선거에 열중하였고 당총재인 달레마는 자신의 모습을 내보이지 않음으로써 오히려 궁금증을 자아내는 형국이었다. 유일한 예외는 루텔리의 러닝메이트인 피에트로 폴레나였는데 그는 북부 이탈리아에서 선전한 것으로 평가받았다.

좌파는 지난 5년의 집권을 통해 사상 최저의 실업율을 달성했다는 사실을 유권자들에게 강조하려 했으나 주효하지 않은 반면에 우파의 총리후보인 베를루스코니는 훌륭한 일꾼이라는 이미지가 각인되었다. 그는 '모두에게 적은 담세를'이라는 구호를 통해 어필하였으며 선거일 6일 전에는 '이탈리아인들과의 계약(Contratto con gli italiani)'이라는 문건을 작성하여 배포함으로써 자신감을 표명하였다.[189] 선거전에서 방송에 출연하는 시간을 후보들에게 고루 분배해야 한다는 '동등 조건(par condicio)'이 적용되었음에도 불구하고 언론재벌이었던 베를루스코니는 적지 않은 혜택을 볼 수 있었다. 결국 우파가 내세웠던 공약사항과 이미지는 많은 이탈리아인들에게 호소력 있게 다가간 것으로 판명되었다.

총선은 예상대로 우파의 압승으로 귀결되었다. 자유의 집은 하원에서 전체 630석 중에서 366석을 차지함으로써 절대다수를 점하게 되었으며, 상원에서도 전체 315석의 과반수가 넘는 177석을 기록하였다. 이는 1996년 선거에서 좌파가 승리하였던 상황보다도 더 확고한 결과라고 생각되며 이탈리아 유권자들이 특정 정파에게 이렇게 확실하고도 분명한 지지도를 표명한 적이 없었다는 점에서 정치사적으로 중요한 순간을 기록하였다. 중도의 세력들은 하원에서 전멸 그리고 상원에서 몇 자리를 차지하는 데 그쳤는데, 이는 비례대표제 부분에서 전국적으로 4%의 지지율을 얻지 못하는 경우 의석수를 배분하지 않은 새로운 선거법에 따른 결과였다. 디 피에트로의 이탈리아 가치당은 간발의 차이(3.9%)로 이 한계를 넘지 못하였으며 한때 이탈리아 정치를 좌지우지했던 북부동맹(3.9%)과 중도우파의 기독민주동맹인 백화당(3.2%)도 모두 고배를 마시게 되었다. 그러나 베를루스코니를 지지한 대가(quid pro quo)로 다수대표제의 복수선거구에서 적지 않은 의석수를 배출할 수 있었다. 전체적으로 패배한 좌파에서 마르게리타의 성적은 놀라운 것이었는데 하원 비례대표제에서 14.5%의 지지율을 얻음으로써 16.6%에 그친 좌파의 제일 정당인 좌익민주를 위협하게 되었다. 전체적으로는 좌파집권에 대한 국민들의 심판이 극명하게 표심에 작용하여 우파가 압승을 거둔 것으로 평가할 수 있다.

<표- 24> 2001년 하원 선거 결과[190]

연합/정당	다수대표		비례대표 정당	비례대표			전체의석수	
	득표율	의석수		득표수	득표율	의석수	2001	1996
			공산재건당	1,859,492	5.0	11	11	35
올리브나무	43.7	184	좌익민주	6,115,902	16.6	32	137	
			마르게리타	5,356,838	14.5	28	80	
			해바라기	797,037	2.2	0	17	
			민주공산당	615,373	1.7	0	10	
			소계	12,885,150	35.0	60	244	284
보니노	1.3	-	보니노	838,887	2.3	0	0	
이탈리아가치	4.1	-	이탈리아가치	1,437,329	3.9	0	0	
유럽민주당	3.6	-	유럽민주당	883,471	2.4	0	0	
자유의 집	45.4	282	전진이탈리아	10,863,545	29.4	60	189	
			민족연합	4,439,552	12.0	24	96	
			백화당	1,189,765	3.2	0	40	
			북부동맹	1,456,490	3.9	0	30	
			신사회당	350,685	0.9	0	2	(+59)
			소계	18,300,037	49.4	84	366	246
삼색불꽃당	0.3	-	삼색불꽃당	141,370	-	-	0	0
기타	1.6	8	기타	577,970	1.6	0	9	6
합계	100%	474			99.6	155	630	630

양 진영의 정당들에 대한 구체적인 결과분석은 다음과 같다. 전진이탈리아당은 1994년 하원 비례대표선거에서 21%의 지지, 그리고 1996년에는 20.6%로 비슷한 결과를 보였으나 2001년에는 29.4%로 급상승하였다. 반면에 좌파의 좌익민주는 1994년 20.4%, 1996년 21.1%, 2001년에는 16.6%를 기록함으로써 확실한 하락세를 보였다. 이들 대표정당들의 선거 결과가 전체의 승부를 갈라놓았다고 보아도 별 무리가 없을 정도로 큰 차이를 보였다. 다시 말해 1994년과 1996년의 선거에서는 비록 일승 일패의 결과였지만 양대정당 모두 1%의 차이를 넘지 않는 근소한 차이의 비슷한 지지율을 보였던 반면 2001년 선거에서는 그 차이가 13%에 육박함으로써 획기적인 변화라고 볼 수 있다. 다음으로 우파진영의 제2정당인 민족연합은 1994년 13.5%, 1996년 15.7%, 2001년 12.0%를 보여 상승세가 반전되었으며 우파의 제1 정당인 전진이탈리아와의 격차도 벌어져 1/2에 훨씬 못 미치게 되었다. 이로써 우익진영에서의 확실한 선두주자로 자리매김한 전진이탈리아는 정부의 구성에서도 보다 확실한 우위를 점할 수 있게 되었다. 북부동맹은 1994년에 8.6% 그리고 1996년에는 10.1%로 상승하였으나 2001년에는 3.9%에 머물러 급속한 하락세를 보였다. 이는 북부이탈리아에서 과거에 북부동맹을 지지하던 유권자들이 대거 전진이탈리아로 옮겨가 나온 현상이다.

여러 이유로 인해 하원의 최종 구성이 늦추어졌는데 선거 결과에 대한 시비는 대법원의 결정을 들어야 할 정도로 복잡다단하였다. 특히 하원 비례대표부분에서 전국적으로 4% 이상의 지지율(quorum)을 되어야 의석을 받게 되는 것이기에 이 수치에 근접하였던 이탈리아 가치당과 북부동맹이 대법원의 결정을 기다리고 있는 상태였다.

<표- 25> 2001년 상원 선거 결과 (1996년과 비교)[191]

연합	득표수	득표율	의석수	전체 의석수	1996년	
					득표율	총의석수
올리브나무+Svp	13,096,853	39.2	77	128	41.3	157
자유의 집	14,397,308	42.5	152	177	37.3	116

보니노	677,178	2.0	0	0		
디 피에트로	1,139,770	3.4	0	1		
공산재건당	1,707,704	5.0	0	3		
유럽민주당	1,066,936	3.2	0	2	* LN 10.4	27
삼색불꽃당	340,884	1.0	0	0	2.3	1
기타	1,427,714	4.2	2	4	4.3	3

앞서 언급한 바와 같이 상원에서도 우파의 승리는 확실한 것이었으며 하원선거와 다른 점이 있다면 양대 진영에 포함되지 않은 소수정당들인 이탈리아가치당, 공산재건당, 유럽민주당 등이 적은 수이긴 하나 상원의원을 배출하였다는 사실이다.

의회가 구성되고 정부에 대한 신임투표를 행한 시점에서도 하원 630석이 모두 정해지지 못한 상태였다. 그럼에도 불구하고 야당이 된 중도좌파는 내부의 분열로 효과적인 대응을 하지 못했다. 상대적으로 선전한 마르게리타는 선거용 연합집단이었지 정당이 아니었으며, 루텔리는 올리브나무연합을 효과적으로 이끌지 못하였다. 해바라기 그룹에 속한 녹색당도 구사회당 좌파와의 연합에서 별다른 소득을 얻지 못하였기 때문에 심각한 내분에 빠지게 되었다. 반면에 확실한 승리를 거둔 우파는 구체적인 정권 인수의 작업에 몰두하였다.

선거에서 압승한 우파에게 국회직의 선정과 내각의 구성이 당면한 과제로 부상하였다. 국회직의 경우 상하 양원에서 절대다수를 차지하였기 때문에 과거와 같이 하원의장직을 야당에게 양보할 이유가 없어졌으며 상임위원회의 배분에서도 유리한 위치에 놓이게 되었다. 공화국의 대통령인 카를로 아젤리오 참피는 이 과정에서 신중한 태도를 보였으며, 가능한 한 온건한 성격의 내각이 구성되기를 희망하였다. 그는 또한 새 정부의 기본 방향이 친유럽적인 외교정책을 유지하는 것이 좋다고 보았으며 베를루스코니 총리가 제시한 내각의 명단에서 통신부 장관에 내정된 줄리아노 우르바니를 제외하고는 대체로 동의하는 입장에 있었다.

<표- 26> 베를루스코니 내각 (2001년 6월 현재)[192]

부처	이름	정당	나이 성	학력	고향	경력
총리	Silvio Berlusconi	FI	65 M	Laurea	Milano	기업가
부총리	Gianfranco Fini	AN	49 M	Laurea	Bologna	정당인
외무	Renato Ruggiero	--	71 M	Laurea	Napoli	외교관
내무	Claudio Scajola	FI	53 M	Laurea	Imperia	행정관료
법무	Roberto Castelli	LN	54 M	Laurea	Lecco	엔지니어
재경	Giulio Tremonti	FI	53 M	Laurea	Sondrio	교수
산업생산	Antonio Marzano	FI	66 M	Laurea	Roma	교수
교육연구	Letizia Moratti	--	51 F	Laurea	Milano	기업가
노동·복지·사회	Roberto Maroni	LN	46 M	Laurea	Varese	변호사
국방	Antonio Martino	FI	58 M	Laurea	Messina	변호사
농림	Giovanni Alemanno	AN	43 M	Laurea	Bari	엔지니어
환경	Altero Matteoli	AN	60 M	Diploma	Livorno	정치인
교통·인프라	Pietro Lunardi	--	61 M	Laurea	Parma	엔지니어
보건	Girolamo Sirchia	--	67 M	Laurea	Milano	교수
문화	Giuliano Urbani	FI	64 M	Laurea	Perugia	교수
통신	Maurizio Gasparri	AN	44 M	Diploma	Roma	기자
국영사업	Giuseppe Pisanu	FI	64 M	Laurea	Sassari	정치인
행정	Franco Frattini	FI	44 M	Laurea	Roma	변호사
유럽연합	Rocco Buttiglione	CCD	53 M	Laurea	Lecce	교수
과학기술	Lucio Stanca	--	60 M	Laurea	Foggia	기업인
지방자치	Enrico La Loggia	FI	54 M	Laurea	Agrigento	교수
동등기회	Stefania Prestigiacomo	FI	34 F	Laurea Triennale	Siracura	기업가
해외동포	Mirko Tremaglia	AN	74 M	Laurea	Bergamo	변호사
제도개혁	Umberto Bossi	LN	59 M	Diploma	Varese	정치인
정무	Carlo Giovanardi	CCD	51 M	Laurea	Modena	정치인

베를루스코니 정부는 다음의 몇 가지 측면에서 주목할 만한 특징이 있었다. 우선 이탈리아 현대사에서 최초로 내각의 구조조정이 이루어졌다. 원래의 개혁안에 의하면 모든 권한을 갖는 정상적인 정부부처의 수를 총리부를 포함하여 12개의 자리로 제한하였다. 그러나 국제회의에 이탈리아를 대표하는 특수 성격의 장관직을 고려해야 했기 때문에 실제적으로는 14 자리로 결정되었다. 나머지는 독립적 부처가 아닌 무임소장관(Ministro senza portafoglio)들이다.[193] 둘째, 우파 연립정부에 참가한 모든 정파의 대표들이 하원의장으로 내정된 중도기독민주당의 페르디난도 카시니(Ferdianando Casini)를 제외하고는 정부에 포함되었다. 민족연합의 잔프란코 피니는 부총리를 맡았으며 북부동맹의 움베르토 보시와 연합기독민주당의 로코 부틸리오레는 무임소장관으로 임명되었다. 셋째, 정당에 소속되지 않은 기술관료집단이 5개 부처의 장관으로 입각하였다.

1996년에 출범한 중도좌파의 프로디 정부와 비교하여 몇 가지 차이점을 발견할 수 있는데 우선 장관들의 평균 연령이 50대 후반인 점에서 전 정부에 비해 상승했음을 알 수 있다. 지역적으로 보면 중도좌파 정부의 주요 인사들이 이탈리아 중부 지역 출신이 많았던 반면에 베를루스코니 정부의 내각은 상대적으로 북부와 남부에서 더 많이 배출되었다. 이는 중도좌파의 지지기반이 전통적으로 공산당과 사회당 등의 좌파가 강한 중부였다는 점에서 이해될 수 있으며, 전진이탈리아당과 민족연합 및 북부동맹은 각각 북부와 남부 지역에서 지지율이 높다는 사실에서 기인하는 것이다. 주요 경력에서는 기술전문관료적 성격이 강하며 대학교수 출신들도 많이 중용되었다. 이는 교육 수준으로 볼 때 대학졸업학위(Laurea)를 취득한 인사들이 대부분이며 외국에서 수학한 인사들도 적지 않았다는 점에서 전문성이 입각의 한 변수였음을 파악할 수 있다.

정부 출범 초기에 레나토 루지에로(Renato Ruggiero)를 외무장관으로 임명한 것은 그가 확고한 유럽주의자이며 세계무역기구(WTO)의 사무총장직을 지낸 이탈리아인으로는 보기 드문 국제적인 인물이었다는 점이 고려되었다. 즉 새 정부의 지나친 우경화의 우려를 잠식시키는 요인으로 이해되었다. 2002년 1월 루지에로 외무장관은 연정파트너의 일부와 갈등상태에 들어가 사임하였으며 베를루스코니 총리가 외무장관을 겸하다가(ad interim) 이후 프랑코 프라티니(Franco Frattini)가 수행하였다. 따라서 우파정부가 유럽통합에 소극적일 것이라는 전망이 현시화된 것으로 이해할 수 있다. 그러나 전반적으로 보아 2기 베를루스코니 정부는 1994년의 내각에 비해 발전된 형태로 수용되었으며 극단적인 정책대립이 사라질 것이라는 기대감이 표출되었다. 그럼에도 불구하고 부정적인 시각도 존재하는데, 가령 제도개혁부 장관에 북부동맹의 리더인 움베르토 보시를 임명한 것이 쟁점이 되었으며 이는 헌법의 개정문제와 맞물려 민감한 사안으로 자리매김하였다. 통신부장관에 전진이탈리아 인사들이 포진한 것은 미디어셋과 라이(RAI)로 대변되는 방송체계에서 제3의 방송이 만들어져야 한다는 여론과 대립되는 것이어서 그 귀추가 주목되었다. 교통 인프라부 장관인 피에트로 루나르디 역시 자신이 운영하는 기업과 이해관계가 상충되는 것이어서 논란이 있었다. 마지막으로 해외동포부 장관인 미르코 트레말리아는 과거 파시스트 살로 공화국의 군인 출신인데 4백만이 넘는 외국의 이탈리아인들에게 투표권을 부여해야 한다는 주장을 하고 있어 적지 않은 파장을 불러일으키기도 하였다.

베를루스코니 총리는 취임 백 일 이내에 자신의 이해관계 상충문제를 해소하리라고 약속하였는데 비판가들은 이것의 실현가능성에 대해 의심하였다. 만일 민영방송을 장악하고 있는 그가 국영방송의 운영에 대해 간섭할 경우 정보의 독점 및 과점현상이 심화되리라는 우려를 불식시킬 수 있을지가 과제로 남았으며 이후 심각한 비판에 처한 바 있다.

우선 사법부의 독립과 관련하여 신정부는 자율성에 훼손을 가할 수 있는 행정개혁안을 마련하였는데 적지 않은 갈등이 예상되었다. 2002년 초 밀라노 검찰청은 부패수사의 전통에 따라 베를루스코니가 설립한 피닌베스트그룹에 대한 수사를 진행하고 있었는데 정부의 새로운 시도는 수사의 독립성에 압력을 줄 수 있는 것이어서 내무부와 긴장상태에 들어갔다. 1992년 부패수사가 성공할 수 있었던 요인 중의 하나가 과거 집권여당이었던 기민당이 사법부에 효과적으로 압력을 넣지 못해서였다는 점을 감안해 보면 정부의 입장과 검찰청의 행태가 어떻게 정리될 수 있을지 그 귀추가 주목되었다.[194]

교육개혁도 신정부의 주요 사업 중의 하나인데 1996년에 집권한 중도좌파는 유럽통합의 정신에 따라 지방으로의 권한이양 그리고 의무교육연한의 증가 및 교과과정의 현실화 등을 포함하는 것이었는데, 새로 임명된 레티치아 모라티 장관은 기업가 출신인 점을 살려 과감한 민영화와 효율화를 위한 개정안을 마련하였다. 각급 학교와 사회단체들은 이러한 개혁안이 중도좌파 정부에서 마련한 안과 충돌된다고 지적하였으며 신자유주의의 논리를 교육현장에 강요하는 것이라고 비판하였다. 특히 중등교육에서 전체의 1/4을 차지하는 직업교육(Educazione Professionale) 부문을 중앙정부로부터 지방정부인 주(Regione)로 이양하는 법안이 저항을 불러오기도 했다.

행정개혁에서 주요 현안은 연방제로의 개헌과 지방자치단체의 권한 강화로 요약될 수 있는데 연정파트너인 민족연합과 북부동맹이 이 문제에 대해 1994년 우파정권에서도 심각한 입장차이를 보인 바 있어 분쟁의 소지로 남았다.[195] 다만 이들 두 정당이 유럽통합에 대해 공통적으로 보수적인 태도를 보이고 있어 일정 정도 조정의 가능성을 보였다. 그러나 기본적으로 국가주의적 정책을 표방하는 민족연합과 분리주의 내지 연방제를 요구하는 북부동맹의 입장이 합의에 이르기 어려웠다.

4) 2006년 제15대 총선과 좌파정부[196]

2006년 4월 9-10일에 치러진 이탈리아 총선은 좌파가 승리할 것이라는 전망 속에서 전개되었다. 2005년 10월에서 2006년 4월 선거 직전까지의 기간에 여론조사기관들은 좌파인 '연합' (L'Unione)이 우파인 '자유의 집'(Casa delle Libertà)에 3%에서 7% 정도 앞서는 것으로 발표하였다. 따라서 박빙의 승부로 끝난 총선 결과는 오히려 일반의 예상을 뒤엎는 것이었다.

사실 2006년 선거는 2001년에 집권한 베를루스코니 정부에 대한 평가적 성격이 강했다. 오랜 경기침체, 정부 재정적자의 확대, 일자리 창출에의 실패 등에서 집권 우파가 유권자에게 호소할 내용은 많지 않아 보였다. 2001년 총선에서 승리를 위해 베를루스코니가 제안한

'이탈리아인과의 계약'은 사실상 공수표로 돌아갔던 것이다.[197] 문제는 우파 진영에서 베를루스코니를 대체할 총리후보를 찾는 데 실패했으며, 새로운 비전을 제시하지 못한 상태로 선거에 임했다는 차원에서 우파의 패배가 예상되었다는 점이다.

'자유의 집'은 실비오 베를루스코니가 지도자인 집권 정당연합으로서 주요 4개 정당인 전진이탈리아(FI), 민족연합(AN), 북부동맹(LN), 민주기독연합(UDC), 기민연합과 소수파 정당들인 신사회당(DC-Nuovo PSI), 공화당(PRI), 자치운동당(Movimento per l'Autonimia), 자유개혁당(Riformatori Liberali), 사회대안당(Alternativa Sociale), 녹색당(Ambiente-Lista), 반유로화당(No euro) 등으로 구성되었다. 새로운 선거법이 내각의 총리를 직선으로 선출하는 것은 아니었으나, 연합의 대표를 명시하도록 요구하였으므로, 이 역할은 베를루스코니에게 돌아갔다. 그러나 과거의 사례와는 달리, 기민연합의 카시니와 민족연합의 피니는 선거결과 자신들의 정당이 전진이탈리아보다 더 많은 득표를 보일 경우 총리직에 도전하겠다는 의사를 표명하였다.

중도좌파인 '연합'은 지난 선거에서 '올리브나무연합'(L'Ulivo)의 이름으로 참가하였는데, 이번 연합에서 가장 중요한 변화는 공산재건당의 합류였다. 이 연합은 프로디 전 총리를 지도자로 삼았는데, 이는 2005년 10월 16일에 실시된 후보지명 선거에서 파우스토 베르티노티(Fausto Bertinotti), 알폰소 페코라로 스카니오(Alfonso Fecoraro Scanio) 및 안토니오 디 피에트로(Antonio di Pietro)를 제친 결과였다. 프로디는 후보지명 선거에서 430만 표 중 74%라는 압도적인 지지를 받았다. 정당연합의 구성을 보면, 과거의 총선에 참여한 좌익민주(DS), 마르게리타(Margherita), 민중·유럽민주동맹(Popolari UDEUR), 녹색연합(Federazione dei Verdi), 이탈리아민주사회주의당(PSDI), 이탈리아공산당(Comunisti Italiani) 등이 있으며, 공산재건당(PCR)과 이탈리아가치당(Italia dei Valori)도 연합에 포함되었다. 한편 좌익민주, 마르게리타 및 유럽공화당은 하원선거에서 올리브나무연합의 이름으로 단일명부를 제출하였다.

선거전과 관련되어 몇 가지의 문제가 제기되었다. 첫째, 1996년 총선부터 실시된 '동등

조건법'(La legge par condicio)은 모든 정당이 선거전 기간 중에 대중전달매체에 동일한 공간과 시간을 보장받아야 한다는 규정이다. 또한 선거전 동안 모든 텔레비전과 라디오에 정치광고를 금지시켰다. 이 법이 탄생된 배경은 1994년 선거에서 미디어 황제인 베를루스코니 전 총리가 자신의 방송 채널을 배타적으로 활용하여 부당한 결과를 낳았다는 야당의 문제제기가 받아들여져서 만들어졌다. 2006년 선거를 앞두고 다시금 문제가 불거지게 되는데, 그 주된 이유는 2001년 총선에서 승리하여 재집권한 우파정권의 수장인 베를루스코니가 자신의 미디어 제국뿐 아니라, 국영방송인 RAI에까지 간접적인 영향을 미칠 수 있게 되어, 사실상 이탈리아의 모든 언론을 장악하게 되었다는 비판가들의 지적이 있었기 때문이었다. 이러한 상황이 베를루스코니를 둘러싼 이해의 상충현상으로 받아들여졌다.

둘째, 양대 진영 지도자의 초청토론이 공식적으로 채택되었다. 국영방송인 RAI에 대한 의회감독위원회는 이번 총선에서 양대 진영의 지도자인 베를루스코니와 프로디 간의 동등조건법에 기초한 초청토론을 마련하였다. 텔레비전 초청토론에 대한 사회는 각각 RAI Uno 보도본부장인 클레멘테 미문(Clemente Mimun)과 시사프로그램(Porta a Porta) 사회자인 부르노 베스파(Bruna Vespa)로 정해졌는데, 양 진영 모두에 대한 비판 언론인이었던 마르코 트라발리오(Marco Travaglio)는 이러한 결정이 각 진영에 유리한 언론인을 하나씩 배석시킨 것으로 진정한 의미에서 좌파의 이익을 대변할 수 없다는 지적을 가하였다. 두 번에 걸친 초청토론은 2006년 3월 14일에 1차 그리고 4월 3일에 2차가 진행되었다.

초청토론에 대한 비디오 분석 결과, 베를루스코니는 자신의 달변을 무기로 하여 다시 한 번 기회를 달라는 점에 주력한 반면, 프로디의 경우에는 비교적 차분하고, 실천적인 국가운영을 하겠다는 의지가 피력되는 모습으로 비추어졌다. 그러나 여론조사기관들이 토론 직후에 실시한 조사에 의하면, 초청토론 자체가 지지율의 등락에 결정적인 영향을 미치지 못한 것으로 판명되었다. 즉 우파진영이 당초에 기대한 대로 다소 불리하던 상황을 역전시키지 못하였다. 초청토론회는 양대 진영의 총리 후보 이외에도, 공산재건당의 파우스토 베르티노티와 북부동맹의 로베르토 마로니(Roberto Maroni), 중도기독동맹의 피에르페르디난도 카시니(Pieroferdinando Casini)와 마르게리타의 프란체스코 루텔리(Francesco Rutelli), 좌익민주당의 피에로 파시노(Piero Fassino)와 민족연합의 잔프란코 피니간에도 3월 15일부터 일주일 간격으로 이루어졌다.

양대 진영의 주요 공약은 다음과 같았다. 중도좌파의 경우, 향상된 안전이 중요하다고 보아 이민과 경호 분야에 있는 경찰 병력을 국경 통제에 활용할 것이며, 이민 통제 및 이탈리아에로의 이민에 대한 새로운 법규를 마련하고, 신속하고 신뢰할 수 있는 사법제도를 정비하며, 탈세와의 전쟁 및 지하경제 노동의 정상화를 도모하고, 유럽통합을 가속화하며, 비혼인 동거부부에 대한 권리 인정, 이라크 파견 병력의 즉각적 귀환, 유연노동자 수치 제한 및 규정, 근로세 5% 감소, 세금탈루에 대해 정책활동 확대를 통한 재정 확충의 만회, 고용안정을 위한 기간제노동직에 대한 세금증가 등을 내걸었다.

중도우파는 주정부의 재정자율권 확대, 메시나(Messina) 해협 공사와 같은 대규모 공사 실현, 소규모 가족기업 지원 및 이탈리아 제조업 수출 증대, 세금 감면, 미국과의 관계 강화 및 유럽연합에의 참여 재확인, 혼인의 기초로서 가족의 가치 보호, 범죄에 대한 형벌 강화, 청년 및 여성실업 문제에 대한 일자리 창출 정책기조 유지, 이민 통제 등을 주요 정책으로 제시하였다.

<표- 27> 양대 진영 주요 공약

연합(l'Unione)	자유의 집(Casa delle Libertà)
세금탈루 방지 노동비용 감소 관료기구 개혁 계약직 노동 축소 이라크 주둔군 즉시 철수 유럽친화적 외교	소득세 인하 금융규제 철폐 남부지역 개발 확충 노인세대 지원책 마련 이라크 주둔군 점진적 철수 친미 외교

1993년 선거법의 개정 이후에 나타난 역대 선거전에서 두 진영 간의 확연한 정책적 차이가 보이지 않았다는 전통은 이번에도 예외가 아니었다. 경제 활성화, 재정확충, 일자리의 창

출, 이민통제 등의 문제에서 두 진영은 유사한 정책을 제시하였다. 차이가 있다면, 재정적자의 처리, 가족문제 및 국영사업의 규모에 관한 것에 국한되었다.

2006년 선거전의 이슈는 첫째, 선거에 즈음하여 노동시장이 중요한 문제로 대두되었다는 점이다. 이는 실질구매력이 감소한다는 것과 사회모델(Social Model)의 성격과 관련된 것이었다. 유연노동의 개념을 도입하여 더 많은 일자리를 창출하려는 시도를 했는데, 연간 일자리의 증가가 2001년의 2%에서 2004년에 오게 되면 0.9%로 감소하였다. 유럽 평균의 경우 같은 기간에 1.7%에서 0.7%로 변화하였으므로 이탈리아의 상황은 상대적으로 양호한 것이었다. 그러나 중도좌파는 우파정부의 새로운 노동법 30/2003(Legge Biagi)에 의해 채용된 유연성이 고용의 지속성을 보장하지 못하므로 사회보장망에도 포함되지 않고, 노동조합의 가입도 보장되지 않는 등 여러모로 불안정(Precarietà)하므로 개정이 필요하다는 주장을 개진하였다. 즉 새로운 법이 유연성으로 야기되는 사회적 충격흡수를 고려하지 못하였다고 비판하였다. 반면 중도우파진영의 자유주의적 시각은 노동시장의 일정한 자유의 정도가 기업으로 하여금 수요의 증가를 가져오게 하며, 국제적 경쟁력을 강화시키고 결국 고용을 증진시킨다는 입장을 보였다.

둘째, 경제상황에 대한 평가에서 이탈리아 국내총생산의 연평균 증가는 우파 집권 초기였던 2001년에 1.8%에서 2005년에 0.1%로 감소하였다. 이는 유럽 평균이 같은 기간 1.9%에서 1.3%로 내려간 것에 비하여 상당히 악화된 상황을 대변하는 것이었다. 사실상 지난 5년간 이탈리아의 경제는 국민총생산, 공공부채, 실업률 모든 분야에서 여타 유럽국가들에 비해 더 악화된 결과를 초래하여 국민의 실질구매력이 감소되는 침체를 경험하고 있었다.

셋째, 정부의 재정압박에 대한 처방의 문제이다. 이는 2001년 선거전에서의 제시한 우파의 '이탈리아인들과의 계약'에 대한 평가의 성격을 지니는 것이었다. 좌파는 지난 5년 동안 소득에 대한 직접세는 감소하였으나 간접세의 증가로 인해 사실상 달라진 바가 없다는 비판을 가했다. 즉 조세를 통한 재분배가 고소득층에게 유리한 방향으로 진행되었다는 지적이 제기되었다. 그것은 간접세의 속성상 저소득층이 불리할 수밖에 없다는 주장이다. 좌파

연합은 이를 대신하여 '재정적 쐐기'(fiscal wedge)를 5% 감소하겠다는 목표를 제시하였는데, 이러한 조치는 일부 경제학자들에게 사회보장의 축소로 받아들여졌다. 우파는 이러한 주장에 대해 급작스런 감소가 부적절하며, 3년의 기간에 걸쳐 3% 정도가 바람직하다는 대안을 제시하였다.

넷째, 이탈리아의 대외 이미지의 문제로, 집권 여당의 외교적 성과 중에서 괄목할 만한 것은 리비아와의 새로운 협약 체결, 알바니아로부터 불법이민 유입감소, NATO와 러시아 간의 협정 그리고 파르마(Parma)에 식품안전에 관한 유럽기구를 만들기로 한 것 등이었다. 반면에 국제무대에서 베를루스코니 총리와 이탈리아 정부에 대한 이미지는 주로 총리의 언급에 대한 반응이 주류를 이루었다. 그는 2001년 재집권 후 서구문명이 이슬람에 비해 우월하다는 표현으로 인해 전 세계의 아랍국가들로부터 강한 비판을 받았다.

다섯째, 제도개혁과 관련하여, 2004년 말 집권 중도우파는 이탈리아 공화국 헌법의 광범위한 개정을 제안하였다. 이 안은 완전한 양원주의와 중재자로서의 총리직에 대한 현재의 제도에서 입법절차가 간소해지는 하원 중심의 불완전한 양원제와 국민에 의해 직선으로 선출된 총리중심제로의 전환을 의미하는 것이었다. 중요한 변화는 입법과정과 연방제에 기초한 강력한 분권(Devolution)이었다. 입법과정의 간소화는 몇몇 경우를 제외하고 일원에서 통과된 것으로 법제화하여, 과도하게 시간이 소요되는 것을 방지하는 방안이었다. 분권에 관한 한, 주정부의 의료, 학교, 경찰 분야의 독자적 권한을 강화하고, 연방상원이 주선거를 통해 선출되는 방식이 핵심 내용을 이루었다. 또한 국회의원의 숫자가 950명 수준에서 750명 정도로 감소되는 방안이 포함되었다.

이 개혁안은 의회에서 지명되어 선출된 헌법재판소 대다수의 판사들에 의해 비판을 받았다. 또한 의회에서 선출되는 공화국의 대통령이 갖고 있는 의회 해산권을 국민에 의해 직선으로 선출되는 총리가 갖게 된 점도 논란이 되었다. 이 헌법개정안은 2005년 11월 17일에 상원을 통과하였으며, 하원에서는 집권연정에서 민주기독연맹(UDC)의 전 지도자인 마르코 폴리니(Marco Follini)가 참여하지 않은 바 있다.

이틀에 걸쳐 실시된 총선의 개표과정은 그 최종 결과를 파악하기 어려운 양상을 보였다. 여론조사기관의 예측과는 달리 초반부터 좌파의 승리가 확연히 드러나지 못하였으며, 때로 우파가 앞서는 등 말 그대로 초박빙의 승부를 보였다. 그러나 최종 집계 결과, 하원에서 근소한 차이로 좌파가 승리하여, 개정된 선거제도의 프리미엄에 따라 안정적 다수를 점하게 되었으며, 상원에서는 비록 국내에서 우파가 승리하였지만, 신설된 해외동포구에서 좌파가 우세를 보여, 총체적으로는 상원에서도 좌파가 승리할 수 있었다.

하원의 경우 좌파와 우파의 득표 차이는 4천만 명에 이르는 유권자 중에서 이만여 표에 머물렀다. 패배한 우파의 입장에서 선거의 무효를 주장하고, 재개표를 요구한 것은 어찌보면 당연한 결과였다. 그러나 재검표를 거친 이후에도 결과는 변하지 않았다. 지난 2001년 총선과 비교하여 차이점이라면 양대 진영에 속하지 않은 중도의 소수정당들의 득표가 매우 저조했으며, 결과적으로 양 진영에 표가 더욱 집중되는 현상을 초래하였다. 승리한 좌파의 경우 주요 정당의 득표가 과거에 비해 현격하였다기보다는 공산재건당의 연합에의 참여, 그리고 소수정당들인 장미동맹, 녹색연맹 등의 선전이 전체적인 승리에 큰 기여를 한 것이었다. 반면 우파의 패배는 2001년 선거에 비해 6% 정도의 지지율 하락에 따른 것이었다.

<표- 28> 2006년 하원 선거 결과

정당	득표수	%	의석수	정당	득표수	%	의석수
중도좌파	19,002,698	49.81	340	중도우파	18,977,483	49.74	277
올리브나무	11,930,983	31.27	220	전진이탈리아	9,048,976	23.72	137
공산재건	2,229,464	5.84	41	민족연합	4,707,126	12.84	71
장미동맹	990,694	2.60	18	민주기독연합	2,580,190	6.76	39
이탈리아공산	884,127	2.32	16	북부동맹	1,747,730	4.58	26
이탈리아가치	877,062	2.30	16	기민신사회당	286,474	0.76	4
녹색연맹	784,803	2.06	15	기타우파	608,347	1.60	0
민중유럽민주	534,088	1.40	10				

남티롤국민당	182,704	0.48	4				
기타좌파	588,683	1.54	0				
중도소수정당	172,902	0.46	0				
발다오스타	34,168		1				
해외동포구12	연합6, 이탈리아가치1, 전진이탈리아3, 트레말리아연합1, 남미연합1						
총계	39,206,478명 100.00% 630석						

상원선거에서는 국내만을 상정할 때 우파가 승리하였으나, 신설된 해외동포선거구에서 좌파가 더 많은 의석수를 배출함으로써 전체적으로는 좌파가 승리하였다. 좌파의 경우 공산재건당이 지난 선거에 비해 2.37%의 지지율이 올랐는데 전반적인 결과에 중요한 기여를 한 것으로 판단된다. 구체적인 결과는 아래 <표- 29>과 같다.

<표- 29> 2006년 상원 선거 결과

정당	득표수	%	의석수	정당	득표수	%	의석수
중도좌파	16,725,077	48.96	148	중도우파	17,153,256	50.21	153
좌익민주	5,977,313	17.60	62	전진이탈리아	8,201,688	24.01	78
마르게리타	3,664,622	10.73	39	민족연합	4,234,693	12.40	41
공산재건	2,518,624	7.37	27	민주기독연합	2,309,174	6.76	21
녹색민주공산	1,423,226	4.17	11	북부동맹	1,530,366	4.48	13
이탈리아가치	986,046	2.89	4	기타우파	877,336	2.57	0
민중유럽민주	476,938	1.40	3				
소비자연합	72,139	0.21	1				
몰리세올리브	59,499	0.17	1				
기타좌파	1,546,670	4.52	0				
중도소수정당	283,271	0.83	0				
발다오스타	32,554		1				
트렌티노	연합SVP 남티롤국민		3 2		자유민주		2

해외동포구6	연합4, 전진이탈리아1, 남미연합1
총계	35,688,968명 100.00% 315석

2006년 선거는 새로운 선거법으로 치러진 결과 2001년 선거와의 수평적인 비교가 용이치 않지만, 집권 우파가 정권연장을 목적으로 채택한 선거법, 즉 다수에 대한 프리미엄제, 해외동포구의 신설 등이 부메랑이 되어 자신의 족쇄로 작용했다는 점이 가장 주목할만하다.

프로디 2기 정부는 1기(1996)에 비해 중부 지역 출신 수치가 낮아진 반면 상대적으로 남부 출신이 증가하였다. 전체 장관 26명 중 북부 8명, 중부 10명, 남부 7명 및 기타(해외) 1명으로 구성되었다. 좌파 승리 요인의 하나가 남부 지역에서의 득표가 증가한 현실을 반영하고 있다. 장관들의 전문성에서는 베를루스코니 정부에 비해 정치인이 다수이고, 기업가 등은 거의 없으므로 개혁성에서는 문제제기가 어려우나, 전문성과 세계화에 걸맞은 정부운영 차원은 미지수라고 볼 수 있다. 나이는 평균적이며, 정당분포는 소수당 배려 흔적이 강한데, 이는 연립내각의 운명으로 이해될 수 있다. 여성장관의 수도 과거 정부와 큰 차이를 보이지 않으며, 유럽의 타 국가에 비해 낮은 수준에 머물러 있었다.

<표- 30> 프로디 2기 내각

부처	이름	정당	나이 성	학력	고향	주요경력
총리	Romano Prodi	--	66 M	Laurea	Scandiano	교수 정치인
외무	Massimo D'Alema	DS	57 M	Diploma	Roma	기자 정치인
문화	Francesco Rutelli	DL	52 M	Laurea	Roma	정치인
내무	Giuliano Amato	--	68 M	Laurea	Torino	정치인
재경	Tommaso Padoa-Schioppa	--	65 M	Laurea	Belluno	은행가
법무	Clemente Mastella	UDEUR	59 M	Laurea	Ceppaloni	기자 정치인
교육	Giuseppe Fioroni	DL	47 M	Laurea	Viterbo	시장
노동·복지	Cesare Damiano	DS	57 M	Diploma	Cuneo	정치인

국방	Arturo Parisi	DL	65 M	Laurea	Salerno	교수
농림	Paolo De Castro	DL	48 M	Laurea	Brindisi	정치인
환경·국토	Alfonso Pecoraro Scanio	FdV	47 M	Laurea	Salerno	변호사 정치인
인프라	Antonio Di Pietro	IdV	55 M	Laurea	Montenero	정치인
보건	Livia Turco	DS	51 F	Diploma	Cuneo	교사 정치인
통신	Paolo Gentiloni Silveri	DL	51 M	Laurea	Roma	기자
지방자치	Linda Lanzillotta	DL	57 F	Laurea	CassanoJonio	정치인
경제발전	Pier Luigi Bersani	DS	54 M	Laurea	Bettola	정치인
행정·개혁	Luigi Nicolais	DS	64 M	Master	Napoli	교수
교통	Alessandro Bianchi	독립좌파	61 M	Laurea	Roma	정치인
동등·기회	Barbara Pollastrini	DS	58 F	Laurea	Brescia	정치인
사회정책	Paolo Ferrero	PRC	45 M	Diploma	Torino	정치인
제도개혁	Vannio Chiti	DS	58 M	Laurea	Pistoia	정치인
가족	Rosy Bindi	DL	55 F	Laurea	Sinalunga	정치인
유럽·무역	Emma Bonino	RI	58 F	Laurea	Bra	정치인
대학연구	Fabio Mussi	DS	58 M	Laurea	Piombino	정치인
청년스포츠	Giovanna Melandri	DS	44 F	Laurea	New York	문화장관
공약실천	Giulio Santagata	DL	56 M	Laurea	Modena	정치인

정부의 구성을 통해 프로디 2기 내각은 과거와 같은 소수당을 포함하는 연립내각의 특성을 가지고 있다. 즉 다수대표제에서 비례대표제로의 환원은 소수당의 참여를 불가피하게 만들었으며, 이를 통해 정부의 구성에서 복잡다기한 과정을 야기하였고, 향후 정국의 안정을 위해 불안요인으로 자리잡게 되었다.

힘들게 출발한 프로디 정부는 어려운 이탈리아 경제를 회복시키고, 유럽통합에 주력하며, 세계화의 물결에서 경제대국으로의 위상을 재정립해야 한다는 과제를 부여받았다. 첫째, 이탈리아 경제가 회복되어 다시금 성장세로 전환할 수 있는가가 중도좌파 정부의 최대 난제였다. 규제의 완화, 경쟁력 강화, 세금 감소 및 공공지출의 축소는 성장을 위한 필수 요건들이다. 이를 위해 부총리인 프란체스코 루텔리는 2006년 11월 초 '경제자유화를 위한 청사진'(A Blueprint for Liberalization)을 제시하여, 에너지, 철도 등의 공공서비스 공급을 공개입찰로 선정하고, 소비자의 만족도를 측정하여 이들 사업의 진행상황을 평가한다는 계획을 발표하였다. 자유화 개혁은 조합의 성격을 갖고 있지 않은 약사, 변호사와 같은 전문직의 경우에는 연립내각의 합의도출이 용의하며, 사회 안정망도 상정하고 있으나 노조와 연정 내 좌파의 저항이 예상되었다. 로마시장의 역할을 성공적으로 수행했던 루텔리가 자신의 긍정적 이미지를 활용하여 시도하는 이 개혁은 이탈리아 경제가 부진한 모습을 뒤로하고 새로운 도약을 맞을 수 있는가에 대한 시금석이 될 것으로 기대되었다.

주요 경제지표의 전망을 보면, 지난 5년간의 저성장에 비해 다소간 회복을 보일 것으로 전망되었으나 이는 여타 유럽연합 회원국에 비해 여전히 낮은 수준이었다. 정부재정적자(Public Deficit)를 국내총생산 대비 3% 이내로 유지하려는 시도는 2009년에 가서야 가능할 것으로 예상되었다.

<표- 31> 경제지표 전망

주요 지수	2006	2007	2008	2009	2010	2011
실질GDP성장 %	1.7	1.2	1.6	1.6	1.5	1.6
안플레 %	2.2	1.9	1.9	1.9	2.0	2.0
예산균형 % of GDP	-4.9	-3.6	-3.2	-2.9	-2.8	-2.7
경상수지균형% of GDP	-1.8	-1.4	-1.1	-0.6	-0.4	-0.1
단기금리 %	3.1	3.7	3.9	3.9	3.9	3.9
유로화 달러대비환율	1.25	1.36	1.34	1.29	1.26	1.26

둘째, 중도좌파 정부의 조세정책은 선거공약에서 나타나듯이 세금탈루를 방지하여 정부의 수입을 늘리고 이를 통해 재정적자를 완화시킨다는 기본 철학을 담았다. 소득세와 관련하여서는 고소득자에게 더 많은 세금을 부과하여 조세형평을 추구하고 소득재분배 효

과를 목표로 하고 있다. 그러나 2007년 예산안을 편성하는 과정에서 연소득 75,000유로 이상의 고소득층에 대한 세금을 41%에서 43%로 인상하겠다는 계획은 야당으로부터 강한 비판을 받은 바 있다. 연정 내에서도 중도의 소수정당들은 재정적자를 완화하기 위한 경제개혁이 세금증가로 귀결되는 것에 난색을 표명하였다. 특히 이들은 북부 지역의 중산층 지지자들이 흔들릴 것이라는 주장을 제기하였다. 법인세율은 2004년에 36%에서 33%로 낮아진 바 있는데, 프로디 정부에서도 같은 수준으로 유지하며, 기업에 대한 추가적 지방세(IRAP)는 기본율을 4.25%로 징수하는 과거의 방식을 고수하였다. 반면에 일정 규모 이상의 상속에 대해서는 상속세를 재도입하는 정책을 채택하였다.

셋째, 재정긴축과 경제성장과의 균형을 맞추는 것이 프로디 정부의 중요한 과제였다. 그러나 재정적자를 줄이고, 국내총생산 대비 공공부채를 감소하는 작업은 그리 용이하다고 보기 어렵다. 이는 이탈리아가 상당 기간 저성장을 기록하여서 공공지출의 축소가 어려우며 지출의 통제기제도 취약하기 때문이다. 중도좌파의 기본적인 정책기조는 세금탈루를 방지하여 재정수입을 늘리겠다는 것이므로 공공재정의 획기적인 개선은 용이하지 않았다. 다만 유럽연합의 성장안정협약을 준수해야 한다는 외부적 강제(Vincolo Esterno)가 순기능으로 작용할 경우, 일정 정도 재정의 안정성을 도모할 수 있을 것으로 보았다.

넷째, 유럽에서 연금개혁은 정권의 붕괴와 상관성이 높다. 고성장과 다출산 시대에 시작된 연금제도가 저성장 및 저출산 시대에 와서 그 재정적 건전성이 불안해지는 현상은 자연스러운 결과이다. 이탈리아의 경우 1970년대 이후 기금 고갈의 문제가 빈번하게 제기되었으며, 1992년의 외환위기 시에 유럽통화동맹에서 축출되는 등 어려움을 겪은 바 있다. 매년 연금적자가 400억 달러에 이르고 이는 국내총생산의 15.7%에 해당된다. 1994년 집권우파 베를루스코니 정부는 분담금을 많이 내고 연금을 적게 받는 개혁안을 추진하다 노조의 반대로 실패한 사례가 있다. 2001년 베를루스코니 2기 정부가 들어설 무렵 선거전에서 '이탈리아인들과의 계약'을 통해 우파진영은 매월 516유로의 연금보장을 약속하였으나, 실제로는 388유로를 수령하는 데 불과하여, 이것이 2006년 총선에서 우파가 패배한 주요 요인의 하나가 되었다. 2004년의 우파정부의 연금개혁으로 인해 공공지출이 어느 정도 안정화되었으나 2007년에 추가적인 개혁이 필요하므로 중도좌파 연정 내 강성좌파와 노조의 반대를 어떻게 극복할 것인가가 관심의 대상이었다.

다섯째, 베를루스코니의 이해상충 문제도 간단치 않은 문제였다. 1994년 선거에 참가하기 위해 정계에 뛰어든 그는 자신의 기업에 대한 검찰의 수사망이 좁혀오자 기존의 정당들로부터 더 이상의 보호를 받을 수 없게 된 상황에서 직접 정치에 참여하였다. 그 이후 언론재벌인 베를루스코니가 자신의 미디어기업을 선거에 활용하는 것이 부당하며, 1994년과 2001년에 총리에 등극하였을 때, 대기업의 회장직과 총리직을 동시에 겸직하는 것이 이해의 상충현상을 불러올 것이므로 지속적인 비판을 받아 왔다. 프로디 2기 정부는 이 문제를 심각하게 받아들여 2006년 10월 12일 방송법을 개정하였다. 즉 민영방송계를 거의 독점하고 있는 베를루스코니 소유의 미디어세트사의 한 채널을 국영방송의 한 채널과 함께 디지털방송화하고 새로운 방송사가 진입하기 전까지 무료화하는 결정을 내렸다. 이를 통해 베를루스코니의 언론에 대한 영향력을 제어하려는 목적을 달성하려 했다. 이 밖에도 그가 계류되고 있는 많은 소송에서 과거와 같은 면책권이나 총리로서의 압력을 행사하지 못하게 되었으므로, 이해의 상충 문제는 프로디 정부하에서 상당부분 해소되었다.

5) 2008년 제16대 조기총선과 우파정부[198]

조기총선으로 치러진 선거에서 우파의 승리가 예측되었다. 그런 점에서 2001년 선거와 유사한 패턴을 보였다고 볼 수 있다. 식상한 후보이기 했지만 베를루스코니가 다시금 우파 진영의 총리후보로 나섰으며, 좌파에서는 발터 벨트로니(Walter Veltroni)를 연합의 좌장으로 추천하였다.

선거연합의 구성에서 우파진영은 전진이탈리아와 민족연합이 합당을 통해 만든 자유민중당과 북부동맹 그리고 자치운동당이 하나의 진영을 구성하였다. 좌파에서도 되도록 적은 수의 연합이 선거에 유리하다는 계산하에 좌익민주당과 마르게리타당이 합당하여 만들어진 민주당(Partito Democratico, PD)과 부패수사의 영웅인 안토니오 디 피에트로가 이끄는 이탈리아 가치당(Italia dei Valori)만이 연합하여 선거에 임하였다. 따라서 이들 두 진영에 합세하지 못한 정당들은 어쩔 수 없이 단독으로 참가할 수밖에 없었다.

선거전에서 양 진영은 확연한 공약의 차별화보다는 지난번과 같이 어느 진영이 보다 효율적으로 경제난국을 타개해 나갈 수 있는가가 관건이 되었다. 부패한 우파의 대안으로 선택된 좌파정부의 두 번에 걸친 경험에서 이탈리아 국민들은 커다란 실망을 한 상태였다. 그리고 프로디 2기 정부에서 통과시킨 아프가니스탄 파병 연장안으로 인해 우파와의 차별이 불가능할 정도로 기대수치가 낮은 상태였다. 따라서 세계적인 경기침체와 함께 비록 많은 문제를 지니고 있는 후보이기 하지만 대안부재라는 논리로 다시금 베를루스코니 정부를 지지하지 않을 수 없었다.

선거의 결과는 예상대로 우파의 압승으로 막을 내렸다. 이로써 상원과 하원 모두에서 안정적 의석수를 확보하게 되었다. 선거전에서 양대 진영이 유효표(Voto Utile)라는 명분으로 호소하였던 점이 주효했다고 볼 수 있다. 즉 군소정당에 투표하여 사표가 되느니 최악의 상황을 회피하기 위해 특정 진영에 투표하도록 주력한 결과이다. 유권자들은 선택의 폭이 좁아진 상황에서 좌우의 양 진영에 표를 몰아주는 선택을 하게 되었다. 그 결과 전후 최초로 사회주의와 공산주의를 내건 정당이 단 하나의 의석도 의회에 진출시키지 못하는 현상이 발생하였다. 선거의 승자는 우파진영이었지만 지역주의정당인 북부동맹이 약진하였다. 양측에 속하지 않은 상태에서 단독으로 참가한 민주기독연합(UDC)도 자신의 위치를 유지하게 되었다. 의회에 진출한 정당수가 감소되었으며, 다당난립으로 인한 연립정권의 난맥상이 극복될 수 있는 계기가 마련되는 것으로 이해되었다.

<표- 32> 2008년 하원 선거 결과

정당	득표수	%	의석수	정당	득표수	%	의석수
중도좌파	13,689,303	37.55	249	중도우파	17,064,506	46.81	344

민주당	12,095,306	33.18	211	자유국민당	13,629,464	38.38	272
이탈리아가치	1,594,024	4.37	28	북부동맹	3,024,543	8.30	60
남티롤국민당	147,718	0.41	2	자율운동당	410,499	1.13	8
발다오스타	29,314		1				
중도연합	2,050,229	5.62	36				
해외동포구12	민주당6, 자유국민당4,, 이탈리아가치1, 해외동포연합1						
총계	37,575,711명 100.00% 630석						

<표- 33> 2008년 상원 선거 결과

정당	득표수	%	의석수	정당	득표수	%	의석수
중도좌파	12,457,182	38.01	130	중도우파	15,508,899	47.32	168
민주당	11,042,452	33.69	116	자유국민당	12,511,258	38.17	141
이탈리아가치	1,414,730	4.32	14	북부동맹	2,642,280	8.06	25
남티롤국민당	252,669		4	자율운동	355,361	1.08	2
중도연합	1,866,356	5.69	3				
발다오스타	29,191		1				
해외동포구6	자유국민당3, 민주당2, 해외동포연합1						
총계	34,351,942명 100.00% 315석						

세 번째로 집권에 성공한 베를루스코니는 이전에 비해 정책지향이 불분명하였고, 미성년자와의 성적 추문에 시달리는 등 시작부터 저조한 모습을 보여주었다. 급기야 글로벌 재정위기와 유럽의 경제상황이 악화되면서 이탈리아 경제는 디폴트 상황에 처하게 되었으며, 나폴리타노 대통령은 베를루스코니 총리를 사임시키면서 마리오 몬티에게 위기관리내각을 출범하도록 유도하게 되었다.

2. 제3공화국

1) 2013년 제17대 총선과 좌우동거정부[199]

2006년 총선에서 신승한 프로디 중도좌파 정부는 연립정권 내의 파트너들간의 불협화음으로 인해 새해예산안을 통과시키지 못해 붕괴된 바 있다. 이어 실시된 2008년의 조기총선에서 압승하여 중도우파 진영의 베를루스코니가 정권을 장악하게 되지만 세계경제의 위기를 적절하게 관리하지 못하여 결국 실각하게 되었다. 2011년 말 당시 상황에서 조르지오 나폴리타노 공화국의 대통령은 조기총선 보다는 이탈리아 경제의 위기상황을 타개할 전문가를 내세워 마리오 몬티(Mario Mondi) 전 밀라노 보코니대 총장을 종신상원의원(Senatore a vita)으로 임명한 직후에 과도내각의 구성을 위임하여 전문가 중심의 새 정부가 출범하게 되었다.

몬티 내각은 조세인상과 예산 삭감의 어려운 난제를 풀어야 했으며 이탈리아 경제의 경쟁력을 개선시키는 개혁조치를 마련해야 했다.[200] 그러나 우파인 자유국민당(PdL)은 몬티 정부가 들어선 이후 이탈리아의 부채, 실업률 및 세금이 증가하였다고 주장하였다. 즉 실업률이 지난 일 년간 2% 정도 올랐다는 지적이었다. 몬티는 그간 안정적인 일자리를 유지하기 위해 도전적인 자세가 필요하다고 강조하였다. 그는 또 1970년에 제정된 노동자 헌장(Statuto dei lavoratori) 제 18조[201], 즉 15인 이상의 사업체에서 정당한 사유 없이 해고하는 것을 금하고 있는 현실이 변화되어야 한다고 주장하였다. 이는 그간 이탈리아의 노동현실이 지나치게 경직되어 변화에 대해 유연성을 지녀야 한다는 의미로 수용되었다. 이탈리아 노동계의 경직성은 남유럽 사회모델의 전형적 특성으로 이해된다.

이상과 같은 개혁들과 긴축정책은 이탈리아의 국제적 신인도가 향상되는 것으로 이해되었다. 몬티는 또한 여타 유로존 국가지도자들에게도 신망을 받아 왔다. 몬티 정부는 유럽과 국제사회가 요구하는 세수증가와 긴축을 기조로 하는 개혁조치를 비교적 원만하게 진행해 나갔지만 국민들의 희생을 전제로 하는 조치들이어서 대중적 인기를 얻지는 못하였다.[202] 결국 2012년 말 과도내각을 떠받치던 중도우파 세력이 지지를 철회함으로써 위기상황이 벌어졌으며 2013년 4월에 예정되던 총선을 다소 앞당겨 2월 말에 실시하게 되었다.

선거전을 통해 나타난 현상은 유럽연합과 국제기구들이 요구하는 내용들에 대한 시민들의 반감이 고조되었다는 사실이다.[203] 이러한 분위기는 신생 정치세력의 탄생을 야기하게 되었으며 코메디언 출신의 베페 그릴로(Beppe Grillo)를 중심으로 오성운동(M5S, Movimento 5 Stelle)[204]이라는 사회운동 형태의 새로운 집단이 등장하게 되었다.[205]

오성운동당의 리더인 그릴로는 기존 정치권에 대한 유권자들의 분노를 최대 활용하여,[206] TV출연을 전면 거부하고 전국 100여 개 도시의 광장에서 시민들과 직접 만나는 선거유세를 하였고, 악천후에도 불구하고 많은 시민들이 참여하여 큰 성공을 거두었으며, 다양한 SNS를 활용하는 등 인터넷을 통한 선거운동을 병행하였다.[207] 이 정당의 등장에 대해 인물중심의 정치현상이라는 분석이 제기되었다. 자유국민당이 그 출범 초기부터 베를루스코니라는 강력한 카리스마에 기초한 정치가 이루어졌듯이 오성운동당의 경우에도 그릴로라는 인물이 알파이지 오메가라는 설명이었다.[208]

경제 금융위기 상황에서 지방정부 뇌물수수 사건(Lombardia and Lazio), 몬테데이파스키(Monte dei Paschi) 은행 스캔들, 이탈리아 방산업체 핀메카니아(Finmeccania) 회장인 오르시 체포, 그리고 정치인들의 뇌물수수 사건 등 중도좌파, 중도파, 중도우파가 모두 연루된 여러 사건들은 유권자들의 정치권에 대한 실망과 분노를 증가시켜 오성운동의 지지율 상승에 긍정적으로 작용하였다.

오성운동당은 중앙당 및 일정 조직을 갖고 있지 않고, 입후보자의 40%가 여성이며, 평균 연령은 32세이고, 국회의원 후보자의 80% 이상이 대졸자로 구성되었다. 오성운동은 선거유세기간 중 단 한 차례도 전국 차원의 회의를 개최한 바가 없으며, 심지어 오성운동의 많은 입후보자들은 그릴로를 만나본 적도 없고, 온라인을 통해 입후보자로 선출 및 등록되었다.[209]

베를루스코니의 재등장에 대해서도 여러 분석이 있는데, 사실 네 번이나 총리직을 역임한 원로 정치인이 다시금 나서는 것은 여러 측면에서 적절치 못하였으며 사실 명분이 부족하였다. 그러나 유권자들이 열망하던 세대교체의 바람이 민주당의 예비선거 과정을 통해 좌절되면서 베를루스코니에게 재등장의 기회를 주었다. 만일 중도좌파 진영에서 총리후보로 기존 정치세력을 대변하는 베르사니가 아닌 피렌체 시장이자 약관인 마테오 렌치가 선출되었다면 그에게 기회가 없었을 것이기 때문이다.[210]

2013년 국회의원 선거에 참여한 정치블럭과 주요 정당은 다음과 같다. 중도좌파 진영은 이탈리아 공동선(Italia. Bene Comune)의 이름으로 민주당(PD, Pierluigi Bersani), 좌파환경자유당(SEL, Nichi Vendola) 그리고 이탈리아사회당, 민주중심당, 남티롤국민당, 피에몬테온건당, 로자리오 크로첫타의 메가폰당 등이 연합을 구성하였다.

중도우파진영에서는 자유국민당, 북부동맹, 우파당, 이탈리아형제당, 남부자율당(Movimento per le Autonomie), 이탈리아온건혁명당, 민중동의당, 연금자당 등이 연합하였다. 이탈리아를 위한 몬티연합은 몬티 총리를 중심으로 개혁조치를 지속해야 한다는 기치 아래 시민선택당, 기독중심민주연합, 미래와 자유당 등이 참가하였다. 오성당은 연합이 아닌 개별 정당으로 선거에 임하였다.

<표- 34> 2013년 총선 각 진영별 주요 선거공약[211]

주요 정책	중도우파	중도좌파	몬티연합	오성운동당
공공재정	공공부채 GDP 100% 부채삭감 정부재산매각	유럽재정협약 준수 2013년 균형재정	2015년 공공부채 GDP 60%	전자민주주의 정부지출 감축
EU 및 국제관계	집행위원장 직접 선거 유럽의회 관한 강화	점진적 유럽합중국 재정위기 국제공조	건전재정과 성장 공공재정 규정준수	유럽회의주의 탈 유로
산업경제	신규채용시 법정부담금 면제	중소기업 지원 소규모 공공사업실시	R&D 투자증가 임금교섭 탈집중화	녹색경제 반성장 공공사업반대
조세	매년 1%씩 담세율 인하 지역생산세(IRAP) 폐지	개인소득세 단순화 자본소득세 20% 토빈세 신설	감세용 공공지출축소 2014부터 IRAP감축	탈세방지 재정낭비 축소

정파별 선거 공약의 주요 내용을 보면 중도좌파와 중도진영이 몬티 정부의 정책을 계승하고 유럽주의를 지지하는 기조를 유지하고 있는 반면, 중도우파와 오성운동당은 이러한 긴축조치가 이탈리아 경제를 파탄 나게 만들었다는 기치하에 비판적 시각을 표명하였다. 특히 오성운동당은 반유로화 및 유럽회의주의를 강조하면서 기존 체제에 대한 근본적인 변화를 요구하였다.

이번 선거제도는 2005년도에 개정된 것으로 정당명부식 비례대표제이며 선거연합을 장려하는 방식을 취하는 것이다.[212] 하원은 전국적으로 26개 지구로 획정되며, 상원은 20개 주를 선거구로 하는 것이다. 각 선거구는 인구비례로 의석수가 배정된다.

하원의 경우 다수를 보장하기 위해 선거연합이나 정당이 상대적 다수를 점했으나 340석(전체의 55% 수준)에 모자라는 경우 이 수를 채우기 위해 추가적 의석을 부여하는 프리미엄제를 채택하고 있다. 연합 내 정당들의 의석수 배분에서는 최대잔여방법을 적용하였다.

상원의 경우 주 단위로 연합이나 정당이 상대적 다수를 점하는 경우 55%의 의석을 부여하는 방식이다. 이것이 주차원에서 적용되므로 소수당이나 연합은 여러 지역에서 혜택을 볼 수 있는 방식이었다. 그 결과 전국적으로는 특정 연합이나 정당이 의회의 다수를 점하는 것이 보장되어 있지 못하였다.[213]

선거 결과를 보면, 하원에서는 선거 전의 예상보다 좋지 못한 성적을 보인 중도좌파 진영이 프리미엄 제도 덕분에 55%의 의석수를 차지하는 안정적 다수를 점할 수 있었지만 상원에서는 주별로 프리미엄을 부여하는 제도 때문에 다수를 점하지 못해 난맥상을 보였다. 무엇보다도 반정치, 반체제(anti-establishment) 및 반유로를 외치는 오성운동당은 처음 참가한 총선에서 하원 및 상원 각각 25.5%(109석) 및 23.8%(54석)의 지지율을 획득하여, 하원에서 단일 정당으로는 제1정당으로 부상하게 되었다. 하원의 다수연합은 민주당 주도의 중도좌파 연합이 차지하였다.

2011년 11월 베를루스코니 총리가 사임하여 몬티 기술내각이 출범했을 당시, 베를루스코니는 자유국민당 리더 자리도 알파노(Angelino Alfano) 사무총장에게 내어주고, 거의 공식석상에 나타나지 않아, 많은 사람들이 베를루스코니 시대와 그가 대표하던 '제2공화국(La Seconda Repubblica)'이 종결된 것으로 생각해 왔다. 또한 2012년 12월 그가 다시 정계일선에 나서고 몬티 내각에 대한 지지철회 및 총선 계획 발표 당시에 중도우파는 중도좌파보다 20% 이상 지지율이 낮은 상황이었고, 자유국민당은 심한 내부 분열로 해체상황이었다.

당 지도권을 다시 잡은 베를루스코니는 지속적인 TV출연으로 지지율을 끌어올렸고, 장점인 이탈리아인들의 마음을 헤아리는 생각과 뛰어난 커뮤니케이션으로 좌파와의 지지율 격차를 현저히 줄였으며, 총선 결과 중도우파는 포퓰리즘적 세금 인하 약속[214]을 통해 지지율을 회복하여 상원에서 29.1%, 하원에서 30.7% 등 뚜렷한 실적을 제고하여 이탈리아 정계에서 다시 한번 확고한 위치를 차지하게 되었다.

<표- 35> 2013년 하원 선거 결과

연합	정당	득표수	득표율(%)	의석수*
이탈리아 공동선 피에르 루이지 베르사니	민주당	8,644,187	25.4	297
	좌파생태자유당	1.089,442	3.2	37
	민주중심당	167,170	0.5	6
	남티롤민중당	146,804	0.4	5
	계	10,047,603	**29.5**	**345**
중도우파연합 실비오 베를루스코니	자유국민당	7,332,667	21.6	98
	북부동맹	1,390,156	4.1	18
	이탈리아형제당	666,035	2.0	9
	기타 정당	534,251	1.4	0
	계	9,923,109	**29.1**	**125**
오성당 베페 그릴로		8,689,168	**25.5**	**109**
이탈리아를 위한 몬티연합 마리오 몬티	시민선택당	2,824,001	8.3	37
	기독중심민주연합	608,199	1.8	8
	몬티 해외당			2
	계	3,591,629	**10.5**	**47**

기타 정당(해외선거구 포함)	1,751,013	**5.4**	**4**
무효표	1,269,018	-	-
합계	35,271,540	**100.00**	**630**
총유권자/투표율	46,906,343	75.2	-

* 발다오스타 자치선거구 1석 및 해외선거구 12석(민주 5, 몬티 2, 자유국민 1, 해외동포당 2, 오성당 1, 남미이민자연합 1)을 포함하여 전체의석수는 630석

상원선거에서는 아래 <표- 36>과 같이 다수를 점한 정치세력이 등장하지 못하였다. 중도좌파의 경우 하원에서 얻은 득표율에 비해 나쁘지 않은 성적을 얻었지만 상원 대규모 선거구가 몰려 있는 북부와 남부에서 적은 득표로 인해 결과적으로는 부진함을 보였다. 이들 선거구에서는 중도우파 진영이 상대적 다수를 점해 주 차원의 프리미엄을 얻는 상황이 발생하였다. 특히 기대했던 몬티연합의 낮은 득표율이 결정적이었다. 이는 향후 정치일정에서 심각한 문제를 내포하는 것으로, 양원의 신뢰를 얻지 못하면 신정부가 출범할 수 없기 때문이다. 오성운동당의 경우 하원에 비해 다소 못 미치지만 23.8%의 지지를 이끌어냄으로써 안정적인 지지기반을 마련한 것으로 판단되었다.

<표- 36> 2013년 상원 선거 결과

연합	정당	득표수	득표율(%)	의석수*
이탈리아 공동선 피에르 루이지 베르사니	민주당	8,400,255	27.4	111
	좌파생태자유당	912,374	3.0	7
	메가폰당	138,581	0.5	1
	기타	235,473	0.7	4
	계	9,686,683	**31.6**	**123**
중도우파연합 실비오 베를루스코니	자유국민당	6,829,373	22.3	98
	북부동맹	1,328,555	4.3	18
	위대한 남부	122,100	0.4	1

중도우파연합 실비오 베를루스코니	기타	1,125,651	3.7	0
	계	9,405,679	**30.7**	**117**
오성당 베페 그릴로		7,285,850	**23.8**	**54**
이탈리아를 위한 몬티연합		2,797,486	**9.1**	**19**
기타 정당		1,441,847	**4.8**	**2**
무효표		1,133,805	-	-
합계		31,751,350	**100.00**	**315**
총유권자/투표율		42,271,967	75.1	-

* 트렌티노알토아디제와 발레다오스타 자치구 및 해외선거구 포함

우파는 2008년 선거까지는 전국적인 분포의 지지를 얻어 왔지만 2013년에는 주로 남부에 치중되고 있다는 점에서 결국 쇠퇴하고 있는 정당이라는 평가가 나왔다. 비록 지리멸렬한 상태에서 선전하여 일정한 지지를 얻었다고는 하나 이전 선거에 비해 현저하게 득표수가 감소하였고, 무엇보다도 북부와 남부에 광범위한 지지에 기반하던 정당이 선거를 통해 남부의 일부를 제외하고는 많은 지역에서 어려움을 겪었다는 점에서 위기로 볼 수 있다.

또한 이탈리아 정치는 1994년 '제2공화국' 수립 이후 약 20여 년간 우파연합과 좌파연합 간 정권 교체가 지속되어 왔으나, 이번 선거를 계기로 우파연합, 좌파연합, 중도파 및 오성운동 등 양극(bipolar)체제에서 다극(multipolar)체제로 정당체계가 변화되었다. 양극체제하에서 우파와 좌파는 상대방 공격에 모든 에너지를 쏟아부었고, 국가에 필요한 개혁이 제대로 시행되지 않았으며, 정치권의 뇌물수수가 만연한 상태에서 주요 정치 지도자들도 거의 바뀌지 않는 정체된 상황을 유지해 왔다.

이탈리아 정계의 폐단인 양극체제 폐지와 과도정부가 시작한 주요 개혁의 지속을 위해 2013년 총선에 몬티 총리가 중도파의 총리후보로 입후보하고, 또한 오성운동이 주요 정당으로 부상하면서 결국 기존의 우파 및 좌파에 더하여 정당체제에서 정치적 스펙트럼이 여러 개로 다극화되는 현상이 나타나게 되었다.

이러한 총선 결과에 대해 긍정적 평가를 하는 의견도 있다.[215] 비록 우파가 예상보다 좋은 성적을 거두었다고 하나 분명히 과거에 비해 낮은 지지를 얻어 쇠락하고 있음이 분명하다. 좌파의 부진은 그간의 경제정책이 실패했음을 반증하므로 유럽연합과 국제사회가 이탈리아에 대해 보다 완화되고 성장을 고려하는 정책을 용인할 가능성이 높아졌다는 점에서 고무적일 수 있다. 오성운동당의 약진은 긴축에 대한 반대와 함께 세대교체의 의미를 담고 있으므로 필요한 개혁이라는 차원에서 수용될 수 있다.[216]

이탈리아 헌법은 정부구성 시 상하원으로부터 공히 신임을 얻어야 한다고 명시하고 있다. 2013년 총선 결과 하원에서는 안정적 다수가 만들어졌지만 상원의 경우 어느 진영도 신임에 필요한 의석수를 확보하지 못하는 초유의 사태(hung parliament)가 발생하였다. 하원을 장악하게 된 중도좌파의 민주당은 여러 정당과의 협의를 통해 이러한 난맥상을 극복하려 했지만 유효한 공식(rebus governo)이 도출되지 못했다. 우파인 자유국민당은 이러한 상황에서 좌파에게 연정을 제의했지만 민주당의 피에르 루이지 베르사니(Pier Luigi Bersani) 대표는 이를 거부하였다.

두 달이 지난 시점에서 돌파구가 마련되는데 그것은 임기 만료가 임박한 공화국 대통령의 선출이 계기가 되었다.[217] 4월 18일 시작된 상하양원합동회의 선거에서 이탈리아의 국가적 일치를 상징하는 인물의 선출이 난항을 겪게 되었다. 심지어 좌파 후보에 대한 민주당 내부의 반란표(franchi tiratori)가 나올 정도로 혼미상황을 연출하는 형국이었다. 이에 민주당 베르사니 대표는 임기가 만료되어 다시 나서지 않을 것이라 알려진 나폴리타노 대통령의 재선을 부탁하게 되고 다수 정파가 위기 극복을 위해 동의하는 형태로 일단락되었다. 결국 연로한 현 대통령이 7년 임기의 재선이 되었다는 의미인데, 그간 재선된 사례는 전무했다.[218]

결국 가까스로 대통령 선출이 결론에 도달할 수 있었으나 자당의 신뢰마저도 보장하지 못한 베르사니는 대표직에서 물러나게 되었다. 재임에 성공한 나폴리타노 대통령은 여러 정당과의 협의를 통해 민주당의 엔리코 레타(Enrico Letta)가 이끄는 좌우 대연정안을 받아들여 아래와 같은 정부가 구성되었다.

<표- 37> 엔리코 레타 내각[219]

부처	이름	정당	나이 성	학력	고향	경력
총리	Enrico Letta	PD	46 M	Laurea	Pisa	국회의원
총리부장관	Filippo Patroni Griffi	Tec	57 M	Laurea	Napoli	판사
부총리·내무	Angelino Alfano	Pdl	42 M	Laurea	Agrigento	국회의원
외무	Emma Bonino	Radicali	65 F	Laurea	Bra	국회의원
국방	Mario Mauro	Scelta civica	51 M	Laurea	SanGiovanni Rotondo	유럽의회의원
법무	AnnaMaria Cancellieri	Tec	69 F	Laurea	Roma	주지사
경제	Fabrizio Saccomanni	Tec	70 M	Laurea	Roma	중앙은행간부
경제·발전	Flavio Zanonato	PD	62 M	Diploma	Padova	파도바 시장
노동사회정책	Enrico Giovannini	Tec	56 M	Laurea	Roma	통계청장
교통·인프라	Maurizio Lupi	PD	53 M	Laurea	Milano	하원부의장
문화·유산	Massimo Bray	PD	54 M	Laurea	Lecce	연구소장
대학·교육	MariaChiara Carrozza	PD	47 F	Laurea	Pisa	대학 총장
보건	Beatrice Lorenzin	Pdl	42 F	Diploma	Roma	국회의원
환경	Andrea Orlando	PD	44 M	Diploma	La Spezia	국회의원
농업정책	Nunzia de Girolamo	Pdl	37 F	Laurea	Benevento	국회의원
유럽	Enzo Moavero Milanesi	Scelta civica	58 M	Laurea	Cavenago d'Adda	교수
지역	Graziono Del Rio	PD	53 M	Laurea	ReggioEmilia	교수, 시장
지역균형	Carlo Trigilia	PD	61 M	Laurea	Siracusa	교수
사회통합	Cecile Kyenge	PD	48 F	Laurea	Congo	의사
스포츠	Josepa Idem	PD	48 F	Diploma	Germania	올림픽 챔피언
공공행정	Gianpiero D'Alia	Scelta civica	46 M	Laurea	Messina	국회의원
제도개혁	Gaetano Quagliariello	Pdl	53 M	Laurea	Napoli	교수 국회의원
정무	Dario Franceschini	PD	54 M	Laurea	Ferrara	국회의원

레타 내각은 몇 가지 특징을 가졌다. 우선 4월 24일 총리지명자로 결정된 레타는 삼 일 내에 정부구성안을 의회에 제출하였고 동월 29일 하원의 신임을 얻은 데 이어 30일 상원에서도 정부안이 통과되어 신속하게 출범하는 면모를 보였다. 이번 내각에서는 46세의 총리를 필두로 과거 정부에 비해 젊은 인물이 많이 포함되었다. 몬티 정부의 장관 평균 나이가 64세였던 점에 비추어 이번 내각의 평균 연령은 53세에 불과하였다. 즉 세대교체의 의미를 살필 수 있다. 또한 7명의 여성장관이 포함되었으며 이 중에 두 명은 외국인 출신이었다.[220]

그러나 전체적으로 약체 내각이라는 평가가 지배적이다. 내무장관의 안젤리노 알파노(Angelino Alfano)를 제외하면 대부분이 장관 경력이 전무한 사람들이며, 정당의 소속을 갖고 있지 않은 인물이 다수 포함되었다는 측면에서 기술관료 내각의 성격도 내포하였다. 민주당의 경우 내홍에 빠져 있어 민감한 정책 이슈가 등장할 경우 분열의 가능성이 상존하며, 자유국민당은 일단 동질적으로 보이지만 실질적 대표인 베를루스코니에 대한 재판이 진행되어 불미스러운 결과가 나온다면 정치상황이 혼돈으로 이어질 수 있다고 보았다.

레타 정부는 좌우 합작의 연립내각이어서 정책 추진과정에서 추진력을 갖기 힘든 측면이 있었다. 정부를 출범시키면서 내건 주된 정책 기조는 다음과 같다. 우선 유럽연합과의 보조를 맞추면서 협상을 통해 국제사회가 요구하는 긴축정책의 강도를 완화시키면서 성장의 모멘텀을 구축하려는 의지를 보였다. 이러한 노선은 브뤼셀과 거리를 두려는 중도우파 진영과 충돌될 수 있었다.

경제분야에서는 몬티정부에서 문제가 된 주택소유세를 일정 기간 유예하는 방안을 제시하였다. 또한 긴축기조 완화와 함께 개인 근로세나 기업의 에너지 비용을 낮추려 하였으며 고용을 촉진하기 위해 계약직 노동자에 대한 제한을 감소시키는 정책을 채택하였다. 이를 통해 청년과 여성 고용의 증대를 기대하였다. 남부개발에 관한 한 투자유치를 통한 인프라 구축에 초점을 두었다. 복지분야에서는 열악한 상황에 처한 가계을 위한 최소 소득을 보장하는 것을 주된 내용으로 삼았다.

선거제도의 개정은 이탈리아의 양원제가 상하원의 동등 권한에 기초하고 있어 그간 적지 않은 문제를 노정하였으므로 하원의 신임을 통해 신정부가 출범할 수 있게 하는 동시에, 상원은 주대표자들의 모임으로 국한시키는 방안을 담고 있었다.[221] 또한 지방자치에서 3계층으로 되어 있던 것에서 중간계층인 현(provincia)을 폐지함으로써 행정의 간소화를 목표로 하였다. 그러나 이러한 변화는 헌법의 개정을 요하므로 정당들 간에 적지 않은 논란이 있을 것으로 전망되며 연정을 구성하고 있는 좌우파 정당들이 원만하게 합의하지 못하고 조기총선의 결과를 확신할 수 없다고 판단될 때 지지부진한 모습을 보일 수 있다.

정경유착이나 부패와 관련하여 정치비용을 줄여야 한다는 국민적 여론에 부응하기 위해 정당법을 개정하는 데 우선순위를 두었다. 국회의원이면서 장관에 겸직하는 경우 그간 받아온 특혜를 폐지하며 정책의 의지를 반영하기 위해 현 내각부터 솔선수범하겠다고 천명하였다. 선거비용의 사후정산을 통해 국가가 보조하던 제도도 점진적으로 개정하여 민간으로부터 재원을 조달하는 방식으로 전환함으로써 보다 투명한 정치자금의 운용을 기대하였다.

교육분야에서는 이탈리아의 상황이 타 유럽국가에 비해 취약하다는 인식 아래 중등 교육의 질보장, 빈곤 가계의 학생이 대학교육까지 받을 수 있게 하는 제도의 마련, 대학의 연구 강화 등이 주된 내용이었다. 두뇌유출 현상이 두드러지고 있는 현실에서 업적지향의 교수충원제나 연구기금제가 정착되지 못하다면 교육개혁의 성과는 반감될 수밖에 없으므로 보다 구체적인 방안이 마련되어야 했다.

레타 내각에서 외국인 출신을 장관에 임명한 것에 비추어 다문화 이탈리아의 방향은 보다 강화되었다. 외국인 이민자의 2세들에게 속지주의에 입각해 시민권을 부여한다든가 국민통합을 통해 효과적으로 달성할 수 있는 방안들이 마련되리라 기대되었다. 또한 그간 우파에 비해 좌파정부시 외국인 정책이 보다 적극적이었다는 사실에 비추어 좌우합작이지만 좌파 중심의 정부라는 점에서 그 귀추가 주목되었다.

그러나 레타 정부는 일 년을 채 버티지 못하고 민주당 내부의 갈등을 통해 붕괴되었다. 2014년 2월에 출범한 마테오 렌치 정부는 여러 측면에서 정치사적 의미를 갖는다.[222] 헌법적 질서에 위배되지는 않지만 그간 국회의원 출신이 아닌 자가 정부를 구성한 사례가 없었기 때문이다. 집권 여당연합의 주요 일원인 민주당 지도부 내부결정을 통해 엔리코 레타 정부가 실각하고 렌치가 바통을 이어받았다는 점에서 이례적이다.[223]

<표- 38> 마테오 렌치 내각

부처	이름	정당	나이 성	학력	고향	경력
총리	Matteo Renzi	PD	30 M	Laurea	Firenze	시장
외무	Federica Mogherini	PD	41 F	Laurea	Roma	당료
내무	Angelino Alfano	NCD	44 M	PhD	Agrigento	국회의원
법무	Andrea Orlando	PD	45 M	Diploma	La Spezia	국회의원
국방	Roberta Pinotti	PD	53 F	Laurea	Genova	국회의원
경제	Pier Carlo Padoan	tec	64 M	Laurea	Roma	OECD
경제발전	Federica Guidi	tec	45 F	Laurea	Modena	기업인
농림	Maurizio Martina	PD	36 M	Laurea	Bergamo	당료
환경	Gian Luca Galletti	UdC	53 M	Laurea	Bologna	국회의원
교통·인프라	Maurizio Lupi	NCD	55 M	Laurea	Milano	국회의원
노동·사회	Giuliano Poletti	tec	63 M	Diploma	Imola	당료
교육	Stefania Giannini	SC	54 F	Laurea	Luca	교수
문화·관광	Dario Franceschini	PD	56 M	Laurea	Ferrara	국회의원
보건	Beatrice Lorenzin	NCD	43 F	Diploma	Roma	국회의원
정무	Maria Elena Boschi	PD	33 F	Master	Arezzo	국회의원
행정개혁	Marianna Madia	PD	34 F	PhD	Roma	국회의원
지역	Maria Carmela Lanzetta	PD	59 F	Laurea	Calabria	당료

렌치 정부는 총리를 제외하고 16명의 장관을 임명함으로써 역대 최소 장관수를 기록하였다. 절반이 여성이고 평균 연령이 47세여서 이전 정부에 비해서도 젊어진 내각을 구성하였다. 또한 외무와 국방장관에 여성을 기용함으로써 획기적인 변화를 예고하였다. 절반 이

상인 열 명이 민주당 출신이고 신중도우파(NCD)가 세 명 그리고 무당파가 세 명이 포진되었다. 이러한 구성은 새로움을 준다는 점에서 긍정적이나 경험이 일천한 인사들도 다수 참여하여 불안정한 모습을 노정할 수 있다.

지역으로 보면 중부가 11명, 북부 3명 그리고 남부 출신이 2명에 불과해 과거에 비해 중부 지역이 강하게 현시되고 있으며 그중에서도 볼로냐를 주도로 하는 에밀리아로마냐 주가 가장 많은 장관을 배출하였다. 가족 중심의 중소기업으로 대표되는 제3의 이탈리아로 불리는 이들 지역이 주도적 그룹을 차지하고 있어 향후 정책 방향이 예고되었다.

학력은 절대 다수가 대학졸업자이고 법학과 정치학 전공이 지배적이다. 주요 경력으로는 국회의원이 가장 많으나 당료와 자치단체장 출신도 여러 명 등용되었다. 경제부 장관의 경우 OECD 사무부총장을 역임한 사실을 감안할 때 이탈리아 경제가 국제 수준에 못 미치는 현실을 반영하는 의지로 해석되었다.

외교정책의 기조는 한편으로 친유럽적 정책을 견지하면서 동시에 친미국적 노선을 유지할 것으로 기대되었다. 과거 우파정권이 친미를 표방한 반면 유럽통합에 소극적이었다는 점과 차별적이다. 실제로 렌치 총리는 여러 차례의 연설에서 유럽통합의 사상적 지주의 하나였던 알티에로 스피넬리가 주장한 유럽합중국(United States of Europe)을 지향하며 유럽의회 권한의 강화, 공동의 EU 예산 도입 및 유럽이사회 의장의 직선제를 지지해 왔다.

지역적으로는 지중해 정책에 관심을 두며 북아프리카 국가들과의 협력에 경주하려 했다. 경제통상 분야에서는 정부재정을 건전화해야 하지만 성장이 희생되어서는 안된다는 철학에 기초하였다. 지난 몇 년간 재정적자의 감축을 이유로 대학과 연구기술분야에 투자가 미진하였으나 렌치 정부는 과감한 재정투입을 강조하였다. 노동문제에서는 덴마크식의 유연안전(Flexicurity) 모델을 선호하였는데, 이러한 정책조합을 전체적으로 판단할 때, 렌치의 정치적 성향은 실용적 중도(Pragmatic Centrist)에 가깝다고 볼 수 있다.

<인물- 11> 마테오 렌치 (Matteo Renzi, 1975-)

1975년생인 렌치는 역대 총리 중 가장 약관의 나이에 총리직에 오른 인물이다. 이탈리아 중부 피렌체 출신으로 피렌체대학에서 법학을 전공하였으며 전후 장기 집권여당이었던 기민당(DC)의 후신인 이탈리아 국민당(PPI)에 1996년 가입하면서 정치활동을 시작하였다.

2004년에는 피렌체현 선거에서 압도적인 표차로 승리하여 2009년까지 지사직을 역임하였으며 2009년 피렌체 시장으로 당선되면서 민주당으로 당적을 옮겼다. 2012년 중도좌파 연합의 총리직을 희망하였으나 민주당의 예비선거에서 베르사니에게 패배하였고 2013년 4월 베르사니가 사임하자 재도전하여 당대표에 선임되었으며 차기 총리후보로 물망에 오를 수 있었다.

렌치는 보이스카우트 출신이며 여름 휴가 때마다 피정을 가는 충실한 가톨릭 신자로 유명하다. 가톨릭 국가라고는 하지만 일요일에 정기적으로 미사에 참가하는 '실천 신자 (cattolici praticanti)'가 소수에 불과한 현실에서 주목할 만한 사실이라고 볼 수 있다. 그의 아내는 교사직에 있으며 이남일녀를 두고 있다.

렌치는 그간 '싸움꾼(rottamatore)' 기질을 보여왔다. 2009년 피렌체 시장에 당선되자 시내 레오폴다(Leopolda)역에서 군중집회를 통해 이탈리아와 민주당이 전면적으로 변해야 한다는 주장을 통해 이러한 닉네임을 얻게 되었다. 이러한 그의 투사적 이미지는 장기적인 경기침체와 청년실업에 시달리던 상황에서 폭발적인 인기를 얻게 만들었다.

2014년 총리에 오르면서 정부를 이끌었는데, 이탈리아 사회의 개혁드라이브를 강하게 걸었으나, 기득권 정치인들의 반발로 원하던 헌법개혁안이 2016년 12월 국민투표에서 부결되면서 사임한 바 있다.

렌치의 정치적 지향은 중도주의이자 자유주의적이어서, 전형적인 좌파 인물로 보기 어려우며, 이러한 성향이 민주당의 구세력에게 반감을 사면서 지지기반이 잠식되어 실권하였다. 렌치의 개혁안에는 선거법 개정, 노동 유연화, 행정개혁, 민사소송의 간략화, 동성애 커플의 인정 및 조세개혁 등이 포함된 바 있었다.

2) 2018년 제18대 총선과 포퓰리즘정부

이번 총선은 2017년에 개정된 새로운 제도를 활용하여 실시되었는데, 선거법의 제정 과정에서 오성운동당의 강한 반대에 처했으며, 헌법소원까지 거명될 정도로 나머지 정당들의 야합이라는 비판을 가하였다.[224] 전후 이탈리아 국회의원 선거제도의 변화상은 아래 <표- 39>와 같다.

<표- 39> 전후 선거제도의 변화[225]

	1948	1993 Mattarellum	2005 Porcellum	2017 Rosatellum bis
하원 630석	단순비례대표	다수대표 3/4 비례대표 1/4	비례대표	비례대표 61% 386석 다수대표 37% 232석 12석 해외동포구비례제

상원 315석	단순비례대표	다수대표 3/4 비례대표 1/4	비례대표	비례대표 61% 193석 다수대표 37% 116석 6석 해외동포구비례제
주요 특징	하원 선호도투표 상원 지역대표성	하원 다수대표 4% 규정	프리미엄제 340석보장 하원 10-4-2% 규정 상원 20-8-3% 규정	3-1% 규정 교차투표금지

기실 1948년의 단순비례대표제는 파시즘 독재에 대한 반발로 어느 정당도 거대한 세력을 유지하지 못하도록 하는 데 초점이 맞추어졌다. 그 결과 매 선거 이후 수십 개의 정당이 출현하여 정치 불안의 요인이 되었으며, 기민당 중심의 사실상 장기집권을 가능하게 하여 정경유착과 부패의 온상이었다는 평가가 있었다. 1993년의 선거법 개정은 이상의 문제점을 극복하고자 다수대표제 중심의 선거제도를 채택하여 정권교체가 원활해지고 양대정당제로의 변화를 도모하는 시도였다. 실제로 1994년 총선 이후 매 선거마다 좌우의 정권교체가 이루어져 적어도 외견상으로는 개정 선거법의 효과가 나타났다고 볼 수 있다.

한편 2005년의 선거제도 변경은 당시 여당이었던 우파의 전진이탈리아당이 다가오는 선거에서 불리하다고 인지하여 다시금 비례대표제로 환원하였는데, 선거의 결과는 오히려 좌파에게 유리하게 작용하는 결과를 야기하였다. 2013년 총선에서 이른바 어느 정파도 다수를 점하지 못하는 난항의 정국이 이어지면서 이 제도에 대한 비판이 제기되었고, 오랜 시행착오를 거쳐 2017년의 새로운 제도가 마련되었다. 이 제도는 비례대표로 전체의석의 61%, 다수대표로 37% 그리고 비례대표제를 통한 해외동포선거구 2%를 선출하는 방식이다. 적어도 2005년 선거제도로 실시한 2013년 총선에서의 문제를 극복했어야 하는데, 실제에서 그렇지 못한 결과를 보여 아직도 미완의 제도로 수용되고 있어 다시금 선거제도의 개정이 불가피한 실정이다.

2018년 총선을 대비한 선거전은 개별 정당이나 선거연합의 공약 중심으로 진행되었다고 보기 어렵다. 또한 정당 지도자들의 방송 토론도 실현되지 못하여 정책 선거라는 발전적 모습을 보여주지 못하였다. 오히려 주요 정당의 대표 주자들은 소셜미디어를 광범위하게 활용함으로써 효과를 극대화하는 전략을 구사하였다.[226] 이는 특히 마테오 살비니(Matteo Salvini)와 루이지 디 마이오(Luigi Di Maio)의 경우 상당한 효과를 본 것으로 평가받고 있다. 선거에 임하는 정당들은 유권자들의 관심을 사기 위하여 다양한 공약을 제시하였는데, 그 내용은 <표-40>과 같다.

<표- 40> 주요 연합 및 정당의 공약[227]

주요 공약	중도우파	오성운동당	중도좌파
슬로건	Prima gli Italiani (Lega), Onestà, Esperienza, Saggezza (FI)	Partecipa, Scegli, Cambia	Avanti, Insieme
공공재정	재정적자 감소	십 년간 적자 40% 감소	재정적자 감소
이민	불법이민자 추방 아프리카지역 마샬플랜	이민에 대한 엄격한 통제	이민수용억제 송출국과의 협정체결
조세 및 복지	일률과세(flat tax) 15% 기초연금 월 천유로 연금법(Fornero) 개정	시민소득제, 청년고용촉진 월 오천유로 이상 연금축소 GDP대비 복지 2.5%	소득 및 법인세 삭감 최저임금 시급 10유로
EU 및 국제관계	반유럽	반유럽 반유로	친유럽정책 유지

우선 고려되어야 할 사항은 집권 여당이었던 민주당에 대한 심판의 성격이었다. 마테오 렌치 전 총리는 2014년 집권하면서 이탈리아를 단시일 내에 전반적으로 개혁하겠다는 야심한 포부를 표명한 바 있고, 실제로 적지 않은 개혁작업에 박차를 가하였다.[228] 행정개혁, 노동개혁, 재정개혁, 교육개혁 등 다양한 정책을 양산하면서 초기에는 국민들로부터 지지를 받았으나,[229] 개혁의 효과가 더디게 나타나면서 서서히 비판에 처하게 되었다.[230] 설상가상으로 이탈리아의 재정위기에 대해 국제금융기관들이 긴축정책을 요구했기에 국민들의 삶이 상당히 피폐해진 상태에서, 경제가 호전되지 못하면서 불만이 가중되었다.

렌치 총리는 국면 타개를 위해 2016년 말 상원의 축소와 자치단체 현(provincia)의 폐지

등을 골자로 하는 헌법개정안에 대한 국민투표를 실시하게 되었으며, 만일 부결된다면 총리직에서 사임하겠다는 배수진을 치는 전략을 구사하였다. 그러나 그 결과(반대 59%, 찬성 41%)는 참담한 패배였으며, 이로써 개혁성향의 중도좌파 정부는 붕괴되고 파올로 젠틸로니(Paolo Gentiloni) 외무장관이 위기관리내각의 총리가 되어 2018년 총선까지 관리하게 되었다.

선거전의 두 번째 이슈는 지중해 남쪽으로부터 몰려오는 난민과 이민물결에 대한 정책적 대응이었다. 이는 특히 이탈리아 중부 내륙의 마체라타(Macerata)시에서 동맹당 지지자로 알려진 청년이 나이지리아 이민자들에게 총격을 가하면서 국가적 관심의 사건으로 부상하였다. 그는 이탈리아 여성이 나이지리아 이민자들에게 잔혹하게 죽임을 당한 것에 대한 보복 차원에서 이러한 범죄를 저질렀는데, 국민들의 여론은 일부에서 폭력의 사용이 잘못되었다는 지적도 있었지만, 대체로 점증하는 이민자 집단에 대한 국민적 반감이 더 크게 작용하였다. 이러한 형국은 반이민을 기치로 하는 동맹당에게 상당한 득표 상승요인으로 작용하였으며, 상대적으로 이민자에 대한 인도주의적 호소를 내세운 민주당에게 불리하게 작용하였다.

포퓰리즘 정당으로 알려진 동맹당과 오성운동당은 경쟁적으로 감세와 복지증대를 약속하였는데, 재원 마련에 대한 구체성이 결여되었지만, 워낙 청년실업이 심각한 상황이고 양질의 일자리가 태부족인 상태에서 이들 정파들의 호소는 청년층과 남부 지역의 유권자들에게 상당히 매력 있는 공약으로 수용되었다. 문제는 이러한 복지 프로그램을 시행하기 위한 재원이 중요한데, 당시 정부재정적자의 합이 국내총생산 대비 135%에 육박하는 이탈리아 경제를 감안한다면 현실성이 떨어진다는 비판들이 제기되기도 했다.

유럽통합에 대한 견해도 선거에서 중요한 변수로 작용하였다. 오성운동의 경우 반유로를 주장해 왔는데, 이로써 선거에서 승리하여 집권시 유로존 탈퇴의 국민투표를 통해 유럽연합 창립회원국 이탈리아가 영국에 이어 떨어져나갈지도 모른다는 위기론(Italexit)이 부상하였다. 오성운동은 선거 전략상 이러한 급진적 변화는 긍정적이지 않다고 보아, 완화된 정책을 제시하기도 했다. 그럼에도 불구하고 오성운동이나 동맹당은 브뤼셀에 대한 회의적 시각을 지닌 정당들이어서 유럽회의주의의 잠재력은 그대로 가지고 있다고 보아야 할 것이다.

마지막으로 공약은 아니지만 선거연합의 행태도 선거전에서 중요한 변수로 작용하였다. 중도우파와 좌파는 공히 선거연합을 구성하여 참가하였지만, 오성운동의 경우 반체제 정당이었기에 어느 정당과도 연대를 가정할 수 없는 정체성을 지니고 있었다. 그러나 선거가 임박하자, 노선을 수정하여 선거에서 좋은 성과를 얻을 경우 뜻을 같이하고 정책적 연대가 가능한 정당들과 연립정부의 구성도 할 수 있다는 색채를 띠기도 했다.

<표-41> 주요 정파의 지지율 변화[231]

단위 %

정당	2017.10	11	12	2018.1	2	총선	4	5	2018.6
중도우파	35.0	36.0	36.0	36.0	36.5	37.0	37.9	42.0	42.3
오성운동	27.0	27.5	29.0	27.5	29.0	32.7	33.5	30.1	29.8
중도좌파	29.0	29.0	27.0	27.0	27.0	22.8	24.4	24.3	22.5

총선 이전까지의 지지율 변화는 위의 표와 같다. 2018년 3월 4일 총선 이전에는 민주당을 포함한 중도좌파의 지지율이 비교적 높게 나타나고 있으나 지속적인 감소세에 있었으며, 오성운동당은 총선 이전까지 상승세를 경험하였다. 중도우파 역시 선거전에서 지지율이 높아지고 있었다. 선거 이후의 흐름에서는 중도우파의 세력신장이 뚜렷하게 현시되고 있는데, 이는 주로 마테오 살비니가 주도하는 동맹당의 상승세에 기인하였다.

2018년 총선은 이탈리아 정치의 관찰자 입장에서 보면 매우 당혹스럽고 경로분석적 견지에서 수용이 되지 않는 결과를 보여주였다.[232] 사실 선거전에서 나타난 각 정파의 지지율과 실제 선거에서의 지지율이 혁명적 변화를 기록한 것은 아니었다. 그럼에도 불구하고 새로운 정치 지평을 예고하는 내용들이 현시되었는데 우선적으로 오성운동당이 예상 수준보다 3% 이상의 득표를 보여주었다. 이탈리아 선거공학에서 지난 선거 대비 1%의 변화도 상당한 함의가 있다고 가정해 보았을 때 이는 가히 폭발력을 지닌 변화의 서곡이었다.[233]

다음으로 중도좌파의 몰락이다. 5% 가까운 지지율의 감소를 보였으며, 특히 좌파의 맹주이자 집권여당이었던 민주당의 득표가 18%대에 머무르게 되어 사실상 정권 심판이자 참패라고 평가할 수 있다. 마테오 렌치 정부의 개혁작업이 국민투표의 부결에 이어 다시금 부정적으로 각인된 셈이다. 이탈리아 정치에서 중도좌파의 몰락은 최근 유럽 정치 지평에서 나타나는 공통적 현상이기도 하여 보다 심층적인 분석이 요구되는 영역이다.[234]

중도우파는 예상 대비 선전하였다. 그러나 기대했던 40%대의 지지율을 기록하지는 못하였다. 관심은 우파 진영의 리더가 과연 기존 정치인인 전진이탈리아(Forza Italia)의 실비오 베를루스코니인가 아니면 지역정당에서 전국정당으로 변신을 도모하고 있는 동맹당의 마테오 살비니이냐는 것이었다. 선거 결과는 살비니의 완승으로 마감되었다. 선거 이전의 여론조사에서는 줄곧 베를루스코니의 우위가 점쳐졌으나 실제 결과에서는 동맹당이 민주당에 필적하는 18%에 근접한 결과를 보였다.

이러한 변화는 마니풀리테 이후 이십여 년을 풍미한 양대진영인 중도우파와 중도좌파의 몰락을 의미하는 것이다. 즉 기존 정치지형을 흔드는 지진과도 같은 변화라고 수용된다. 일부는 이를 두고 '제3공화국'의 출현이라는 수사를 달기도 했다. 즉 마니풀리테에 의해 '제2공화국'이 출현하였다면 2018년 선거를 통해 새로운 정당체계와 정치행태가 출범하였다는 것이다. 이탈리아에서는 선거법의 변화가 헌법적 개정을 요하지 않으며, 새로운 공화국의 수사는 헌법질서의 변화를 가정하지 않는 언론적, 정치적 표현이다.

지리적으로 보아도 이번 총선만큼 뚜렷한 결과를 보여준 적이 없었는데, 남부는 오성운동이 북부는 동맹당을 위주로 한 우파연합이 절대 우위를 차지하였으며, 전통적으로 중북부 지역에서 많은 지지를 받아온 민주당은 자신의 안방에서도 일부 지역에서 우파에게 패배하는 충격적인 결과를 야기하였다. 일부는 다수대표에서 상위 두 정당이 혜택을 보면서 3위에 그친 민주당과 좌파에게 득표율 대비 의석수가 적게 나온 현상을 지목하기도 했다.[235] 이를 두고 이탈리아가 19세기 말 통일 이전으로 회귀하였다는 분석을 제기하기도 했다. 즉 양시칠리아공국이 부활하였다는 표현으로, 지역주의가 심화된 결과임을 강조하면서 이러한 수사가 제기되었다.

보다 구체적으로 하원과 상원의 선거 결과는 아래와 같다.

<표- 42> 2018년 하원 선거 결과[236]

선거연합	정당	비례			다수			해외		총 의석수
		득표수	%	의석수	득표수	%	의석수	%	의석수	
중도우파	Lega	5698687	17.35	73	12152345	37.00	49	21.43	2	125
	Forza Italia	4596956	14.00	59			46		1	104
	Fratelli d'Italia	1429550	4.35	19			12		0	32
	Noi Italia	427152	1.30	0			4	1.09	0	4
	총의석수			151			111		3	265
M5S		10732066	32.68	133	10732066	32.68	93	17,57	1	227
중도좌파	PD	6161896	18.76	86	7506723	22.85	21	26.45	5	112
	More Europe	841468	2.56	0			2	5.73	1	3
	Together	190601	0.58	0			1	--	0	1
	PCL	178107	0.54	0			2	2.85	0	2
	SVP-PATT	134651	0.41	2			2	--	0	4
	총의석수			88			28		6	122
LeU		1114799	3.38	14	1114799	3.39	0	5.74	0	14
해외								15.63	2	2
합계										630

하원의 경우 크게 보아 중도우파와 중도좌파는 선거연합을 구성하여 참여한 반면 오성운동당(M5S)은 개별 정당으로 임하였다. 기타 자유평등당(LeU) 역시 단독으로 참여하였다.

주지하다시피 개별 정당으로는 오성운동이 32.7%로 제1정당이 된 반면, 선거연합으로 보면 우파가 37.0%를 기록하여 최대 정파가 되었다.

중도좌파는 22.9%를 기록하여 기대에 못 미치는 저조한 결과였으며, 특히 민주당(PD)의 지지율이 20%를 하회하여 충격적으로 받아들여졌다. 중도좌파 진영 내의 타 정당들은 3% 룰을 적용받아 다수대표제에서 한 명의 의석도 배출하지 못하는 부진을 보였다. 자유평등당은 3.4%로 저조하였지만 14석의 의원을 당선시킬 수 있었다. 해외동포구에서는 상대적으로 중도좌파가 우세를 보였다. 이는 유권자들의 지지성향을 인구사회통계와 접목하여 분석한 결과와 일치하는 추세인데, 좌파의 경우 화이트칼라 중심의 중산층과 학력 수준이 높은 자들의 지지를 더 많이 받았다는 점에서 해외동포들의 특성과 일치한다고 볼 수 있다.

<표- 43> 2018년 상원 선거 결과[237]

<table>
<tr><th rowspan="2">선거연합</th><th rowspan="2">정당</th><th colspan="3">비례</th><th colspan="3">다수</th><th colspan="2">해외</th><th rowspan="2">총 의석수</th></tr>
<tr><th>득표수</th><th>%</th><th>의석수</th><th>득표수</th><th>%</th><th>의석수</th><th>%</th><th>의석수</th></tr>
<tr><td rowspan="5">중도우파</td><td>Lega</td><td>5321537</td><td>17.61</td><td>37</td><td rowspan="4">11327549</td><td rowspan="4">37.50</td><td>21</td><td rowspan="3">21.98</td><td>0</td><td>58</td></tr>
<tr><td>Forza Italia</td><td>4358004</td><td>14.43</td><td>33</td><td>23</td><td>2</td><td>57</td></tr>
<tr><td>Fratelli d'Italia</td><td>1286606</td><td>4.26</td><td>7</td><td>9</td><td>0</td><td>18</td></tr>
<tr><td>Noi Italy</td><td>361402</td><td>1.20</td><td>0</td><td>4</td><td>1.04</td><td>0</td><td>4</td></tr>
<tr><td colspan="3">총의석수</td><td>77</td><td></td><td></td><td>58</td><td></td><td></td><td>137</td></tr>
<tr><td colspan="2">M5S</td><td>9733928</td><td>32.22</td><td>68</td><td>9733928</td><td>32.22</td><td>44</td><td>17.64</td><td>0</td><td>112</td></tr>
<tr><td rowspan="7">중도좌파</td><td>PD</td><td>5783360</td><td>19.14</td><td>43</td><td rowspan="7">947199</td><td rowspan="7">23.00</td><td>8</td><td>27.08</td><td>2</td><td>53</td></tr>
<tr><td>More Europe</td><td>714821</td><td>2.37</td><td>0</td><td>1</td><td>5.39</td><td>0</td><td>1</td></tr>
<tr><td>Together</td><td>163454</td><td>0.54</td><td>0</td><td>1</td><td>-</td><td>-</td><td>1</td></tr>
<tr><td>PCL</td><td>157232</td><td>0.52</td><td>0</td><td>1</td><td>3.15</td><td>0</td><td>1</td></tr>
<tr><td>SVP-PATT</td><td>128282</td><td>0.42</td><td>1</td><td>2</td><td>-</td><td>-</td><td>3</td></tr>
<tr><td>Aosta Valley</td><td>-</td><td>-</td><td>-</td><td>1</td><td>-</td><td>-</td><td>1</td></tr>
<tr><td colspan="3">총의석수</td><td>44</td><td>14</td><td></td><td>2</td><td>60</td></tr>
</table>

LeU	991159	3.28	4	991159	3.28	0	5.57	0	4
해외							17.35	2	2
합계									315

상원 선거 결과 역시 하원과 의미 있는 차이를 보여주지 않았다. 상원의원의 선거권과 피선거권이 하원과 다르다는 점을 고려하면 이는 더욱 극명하게 드러난다. 즉 상원선거는 25세 이상의 시민이 투표에 참가하며 후보는 40세를 넘어야 하기 때문에 과거 선거에서는 상원 선거에서 보다 보수적이고 장년층의 의사가 더 많이 반영되는 성향을 보여 왔기 때문이다. 하원의 경우 각각 18세와 25세이다. 물론 지지 성향에서 민주당의 경우 65세 이상 인구가, 우파는 50세에서 64세 그리고 오성운동당은 50세 이하에서 보다 많은 득표를 한 것으로 나타나기는 했다. 오성운동이 하원 대비 상원에서 다소 저조한 지지율을 보였고 민주당이 다소 선전하였지만 이는 통계적으로 무시할 수 있는 수준이며, 따라서 2018년 총선에서는 연령대의 세대차이가 선거 결과를 좌지우지하지 못하였다고 판단된다.

주세페 콘테(Giuseppe Conte) 정부의 출범은 매우 힘든 타협과 쟁점들을 뒤로하면서 만들어졌다. 이탈리아 정치사적으로나 서유럽정치라는 맥락에서 포퓰리즘 세력이 정권을 장악하게 된 최초의 사례를 기록한 것이며[238], 따라서 그 귀추가 적지 않은 주목을 받았다.[239] 아래는 콘테 내각의 리스트이다.

<표- 44> 주세페 콘테 내각[240]

부처	이름	정당	나이 성	학력	고향	경력
총리	Giuseppe Conte	Tec**	54 M	Laurea	Foggia	교수
부총리·내무	Matteo Salvini	Lega	45 M	대학중퇴	Milano	국회의원
부총리·고용	Luigi D Maio	M5S	32 M	대학중퇴	Avellino	국회의원
외무	Enzo Moavero Milanesi	Tec	64 M	Laurea	Roma	EU공무원
법무	Alfonso Bonafede	M5S	42 M	PhD	Sicilia	국회의원

국방	Elisabetta Trenta	M5S	51 F	Laurea	Roma	대학교수
재경부	Giovanni Tria	Tec*	70 M	Laurea	Roma	대학교수
농림·관광	Gian Marco Centinaio	Lega	47 M	Laurea	Pavia	국회의원
환경·해상	Sergio Costa	Tec**	59 M	Laurea	Napoli	경찰공무원
인프라·교통	Danilo Toninelli	M5S	44 M	Laurea	Cremona	국회의원
교육·연구	Marco Bussetti	Tec*	56 M	Laurea	Milano	교육감
문화·관광	Alberto Bonisoli	M5S	57 M	Laurea	Mantova	대학교수
보건	Giulia Grillo	M5S	43 F	Laurea	Catania	의사
정무	Riccardo Fraccaro	M5S	37 M	Laurea	Treviso	국회의원
행정	Giulia Bongiorno	Lega	52 F	Laurea	Sicilia	국회의원
지방자치	Erika Stefani	Lega	47 F	Laurea	Vicenza	국회의원
남부	Barbara Lezzi	M5S	46 F	고졸	Lecce	국회의원
가족·장애	Lorenzo Fontana	Lega	38 M	Laurea	Verona	국회의원
유럽	Paolo Savona	Tec*	82 M	Laurea	Cagliari	대학교수
내각장관	Giancarlo Giorgetti	Lega	52 M	Laurea	Varese	국회의원

* Lega 친화 ** M5S 친화

이상의 리스트를 보면서 몇 가지 특징을 추론할 수 있다. 우선 연령대가 과거에 비해 보다 젊어졌다는 사실을 주목할 수 있는데, 집권 양대 정당의 대표가 각각 32세와 45세라는 점을 고려할 수 있다. 반면 일부 중요 부서인 재경부와 외무부의 경우 관록이 있는 인물들을 영입하기도 했다. 위의 표를 보면 양대 집권 정당의 대표인 마테오 살비니와 루이지 디 마이오는 부총리겸 각각 내무장관 및 고용경제발전장관직을 맡음으로써 실세임을 과시하고 있다.

현대 정치에서 성비도 중요한 변수의 하나이다. 실제로 이번 총선이 적용된 선거제도는 성비의 왜곡을 방지하기 위해 한 성이 정당리스트에서 60%를 넘지 못하게 하여 사실상 여성 정치인의 참여를 독려한 바 있다. 그런 점을 고려한다면 콘테 내각에서 여성장관이 5명인 25%에 그친 것은 과거 정부와 비교해서도 많이 부족한 것으로 수용되었다. 그 중에서도 여성장관은 상대적으로 비중이 떨어지거나 무임소장관이 다수여서 더욱 그러하다. 전임 마테오 렌치 정부에서는 절반이 여성이었다는 점을 환기할 필요가 있다.

교육 수준은 대부분이 대학을 졸업한 것으로 나타나 과거에 비해 높아졌다고 보며, 주요 경력에서도 교수나 변호사 및 전문직이 많이 보이지 않는 반면, 국회의원이 압도적인 다수를 차지하고 있다. 이는 이번 내각이 정무형이며 따라서 기술관료내각과는 차별적임을 현시한다. 그럼에도 불구하고 5명의 전문가 집단을 내각에 포진시킴으로써 보완을 시도하였는데, 이들도 실제로는 오성운동이나 동맹당과 연계된 인물이라는 점에서 순수한 기술관료로 보기에는 무리가 있다.

이탈리아 정부 구성에서 놓칠 수 없는 변수가 바로 출신 지역이다. 이는 이탈리아가 선진국임에도 불구하고 지역주의와 격차가 심화된 국가라는 점에서 유의미하며, 그간 역대 정부에서 우파가 집권하는 경우 남부가 보다 많이 배려된 측면이 있는 반면, 중도좌파 집권시 이른바 가족 중심의 중소기업이 발달한 적색지대인 중부와 북동부(토스카나, 에밀리아로마냐, 베네토) 출신들이 많았다는 점에서 그러하다. 콘테 정부는 남부에서 압도적 지지를 받은 오성운동과 북부 지역을 대변해 온 동맹당이라는 차원에서 중부가 상대적으로 소외될 것이라는 전망을 해볼 수 있는데, 실제로 북부 9명, 중부 3명 그리고 남부 출신이 8명이다. 따라서 중도좌파의 몰락과 이탈리아 중부 지역 출신이 적다는 것이 증명된 셈이다. 중부의 경우에도 모두 로마 및 그 주변 출신이어서, 전통적인 중부 출신은 사실상 한 명도 배출되지 않은 셈이다.

<인물- 12> 마테오 살비니 (Matteo Salvini, 1973-)

마테오 살비니는 지역주의와 유럽회의주의에 기반한 구북부동맹이자 현재 동맹당의 당수이다. 2004년부터 유럽의회 의원, 2008년 하원의원 그리고 2018년 이후 상원의원으로 활동하고 있다. 1973년 밀라노에서 출생하였으며 국립 밀라노대학에서 정치학과 역사를 전공하였으나 정계에 입문하면서 학업을 마치지 못하였다. 1990년 북부동맹에 가입하여 청년모임을 이끌었다. 1993년 밀라노 시의회 의원으로 선출되면서 본격적으로 활동하게 된다. 2018년 총선 이후 연정에 참여하여 내무장관 겸 부총리로 취임하여 이민자에 대한 강력한 정책으로 국민적 지지를 받았다. 그러나 2019년 8월 자신의 정치적 목표를 달성하기 위해 정부를 해산시키고 조기총선을 주장하였으나, 파트너였던 오성운동은 민주당과 손을 잡고 새 정부를 구성하여, 야당의 당수로 남았다.

살비니가 소속한 동맹당은 2020년 당시 여론조사에서 제1당의 위치를 굳건히 지키고 있었다. 그는 유럽통합에 대한 격렬한 반대운동을 펼치고 있는데, 재정위기 이후 강요된 긴축정책으로 이탈리아인들의 삶이 피폐화되었으며, 이민·난민 위기시 유럽의 공조가 실패했던 사실을 들며 유럽연합을 거부하고 있다. 그의 정치적 성향은 극우로 분류될 수 있는데, 조기총선이 실시될 경우 총리직에 오를 것이란 전망도 있는데, 우파정권이 탄생할 경우, 이탈리아형제당과 전진이탈리아당이 공동으로 정부를 구성할 것으로 전망된다. 이러한 상황이 전개된다면 이탈리아가 유럽연합으로부터 이탈하는 이탈렉시트의 가능성도 점쳐지고 있다. 그러나 그의 야심은 판단착오로 약화되었으며, 2022년 초 현재 우파 진영 내에서 이탈리아형제당에 비해서도 당세가 위축된 상황에 처해 있다.

포퓰리즘 정부는 출범 일 년이 지나지 않아 2019년 8월 동맹당의 살비니가 자신의 정치적 야심을 표출하였고 정부의 위기를 선언하면서 조기총선을 요구하였다. 그러나 이러한 선택은 살비니에게 부정적인 방향으로 나아가게 만들었으며, 야당이었던 민주당과 오성운동이 손을 잡게 되면서 콘테 2기 정부가 출범하게 되었다. 이로써 지지율에서 1위를 달리고 있던 동맹당과 살비니는 야당으로 전락하게 되었고, 결과적으로 정치적 오판을 한 것으로 평가받고 있다. 이후 이탈리아 정치는 필요한 개혁조치를 과감하게 추진하지 못하는 모습을 보여주었고 2020년 초의 코로나 사태로 인해 더욱 곤궁한 상태에 놓이게 되었으며, 마타렐라 대통령은 위기를 타개하기 위해 마리오 드라기 전 유럽중앙은행 총재에게 관리내각을 맡기게 된다.

3) 마리오 드라기 위기관리내각

주세페 콘테 2기 정부는 코로나사태를 맞이하여 나름 선방하였다는 평가가 있었으나, 유럽연합 차원에서 제공된 차세대기금(Next Generation EU)의 사용을 두고 연립정권 내 분파들간의 갈등을 극복하지 못하고 붕괴하였다. 문제를 제기한 측은 마테오 렌치 전 이탈리아 총리가 이끄는 소수 정파인 생동하는 이탈리아당(Italia Viva)이었다. 이후 유효한 다수를 확보하지 못하여, 마타렐라 대통령은 마리오 드라기 전 유럽중앙은행 총리에게 위기관리내각을 요청하게 되고 빠른 속도로 좌우 대연합 성격의 정부가 출범하였다. 드라기 내각의 구성은 아래 표와 같다.

<표- 45> 마리오 드라기 내각[241]

부처	이름	정당	나이 성	학력	고향	경력
총리	Mario Draghi	tec	74 M	PhD	Roma	전ECB총재
부총리·외무	Luigi Di Maio	M5S	35 M	대학중퇴	Avellino	국회의원
내무	Luciana Lamorgese	tec	68 F	Laurea	Potenza	국회의원
법무	Marta Cartabia	tec	58 F	Laurea	San Giorgio	법조인
국방	Lorenzo Guerini	PD	54 M	Laurea	Lodi	국회의원
재경부	Daniele Franco	tec	68 M	Laurea	Trichiana	경제학자
경제개발	Giancarlo Giorgetti	Lega	54 M	Laurea	Cazzago Brabbia	국회의원
농림·식품·산림	Stefano Patuanelli	M5S	47 M	Laurea	Trieste	국회의원
생태전환	Roberto Cingolani	tec	55 M	PhD	Milano	물리학자
인프라·교통	Enrico Giovannini	tec	64 M	Laurea	Roma	경제학자
노동·사회정책	Andrea Orlando	PD	52 M	Diploma	La Spezia	국회의원
교육	Patrizio Bianchi	tec	69 M	Laurea	Copparo	경제학자
대학·연구	Maria Cristina Messa	tec	60 F	Laurea	Monza	대학교수
문화유산 및 관광	Dario Franceschini	PD	62 M	Laurea	Ferrara	국회의원
보건	Roberto Speranza	AU	42 M	PhD	Potenza	국회의원
의회관계	Federica D'Incà*	M5S	45 M	Laurea	Belluno	국회의원
혁신·디지털전환	Vittorio Colao*	tec	60 M	Master	Brescia	기업가
공공행정	Renato Brunetta*	FI	71 M	Laurea	Venezia	국회의원
지방자치	Mariastella Gelmini*	FI	48 F	Laurea	Leno	국회의원
EU관계	Paolo Savona*	tec	85 M	Laurea	Cagliari	대학교수
남부·통합	Maria Rosaria Carfagna*	FI	45 F	Laurea	Salerno	국회의원
청년정책	Fabiana Dadone*	M5S	37 F	Laurea	Cuneo	국회의원
가족·기회평등	Elena Bonetti*	IV	47 F	PhD	Asola	국회의원
장애인·복지	Erika Stefani*	IV	50 F	Laurea	Valdagno	국회의원
관광	Massimo Garavaglia*	Lega	53 M	Laurea	Cuggiono	국회의원

* 무임소장관

그 구성을 보면 기술관료내각임에도 불구하고 국회의원들이 절대다수를 차지하고 있어 정무형의 성격을 겸하는 것으로 이해된다. 연령으로는 이전에 비해 평균이 상승하였으나, 신구가 조화를 보이는 양태로 수용된다. 성별로는 여성이 1/3을 차지하고 있으나 무임소장관직이 압도적이다.

<인물- 13> 마리오 드라기 (Mario Draghi, 1947-)

마리오 드라기는 1947년 로마에서 출생한 경제학자이자, 은행가 그리고 공무원이다. 그는 2011년부터 8년간 유럽중앙은행 총재를 역임하면서 위기의 유로화를 구한 것으로 유명하다. 2021년 2월 13일 이탈리아의 위기관리내각 총리로 취임하였다.

드라기는 로마의 마시밀리아노 마시모 예수회 고등학교를 졸업하였는데, 동창생으로 이탈리아경영자협회장을 지낸 바 있는 루카 코르데로 디 몬테제몰로, 외교부차관을 지낸 스타판 데 미스투라 그리고 유명방송인인 잔카를로 마갈리 등이 있다. 로마대학에서 경제학을 공부하고 미국으로 건너가 이탈리아인 최초로 MIT대학원에서 1985년 노벨경제학상을 받은 프랑코 모딜리아니의 지도로 경제학박사학위를 취득하였다.

귀국하여 베네치아에서 대학교수직을 맡다가 재무국 총국장으로 발탁되어 일하였으며, 세계은행의 고문으로도 활동하였다. 이후 미국의 하버드 및 프린스턴대학에서 일하였고 2006년 이탈리아 중앙은행의 총재가 되었다. 2011년에는 주지하다시피 유럽중앙은행의 총재직을 맡아 8년간 수행하였다. 당시에는 세계적인 경제위기가 닥쳐 유로화도 어려움에 처했었는데, 드라기는 '할 수 있는 모든 걸 하겠다(whatever it takes)'는 유명한 멘트로 유로화를 구명하여 수퍼 마리오라는 애칭으로 세계적인 명사로 발돋움하였다.

2021년 이탈리아 총리로 취임한 드라기는 일 년간 코비드-19로 위기에 처한 이탈리아 경제의 회복탄력성을 가져오고 수호하는 상징으로 자리매김하고 있으며, 그로 인해 이탈리아의 국제적 신용도가 상승하는 리더십을 발휘하였다. 2022년 대선에서 드라기는 마타렐라 대통령의 뒤를 이어 대통령이 될 것인가에 대해 많은 관심을 받았으나 대통령으로 자리를 옮길 경우 내각의 정국위기가 또다시 초래될 수 있다는 이유로 마타렐라 대통령이 재선된 바 있다.

드라기 정부의 위상과 그 수명에 대한 적지 않은 논란이 있는데, 우파의 경우 되도록 조기총선을 희망하고 있으며, 좌파인 민주당이나 오성운동은 드라기 정부가 차기 총선까지 연명하기를 기대하고 있다. 2022년 1월에 치러진 공화국 대통령의 선거를 통해 드러난 정치적 현실은 여전히 유효한 합의에 이르기 어려우며, 결국 기존의 마타렐라 대통령이 극구 사양했음에도 불구하고 재선을 수용해야 하는 결과를 낳았다. 이 과정을 통해 기존의 정치권은 다시금 무능을 보여주었으며, 킹메이커를 자처한 동맹당의 살비니는 추가적인 지지율의 하락을 경험해야 했다. 이제 남은 과제는 2023년 봄의 총선인데, 안정적 다수를 형성할 수 있는지에 대한 부정적 기류가 지배적이다. 따라서 비록 드라기 위기관리내각이 선전하고 있음에도 불구하고 이탈리아 정치의 중장기적 변동은 불확실성으로 점철되고 있다고 판단된다. 1992년까지의 불완전한 양당제에서 마니폴리테를 거치면서 다수대표제로의 선거법 개정을 통해 좌우가 포진하는 양대정당제 그리고 적어도 외형적으로는 정권교체의 원활함을 가져온 바 있다. 그러나 반유럽정서와 경제의 부진으로 인한 포퓰리즘의 득세로 특징지어지는 2013년과 2018년 총선을 통해 이른바 삼극체제가 형성되었으나, 오성운동의 약화로 인해 미래를 가늠하기 어려운 형국이다.

3. 소결

이탈리아 통일기에서 2018년까지의 총선 결과와 정부구성을 살펴본 결과, 다음과 같은 사실을 파악할 수 있었다. 우선 이탈리아 정치행태는 엘리트 중심으로 진행되어 왔다는 점이다. 대중정당이 들어서고 형식적 민주주의가 실행되었으나, 많은 경우 스펙타클의 정치화 현상을 피하지 못하였다. 즉 엘리트와 대중이 일정한 간격을 두고 격리되는 상황이 지속되는 성향을 보여왔음을 알 수 있다. 이탈리아에서 엘리트의 순환론이라는 정치변동론이 탄생한 것은 우연이 아닌 것으로 보인다. 실제로 통일 이후 이상주의자들은 문맹을 퇴치하고 통일 과정에서 심화된 남부와 북부의 지역격차를 좁히는 작업을 지상과제로 삼은 바 있다. 그러나 이탈리아의 이상주의적 접근 자체에서 엘리트 중심의 시각이 드러나고 있다는 데에 문제가 있다고 본다.

둘째, 빈번한 정부의 붕괴와 그로 인한 정치의 비효율에 대한 설명이 필요하다. 불안정 속에서의 안정이라는 현상은 공화국 시대는 물론이고 통일 이후의 정치상황에서도 유사하게 발생하였다. 다수파 공작 내지 변형주의 현상은 19세기 말 이미 이탈리아 엘리트 집단의 정치에서 횡행하는 현상이었다. 비록 파시즘기를 거치면서 일당 독재와 통제의 시간을 보냈지만 이탈리아에서 정치적 안정성은 찾아보기 힘든 현상이었다. 그럼에도 불구하고, 외형적인 불안정 속에서 정치인 기준으로는 연속성의 현상이 발견된다는 모순에 접하게 된다. 이러한 현상은 이탈리아 정치가 이념이나 정책 중심이 아닌 개인주의와 연고주의에 기초하고 있다는 특징을 대변해 주고 있다.

셋째, 선거제도의 변화상을 통해 이탈리아 정치의 단면을 살필 수 있다는 점이다. 1945년 이전까지는 사르데냐왕국의 법제와 행정체계가 이탈리아 왕국에 그대로 전수되어 총선은 비례대표제 중심으로 치러졌으며, 거대 정파들의 존재에도 불구하고 시간이 지나면서 다수의 군소정당들이 출현하는 상황을 연출하였다. 파시즘시대의 일당 독재에 대한 거부감으로 인해 채택된 공화국 시대의 선거제도는 단순비례대표제였는데, 특정 정당의 과도한 권력을 방지하고자했던 취지에는 부합되었으나, 군소정당들과의 타협을 통해 정부를 구성하고 이끌어가야 한다는 제한성이 시종일관 이탈리아 정치를 불안하게 만들었다.

넷째, 1992년의 부패수사 이후 채택된 다수대표제 중심의 선거제도는 정권의 교체를 원활하게 만들고 양대정당화하는 모습을 보여준 바 있다. 적어도 외견적으로는 이전 시대에 비해 진전된 정치문화를 형성하였다고 평가할 수도 있다. 그러나 외형적 변화에도 불구하고 핵심이 변하지 않는다는 표범주의(Gattopardismo) 현상이 나타나면서 우파와 좌파를 막론하고 정권이 지속적으로 교체되었음에도 불구하고 이탈리아의 정치개혁과 선진화가 달성되지 못하였으며, 부패현상이 감소하지 않았다는 비판이 제기되었다. 설상가상으로 2008년 글로벌 재정위기 이후 긴축정책이 도입되면서 이탈리아인들의 생활 수준이 피폐화하자 기존의 정치체제 전체를 거부하는 사회운동이 부상하고 유럽통합을 반대하는 포퓰리즘 정당들이 득세하는 형국이 만들어졌다.

마지막으로, 2013년과 2018년의 총선은 이상의 현실을 반영하고 있으며, 새로운 정당체계와 정치문화를 예고하고 있다. 오성운동과 동맹당과 같은 정치 세력들은 유럽회의주의적 입장을 견지하고 있으며, 단일화폐인 유로화 역시 이탈리아 경제의 회복을 방해하는 기제로 이해하고 있다. 최근 코로나 사태는 이러한 경향이 가속화하여 앞으로의 전망을 더욱 불안정하게 만들 것이다. 2022년 현재 시점에서 오성운동의 지지율 하락은 또 다른 정당체제의 탄생을 예고하는 것으로 보인다. 이러한 흐름의 결과는 선거제도의 개편과 경제상황 그리고 군소정당들의 이합집산 현상들과 맞물리면서 나타날 것으로 전망된다.

VII

이탈리아의 외교정책

이탈리아는 국제 관계에서 초강대국의 입장에 서지 않는 반면 약소국의 위치를 점하지도 않는 전형적인 중견국(media potenza)이다. 경제적으로는 중심권이 위치에 있고 G7의 일원이지만, 국제정치 차원에서 보면 강대국으로 보기 어렵다. 그러나 이탈리아의 외교노선이 특정 세력에만 의존하는 방식으로 실시되지는 않아 왔다.[242] 일부에서는 냉전시기에 미국과 소련의 가교역할을 시도했던 유산에 빗대어 작금의 미국과 중국의 전략경쟁적 관계에서도 교량의 역할을 자임하고 있는 형편이다.[243] 이 장에서는 통일 이후 이탈리아의 외교노선을 제시하면서 그 특징을 중심으로 살피려 한다.

이를 위해 대외정책의 경우 시기별로 통일 이후, 파시즘시기 그리고 공화국 시기로 대별하여 해당 시점의 국제상황과 국내정치의 맥락을 살펴볼 것이다. 기본 전제는 자본주의 세계경제로 편입한 이후 이탈리아의 위치를 세계체계론적 분석틀하에서 반주변으로 정의하면서 그 위상과 역할을 분석할 것이다. 유럽통합과 이탈리아의 경우, 초기의 적극적인 태도에서 탈냉전 이후 점차 유럽회의주의가 증대되고 있는데 유럽 차원의 정치와 이탈리아 국내정치의 연관성에 대한 분석은 8장 이탈리아와 유럽에서 별도로 다루려 한다.

1. 대외정책의 기조

이탈리아는 전통적으로 국제 관계에 있어 소극적 내지 중립적인 역할을 유지하여 왔다. 19세기의 통일운동도 사르데냐왕국의 수상이었던 카부르의 외교적 수완에 의하여 가능하였는데 이는 열강들의 힘의 균형을 최대한 활용하는 정책에 기반한 것이었다. 제1차 세계대전에 참가하게 된 경위를 보더라도 전쟁 전에는 독일 및 오스트리아와 삼국동맹을 맺은 상태였지만 1915년 런던조약을 통해 영국과 프랑스의 진영으로 합세하게 되었다. 이는 중립으로 포장된 기회주의적 외교를 대변하는 것으로 이해되는데 근본적인 이유는 당시의 이탈리아가 국제정치에서 주도적인 역할을 수행하기에는 정치적으로나 경제적으로 역부족이었기 때문이었다.

제2차 세계대전의 경우에도 파시즘체제의 등장으로 국력이 집중되는 경험을 하였지만 주축국의 파트너였던 독일에 비해 이탈리아는 전쟁을 수행할 능력이 모자라는 형편이었다. 그러나 독일의 개전은 동맹국인 이탈리아를 참전하도록 강요하였으며 이러한 상황은 이차대전을 통해서도 이탈리아의 혁혁한 공적을 찾아보기가 힘들게 만들었다. 이탈리아는 전쟁의 주요 당사국이었으나 연합군이 남부에 상륙하여 반도가 전쟁터화하자 전체주의체제는 붕괴되었으며 독일의 의지에 따라 수동적인 역할에 만족하여야 했다.

이상의 경험은 이탈리아로 하여금 적극적이고 능동적인 외교를 수행하기보다는 현실주의적·평화적 접근법을 선호하도록 만들었다.[244] 현실주의적 접근은 소극적이어서 주인공이 될 수는 없었으나 실리를 취할 수 있다는 장점도 존재하였다. 1945년 해방을 맞이하고 이탈리아 공화국은 국제 관계의 새로운 장을 열게 되었다. 그러나 누구와도 적대 관계를 유지하지 않겠다는 전략은 냉전체제의 시작과 함께 불가능해졌으며 선택을 강요받게 되었다. 당시의 집권당이었던 기민당은 이탈리아가 서방진영에 남게됨으로써 얻을 수 있는 혜택을 고려하게 되었고 이는 미국으로부터의 경제적 지원을 의미하는 것이었다. 사회당이나 공산당 역시 소련과의 동일한 이념에도 불구하고 적절한 거리를 유지하였기 때문에 기민당의 전략은 성공할 수 있었으며 이러한 의미에서 강한 공산당의 존재는 기민당의 정권유지를 위해 반공주의를 사용할 수 있는 기회를 제공하였다.

지난 70여 년간을 통하여 볼 때 이탈리아의 외교정책은 일관성의 결여와 혼선으로 점철되었는데 그 이유는 몇 가지로 정리할 수 있다. 우선은 국내의 정치적 불안정을 들 수 있다. 빈번한 정부의 위기와 붕괴는 기본적인 정책수립을 어렵게 만들었으며 외무장관의 잦은 교체도 소신 있는 정책추진이 가능치 못하도록 하였다. 이는 집권여당인 기민당 내에서도 계파에 따라 외교노선이 판이하게 차이가 났다는 사실에서도 이해될 수 있다. 이탈리아의 외교관들은 능력이 우수하였고 국제적인 안목도 갖추고 있었으나 이들을 포용하는 장관직의 불안정성은 지엽적인 문제들에만 신경을 쓰고 장기적이면서도 전략적으로 중요한 국가적인 차원에 대하여는 부족함을 느끼도록 만들었다.

공화국의 대통령과 내각의 총리가 병존한다는 사실도 적지 않은 문제점을 노출하였다. 헌법적으로 대통령은 상징적인 존재이며 정부의 위기 시에만 조정역할을 수행하는 것으로 되어 있었으나 국가의 원수로서의 활동은 외교적인 측면과 연결되는 것이어서 오해를 불러일으킨 적이 많았으며 이러한 모습이 타국과의 관계에서 약점으로 작용하였다. 따라서 이탈리아의 외교정책을 책임 있게 추진하는 세력의 결핍을 야기하게 되었다.

이탈리아가 이차대전의 참전국이면서 패전국이었다는 사실도 외교상의 약점으로 작용하였다. 전체주의적 경험은 미국의 주도하에 전개된 국제 관계에서 부정적인 것으로 낙인찍혔으며 전후의 복구사업을 위해서도 승전국들의 결정에 수동적으로 끌려다닐 수밖에 없도록 만들었다. 따라서 이탈리아는 다시금 중립주의, 평화주의, 국제문제에의 무관심주의 등을 표방하면서 국내적인 사안들에 주력하는 인상을 심어주게 되었다.

한편 외교에서의 권력의 분산과 소극적인 자세는 긍정적인 결과를 보이기도 하였다. 공화국 초기의 외교목표는 무솔리니 체제의 부정적인 모습을 극복하고 서구사회에서 인정받으며 경제재건을 위한 원조를 받는 것이었는데 이러한 목표는 1949년 북대서양조약기구(NATO)에 참가함으로써 실현될 수 있었다. 또한 1951년에 유럽석탄철강공동체(ECSC), 1957년에 유럽경제공동체(EEC) 등에 가입하면서 이념이나 이상적 목표보다는 실리에 기반한 경제 위주의 외교노선이 성공을 거두게 되었다.[245]

이로써 이탈리아는 진정한 의미에서(nel senso vero e proprio) 서방 유럽의 일원으로 인정받았다. 서방 진영에의 참가는 이 밖에도 이탈리아의 과잉인구문제와 실업문제를 해결하는 데 중요한 역할을 하게 되었다. 즉 이탈리아의 유휴노동력이 산업화된 중북부유럽에서 일할 수 있는 법적·제도적 길을 터놓게 되었던 것이다. 또한 유럽 차원의 개발자금이 남부에 유입됨으로써 남부개발에 적지 않은 재정적 지원을 가능케 하였다. 그러나 공동농업정책(CAP)에 의한 농산물의 수입은 이탈리아의 농가에 치명적인 타격을 입혀 이후 무역수지의 적자부분에서 상당한 부담으로 작용하였다.

정당들 간의 외교노선은 이념적으로는 적어도 커다란 차이를 보여 왔다. 공산당은 독자적인 노선을 추구하였다고 하지만 소련과의 관계를 단절하지 못하였으며 중도좌파의 정당들도 미국위주의 국제 관계에 경계심을 표명하여 왔다. 그러나 1960년대 이후 공산당을 제외한 좌파정당들이 북대서양조약기구를 적극적으로 지지하게 되었으며 1970년대에 들어오면 공산당마저도 역사적 대타협의 과정을 거치면서 소련과의 단절을 선언하게 되었다. 이로써 국가적인 차원에서의 외교정책이 합의에 기초하는 계기를 마련하게 되었다.

모든 관련국과의 부드럽고 좋은 관계를 유지하여 왔던 이탈리아 외교의 전통은 민족주의적 성향이 낮다는 차원에서 고찰될 수도 있으나 결과적으로는 심각한 갈등을 유발하지 않았다는 시각에서 긍정적일 수도 있다. 이탈리아의 주변국 및 주요 국가 간의 관계를 간략히 살펴보면 다음과 같다. 북동부에서 국경을 접하고 있으며 동해인 아드리아해를 마주보고 이탈리아는 전통적으로 국제 관계에 있어 소극적 내지 중립적인 역할을 유지하여 왔다. 19세기의 통일운동도 사르데냐왕국의 수상이었던 카부르의 외교적 수완에 의하여 가능하였는데 이는 열강들의 힘의 균형(Blance of Power)을 최대한 활용하는 정책에 기반한 것이었다.

프랑스와의 관계에서는 이탈리아에 대하여 갖고 있던 우월감으로 인하여 적지 않은 갈등을 유발하였다. 영국과의 관계는 정치·경제적으로 유사한 입장에 놓이게 되어 공동보조를 취한 경험이 많았다. 즉 유럽 내에서 독일과 프랑스가 양대강국으로 군림하는 것을 경계한다는 차원에서 이해의 일치를 보아 왔다. 그리스, 스페인, 포르투갈 등과는 일반적인 예상과는 달리 별다른 관계의 특수성을 발견할 수 없지만 농업부문에서의 경쟁적인 위치에도 불구하고 이탈리아는 이들이 공동시장에서 회원국이 되도록 하는 데 일조하였다.

통일 이전의 서독과의 관계는 다양한 측면에서 고찰될 수 있다. 우선은 이차대전을 통하여 주축국으로 공동전선을 형성하였다는 경험을 들 수 있다. 또한 독일은 20세기에 지적·문화적 준거의 대상이었으며 사회민주주의가 꽃을 피운 나라로도 존경받았다. 독일 내에서 일하고 있는 60만 명의 이탈리아노동자들에게도 독일은 의미 있는 나라였으며 이탈리아의 무역파트너로도 수출입에 있어 유럽 내에서 최고의 파트너로 존재하였다. 그러나 민족의 기질적으로는 양국 간에 부정적인 스테레오타입이 병존하기도 했다. 동유럽과 소련과의 관계는 정치적으로는 별다른 특색을 발견할 수 없으나 경제적으로는 실리위주의 이탈리아와 적지 않은 교역을 가능케 하였다. 이는 현실사회주의권이 붕괴된 오늘날에 더욱 뚜렷한 모습을 보이고 있다.

유럽대륙 이외의 국가들과의 관계는 제한되어 있었는데 우선 지중해권 국가들 및 중동 국가들과의 관계를 보면 이탈리아의 이 지역에 대한 역사적 역할, 과거의 식민경험 등이 긍정적으로 작용할 수도 있었으나 현실적으로는 기대 이하였다. 다만 갈등이 증폭되던 시기에는 유럽과 아랍국가들 사이에서 중재역할을 하였으며 1980년대에 들어와서는 아프리카 북부의 마그레브국가들과의 새로운 가능성을 시사하고 있다.

마지막으로 초강대국인 미국과의 관계는 전후에 가장 중요한 파트너로 간주되었으며 갈등적이기보다는 상호이해에 기초한 조화로운 관계를 유지하였다. 미국은 전후 이탈리아에서 공산당이 집권하는 것을 방지하는 데 주력하였으며 이탈리아는 경제재건을 위한 재정적 지원을 기대하는 입장이었다. 미국은 공화국 초기에 공산당과 사회당에 필적할 수 있도록 사회민주당의 창당을 지원하였으며 공산당과 연계된 이탈리아노동총연맹(CGIL)의 영향력을 염려하여 사회당계열의 이탈리아노동자연합(UIL)과 기민당 중심의 이탈리아노동조합협회(CISL)에도 자금을 지원하였다. 1972년 주미대사였던 그래험 마틴은 우익의 장군이었던 비토 미첼리에게 80만 불의 정치자금을 제공함으로써 자신들의 이해관계를 적극적으로 표명하였으며 1976년의 하원보고서에 의하면 미국의 중앙정보부(CIA)가 지난 삼십여 년 동안에 이탈리아의 정치인이나 정당들에게 약 7,500만 불의 돈을 지원하였다고 밝힌 바 있다. 미국은 심지어 1970년대 후반에 기민당과 공산당의 합작인 역사적 대타협을 저지하려고까지 시도하였으나 실패하고 말았다.

이러한 미국의 대이탈리아 관계는 주로 기민당을 통하여 이루어졌는데 기민당은 공산당을 소외시키려는 미국의 입장을 옹호하면서 정권을 유지하였으며 필요한 정치자금도 받을 수 있었다. 이탈리아의 입장에서는 미국의 개입이 부담스러운 것일 수도 있었으나 초강대국(Superpotenza)인 미국과의 갈등을 원하지 않았기 때문에 그러한 관계가 유지될 수 있었다. 그러나 이러한 표면적인 조화 관계는 상호신뢰와 존경에서 비롯되었다기보다는 현실적인 필요성에서 나온 것으로 이해되어야 할 것이다.

2. 통일 이후

1861년 이탈리아의 통일은 반외세와 반봉건이라는 이중과제를 수행하면서 실현화되었다. 17세기 이후 유럽사에서 이탈리아 반도는 중심부 위치를 상실하고 주변부로 전락하였다. 르네상스기의 도시국가들은 열강의 시대에 알프스 이북에 위치한 제국들의 영향하에 들어가게 되었고, 사실상 직접적인 지배를 받고 있었다. 스페인 통치의 양시칠리아공국, 오스트리아가 실효적으로 지배하던 베네치아 그리고 중부는 교황이 직접 관할하는 지역이었다. 토리노에 있는 사르데냐왕국만이 독립의 지위를 갖고 있었으나 상당 부분 프랑스의 영향을 받고 있었다.

따라서 반도로부터 이들 세력을 밀어내는 작업이 사실상 이탈리아의 통일운동인 리소르지멘토(Risorgimento)였다고 볼 수 있다. 이탈리아의 통일을 설명하는 이론 중에서 인물 중심의 역사기술을 하는 입장에서는 마치니의 공화주의 사상, 가리발디의 용맹과 남부해방 그리고 카부르의 실용외교를 중요한 요인으로 간주하고 있다. 이 중에서도 사르데냐왕국의 재상이었던 카부르는 당시 열강이 각축하던 국제적 분위기를 활용하여 군사력이 아닌 외교를 통해 이탈리아의 통일을 가져온 인물로 평가받고 있다. 그의 전략은 오스트리아를 견제하기 위해 프랑스와의 연대를 도모하는 것이었다. 결국 1차적인 통일은 남부를 해방한 가리발디와 그 추종세력이 무력 충돌을 피하면서 북부의 사르데냐왕국에게 남부를 헌납함으로써 가능하였다. 즉 스페인 세력이 반도에서 물러나게 되었다는 사실이다. 그리고 교황령이었던 중부이탈리아를 무장해제시키고 접수함으로써 1861년 통일 이탈리아왕국(Regno d'Italia)이 출범할 수 있었다. 당시 교황은 프랑스에 구원을 요청하였지만 대세를 거스를 수는 없었다. 이후 2차 통일은 로마의 해방 그리고 오스트리아로부터 베네치아를 병합하면서 1870년에 완성될 수 있었다.

통일 직후 정부의 지상과제는 국민통합과 경제성장에 치중되었다. 한편으로 토리노 중심의 통일은 남부의 입장에서 보면 달가운 변화가 아니었으며, 실제로 적지 않은 차별을 받은 것으로 알려져 있다. 그 결과는 통일 정부에 대한 반감과 저항 그리고 심지어 반란으로 이어지면서 상당한 후유증을 낳게 된다. 이탈리아를 만들었으니 이제부터는 이탈리아인을 만들어야 한다는 명제(Fare gli italiani)는 옳은 방향이었으나, 남부와 북부의 정서적 격차는 내부식민지화(colonialismo interno)로 설명될 만큼 지대했으며 두고두고 문제거리로 자리매김하게 된다.

다른 한편으로 당시의 선진국이었던 영국과 프랑스를 따라잡아야 한다는 과제가 중차대하였는데, 시대분위기가 자본주의 발전과 식민지의 경영이라는 제국주의로 점철되었기에, 이탈리아도 그에 경주하여야 했으며, 토리노를 중심으로 초기 산업화가 진행되게 된다. 이후 산업화의 역사에서 이탈리아를 대표하는 피아트(FIAT)와 올리베티사(Olivetti)의 본사가 토리노 지역에 위치했다는 사실은 시사하는 바가 크다. 이러한 경제성장정책은 국가주도로 이루어졌으며, 조속한 기간 내에 선진공업국을 따라잡아야 한다는 과제를 안고 있었다.

외교노선에서는 실용주의에 입각하여 프랑스와 독일 사이에서 등거리(equidistanza) 노선을 유지하였다. 이 정책은 이후로도 이탈리아의 대외정책의 근간을 이루게 되는데, 강대국이 아닌 중견국의 입장에서 자신의 위치를 인식하면서 이해를 극대화할 수 있는 전략으로 수용되었다. 이러한 점에서 1882년 독일 및 오스트리아와 삼국동맹(La Triplice Alleanza)을 맺은 사실은 다소 의외로 인식될 수 있다. 당시 상황은 프랑스가 북아프리카의 튀니지 경영에 나서면서 이곳에 관심을 가지던 이탈리아의 입장에서 반감을 표하는 방식으로 동맹에의 가입이 이루어졌다. 이 동맹은 이후 약화되었지만 1915년 1차대전 발발 이후 이탈리아가 방어의 목적이었을 시에만 유효하다는 구실을 들어 이행치 않으면서 시간을 끌다 결국 영국 및 프랑스와 런던비밀조약을 체결하면서 와해되었다.

이탈리아의 식민경영은 기본적으로 증가하는 인구문제의 해소와 경제발전을 위해 해외의 원자재를 필요로하는 이중적 목적에 의해 구체화되었다. 또한 열강들의 외교 각축장에서 자신의 위치와 국가의 이익을 극대화해야 한다는 과제를 안고 있었다. 프랑스의 북아프리카 경영에 대한 대응으로 이탈리아는 에티오피아 경영에 나서게 된다. 초기에는 전략 부재로 혼선이 있었지만 시간이 지나면서 실효적 지배에 성공하게 되고 이후 동아프리카 지역으로 확대하는 작업을 이어가게 된다. 당시 아프리카 대륙은 이미 영국과 프랑스에 의해 양분되어 지배되고 있었기에 이러한 이탈리아의 부분적 식민사업은 다소 의외로 간주될 수도 있는데, 이탈리아가 진출한 지역들, 즉 리비아, 에티오피아, 소말리아, 탄자니아 등은 당시의 시점에서 두 국가가 관심을 갖고 있지 않은 곳이기에 가능하였으며, 독일 대비 이탈리아가 영국과 프랑스에 위협 세력이 아니라는 점도 작용하였다.

1차대전 발발 직후 이탈리아는 소극적 자세를 견지하고 있었다.[246] 삼국동맹에 의하면 이탈리아가 자동적으로 독일과 오스트리아의 편에 서서 전쟁에 참가해야 했지만, 여러 이유를 들어 이를 기피하였고, 결국 영국과 프랑스 편에 서서 어제의 동맹이었던 오스트리아에 선전포고를 하고 대전에 참가하게 된다. 결국 영국이 승리하여 이탈리아는 승전국의 일원이 되었지만, 주지하다시피 전후 처리를 위해 1919년 파리근교 베르사유궁에서 열린 강화회의에서 런던조약의 약속사항을 이행받지 못하는 현실과 부딪히게 되었다. 이는 결국 공격적 민족주의와 연계되어 피우메(Fiume) 병합이라는 사건으로 귀결되고, 좌파의 준동으로 인한 극심한 사회혼란을 야기하였으며, 이어서 우파의 폭력을 동반한 파시즘체제의 등장으로 이어지게 되었다.

3. 파시즘기

파시즘 시기의 외교는 기본적으로 자급자족(Autarchismo) 경제에 치중하면서 스스로의 역량을 강화하고 아프리카 경영에 몰두하면서 여타의 세력 균형이나 국제 관계에서는 소극적인 자세를 유지하였다.[247] 즉 독일이나 프랑스 및 영국의 특정 국가와 지나치게 가까워지는 노선을 지양하였다. 이러한 배경에는 1차대전의 결과 런던조약에도 불구하고 기대하였던 바를 얻지 못한 상실감도 일조하였으며, 독일과의 연대가 가져다줄 영국 및 프랑스와의 거리 확대를 우려하면서 균형의 바늘정책(policy of the needle of the balance)을 추구하였다.[248] 이는 기본적으로 유지하기 어려운 정책이라고 보는데, 이탈리아는 영국과의 연계를 모색하면서 나름의 균형상태를 추구하고자 했다. 프랑스의 경우 대륙에서의 지배적 위치를 점하고자 한다는 차원에서 부담이 있었으며, 독일과의 연대 역시 선택하기 어려운 길이었다. 이러한 측면에서 주축국 동맹을 맺은 배경이 다소 의아스럽다고 볼 수도 있다. 가장 큰 이유는 프랑스에 대한 견제에 있었다. 무솔리니는 1920년대 말부터 독일에 주어진 베르사유조약의 조건들이 해지되는 1935년에 연대하여 프랑스와의 전쟁을 고려할 만큼 프랑스에 대한 적대감은 일반의 상상을 넘는 수준이었다. 당시 이탈리아 외교철학은 이탈리아가 단독으로 유럽에서 열강의 위치에 있지는 않더라도 여타 국가들과의 연대를 통해 상당한 영향력을 행사할 수 있다는 신념에 기초하고 있었다.

1930년대에 들어와 파시즘정부의 팽창주의적 외교정책에 적지 않은 변화가 나타났다.[249] 우선 독일과의 주축국 동맹이 결성되어 유럽외교 지평에 파란을 일으키게 되는데, 특히 영국은 이탈리아가 독일과의 협력을 제한하도록 하는 데 상당한 노력을 기울였다. 독일의 오스트리아 병합(Anschluss) 과정에서도 이탈리아의 입장은 이중적이었다고 보는데, 한편으로 자신의 지중해 및 홍해 제국화 과정에서 독일의 협조를 받기 위해 용인하였다는 해석이 있지만, 다른 한편으로는 독일의 과도한 힘이 이탈리아에게도 재앙이 될 수 있으므로 이를 견제하였다는 주장도 개진되었다. 실제로 파시즘사의 대가인 렌조 데 펠리체는 무솔리니가 독일의 궁극적인 침공에 대비해 경계하였고 영국을 지렛대로 삼으려는 외교정책을 펼친 바 있다고 분석하였다. 당시 영국 정부의 외무상이었던 앤서니 에덴은 이탈리아와의 협상과정에서 개인적 비호감 그리고 자신의 총리직을 희망하는 경력관리 차원에서 부정적인 시각을 표출하여 결론이 만족스럽게 도출되지 않았다는 주장도 나온 바 있다. 영국은 1930년대 후반 그리고 2차대전이 발발한 이후에도 이탈리아와 독일의 동맹을 와해하려는 시도를 지속적으로 펼친 바 있다.[250]

당시 이탈리아의 외교정책은 아프리카 경영의 가속화와 유럽에서의 균형질서 유지로 대별되는데, 이 두 노선의 적절한 혼합과정에서 상당한 혼돈과 양자택일의 기로에 서 있었다고 판단된다.[251] 결과적으로 이탈리아는 독일과의 주축국동맹 약속을 부정하지 못하게 되어 참전하게 되며 그 결과는 패전국의 멍에를 쓰는 것이었다. 역사에 가정은 불가하다 하지만, 1차대전의 경험을 유추적으로 대입하여 본다면, 이탈리아가 독일의 개전 이후 여러 구실을 들어 참전에의 시간을 벌면서 영국과의 협상을 지속하였다면 어떠한 결과가 나왔을까라는 생각을 펴볼 수 있겠다. 실제로 무솔리니는 히틀러의 채근에 시달렸으며, 아직 준비가 되지 않았다는 사정을 피력하였음에도 불구하고, 독일의 압력을 이기지 못하여 전쟁에 돌입하게 되었다. 결국 이탈리아의 가장 큰 이해는 아프리카 경영에 있었으므로 이를 위해서는 사실상 영국이 방해요인으로 작용한다는 인식이 상당한 영향을 미쳤던 것으로 이해할 수 있다.

4. 공화국시기

전후 이탈리아의 외교는 한편으로 서방진영으로의 편입과 국제무대에서 보다 독립적인 위상을 가지려는 두 목표 사이에서 적지 않은 모순을 노정하는 것이었다. 패전국으로서 새로운 국제질서를 규정하는 회의에서 배제되었으며, 따라서 수동적인 위치를 감수하여야 했다. 최우선과제는 외교보다는 국내 정치에 치중되었으며, 외교노선도 국내 문제를 해결하는 것이 지상명제로 다가왔다. 반파시즘 투쟁을 통해 좌우가 합작하던 유산을 이어받아 동거내각을 구성하고 공화국의 건설과정을 헤쳐나갔지만, 이내 냉전체제의 도입으로 이탈리아는 선택의 기로에 놓이게 되었다. 즉 공산당과 함께 정부를 구성하는 상황이 지속된다면 미국이 이탈리아에 대한 지원이 불가하다는 통보를 받게 된 것이다. 이러한 상황에서 이탈리아가 선택할 수 있는 옵션은 제한되었으며, 결국 미국의 의견을 수용하면서, 공산당과 결별하게 된다. 즉 적어도 전후 상당 기간 이탈리아는 국제무대에서 주도적인 목소리를 낼 수 없었으며 대세에 추종하는 외에 별 다른 선택이 부재했다.

그러나 마샬플랜에 의한 미국의 경제원조가 들어오고, 마침 한국전쟁이 발발하면서 이탈리아의 기업들에게 기회로 작용하였고, 새로운 상황이 전개되었다. 또한 1950년대 중반 이후 정부주도의 경제성장 전략이 빛을 발하면서 이탈리아는 이른바 경제의 기적기(miracolo economico)를 맞이하게 되었다. 이러한 흐름은 이탈리아의 외교정책에 적지 않은 전환을 의미하였다. 즉 국제무대에서 이탈리아의 이해를 도모하는 방향으로 외교노선을 펼칠 수 있게 된 것이다. 기조는 중재자(mediator)와 조정자(conciliator)로서의 등거리외교와 중립성이었다. 서방진영에 소속된 이탈리아가 미국과 소련 사이에서 등거리외교를 추진한다는 것은 무리였으나, 이탈리아 입장에서 자신의 이익을 극대화하는 방향으로 나아가고자 했다. 또한 전통적으로 이탈리아 외교의 핵심 무대인 지중해 지역에서의 활동에 치중하는 모습을 보였다.

대표적인 사례는 에너지 외교인데, 당시 탄화수소공사(ENI)의 회장이었던 엔리코 마테이(Enrico Mattei)는 영미중심의 메이저 석유회사들의 입장과는 차별적으로 이탈리아에 보다 원활하고 저렴한 석유자원을 수입하는 노력을 기울이게 된다. 그리고 상당한 성과를 거둔 것으로 평가를 받았다. 문제는 이러한 독자적인 행태가 미국의 시각에서 달갑지 않았다는 점이다. 결국 마테이 회장은 의문의 비행기 사고로 죽음을 맞이하고 이탈리아의 중립적 에너지 외교는 한계를 노정하게 되었다. 즉 이탈리아가 추구하고자했던 교량 외교의 성과와 한계를 동시에 보여주는 사례로 수용되었다.

1960년대에 들어와 이탈리아는 경제성장에 힘입어 풍요로운 시기를 맞이하게 된다. 소말리아를 해방시킴으로써 80년에 걸친 이탈리아의 제국주의 경영에 마침표를 찍는 시기이기도 했다. 이러한 과정에서 1963년 기민좌파는 사회당과의 중도좌파연정을 최초로 실시하게 되었다. 이를 통해 사회당은 소련과의 관계를 점차적으로 단절하고, 유럽통합에 찬성하는 입장을 갖게 되며, 나토를 인정하는 방향으로 나아가게 되었다. 따라서 미국의 입장에서 이탈리아의 중도좌파정부를 반대할 이유가 없어지게 되었다. 다른 한편으로 중도좌파정부를 통해 점증하는 노동자들의 목소리를 완화시키면서 노사 관계를 평화적으로 유지하고 복지확대를 통한 사회질서를 유지하고자 했던 것이다. 그러나 1960년대 후반으로 들어서면서 프랑크푸르트학파의 영향을 받은 청년세대와 노동자들은 미국의 베트남개입을 반대하는 평화운동을 개진함으로써 이념적으로 혼돈의 시기를 맞이하게 되었다.

1970년대는 정치사회적으로 혼돈의 시기였으며, 석유위기로 인해 세계경제가 악회일로에 있었다.[252] 국제정치적으로 보면 이 시기에 서방 선진 7개국(G7)이 출범하여 이탈리아가 서방세계 지도국의 일원으로 신분상승하는 계기를 마련하기도 했다. 그러나 공산당과의 합작을 통한 역사적 대타협으로 인해 이념적 갈등이 극에 달하는 시기이기도 했다. 이탈리아공산당이 마르크스주의적 혁명을 포기하고 의회를 통한 점진적 사회주의의 실현이라는 유러코뮤니즘을 채택하면서 소련과의 거리를 두게 되었다는 점에서 1960년대 사회당과의 결탁과 유추적인 해석을 내릴 수 있다. 즉 미국의 입장에서 이러한 타협이 수용될 수 있으며 관리 가능한 범주에 들어갈 수 있는가가 중요하였다. 기본적으로 카터 미정부는 공산당이 정부에 들어가는 것에 대해서 부정적이었다. 그러나 이를 공개적으로 표출하지 않음으로써 결과적으로 역사적 타협이 지속될 수 있도록 방조하였다는 설명이 가능할 수 있겠다. 즉 탐탁하지 않은 현실이지만, 일정한 선을 넘지 않는다는 가정하에 용인될 수 있는 범주안에 들어오는 것으로 수용한 것으로 해석될 수 있다.

1980년대 초반 이탈리아 외교는 새로운 국면을 맞이하고 있었다. 이탈리아는 전후 뚜렷한 외교노선을 갖고 있지 않다는 비판과 지적을 받아 왔다. 유럽통합운동에 전력하여 개별국가의 입장보다는 유럽 차원에서 일원이 되기를 희망하여 왔으며, 범대서양 관계에서도 미국의 애완용 동물이라는 지적이 나올 정도로 분명한 대외정책의 전략이 부재한 것으로 평가받아 왔다. 이러한 이유로 다당난립으로 인한 연립정권 구성 그리고 이로 인한 유효한 외교정책의 마련과 실시의 어려움, 정치경제적으로 강대국이라기보다는 중견국에 가까운 국제적인 위상 등을 들고 있다.

그러나 1979년 과다루페에서의 정상회의를 통해 이탈리아는 자신의 목소리를 드높이는 계기를 만들었다. 당시 회의는 미국, 영국, 프랑스 및 서독이 참가하였는데 유럽의 핵무기 배치 등의 논의를 한 것으로 알려졌다. 배제된 이탈리아는 자신이 참가하지 않은 회의의 결정을 따를 수 없다는 어필을 통해 강력한 목소리를 내었다. 기왕의 G7회의 체제에서 다룰 수 있으므로 그리고 유럽경제공동체의 여타 회원국들의 의견들로 수렴되어야 한다는 명분하에 이러한 드라이브를 걸면서 이탈리아의 입장이 일정 정도 고려되는 계기를 만들 수 있었다. 이탈리아는 유럽통합의 논의에서도 자주 영국, 프랑스 및 서독이 별도의 모임을 통해 주요한 결정을 해 온 사실에 대해서도 문제제기를 하였다.

이러한 이탈리아의 전략에는 몇 가지의 저해요인이 있었다. 우선은 국내정치가 불안하다는 점을 들 수 있다. 다당연정은 외교정책에서 하나의 목소리를 내기 어렵게 만들었으며 이탈리아의 정치적 리더십에 흠결이 되어 왔다. 둘째로는 이탈리아가 능력 대비 당연하다고 여기는 내용들에 대한 비판이 제기되었다. 즉 경제적으로는 선진국이나 정치 군사 측면에서 이탈리아의 위상은 강대국도 약소국도 아닌 중견국이라는 딜레마가 상존하였다. 셋째, 자원 및 에너지 차원에서 해외로의 의존도가 타 국가 대비 높은 수준이며, 1970년대의 경제적 위기시 국제통화기금의 지원을 받는 등 리더국으로서의 면모를 보여주지 못해 왔다. 해외원조의 경우에도 국내총생산 대비 낮은 예산으로 국제사회에서 큰 목소리를 내기 어려운 형편이었다. 선진국과 개발도상국의 개발원조문제를 다룬 1981년 칸쿤회의에서 이탈리아가 참여하지 못했다는 사실은 이러한 한계를 극명하게 보여주는 사례이다.[253]

그럼에도 불구하고 1980년대에는 변화가 감지되었는데, 사회당의 베티노 크락시가 당권을 장악하면서 나토와 양대서양 관계에 전향적으로 나서게 되었다. 그는 총리직을 희망하면서 이러한 외교노선의 변화를 가져오는데, 실제로 그는 1983년 총선 이후 이탈리아 정부를 4년간 이끌게 된다.[254] 공산당의 경우에는 여전히 미국친화적인 외교정책을 비판하는 입장을 견지하였지만, 야당으로서 그리고 국제적으로 공산주의 국가들의 위세가 약화되면서 반향을 일으키는 수준에 이르지 못하였다. 이 시기의 이탈리아 외교는 이전 대비 상당한 변화가 있었으나 동시에 한계를 노정하기도 하였다. 즉 국제정치무대에서 강대국이 아닌 이탈리아는 동시에 약소국도 아닌 위치선정으로 인해 미국의 외교정책에 찬동하면서도 일부에 대해 이의를 제기하는 입장이었지만, 큰 틀에서 대세를 거스르지는 못하는 중견국의 모습을 보여주었다.

부패수사가 진행되던 1992년은 유럽 차원으로 보면 커다란 변화가 진행되던 시기였다. 마스트리히트조약을 통해 유럽공동체가 그간 경제협력에 치중하여 왔던 바를 외교안보나 사회문화 영역에까지 확대하여 협력하는 유럽연합으로의 발전이 있었기 때문이다. 이탈리아는 이 과정에서 자체적인 국내 정치문제로 인해 적극적인 참여가 어려웠다. 또한 새로운 선거법이 마련되고 총선을 통해 구성된 정부들이 효율적인 대외정책을 펼치지 못하였다. 제1공화국에서는 기민당 중심의 장기적 집권으로 인해 대외정책의 전개에서 일정 정도 일관성과 연속성을 유지할 수 있었던 반면, 새로운 우파는 유럽통합에 유보적이거나 적대적인 세력이었다. 1996년에 전후 최초로 집권한 중도좌파세력은 유럽통합에 친화적인 입장을 취하였으나, 연립정권 내의 복잡다기한 이해관계로 인해 안정적인 유럽정책을 펼치기 어려운 상황이었다. 정치사회의 개혁이라는 과제에 대해 유럽 차원에서 결정된 내용을 국내화하는 과정, 즉 유럽화(Europeizzazione)를 통해 이탈리아 사회의 선진화 및 효율화를 도모하는 전략(Vincolo Esterno)이 채택되었는데, 상당 부분 효과를 보기도 하였지만, 유럽 차원에서의 이탈리아에 대한 평가는 유보적이었다.

이탈리아 외교정책(Politica Estera Italiana, PEI)의 전통적인 정치학자들의 논의는 세계무대에서 이탈리아가 자신의 적극적인 역할을 할 정도의 일관되고 효과적인 외교정책을 펼칠 수 있는 능력을 검증하는 데 목적을 두어 왔다. 이러한 차원에서 1990년 이전 시기의 외교유산에 대한 역사적 분석을 제시한 많은 학자들은 이탈리아의 외교정책을 19세기 말 통일시기에서부터 출발하는 이탈리아 역사의 결과로서 해석하고 있다. 통일의 갈등적 과정,

양차대전 이후의 국가의 재건과정, 남부와 북부의 격차 등이 일차적인 설명의 중요한 요소들로 간주되었다. 이러한 시각에서 이탈리아 외교정책은 연속성과 변화의 차원에서 분석되었다.

2000년 이후 이탈리아는 전통적인 유럽친화적 정책에서 벗어나는 성향을 보이고 있다. 대신 강대국과의 양자협상에 치중하는 모습 즉 트럼프의 미국, 유럽연합 이외의 유럽 지역, 푸틴의 러시아 등이 중요한 행위자로 부상하고 있다. 최근에는 중국과의 관계를 강화하면서 동맹국들로부터 적지 않은 비판을 받은 바도 있다. 이 시기 이탈리아 외교의 주요 과제는 다음과 같다. 우선 코소보 사태와 같은 발칸반도의 위기가 반도에 미치는 영향을 점검하고 이탈리아의 국제적 위상과 역할을 제고하는 작업이 중요시되고 있다. 다음으로 유럽적 시각에서 지중해에서 이탈리아의 이니셔티브를 강조하고 있는데, 이는 리비아 사태에서 극명하게 현시되었다. 리비아는 역사적으로 이탈리아에게 보호적 의무원칙에 입각한 관여의 대상으로 간주되어 왔다.[255]

2013년 이후 촉발된 이민위기는 이탈리아 외교정책의 핵심적 과제로 부상하였다. 국제분쟁과 이민위협의 차원에서 북아프리카 지역으로부터의 난민 물결은 이탈리아가 단독으로 처리하기 불가능한 수준으로 확대된 바 있다. 이 과정에서 난민 지위를 결정하는 더블린 협정(Regolamento Dublino III)의 준수가 어려워지자 유럽 차원의 공조를 요청하였지만 유럽적 연대와 공동의 정책 마련에서 적지 않은 문제점을 노정한 바 있다. 유럽 차원의 통상정책에서 이탈리아의 통상외교는 다양한 면모를 보여주었는데, 가령 한-EU 자유무역협정 체결시 이탈리아 자동차협회는 마지막 순간까지 거부감을 드러내어 쟁점이 되기도 하였다.

이차대전 이후 이탈리아의 외교는 실용적 편의주의와 오만한 이상주의 사이에서 적정한 위치를 선정하는 방식으로 진행되었다. 이 과정에서 한편만을 지지하는 정책이 부담스러워 주로 다자외교에 치중한 측면이 있다. 이를 통해 유럽공동체와 나토 및 제3세계와의 관계에서 효과적으로 외교정책을 펼친 것으로 평가받고 있다. 기민당은 기본적으로 대서양주의를 존중하였으며, 좌파의 정당들도 소련과 동유럽체제의 붕괴를 맞이하면서 점차

반미주의적 그리고 반유럽통합적 시각을 완화하게 된다. 탈냉전기에 들어서서는 정당정치가 와해되면서 나토와 유럽연합이라는 보호막 내지 안정망이 사라지게 되는데, 그럼에도 불구하고 대외정책에서의 양당주의는 유럽에 비판적 그리고 우호적 세력으로 양분되는 경향을 보여 왔다.

VIII

이탈리아와 유럽

1. 통합의 발전과 이탈리아

2차대전에서 패전국의 멍에를 쓴 이탈리아는 경제적 곤란에 더해 심리적 극복도 큰 과제였다. 당시 지도자였던 기민당의 데 가스페리는 초기서부터 유럽통합에 적극적인 태도를 견지하였는데, 미국이 주도하는 서방질서에서 통합을 지지하던 입장을 수용하였다고 보아야 한다. 즉 미국은 전후 소련의 팽창에 맞서 대유럽원조계획을 전개하는 등 적극적인 대유럽정책을 펼쳤으며, 그 과정에서 이탈리아의 선택은 좌우동거정부의 해산 및 자유진영으로의 편입이었다. 따라서 이탈리아가 슈만선언에 기초하여 결성된 유럽석탄철강공동체(ECSC)에 창립회원국으로 나선 것은 전혀 놀라울 일이 아니었으며, 심리적 극복을 위해서도 적극적인 태도를 견지하였다.

비록 군사동맹의 성격을 지녔던 서유럽동맹(West European Union)의 시도가 실패하여 통합의 초점을 경제에 치중하게 되지만, 1957년 로마조약을 통해 유럽경제공동체(EEC)가 공식으로 출범하면서 통합의 진행이 가속화하게 된다. 채택된 이론은 신기능주의에 입각한 것으로 실현가능한 분야에서의 협력을 우선시하여 이들이 일정 정도 진전되면 타영역으로도 확산된다(spill over)는 가정에 기초하였다. 따라서 관세동맹이나 자유무역협정 등을 통한 경제분야에서의 협력에 집중하는 모습을 보여주었다.

이탈리아의 국제 관계는 유럽연합과의 관계라고 말할 수 있을 정도로 정치·경제·사회·문화적인 측면에서 유럽은 중심적인 위치를 점유하고 있다. 이탈리아는 유럽공동체의 창립 회원이었으며 유럽통합에 대한 적극적인 지지자로써 행동하여 왔다. 이는 상대적으로 취약한 국가체제를 극복하려는 이탈리아의 이해가 유럽통합의 정신과 일치하였다는 데에서 그러하다. 그러나 통합과정에서 이탈리아는 회원국들 중에서 창의적이고 개혁적인 자세를 취하였으나 실질적인 과정과 절차를 이행하는 부분에 있어서는 뒤떨어진 모습을 보여 왔다. 이는 국내정치와 입법과정의 비효율에서 기인하는 것이었다.

그럼에도 불구하고 초기단계에서부터 적극적인 참여자세를 보여 왔던 이탈리아는 소극적이었던 영국에 비하여 많은 것을 얻을 수 있었다.[256] 이는 특히 경제적인 측면에서 괄목할 만한 것이었는데 영국이 자국의 산업에 대한 보호주의적 정책을 유지하였던 반면에 이탈리아는 신자유주의에 입각한 자유무역에 호소함으로써 경쟁력을 키워나갈 수 있었다. 1980년대 중반에 나타난 현상인 이탈리아 경제가 영국을 추월하였다는 결과는 이미 1950년대의 유럽경제공동체 초기에서부터 예견된 것이었다. 이탈리아는 1950년대에 외부지향형 전략에 기초한 비약적인 경제성장을 이룩할 수 있었다.

1970년대에는 유럽공동체의 회원이었다는 사실이 정치적으로 안정효과를 가져다 주었다. 공동체의 기금은 외국에 대한 부채를 해결하는 데 도움을 주었으며 기민당의 입장에서 공산당의 지지율이 상승하는 위기를 완화하는 데에도 일조하였다. 이러한 성공적인 대유럽 관계를 통하여 자신감을 얻은 이탈리아는 1978년 안드레오티 총리기에 유럽통화체계(SME, Sistema Monetario Europeo)에 가입하게 되었다. 이탈리아의 통화체계에의 가입은 1980년대를 통하여 비록 다른 국가들보다는 넓은 폭의 환율변화를 보였음에도 불구하고 전반적으로는 성공적으로 평가받고 있다.

이상과 같은 이탈리아의 대유럽 관계는 일종의 전략(strategia)으로 사용되었는데 국가의 규모와 경제적 중요성에서 유사한 영국과의 비교에서 우위를 점하는 것이었다. 영국은 유럽공동체에 15년이나 뒤늦게 참가하였으며 유럽공동의 법제화에서도 국가의 주권을 이유로 소극적이거나 적대적인 입장을 표명하여 왔다. 반면에 이탈리아는 주권을 일부 포기하는 것이 실이 아닌 득이 된다는 사실을 받아들이고 통합의 수준이 높아지는 것을 두려워하지 않았다. 이는 국내의 정치가 다계층적이고 다원론적이라는 가정에 기초하여 유럽 수준의 결정 역시 폭넓은 합의에 기초해야 한다는 신념에서 비롯된 것이었다.

이러한 이탈리아의 자세는 국제적인 차원에서는 능동적이고 리더십을 발휘하였지만 국내적인 적용에서는 매우 더딘 모습을 보여주었다. 유럽 수준의 결정이 국내의 적용 과정에서 미진하였던 점에 관련하여, 우선 정부의 재정적자가 심각한 걸림돌이었다. 통화통합을 위한 조건을 충족시켜야 하는 과제에 있어 이탈리아의 공공재정적자(deficit pubblico)는 정부의 통제를 벗어난 문제였기에 정책적 대안을 마련하기 어려웠다.

유럽통합의 논리를 국내에 적용하는 과정에서 나타난 다른 어려움은 공동체법을 국내법화하는 정부부처들의 무능력에 기인한다. 1990년 당시에 주요회원국의 국내법 적용상황은 다음과 같았다. 전체 건수 109개의 법안에 대하여 이탈리아는 11개국가 중에서 공시된 법의 수치가 가장 낮은 43개이며 공시되지 못한 법은 62개로 가장 많았다. 이러한 통계는 이탈리아가 제도적인 측면에서 미비하다는 사실을 입증하여 주고 있다. 문제는 이러한 유럽공동체적 조건이 국내에서 충족되지 못할 경우 투자유치에 불리해진다는 점이다.

유럽 차원의 정책을 결정하는 국내의 기관으로는 초기부터 외무, 산업, 농업, 재무, 국고 및 노동부를 포함하는 범부처위원회가 가동되어 부처간의 상충되는 문제를 조정하는 역할을 담당하였다. 그러나 이 위원회는 결정기관이 아닌 조정기관에 머물렀기 때문에 결국 가장 중요한 기관은 외무부라고 할 수 있다. 외무부의 경제담당국장은 범부처위원회에서 주도적인 역할을 수행하였다. 다음으로는 브뤼셀에 상주하는 대표부와 내각총리부의 외교실이 유럽문제를 담당하는데 주로 외무부의 직원이 파견되고 있으므로 외무부의 영향력이 강하다고 볼 수 있다. 최근에는 유럽정책과 관련되는 모든 정부부처의 대리인이 총리부의 외교실에 파견되어 정책조정을 맡고 있다.

그러나 외무부의 역할은 일반적인 사항에 머무를 수밖에 없으며 전문성이 떨어진다고 보아야 하므로 1980년도 이후에는 유럽정책을 전담하는 무임소장관직이 신설되어 정책조정을 수행하고 있다. 유럽정책부의 주요 업무는 다음과 같다: 국내시장, 재정문제의 조율, 사회·문화적 활동, 지방정부와의 연계, 통합적 지중해프로그램, 통신 및 신기술정책, 총무 및 행정업무. 그러나 유럽부장관은 상대적으로 중요치 않은 직책이며 총리실에 배속되어 있으면서도 총리와는 다른 정당의 인사에게 장관직이 배분되어 비효율을 보여준 바 있다. 1988년의 총리부 개혁안에는 유럽정책부의 활동을 진작시키려는 방책이 마련되었으나 각 부처의 엘리트 공무원들이 기피하는 성향이 있어 의도하였던 효과를 볼 수 없었다. 결국 유럽정책부는 외무부와의 힘겨루기에서 밀린 것으로 알려졌다.

이상의 논의에서 발견되는 공통점은 이탈리아가 유럽 통합의 과정에서 주도적인 역할을 맡기 위해서는 유럽 차원의 요구조건을 충족시켜야 하는데 부족한 분야가 많아 어려움이 예상된다는 사실이다. 만일 재정적자나 물가상승률, 금리 수준 및 실업율을 현저히 감소시키지 못한다면 이탈리아는 경제적인 규모에서 강대국임에도 불구하고 유럽 내에서 이등국가로 전락할 수 있다. 결국 이러한 문제들에 대한 해결책은 보다 일관성 있고 추진력 있는 강한 정부가 형성되어 유럽 차원의 조건들을 충족시키는 길일 것이다.

1980년대의 유럽통합 과정은 새로운 전기를 마련하는 시기였다. 단일의정서(SEA)가 채택됨으로써 단일화폐의 전망을 높였으며, 1990년대 초반 마스트리히트조약을 통한 협력의 확대와 심화를 가져오는 계기를 마련하였다. 이 과정에서 프랑스 출신 자크 들로어 집행위원장의 리더십이 발휘된 것으로 평가받고 있다. 이탈리아는 이 시기에서도 기민당의 유럽친화적 정책에 힘입어 그리고 과거 유럽통합에 유보적이던 공산당조차도 점차 그 필요성을 인정하는 방향으로 나가고 있었다. 따라서 마스트리히트조약에 대한 이탈리아인들의 지지도는 여타 회원국 대비 높은 수준으로 유지되고 있었다.[257]

1993년 유럽연합으로 확대 발전된 통합의 양상에서도 이탈리아인들은 지속적으로 유럽연합 기관들에 대한 높은 신뢰를 보여주고 있었다. 반면 이탈리아 정부에 대한 신뢰도는 유럽 차원에 비해 현저히 낮은 상태로 기록되어 대조적인 면모를 지니고 있었다. 이러한 양상은 유럽 차원에서 결정된 내용들이 국내화하는 과정에서 이탈리아 사회의 발전으로 승화되는 모습을 기대한 것으로 해석할 수 있다. 이는 단일화폐인 유로화에의 가입과 그 실천 과정에서도 지속화되었다. 이탈리아는 단일화폐로 가는 과정에서 수렴조건(convergence criteria)을 모두 충족시키지 못하였으나, 그간의 구조개혁에 대한 노력을 감안하여 포함될 수 있었다.

이 시기 이탈리아 정부의 대유럽정책의 기조는 이전 시대와 차별적인 모습을 노정하게 되는데, 중도우파는 보다 유럽회의적 그리고 중도좌파는 유럽친화적인 노선을 유지하게 된다. 베를루스코니로 대표되는 제2공화국의 이탈리아 우파는 유럽통합이 이탈리아의 이익에 저해된다는 사고를 가지고 있었으며, 특히 유럽의 언론들이 베를루스코니 총리의 행태에 대한 비판을 이어가자 더욱 유럽회의주의를 강화하였다. 반면에 민주당 중심의 이탈리아 좌파는 제1공화국에서 통합을 부정적으로 보던 입장과는 차별적으로 유럽통합에 적극적으로 참여하는 것이 이탈리아의 외교정책에서 근간이 되어야 한다고 보았다. 특히 총리를 두 번이나 역임한 로마노 프로디는 유럽주의자로서 그간 유럽연합집행위원회 위원장을 5년이나 맡는 등 적극적인 행보를 보였다.

그러나 보다 세부적으로 유럽 차원의 공동외교안보정책(CFSP)에 있어서는 우파와 좌파 공히 이를 지지하는 입장이었는데, 이는 이탈리아가 독자적으로 처리하기 힘든 사안들인 경우에 적용되었다. 이탈리아의 정당들은 터키의 유럽연합 가입에 대하여 여야를 막론하고 지지하는 입장을 보인 것으로 유명하다. 또한 이탈리아는 2009년 유럽연합의 법적 정체성과 대표성을 강화하려는 리스본개혁조약(Lisbon Reform Treaty)의 비준에서도 의회에서 만장일치로 지지를 표명하는 등 친유럽적 성향을 이어가고 있었다.

이러한 흐름은 2010년 이후의 유럽재정위기, 2013년에 발발한 이민문제 그리고 2020년 촉발된 코로나 사태 등을 통해 반전되었다. 그 과정은 용인적 동의(Permissive Consensus)에서 강요된 부정으로의 전환(Constraining Dissensus)을 의미하는 것이었다.[258] 용인적 동의란 통합 과정을 거치면서 이탈리아가 유럽에 대한 신뢰를 구축하고 이를 통해 이탈리아 사회의 발전을 도모할 수 있다는 기대감에서 나온 개념이다. 전후에는 엘리트 중심의 통합으로 인해 일반 대중들의 지지를 얻기 어려웠으나, 1960년대 말에 이르게 되면 좌파의 정당들도 유럽친화로 가세하면서 이러한 긍정적 기대감이 표출되었다고 볼 수 있다.

반면 강요된 부정으로의 전개는 지역주의를 내세우는 북부동맹의 출현에서 시작하여, 최근에는 경제위기와 함께 오성운동과 같은 반체제 및 반유럽 세력들 주도의 포퓰리즘의 확산과 더불어 폭 넓은 지지를 받으면서 강화되고 있다. 2000년 이후 중도우파의 정당들은 모두 그리고 좌파의 민주당을 제외하고는 대다수의 정치세력들이 유럽통합에 회의감을 증폭시키고 있는 실정이다. 즉 재정위기를 통해 유럽적 연대가 허울뿐이라는 인식을 갖게 되었고, 대안으로 제시된 긴축정책의 실시를 통해 이탈리아 국민들의 복지와 생활 수준이 악화되면서 베를린과 브뤼셀에 대한 반감이 고조되게 되었다.

2013년의 이민·난민 위기에서도 유럽 차원의 공조는 이루어지지 않았으며, 개별 회원국들은 자국이기주의에 심취하는 모습으로 비춰지면서 통합의 정당성에 대한 근본적인 회의감이 높아지기 시작하였다. 이러한 유럽에 대한 반감은 선거에서 반유럽을 주창하는 정당들이 지지세를 늘리는 결과를 야기하였으며, 이들 정당들 대부분이 유럽적 연계성을 가지고 있지 않은 추가적인 이탈로 귀결되었다. 2013년에 집권한 민주당 세력은 유럽적 해결을 희망하였으나, 빈약한 지지기반으로 인해 그리고 렌치 전 총리의 미숙한 국정운영으로 유럽에 대한 반감은 완화되지 못하고 오히려 악화되는 결과를 낳았다. 설상가상으로 2020년에 돌발한 코로나 사태로 유럽과의 연대와 공조는 더욱 나락으로 떨어지고 있으며, 유럽무용론이 다시 등장하는 부정적 시나리오가 전망되기도 하였다. 단적인 사례로 2019년 3월 중국과 맺은 인프라개발에 대한 양해각서가 중국의 의심스러운 대유럽정책이라는 국제적 비판을 받기도 하였다. 그러나 2020년 7월 코비드-19로 인한 경제 위기를 타개하기 위한 유럽 차원의 차세대기금이 마련되었고 이탈리아가 최대 수혜국이 되면서 반유럽 정서는 다소 누그러지고 있다. 또한 2021년 2월 출범한 마리오 드라기 정부의 정책적 리더십으로 유럽의 신뢰를 회복하면서 새로운 양상이 전개될 것으로 전망되고 있다.

2. 유럽의회 선거

유럽의회는 1979년 이전까지는 회원국이 파견한 대표들로 구성되어 운영되어 오다가 유럽 시민들에 의해 직접 선거를 통해 의원들을 선출하는 방식으로 변경되어 오늘에 이르고 있다. 그간의 통합 과정에서 엘리트 위주의 의사 결정 과정이 이루어져 이른바 민주적 결핍(Democratic Deficit) 현상이 제기되어, 이를 해소하기 위한 방법의 일환으로 유럽의회선거가 1979년부터 5년 임기의 유럽의회 의원들을 유럽시민들의 직접선거로 선출하고 있다.

<표- 46> 유럽의회 선거 결과 (1979-1989)

정당	1979		1984		1989	
	득표수 %	의석수	득표수 %	의석수	득표수 %	의석수
기민	12,774,320 36.45	29	11,583,767 32.96	26	11,451,053 32.90	26
공산	10,361,344 29.57	24	11,714,428 33.33	27	9.598,369 27.58	22
사회	3,866,946 11.03	9	3,940,445 11.21	9	5,151,929 14.80	12
사회운동	1,909,055 5.45	4	2,274,556 6.47	5	1,918,650 5.51	4
사회민주	1,514,272 4.32	4	1,225,462 3.49	3	945,383 2.72	2
급진	1,285,065 3.67	3	1,199,876 3.67	3		
자유	1,272,159 3.63	3	2,140,501 6.09	5	1,532,388 4.40	4
공화	896,139 2.56	2	자유당과 연합	0	자유당과 연합	0
노동자연합	406,656 1.16	1	--	-	유럽녹색 3.78	3
노동자민주	252,342 0.72	1	506,753 1.44	1	449,639 1.29	1
남티롤	196,373 0.56	1	198,220 0.56	1	171,383 0.50	1
기타	1,414,509		193,430 0.55	1	무지개녹색 2.39	2
					북부동맹 1.83	2
합계	36,148,180	81	37,069,626	81	37,572,759	81

1979년 최초로 실시된 선거에서 유럽 차원에서는 기민계열의 중도우파와 사민계열의 중도좌파가 양대 세력을 형성하였다. 이탈리아의 결과는 국회의원 총선의 지지율 대비하여 획기적인 편차를 보이지 않았는데, 기민당의 득표율이 다소 하향되었고 사회당이 보다 선전한 결과를 보였다. 1984년 유럽의회 선거 결과에서는 기민당의 지지가 상당 부분 잠식된 반면, 공산당의 득표율이 크게 신장되었는데, 이는 엔리코 베를링게르 공산당 당수의 서거에 대한 동정표가 몰린 것으로 추정되고 있다. 1989년 선거에서는 기민당의 지지율이 답보상태를 보인 것과 대조적으로 사회당의 지지율이 대폭 상승하였는데, 이는 중도좌파 연립정부를 이끌던 사회당 출신 베티노 크락시의 인기가 반영된 것으로 볼 수 있다. 공산당의 경우 사회주의 국가들의 문제가 나타나면서 1984년 선거대비 큰 폭의 하락세를 경험하였

다. 따라서 부패수사운동이 발생하기 전의 유럽의회 선거에서는 기본적으로 기민당 중심의 중도좌파 연정이 안정적 지지를 받았다고 보지만, 유럽 차원의 구도에서는 기민당과 사회당이 다른 블록을 형성하고 있었으므로 효과적인 이탈리아의 유럽정책을 추구하기는 어려웠다고 보아야 한다.

<표- 47> 유럽의회 선거 결과 (1994-2004)

정당	1994		1999		2004	
	득표수 %	의석수	득표수 %	의석수	득표수 %	의석수
전진이탈리아	10,089,139 30.62	27	7,813,948 25.16	22	6,806,245 20.93	16
좌파민주	6,281,354 19.06	16	5,387,729 17.34	15	10,105,836 31.08 올리브나무연합	24
민족연합	4,108,670 12.47	11	3,194,661 10.30	9	3,736,606 11.49	9
인민당	3,295,337 10.00	8	1,316,830 4.24	4		
북부동맹	2,162,586 6.56	6	1,395,547 4.48	4	1,613,506 4.96	4
공산재건당	2,004,716 6.08	5	1,391,595 4.27	4	1,969,776 6.06	5
센니협약	1,073,095 3.26	3	민족연합과 연계			
녹색연합	1,055,797 3.20	3	548,987 1.76	2	803,356 2.47	2
파넬라리스트	702,717 2.13	2	2,625,881 8.45 보니노리스트	7	731,536 2.25 보니노리스트	2
사회당	606,538 1.84	2	2,402,435 7.73 민주주의자	6	664,463 2.04 연합사회당	2
연결망당	366,258 1.11	1	805,320 2.59 기독민주센터	2	1,914,726 5.89 기독민주센터	5
공화당	242,786 0.74	1	168,620 0.54	1	787,613 2.42 이탈리아공산당	2
사회민주당	227,439 0.69	1	670,957 2.16	2	기타	4
남티롤당	202,668 0.62	1	156,005 0.50	1	146,357 0.45	1
기타	3,284,109		669,919 2.16 연합기독민주	2		
합계	35,667,440	87	34,359,339	87	35,717,655	78

1992년 부패수사 운동이 발생하고 선거법이 개정되는 이른바 제2공화국이 출범하면서, 이탈리아의 정당체제는 혁명적 변화상을 보여주었다. 사실상 지난 40년을 풍미하던 세력들이 자취를 감추거나 변신을 하였으며, 신생정당들이 대거 나서는 양상으로 전개되었다. 유럽의회선거에서도 이러한 추세가 반영되어 1994년 유럽의회 선거에서 전진이탈리아당이 최대 득표를 하였으며, 구공산세력인 좌파민주당은 20%에 못 미치는 지지세를 보였는데, 급진세력이 분당하여 공산재건당을 창당한 것과 궤를 같이하는 결과였다. 구기민당인 인민당은 10%의 지지에 머물러 사실상 소멸 단계에 들어갔다고 보아야 할 것이며, 사회당 역시 2%에도 못 미치는 득표에 머물렀다. 남부 지역에 지지기반을 두고 과거 사회운동당의 정신을 이어받는 민족연합의 경우 12.5%의 지지를 받아 주요 정당으로 부상하였다. 북부 지역의 이익을 대변한다는 명분하에 탄생한 북부동맹은 7%에 가까운 지지율로 이후 정치상황에서 중요한 변수로 작용할 것이라는 면모를 보여주었다.

1999년 유럽선거에서는 이전 대비 전진이탈리아당의 지지세가 감소하였지만, 제2정당인 좌파민주당도 지지율이 떨어지는 현상을 경험하였다. 반면에 보니노리스트나 민주주의자와 같은 신설 소수 정당들이 선전하여, 유럽의회 선거에서 양대정당을 지향하는 방향과는 차별적인 모습을 보여주었다. 2004년 유럽선거에서는 좌파세력이 단일화하는 올리브나무선거연합을 결성하여 긍정적인 결과를 얻을 수 있었다. 반면에 전진이탈리아는 21% 수준의 득표로 약화되는데, 이는 우파정부가 몇 년간 집권하면서 국민과의 약속을 제대로 이행하지 못하였다는 유권자들의 심판이 작용한 것으로 보인다. 또한 전진이탈리아의 지도자이자 총리직을 수행하고 있던 베를루스코니에 대한 유럽 차원의 평가가 부정적이었다는 점도 간과할 수 없다. 영국이나 프랑스의 언론은 민간방송을 운영하는 자가 총리가 되어 국영방송까지 장악하게 되어, 사실상 언론독재현상을 지속적으로 비판하던 상황이었다. 중도의 기독민주센터가 선전하여 아직도 양당체제가 충분히 작동하고 있지 않다는 정치지형을 보여준 선거였다.

<표- 48> 유럽의회 선거 결과 (2009-2019)

<table>
<tr><th rowspan="2">정당</th><th colspan="2">2009</th><th colspan="2">2014</th><th colspan="2">2019</th></tr>
<tr><th>득표수 %</th><th>의석수</th><th>득표수 %</th><th>의석수</th><th>득표수 %</th><th>의석수</th></tr>
<tr><td>자유국민</td><td>10,797,296 35.26</td><td>29</td><td>4,614,364 16.81</td><td>13</td><td>2,351,673 8.78</td><td>6</td></tr>
<tr><td>민주당</td><td>7,999,476 26.12</td><td>21</td><td>11,203,231 40.81</td><td>31</td><td>6,089,853 22.74</td><td>19</td></tr>
<tr><td>북부동맹</td><td>3,126,181 10.21</td><td>9</td><td>1,688,197 6.15</td><td>5</td><td>9,175,208 34.26</td><td>28</td></tr>
<tr><td>이탈리아가치</td><td>2,450,643 8.00</td><td>7</td><td rowspan="2">5,807,363 21.15
오성운동</td><td rowspan="2">17</td><td rowspan="2">4,569,089 17.06</td><td rowspan="2">14</td></tr>
<tr><td>중도연맹</td><td>1,995,021 6.51</td><td>5</td></tr>
<tr><td>공산재건</td><td>1,037,862 3.39</td><td>0</td><td rowspan="2">1,202,350 4.38
신중도우파연합</td><td rowspan="2">3</td><td rowspan="2">1,726,189 6.44
이탈리아형제</td><td rowspan="2">6</td></tr>
<tr><td>자유좌파</td><td>957,822 3.13</td><td>0</td></tr>
<tr><td>보니노파넬라</td><td>743,284 2.43</td><td>0</td><td rowspan="2">1.108,457 4.03</td><td rowspan="2">3</td><td></td><td></td></tr>
<tr><td>자율당</td><td>681,290 2.22</td><td>0</td><td></td><td></td></tr>
<tr><td>삼색불꽃당</td><td>246,403 0.80</td><td>0</td><td>이탈리아형제&녹색</td><td>0</td><td></td><td></td></tr>
<tr><td>남티롤국민</td><td>143,509 0.47</td><td>1</td><td>138,037 0.50</td><td>1</td><td>142,185 0.53</td><td>1</td></tr>
<tr><td>기타</td><td></td><td></td><td></td><td></td><td></td><td></td></tr>
<tr><td>합계</td><td>32,749,004</td><td>72</td><td>28,991,258</td><td>73</td><td>27,780,855</td><td>76</td></tr>
</table>

2009년 유럽의회 선거는 전진이탈리아와 민족연합이 합당하여 좋은 성적을 기록하였다. 반면 좌파에서는 민주당이 새롭게 결성되어 나섰지만 역부족이었고, 이전 선거대비 결집된 양상을 보여주지 못하였다. 좌파의 부진은 2006년 2차 집권 기간 동안 국민들이 기대하였던 개혁작업들을 성공적으로 추진하지 못하였다는 비판이 작동한 것으로 분석되었다. 즉 우파에 이어 좌파 역시 권력을 갖게 되면 자신들의 이익을 위해 행동한다는 인식이 확산된 결과라고 판단된다. 전국적으로 4%의 지지를 얻지 못하면 의석수를 배분하지 않는 원칙이 적용되어 많은 군소정당들이 유럽의회에 진출하지 못하게 되었다.

2014년 선거에서는 마테오 렌치가 이끄는 민주당이 41% 수준의 지지를 받아 사실상 완승한 결과였다. 이탈리아 국민들은 젊은 30대의 피렌체 시장이 경제를 살리고 이탈리아를 개혁하여 더 나은 사회로 유도할 수 있을 것이라는 기대에서 이러한 몰표를 주었다고 볼 수 있다. 우파는 몰락하였고, 반면에 기존의 세력을 모두 부인하는 오성운동당이 혜성과 같이 나타나 21%의 지지를 받으면서, 다시금 정당체계의 변화를 보여주었다는 평가를 받았다. 실제로 일부에서는 오성운동당의 출현으로 이른바 양당체제가 아닌 삼당체제로 변모하여, 이를 제3공화국의 출현으로 묘사하는 주장들이 제기된 바 있다.

가장 최근에 치러진 2019년의 유럽의회 선거는 또 다른 양상을 보여주었다. 이제 제1당은 북부동맹이 차지하여 35%에 육박하는 지지세를 보였다. 민주당은 23%로 가라앉았으며, 오성운동이 17%를 얻어, 이들 세력간에 서로 연대하기 어려운 점을 감안한다면 효과적인 리더십이 창출되기 어려운 정치상황을 예고하는 결과로 수용되었다. 즉 2018년 총선에서 나타난 집권세력의 구성이 어려워진 현상을 재확인하는 선거로 이해되어, 앞으로의 양상을 더욱 불확실하게 만드는 국면으로 보였다. 이러한 유럽의회 선거의 결과는 중도우파와 중도좌파로 대별되는 유럽 차원의 정치무대에서 이탈리아의 입장을 제대로 대변하기 어려운 상황으로 내몰았으며, 실제로 유럽 차원의 주요 결정 과정에서 이탈리아가 소외되는 결과를 야기하였다.

3. 유럽과 이탈리아의 미래

전후 이탈리아는 유럽통합운동에 적극적·긍정적 입장을 견지하다가 최근 십 년간 경제위기 이후 반유럽 정서가 증가하는 추세를 보였다. 이러한 역설은 유럽 내에서 이탈리아만의 현상으로 치부할 수는 없다. 상당수 회원국에서 유럽회의주의와 극우 및 극좌 그리고 포퓰리즘 정당들의 위세가 강화되고 있기 때문이다. 유럽통합의 역사에서 위기가 부재한 시기가 없었으며, 통합은 위기를 통해 한층 더 진전된 방향으로 나아갔다는 기존의 설명이 작금의 상황에서도 적용될 수 있는지는 아직 미지수로 남아 있다.

2008년 글로벌 경제위기 이후 유럽에 닥친 남유럽국가들의 부채문제(sovereign debt crisis)로 회원국 간에 상당한 의견차를 노정하였다. 부실한 재정문제를 해소하기 위해 국제통화기금(IMF)과 유럽중앙은행(ECB)은 구제금융의 대가로 긴축정책을 요구하였다. 즉 복지혜택을 줄이고 세금을 늘리는 방식의 처방을 내린 것이다. 그 결과 남유럽 국민들의 고통이 심화되었고 이러한 흐름이 반유럽 정서로 표출되어 유럽회의적 정당들의 지지가 상승하였다.

2013년의 이민 및 난민 위기 역시 과도한 부담을 지던 이탈리아와 그리스가 유럽 차원의 해소책을 기대하였지만 유효한 대응책을 마련하지 못하고 사실상 임기응변에 그치는 방안을 제시하면서 다시금 유럽에 대한 의구심이 증대되었다. 동유럽국들은 할당된 난민쿼터를 수용하지 않으면서 고통분담을 하자는 독일 중심의 의견을 거부하였으며, 결과적으로 유럽적 연대는 실현되지 못하였다.

2020년의 코로나바이러스 사태는 또 다른 통합에의 리트머스가 될 것으로 보인다. 다시금 이탈리아를 비롯하여 스페인 등의 국가들은 단기간에 급팽창한 환자들을 수용하지 못하여, 유럽 차원의 대책을 호소하였지만 대체적으로 여타 회원국들은 냉담한 반응을 보인 바 있다. 또한 이러한 사태와 연계되는 경제적 위기에 대하여 긴급책으로 코로나본드를 창설하자는 의견에 대한 네덜란드의 반대의견은 다시금 통합의 정신을 훼손하는 것으로 수용되었다. 그러나 유럽 차원에서 극적으로 마련된 차세대 기금의 조성으로 새로운 전기를 맞이하게 되었다. 7,500억 유로에 해당하는 예산은 막대한 것이며, 이 중에서 2,000억 유로를 이탈리아에 배당함으로써 그 추이가 주목되고 있다. 위기관리내각으로 2021년 2월 집권한 마리오 드라기는 자신의 국제적 명성을 바탕으로 유럽본부와의 협상을 원만하게 진행한 것으로 평가받고 있다. 다만 유럽의 지원은 이탈리아의 구조개혁과 미래세대를 위한 투자에 방점이 있으므로 이에 대한 평가는 좀 더 시간을 두고 내려야 할 것이다.

이상의 내용을 정리해 보면, 이탈리아의 입장에서 유럽통합에 대한 과거와 같은 열렬한 지지를 기대하는 것은 무리라고 본다. 그렇다면 어떠한 형태로든 변화된 유럽을 추구할 수밖에 없을 것이고, 그것은 이탈리아를 포함하여 유럽인들이 새로운 컨벤션(Conference on the Future of Europe)을 통해 중지를 모아 헤쳐나가야 하리라 본다. 분명한 것은 현재와 같은 유럽의 모습으로는 더 이상 통합에의 추동력을 얻을 수 없다는 점이다. 지난 십여 년간의 중첩된 위기들을 통해 유럽은 상당한 피로감을 느끼고 있다고 본다. 그리고 그 해결책은 과거와 같은 엘리트 중심의 토론보다는 유럽의 시민들이 나서서 본격적인 방안을 모색해야 할 것이다. 문제는 복지에 의존하는 현재의 생활방식으로 유효한 타개책을 마련할 수 있을까에 달려 있을 것이다. 한 가지 다행스러운 것은 유럽 차원의 구제기금이 조성되고 유럽 차원에서 지급을 보장하는 최초의 사례로 자리 잡아 일정 정도 통합의 구심력을 견인하는 역할을 담당해 줄 것으로 기대되고 있다.

IX

이탈리아와 한국: 전략적 동반자[259]

1. 양자 관계의 역사

한국과 이탈리아는 1884년 공식 수호조약 이전에도 적지 않은 상호접촉이 있어 왔다. 동방견문록의 저자 마르코 폴로(Marco Polo)가 한국의 존재를 최초로 인식한 유럽인이었다는 설이 있으며, 직접적 대면으로는 임진왜란 당시 일본군과 함께 반도에 온 예수회 수사들이 조선의 현실을 목도하였다고 알려져 있다. 마테오 리치(Matteo Ricci)의 천주실의는 조선을 개혁하려는 실학자들에게 상당한 영향을 미쳤다. 그러나 당시 조선은 말 그대로 고요한 아침의 은둔의 나라였으며, 구한말 쇄국정책으로 인해 근대화에 실패하여 식민지로 전락하는 운명에 처했다.

1876년 일본에 의해 개화된 이후 서구 제국들은 앞다투어 조선과도 수교를 맺었는데, 이탈리아 역시 1884년 중국에 체류하던 공사를 대표로하여 수호통상조약(Trattato di Amicizia e Commercio fra Corea e Italia)을 맺으면서 양국 간에 공식적 외교 관계가 시작되었다. 그러나 1905년 일본에 의해 외교권이 박탈당하고 1910년 합병되면서 이탈리아와의 관계는 오랜 기간 단절된 상태로 남아야 했다. 양자의 외교 관계 회복은 1956년 재개되면서 이후로 대사급의 외교사절을 상호 간에 교환하고 있는 실정이다.

이탈리아는 1950년 한국전쟁이 발발하자 아직 유엔회원국이 아니어서 군대를 파병하지는 못하였으나, 적십자연맹을 통해 병원선을 파견하여 이탈리아 의료진들이 전쟁 기간 동안 적지 않은 도움을 주었으며, 이는 이후의 선린 관계에서 긍정적으로 작용하게 된다. 일부에서는 전후 이탈리아가 마샬플랜을 통한 미국의 원조로 경제 부흥에 도움을 받았으나, 한국전쟁을 통해 이탈리아 경제가 상당한 혜택을 받았다는 주장이 제기되기도했다.

이탈리아는 1950년대 말과 1960년대 초 경제기적기를 거치면서 이른바 선진국으로 발돋움하였으며, 1960년 로마올림픽을 치르면서 대중소비단계에 들어가 풍요로운 사회가 되었고, 1970년대에는 서방선진국의 포럼인 G7의 일원으로 국제무대에서 주요한 국가로서의 이미지를 구축해 나갔다. 반면 한국은 전쟁 이후 극심한 경제적 어려움에 처했으며,

1960년대에 북한보다도 일인당 국내총생산에서 뒤처지는 상황에 있었다. 당시 한국 정부는 경제발전 모델을 찾았는데, 이탈리아의 국영기업집단의 사례도 심도 있게 검토된 바 있다. 한국은 1980년대 고속의 경제성장으로 중진국의 대열에 들어섰으며, 1988년 서울올림픽을 유치하면서 선진권 경제로 올라서게 되었다.

1984년 수교 백주년을 맞이하여 양자는 기념 학술회의를 한국외대에서 가졌는데 이탈리아측으로부터 두 명의 학자가 방한하여 수교 역사와 양국에서의 한국학과 이탈리아학의 발전 그리고 경제통상 관계의 전망 등을 다루는 계기를 만들었다.[260]

1990년대의 한국은 소비주의가 확산되면서 유럽의 고가품을 대량으로 수입하게 되는데, 특히 이탈리아산 상품들이 대거 수입되면서 양자의 교역규모가 일취월장하는 면모를 보여주게 된다. 비록 1997년 아시아 경제위기로 한국도 일시적으로 곤란을 겪었지만, 이내 회복되면서 이탈리아와의 교역 수준이 지속적으로 증대되어 2018년에는 양자의 교역규모가 백억 달러를 돌파하는 수준으로 성장하였다.

2004년 한국과 이탈리아는 수교 120주년을 맞이하면서 양자 관계의 질적 도약을 위해 한이탈리아포럼을 개최하게 된다.[261] 포럼은 양국의 정부인사와 학계 및 사회지도층들이 모여 주요 관심사에 대한 논의를 통해 양자 관계를 한 단계 업그레이드한다는 취지에서 시작되었다. 1차 포럼은 로마에서 열렸으며, 이후 정기적으로 개최되어 오다가 2012년 대구에서의 제5차 포럼 이후 사실상 중단된 상태다. 그간의 포럼 실적은 다음의 표와 같다.

<표- 49> 한-이탈리아 포럼

차수	장소	일시	역할참가자 수	주요 아젠다
1	로마	2004.6.24	한 11 이 12	한-이 관계, 문화협력, 과학기술협력
2	서울	2005.11.11	한 11 이 7	한반도문제, 사회문화협력, 경제협력
3	서울	2008.12.12	한 21 이 13	한-이 외교, 교육문화디자인협력
4	밀라노	2010.3.15	한 13 이 13	한-이 비지니스포럼, 문화관광협력
5	대구	2012.3.15-6	한 29 이 16	한-이 관계, 기술협력, 섬유패션, 무역

6*	로마	2019.10.1	한 7 이 12	전략적 동반자, 문화, 차세대, 경제협력

* 6차는 공식적 포럼이 아닌 주이탈리아 한국대사관 주최 행사였음

양자 포럼은 그간 적지 않은 긍정적 영향을 미친 것으로 사료되나, 2012년 이후 정기적으로 진행되지 못하여 아쉬움이 있다. 한국의 주최기관이 소극적이라는 지적도 있으며, 이탈리아 측의 소극적 태도 역시 지적되고 있는데, 양자 관계의 발전을 위해 전향적인 노력이 요구된다.

2. 전략적 동반자

주지하다시피 2011년 한국과 유럽연합 간에 자유무역협정이 발효되면서 양자의 무역규모가 증대되었으며, 회원국인 이탈리아 역시 교역량에서 상당한 성장세가 기록되었다. 2018년 기준으로 양자의 무역규모가 백억 달러를 돌파하였고 마침 한국의 문재인 대통령이 동년 10월 이탈리아를 국빈 방문한 계기, 양자는 외교 관계를 전략적 동반자(Strategic Partnership)로 격상하게 된다.

정상회의에서 양국의 정상은 양자 관계의 발전상을 검토하면서 2018년 기준 백만 명이 넘는 한국인 관광객이 이탈리아를 방문한 사실에 주목하였다. 비록 규모에서는 여전히 비대칭성을 보이고 있지만 이탈리아인들의 한국 방문 그리고 교민의 통계 역시 증가하는 패턴을 나타내고 있어 고무적으로 평가되었다. 정상회의 후 발표된 공동언론성명에서 기존의 협력에 더해 새로운 영역을 개척해야 한다는 데 합의하였으며, 이제 양자 관계뿐 아니라 지역 차원의 관심사나 글로벌 이슈에 대해서도 함께 보조를 맞추어 나가자는 데 의견을 공유하였다.[262]

구체적인 실천 방안으로 차관급의 전략대화를 정례화하고, 안보 및 군사분야에서의 협정을 맺으면서 관계 강화를 모색하였다.[263] 기존의 경제 및 과학기술 포럼의 경우에도 보다

규모를 확대하며, 4차산업혁명기를 맞이하여 양국이 각자의 강점을 공유하는 방안을 구축해 가기로 하였다. 또한 점증하고 있는 보호무역주의에 대하여 한국과 이탈리아는 다자주의와 규칙에 기초한 국제질서를 통해 이를 극복해 가자는 데 의견을 같이 하였다.

3. 분야별 현황

1) 정무

한국과 이탈리아의 정무 관계는 그간 경제통상 대비 활발하지 못하였다. 이탈리아는 2000년에 서유럽국가 중 최초로 북한과 수교하였지만, 한반도는 이탈리아 외교에서 높은 우선순위에 있지 못하다. 그럼에도 불구하고 양국은 유엔의 민주화에 대하여 공동보조(UfC, Union for Consensus)를 취한 바 있으며 앞으로도 국제무대에서 공조할 부분이 적지 않다고 사료된다.

실제로 2018년 양자는 전략적 동반자 관계를 구축함으로써 이 분야에서의 진전된 협력이 기대되고 있다. 2020년과 2021년 외교부 차관이 참석하는 온오프라인 전략대화가 개최된 바 있으며, 이를 통해 다양한 국제적 관심사를 논의하고 공동보조를 위한 협력을 추구하고 있다.[264]

한국의 입장에서는 핵을 보유한 북한문제가 중요한 관심사이며, 이탈리아는 2013년까지 인도주의적 차원에서 북한에 식량과 재화를 제공한 바 있다. 그러나 이탈리아의 대북한 정책은 기본적으로 유럽연합 회원국들과 공동의 보조를 맞추고 있어, 독자적인 정책구현은 어렵다고 보아야 한다. 실제로 유럽연합의 공식적 대북한 정책은 비판적 관여(Critical Engagement)이며, 이는 북한이 비핵화를 거부하고 핵개발을 지속하는 한 비판적 태도를 견지할 것으로 전망된다. 실제로 인도주의적 지원의 경우에도 최근 매우 위축되고 있으며, 코로나 사태로 평양에 주둔하고 있는 유럽 7개국 대사관들의 인력이 본국으로 송환된 상태다. 따라서 이탈리아와 유럽국들은 북한의 태도에 대해 유엔 제재에 이어 추가적으로 독자적 제재를 가할 정도로 경색국면이 있다.

2) 경제통상

정무분야 대비하여 경제통상 영역에서는 괄목할 만한 성장세를 보여주고 있다.[265] 한-EU 자유무역협정 체결 이후 양국의 교역량은 지속적으로 증대되고 있으며[266], 이탈리아는 독일과 함께 지난 십 년간 최대 수혜국으로 자리매김하고 있다. 2018년에는 양국의 무역규모가 백억 달러를 돌파하면서 새로운 가능성을 제시하는 것으로 받아들여지고 있다. 지난 십 년간의 양국 교역규모는 아래 표와 같다.

<표- 50 > **한국과 이탈리아의 무역 (2010-2020) (단위 천 달러)**

연도	수출	증감 %	수입	증감 %	무역수지
2010	3,569,135	27.6	3,723,304	6.0	-154,169
2011	4,107,495	15.1	4,373,924	17.5	-266,429
2012	3,261,663	-20.6	4,828,203	10.4	-1,566,539
2013	3,125,722	-4.2	5,383,466	11.5	-2,257,744
2014	3,473,076	11.1	6,260,922	16.3	-2,787,846
2015	3,531,214	1.7	5,824,583	-7.0	-2,293,369
2016	3,163,433	-10.4	5,424,665	-6.9	-2,261,232
2017	3,757,903	18.8	5,695,573	5.0	-1,937,670
2018	4,493,008	19.6	6,302,771	10.7	-1,809,763
2019	3,773,365	-16.0	6,449,282	2.3	-2,675,917
2020	1,733,702	-28.0	3,622,521	-3.7	-1,888,819

출처: 무역협회

한국의 대이탈리아 수출에서 가장 큰 규모의 품목들은 자동차, 자동차부품, 타이어, 기계류 및 전자제품이며, 이탈리아의 대한국 수출 주요 품목은 명품, 제약, 기계 등이다. 전반적으로 한국은 이탈리아와의 무역수지에서 적자를 보고 있으며, 이는 한국 소비자들의 이탈리아 상품에 대한 높은 선호도에서 기인한다. 반면에 이탈리아 소비자들의 구매력은 유럽의 경제위기 이후 약화되어 적자폭이 줄어들고 있지 못하다.

투자에서는 양국의 규모가 경제력 대비 저조한 상태인데, 이는 무엇보다도 이탈리아의 경제구조에서 중소기업이 차지하는 비중이 막대하여 대규모의 투자를 기대하기 어려운 실정이다. 그럼에도 불구하고 최근 이탈리아의 한국 투자에서 롯데베르살리스(LotteVersalis), 마페이(Mapei) 등이 성공적인 사례로 기록되고 있다.[267]

한국의 대이탈리아 투자는 섬유, 무역, 전자 등의 분야에서 진행되고 있으며, 포스코의 베로나 철강회사, 세아제강의 파도바 기업 인수 등이 있었으며, 경제중심지 밀라노에는 한국기업의 25개 지사가 상주하고 있다. 그러나 투자 여건에서 이탈리아는 타 유럽국대비 강점을 지니지 못한 것으로 알려져있다.

앞으로의 전망에서는 보호무역을 타개하는 데 있어 양국이 공동보조를 맞출 수 있을 것으로 기대하며, 중소기업간의 협력이나 제3국에의 진출에서 각자의 강점을 공유하는 방식으로 협력이 가능할 것으로 기대되고 있다.

3) 사회문화

한국 대학에서 최초로 설립된 이탈리아어과는 1963년 한국외대였다. 이후 1983년 외대 글로벌캠퍼스에 추가로 이탈리아어과가 개설되었으며, 이후 1989년 대구가톨릭대학 그리고 1990년 부산외대에서 학과가 창립된 바 있다. 아쉬운 것은 대구가톨릭대학의 이탈리아어과가 폐과되었으며, 부산외대의 경우에도 학령인구의 감소로 인해 운영에 어려움을 겪고 있다는 현실이다. 한국외대의 경우에도 중복학과의 발전적 방향모색이라는 차원에서 최근 두 학과의 통합이 시도되고 있다.

이탈리아의 한국학은 나폴리동방대학(Università degli Studi di Napoli L'Orientale)에서 1958년 최초로 과정이 개설된 바 있으며, 이후 베네치아대학(Università Ca' Foscari Venezia), 로마대학(Sapienza Università di Roma)에서 한국어 과정이 열렸고 최근에서 밀라노대

(Università degli Studi di Milano)와 시에나외국인대(Università per Stranieri di Siena)에서도 관련 코스가 활성화되고 있다.[268] 특히 근자에는 한류의 영향으로 한국어와 한국학을 전공하려는 학생들의 수가 증가하고 있다.

문화분야의 협력 관련하여 이탈리아는 오랜 기간 한국인들에게 역사와 문화의 대국으로써 자리매김해 왔으며, 이탈리아인들에게 한국에 대한 최근 관심도가 증가하고 있다.[269] 특히 2016년 로마에 한국문화원이 설립되면서 다양한 프로그램을 통해 한국문화를 직접 접하게 되면서 호응도가 높아지고 있다.

정부 차원에서는 양자의 문화협력위원회가 1979년에 시작하여 문학, 예술, 스포츠 및 방송분야에서 이어지고 있다. 2018년 위원회의 경우 박물관, 도서관, 영화산업, 문화재보존, 양국 교환교류 등이 논의되었으며, 상호방문과 협력이 보다 강화되고 있다. 다만 2020년 코로나 발생 이후 대부분의 행사들이 온라인으로 진행되고 있는 점이 아쉬운 실정이나, 멀지 않은 장래에 정상화되리라 전망한다. 이는 공공외교의 차원에서 보다 진작되어야 할 것이다.

4) 과학기술

1984년 양국은 과학기술위원회를 최초로 가동하여 오늘에 이르고 있으며, 그간 11차례의 회합이 개최된 바 있다. 그리고 2007년에는 과학기술협력 관련 삼년계획이 실시되고 있는데, 가장 최근 사업은 2019년에서 2021년에 걸쳐 진행된 바 있다. 특히 양국의 유망 협력분야로 연료전지, 세포막기술, 벽화의 도색 및 보존 등이 있다. 최근에는 ICT분야와 사물인터넷, 에너지, 해양과학, 분자물리학, 그리고 항공우주 분야의 협력이 유망한 협력 분야로 부상하였다. 인노바이탈리아(InnovaItalia)는 이탈리아 외교부와 교육부가 공동으로 관장하는 사이트로서 과학기술 분야에서의 국제협력을 관장하는 웹포털이다.[270]

5) 지역 및 글로벌 협력

전략적 동반자 관계는 양자에 국한된 것이 아니라 지역 및 글로벌 외교를 포함하는 것이다. 관점에 따라서는 이 관계가 양자보다는 지역 및 글로벌 분야에 보다 방점을 두는 것으로 수용되기도 한다.[271] 즉 전략적이라는 수사가 국제적 차원에서 공조할 만큼 관련 국가의 국력이 중견국 수준 이상이며, 따라서 협력 분야와 폭의 잠재력이 다대하다는 전제를 가지고 있다.

물론 한국과 이탈리아는 각자가 소속한 대륙 내지 지역에서 주도적인 외교력을 보유하는 국가로 보기는 어렵다.[272] 유럽에서는 이탈리아가 영국, 프랑스 및 독일에 비해 경제력에서는 유사하나 정치 및 외교력에서 다소 열세에 있는 것이 사실이며, 한국의 경우에도 경제력에서는 세계 십위권에 있지만, 분단의 현실 그리고 주변국들이 강대국인 점을 고려하여 상대적으로 작아 보이는 현실이 엄존한다.

그러나 상황을 다면적으로 살펴보면, 이탈리아는 G7의 일원이며 지중해를 아우르는 핵심역량을 지닌 국가이고, 한국 역시 군사력에서나 문화적 역량에서 글로벌 주도국으로 성장하고 있는 만큼 양국의 협력은 시사하는 바가 크다고 본다.

경제분야에서는 점증하는 보호무역주의와 자국중심주의를 극복하면서 서로의 역량을 강화할 필요가 있다. 한국과 이탈리아 공히 무역이 경제에서 차지하는 비중이 지대하므로 약화된 세계무역기구의 재활성화를 위한 공동 보조가 유익할 것으로 보인다. 또한 한국과 유럽연합 간의 자유무역협정의 경우에도 시행 십 년이 지난 상태에서 개정의 필요성이 개진되고 있으므로 전향적인 노력이 기대된다.

글로벌 차원에서의 협력도 점차 그 중요성을 배가하고 있다. 유엔이나 G20 그리고 ASEM과 같은 다자체에서 아젠다를 선점하는 등 특별한 관심과 노력이 요구된다. 기후변화에서는 유럽이 선도 지역이며 이탈리아 역시 주요한 일원이므로 탄소중립을 위한 과정에서 협력이 절실한 상황이다. 이민문제 역시 지역 차원에서 글로벌 차원으로 문제영역이 확대되고 있으며, 사이버범죄나 해양안보 등에서도 양국 간의 긴밀한 대화와 정책 마련이 중요하다. 이러한 글로벌 이슈의 협력에서 중견국인 이탈리아와 한국은 강대국과 개도국의 입장을 중재하는 역할을 통해 그 잠재력을 극대화할 수 있을 것으로 기대되고 있다.

4. 과제

한국과 이탈리아는 반도국가라는 점에서 유사성이 있으며, 인구의 고령화, 저출산, 복지 국가의 부담 등에서 적지 않은 공통분모를 지닌 국가들이다. 근자에는 코비드-19 사태를 맞이하여 의료 및 제약 분야에서도 협력의 필요성이 증대되고 있다. 이를 위해 양자간 이동성의 증진이 무엇보다도 요구된다. 그간 양국은 경제구조의 상이성으로 인해 타 유럽국 대비 관계의 증진 측면에서 아쉬움이 있었다. 그러나 한국의 유럽에 대한 지속적인 관심 그리고 최근 이탈리아의 한국에 대한 협력수요의 증가로 인해 잠재력은 상당하다고 본다. 전략적 동반자 관계의 구축은 이러한 차원에서 고무적이며, 고위급 전략대화를 통해 분야별로 구체화하는 작업이 병행되어야 할 것이다.

정부 차원이나 기업 간 수준에서의 협력이 일차적이지만 양국 국민들과 민간단체 차원의 교류 역시 보다 강화될 필요가 있다. 공공외교의 차원에서도 대민외교는 그 가치를 인정받고 있으며, 민간이 주도하는 구상들이 활성화되어야 한다. 한국외대의 경우 2021년 이탈리아연구센터(CISIC, Centro Interdisciplinare di Studi Italiani in Corea)를 설립하여 그간의 교육 과정에 더해 연구 및 대외협력 분야의 활성화를 위한 노력을 경주하고 있다. 유사한 방식으로 이탈리아에서도 한국센터를 설립하는 것이 시급하다고 전망된다. 재원문제의 경우 한국국제교류재단에서 실시하는 프로그램이 있으므로 이를 활용한다면 이탈리아의 대학이나 연구소 차원에서 설립의 가능성을 높일 수 있을 것으로 기대된다.

작금의 세계는 지난 수백 년을 풍미해 온 민주주의와 인권 그리고 다자협력이라는 틀에 대한 도전이 진행되고 있다. 한국과 이탈리아는 인권, 민주주의, 법의 지배 및 시장경제를 기본 가치로 하는 국가들이므로 양자, 지역 그리고 글로벌 차원에서의 협력을 통해 더 나은, 더 안전한 그리고 풍요로운 세상을 위해 기여하는 과정에서 상호이해를 가지고 있으므로 최적의 파트너라 사료된다.

X

이탈리아 정치의 미래

1. 이탈리아 정치의 보편과 특수

현대 이탈리아 정치는 기본적으로 특수성적 시각에서 분석이 가능한 영역이다. 이탈리아는 영미중심의 주류 정치학에서 이탈한 예외적 존재로 자리매김하여 왔다. 민주주의의 실험실이라는 표현이 바로 그것이다. 영화 제목에서도 나타나는 이탈리아식 이혼, 이탈리아식 결혼 등의 표현은 여타 유럽 국가에서는 보이지 않는 사례이다. 그렇다면 무엇이 이탈리아적 정치인가? 이 질문에 대한 일차적인 대답은 잦은 정부의 붕괴와 그로 인한 정치의 불안정성에서 찾을 수 있다. 이는 특히 제1공화국 시기였던 1945년에서 1992년까지의 총선과 정부의 구성을 통해 파악할 수 있다. 이 시기에 정부의 평균수명은 11개월에 불과하였으며, 심지어 3주간 총리직에 머물다 내려온 사례가 있을 만큼 외형적으로 보았을 때 이탈리아 정치는 혼돈과 무질서 그리고 비효율의 대명사로 수용되었다.

이탈리아적인 특성은 통일 이후 국가형성 과정에서도 유럽 내에서 독특한 면모를 보여주었다. 세계체계론에 의하면 이탈리아는 통일과 함께 반주변국으로 지위 상승을 경험하였으며, 한편으로는 내부적으로 국민형성의 과제를 수행해야 했으며, 다른 한편으로는 자본주의 세계경제에서 식민경영을 통한 대외 관계를 병행하여야 했다. 그러나 이탈리아는 유사한 시기에 통일을 이룩한 독일 대비 약화된 형태의 반주변국이었으며, 독립적인 외교를 수행하기 어려운 형편이었다. 이러한 상황은 타 유럽국과의 연대를 요구하였으며, 초기에 프랑스와 긴밀한 협력 관계를 유지하다가 이후 독일 및 오스트리아와 삼국동맹을 맺는 등 급변하는 국제정세 속에서 지속적으로 자신의 위치선정을 해 나가야 하는 입장에 있었다. 그 결과 1차대전이 발발하자 독일과의 관계를 파기하고 영국편에서 전쟁에 참가하는 모습을 보여주었다.

이탈리아의 국가로서의 특수한 성격은 전후 장기간 집권하였던 기민당의 사례에서도 극명하게 드러난다. 보수적 성향의 가톨릭주의와 개혁 성향의 민주주의를 혼합하여 범계급적 정당을 표방함으로써 폭 넓은 지지기반을 구축할 수 있었는데, 이는 여타 유럽국가에서 현시되지 않은 모습이었다. 기민당의 이러한 특성은 당내에 우파, 중도 및 좌파 등의 다양한 계파 정치를 가능하게 하였으며, 여당임에도 불구하고 자당이 제안한 법안에 대해 비밀투표 시 반대의사를 표시하는 사례가 빈발하게 만들었다. 즉 연립정권 내의 소수정당과의 불협화음뿐 아니라 기민당 내의 계파간 갈등으로 인해 정부가 자주 붕괴되었다는 역사를 보여주었다.

이탈리아공산당의 존재도 분명 이탈리아적인 성격을 십분 보여주는 사례로 수용되고 있다. 사회당의 급진세력이 그람시를 중심으로 분리되어 창당한 역사에서 이탈리아공산당은 그 출범에서부터 러시아의 혁명방식과 궤를 달리하였다. 톨리아티의 이탈리아식 사회주의로의 길은 이후로도 지속적으로 상황변화에 따라 이탈리아공산당이 고유한 정책노선을 정한 역사를 보여주었다. 1970년대의 유로커뮤니즘은 대표적인 사례이다. 즉 선진사회에서의 사회주의 혁명은 투쟁 방식이 아닌 의회를 통한 점진적 개혁이 되어야 한다는 주장으로 그람시의 상부구조의 변혁을 통한 혁명노선과 기본적으로 맥을 같이하는 노선이었다.

이탈리아사회당이 1970년대 이후 투쟁의 정체성을 뒤로하고 밀라노 지역의 신흥자본가층을 대변하는 정당으로 변모하여 기민당 위주의 연립정부에서 사회당 출신의 총리를 배출하고 장기간 리더십을 발휘한 사례도 이탈리아적인 모습으로 이해될 수 있다. 크락시즘이라고 불리는 그의 총리직 기간은 이탈리아의 경제가 1950년대의 경제기적기에 이어 재차 경제적 붐을 조성하던 시기였으며, 국제적인 삼저현상과 호경기에 편승하여, 이탈리아의 국영기업, 민간대기업 및 가족중심의 중소기업 모든 부분이 비약적인 성장을 경험하던 시기와 맞물렸다. 급기야 1986년 국내총생산 기준 영국을 제치고 5대경제대국으로 발돋움하는 쾌거를 경험한 시기이기도 했다.

그러나 1992년에 발생한 부패수사는 정경유착으로 점철된 이탈리아 사회구조의 부정적 단면을 극명하게 보여주었다. 이로써 기존의 정치세력은 거의 대부분 몰락하고 새로운 정당들이 부상하였다. 다수대표제 중심의 선거법으로 정권교체가 원활하고 양대정당제로 귀결되는 정치변동을 도모하였는데, 적어도 외형적으로는 좌우의 정당들이 교대로 집권함으로써 발전적 모습을 현시하였으나, 이탈리아 사회에 필요한 개혁작업에는 실패함으로써 정치권 전반에 대한 실망이 제기되었고, 그 결과 포퓰리즘 세력이 등장하는 정치환경을 조성하였다.

2008년 글로벌 재정위기 이후 이탈리아 내에서 세력을 확장하고 있는 오성운동이나 동맹당 같은 포퓰리즘 세력의 신장은 또 다른 형태의 이탈리아적인 현상으로 파악된다. 유럽통합에 열렬한 지지를 보내오던 이탈리아인들이 유럽회의주의에 심취하게 되고 단일화폐인 유로화가 자신들의 경제적 곤란과 연관성을 갖는다는 주장은 분명 과거와의 단절을 의미하는 것이었다. 그러나 유럽에 대한 반감이 이탈리아의 문제를 해결해 주지는 않을 것으로 보인다. 자신들의 문제는 스스로를 돌아보는 과정을 통해 방안을 찾아야 할 것이다. 이런 점에서 최근에 현시되고 있는 정치적 리더십의 약화현상은 우려할 만한 수준에 이르고 있다고 판단된다.

이탈리아적인 특수성이 정치사회의 모든 현실을 설명해 주지는 못할 것이다. 적어도 최근 십 년간의 사회변화는 이탈리아만의 문제가 아니며, 범유럽적 그리고 범세계적 속성을 지니고 있기 때문이다. 그런 점에서 보편과 특수의 변증법이 다시금 제기될 수 있다. 돌이켜보면 통일 이후 그리고 특히 이차대전 이후 이탈리아 정치는 국제상황과 긴밀하게 연계되어 상황전개가 이루어져 왔기 때문이다. 따라서 신자유주의와 세계화에 반발하는 정서를 이탈리아적인 특수성으로만 치부할 수는 없을 것이다.

2. 이탈리아 정치변동과 전망

오늘의 이탈리아는 분명 유럽의 병자임에 틀림이 없다. 소득의 40%가 넘는 조세부담은 유럽에서도 최고 수준이며, 이러한 재원을 효율적으로 활용하는 지혜가 필수적으로 요구되고 있다. 초고령화와 급속한 저출산의 추세 등으로 인해 인구학적으로 이탈리아 사회의 미래전망과 지속가능성이 밝지 않은 상황에서 정치적 리더십이 필요한 개혁을 게을리한다면 부정적 모습을 회피할 수 없을 것이다. 요는 업적중심의 사회운용이 가능한가에 달려 있다고 사료된다. 연고주의와 추천주의가 지배하는 사회에서는 경쟁력과 효율성을 기대하기 어렵기 때문이다.

현재 이탈리아 정부의 리더십은 관리형에 가까운 모습을 노정하고 있다. 다중적 위기가 닥치고 있는 현실에서 과거의 추세를 답습하는 행태로는 어려운 파고를 넘어서는 것이 가능하지 않을 것이다. 따라서 총선을 통해 국민들의 의사를 확인하고 그 결과에 기반한 책임정치를 펼치는 것이야말로 오늘의 이탈리아에 요구되는 변화의 서곡점이라고 본다.

이러한 새로운 리더십은 지역격차라는 해묵은 난제와 유럽통합과 일방주의로 치닫는 국제정세라는 이중적 도전을 여하히 관리하고 성장의 모멘텀을 마련할 수 있는가에 방점이 놓여야 한다. 아쉬운 것은 2014년 총리직을 맡은 마테오 렌치 정부에서 추진하였던 개혁작업들과 헌법 개정의 노력이 지지부진한 상태에 놓여 있다는 사실이다. 이후 반유럽주의에 기반한 포퓰리즘 세력들이 집권하였지만 주요 정책에 대한 견해 차이와 마테오 살비니의 정치적 야심으로 붕괴되고 다소 구태의연한 관리형 정부가 들어서서 효율적인 정치가 실종되고 있다. 이러한 상황의 타개야말로 이탈리아 정치와 사회경제에 발전의 계기가 될 것이다. 이탈리아는 1950년대와 1980년대에 필적할 만한 성장의 모멘텀이 절대적으로 요구되고 있다. 두 차례의 성공스토리는 국제환경의 성장친화적 요소도 중요하였지만 무엇보다도 이탈리아 엘리트층의 경제사회발전에 대한 의지가 확고하고 정책적 대안이 분명하게 제시된 점이 주효하였다.

현대 이탈리아 정치에 대한 결론은 여전히 이 나라가 민주주의의 실험실로 남아 있다는 사실이다. 이탈리아의 실패는 유럽의 붕괴로 이어질 것이며, 유럽의 붕괴는 세계적 갈등의 재현으로 귀결될 것이기 때문이다. 지난 백육십 년이 넘는 통일된 국가의 형성과 발전에서 중견국으서의 이탈리아는 경제적으로 성공적인 면모를 보여준 바 있다. 정치가 경제의 발목을 잡는 병목현상이 조기에 해소됨으로써 국난의 타개가 시작될 수 있을 것이다. 그리고 그것은 선거를 통한 책임 있는 리더십의 출현에서 출발하여야 한다.

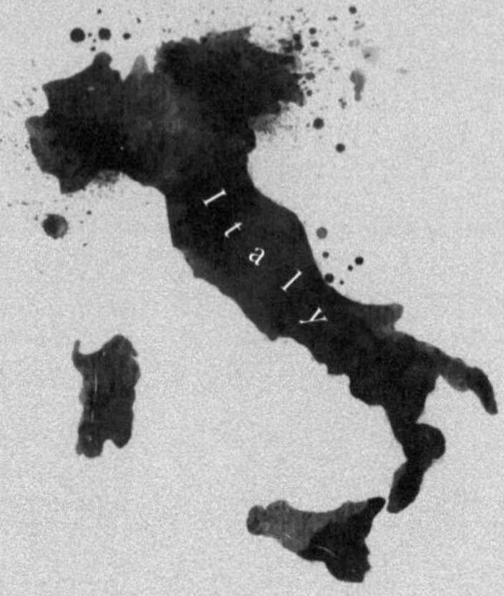

부록

1. 이탈리아 공화국 헌법[273]

차례

공화국 임시 대통령

1947년 12월 22일의 회의에서 이탈리아 공화국 헌법을 채택한 제헌의회의 결의와 동 헌법 부칙 제18조의 규정에 의하여 이탈리아 공화국 헌법을 다음과 같이 공포한다.

기본 원칙

제1조

① 이탈리아는 노동에 기초한 민주공화국이다.

② 주권은 국민에게 있다. 국민은 헌법이 정하는 형식과 범위 내에서 이를 행사한다.

제2조

공화국은 개인으로서나 또는 그 개인의 인격이 발휘되는 사회조직 내에 있어서나 인권의 불가침을 인정하고 또한 보장하며, 정치적, 경제적 및 사회적인 연대의 필요상 없어서는 안 될 의무의 이행을 요구한다.

제3조

① 모든 시민은 성별, 인종, 언어, 종교, 정치적 견해, 개인적 및 사회적인 조건에 따라 차별되는 일이 없이 동등한 사회적 존엄을 가지며 법 앞에 평등하다.

② 시민의 자유와 평등을 사실상으로 제한하여 인격의 완전한 발전과, 모든 노동자가 국가의 정치적, 경제적 및 사회적인 조직에 효과적으로 참여하는 것을 방해하는 경제적 및 사회적 장해를 제거하는 것이 공화국의 임무이다.

제4조

① 공화국은 모든 시민에 대하여 노동의 권리를 인정하며, 또한 이 권리를 유효한 것으로 하기 위한 제조건을 촉진한다.

② 개개의 시민은 스스로의 능력과 선택에 의하여 사회의 물질적 또는 정신적인 진보에 공헌하는 행위 또는 기능을 행할 의무를 진다.

제5조

하나이며 불가분인 공화국은 지방자치를 인정하며 또한 촉진한다. 국가에 속하는 사무에 있어서는 가장 넓은 행정상의 분권을 행하며, 그 입법의 원칙과 방법을 자치와 분권과의 요구에 적합하도록 한다.

제6조

공화국은 특별한 규정에 의하여 언어상의 소수자(소수민족)를 보호한다.

제7조

① 국가와 가톨릭 교회는 각각 그 고유의 질서 내에 있어 독립이며 주권적이다.

② 그 관계는 라테라노 협정에 의하여 규정된다. 쌍방의 당사자에게 수락된 조약의 개정은 헌법개정의 절차를 요구하지 아니한다.

제8조

① 모든 종교상의 종파는 법 앞에 평등하게 자유롭다.

② 가톨릭 이외의 제종파는 이탈리아의 법질서에 저촉되지 않는 한, 그 고유의 원칙에 따라서 스스로를 조직하는 권리를 가진다.

③ 국가와 제종파와의 관계는 종파대표자와의 합의에 따라 법률로 규제된다.

제9조

① 공화국은 문화의 발전과 과학기술 연구를 촉진한다.

② 공화국은 국가의 자연경관과 역사적 및 예술적인 유산을 보호한다.

제10조

① 이탈리아의 법질서는 일반적으로 승인된 국제법규에 따른다.

② 외국인의 법적 지위는 국제법규와 국제조약에 따라 법률로 규제된다.

③ 이탈리아헌법에 의하여 보장되어 있는 민주적인 자유의 효과적인 행사가 자국에서 제한되어 있는 외국인은 법률에 한하여 규정될 조건에 따라 공화국의 영토 내에서 망명권을 가진다.

④ 정치범죄를 이유로 하는 외국인의 인도는 허락되지 아니한다.[274]

제11조

이탈리아는 타국민의 자유에 대한 침해의 수단 또는 국제분쟁의 해결의 수단으로서의 전쟁을 거부한다. 이탈리아는 타국과 동등한 조건으로서 제국가간의 평화와 정의를 보장하는 기구에 필요한 주권의 제한에 동의하며, 이와 같은 목적을 지향하는 여러 가지 국제조직을 촉진하며 조성한다.

제12조

공화국의 국기는 같은 축의 녹색과 백색과 적색과의 세 개의 수직의 대를 이루는 이탈리아삼색기이다.

제 1부 시민의 권리의무

제 1장 시민적 관계

제13조

① 인신의 자유는 불가침이다.

② 인신의 감금, 검사 또는 수색의 여하한 형식도 그리고 기타의 여하한 인신의 자유의 제한도 사법당국의 이유를 붙인 영장에 의하지 아니하고는 또는 법률에 규정된 경우와 방식에 의하지 아니하고는 허락되지 아니한다.

③ 법률로 상세히 지시된 필요와 긴급한 예외적인 경우에 공안당국은 잠정조치를 취할 수 있다. 이 조치는 48시간 이내에 사법당국에 통지되어야 하며 그 뒤 48시간 이내에 사법당국이 그 조치를 승인하지 아니하면 그 조치는 취소되어 여하한 효력도 가지지 않는다.

④ 여하한 자유의 제한에 복종하고 있는 자라도 육체적 및 정신적인 침해행위는 모두 가벌적이다.

⑤ 법률은 예비구금의 최대한을 규정한다.

제14조

① 거주는 불가침이다.

② 인신의 자유의 보호를 위하여 규정된 보장에 따라 법률에 의하여 정하여진 경우와 방식에 의하지 아니하고는 거주에 대한 사찰, 수사, 압수를 행할 수 없다.

③ 위생과 공공안전의 이유에 의하여 또는 경제적 및 재정적인 목적을 위하여 하는 검사와 사찰은 특별법으로써 정한다.

제15조

① 모든 형식의 통신의 자유와 비밀은 불가침이다.

② 그 제한은 법률에 의하여 규정되는 보장과 함께 사법당국의 이유를 붙인 영장에 의해서만 행할 수 있다.

제16조

① 모든 시민은 법률이 위생 또는 공안을 이유로 일반적으로 규정하는 제한을 제외하고는 국가의 영토의 어느 부분에도 자유로이 왕래하며 또한 체제할 수 있다. 정치적인 이유에 의하여서는 여하한 제한도 상정할 수 없다.

② 모든 시민은 법률상 의무 있는 경우를 제외하고는 출국과 입국의 자유를 가진다.

제17조

① 시민은 평화적으로 또는 무기를 가지지 아니하고 집회하는 권리를 가지고 있다.

② 집회에 대하여는, 공개된 장소에서 개최되는 것에 있어서도, 사전의 통지가 요구되지 아니한다.

③ 공공의 장소에 있어서의 집회에 대하여는 당국에 사전의 통지를 해야 한다. 당국은 치안 또는 공공의 안전에 관해서 승인된 이유에 의하여서만 이를 금지할 수 있다.

제18조

① 시민은 형법에 의하여 개인에게 금지되어 있지 아니한 목적을 위하여 허가 없이 자유로이 결사하는 권리를 가진다.

② 비밀결사 및 간접적이라도 군사적 성질의 조직에 의하여 정치적인 목적을 추구하는 결사는 이를 금지한다.

제19조

모든 사람은 개인적이나 단체로 어떠한 형식이라도 자기의 종교적인 신앙을 표명하며 그의 선교를 행하고 의식이 미풍양속에 반하지 않는 한 사적 또는 공적으로 예배를 행할 권리를 가진다.

제20조

결사 또는 협회의 종교적 성격이나 그 종교 또는 예배의 목적은 이를 그 구성, 법적 능력 및 활동의 각 형식에 대하여도 입법상의 특별한 제한 또는 재정상의 특별한 부담의 원인으로 하지 못한다.

제21조

① 모든 사람은 자기의 의견을 언어, 문서 및 기타의 여러 가지 보급수단에 의하여 자유로이 표현할 권리를 가진다.

② 출판물은 허가 또는 검열에 복종시킬 수 없다.

③ 압수에 있어서는 출판에 관한 법률이 명백히 허가하고 있는 범죄의 경우 혹은 책임자의 표시에 대하여 법률이 규정하고 있는 조건에 위반한 경우에 사법당국의 이유를 붙인 영장에 의하여서만 행할 수 있다.

④ 이와 같은 경우에 절대적으로 긴급상태이고 또한 사법당국의 적시의 개입이 가능하지 아니한 경우에는 정기간행물의 차압은 사법경찰관에 의하여 행하여진다. 그는 즉시로 또한 24시간 이내에 사법당국에게 그 일을 신고해야 한다. 만약에 사법당국이 그 뒤 다시 24시간 이내에 그것을 승인하지 않을 때에는 차압은 취소되며 아무런 효력이 없는 것으로 인정된다.

⑤ 법률은 일반적 성격의 규정에 의하여 정기간행물의 재정적 수단을 공포할 것을 규정할 수 있다.

⑥ 선량한 풍습에 반하는 인쇄물, 공연물 및 기타의 모든 표현은 금지된다. 법률은 그 위반을 예방 및 억압하기에 적당한 조치를 규정한다.

제22조

누구든지 정치적인 이유에 의하여 법적 능력, 국적, 성명이 박탈되는 일은 있을 수 없다.

제23조

어떠한 인적 혹은 물적인 부담도 법률에 의하는 것이 아니고는 과할 수 없다.

제24조

① 모든 사람은 자기의 권리와 정당한 이익의 보호를 위하여 소송을 제기할 수 있다.

② 변호는 소송의 모든 상태와 단계에 있어서 불가침의 권리이다.

③ 자력이 없는 자에 대하여는 특별한 제도에 의하여 여하한 재판소에도 소송을 제기하고 또한 변호하는 방법이 보장된다.

④ 재판의 착오의 보상에 대하여는 법률은 그 조건과 방식을 규정한다.

제25조

① 누구든지 법률에 규정되어 있는 정당한 법관으로부터 재판을 받을 권리를 박탈당하지 아니한다.

② 누구든지 그 행위 이전에 효력을 가지는 법률에 의하지 아니하고는 처벌되지 아니한다.

③ 누구든지 법률에 규정되어 있는 경우 외에는 보안처분을 받지 아니한다.

제26조

시민의 외국에의 인도는 오직 국제협정에 의하여 명백하게 규정되어져 있는 경우에 있어서만 동의할 수 있다. 어떠한 경우에도 정치적 범죄를 이유로 한 시민의 인도는 승인되지 아니한다.

제27조

① 형사책임은 당사자에 전속하는 것이다.

② 피고인은 유죄의 확정판결이 있을 때까지는 유죄로 인정되지 않는다.

③ 형벌은 인간의 감정에 반하는 조치로써 할 수 없으며 또한 수형자의 재교육을 목표로 하여야 한다.

④ 사형은 불허된다.[275]

제28조

국가 및 공공단체의 공무원과 근로자는 권리를 침해한 행위에 대하여 형법, 민사법, 행정법에 따라서 직접 책임이 있다. 이와 같은 경우에 민사상의 책임은 국가와 공공단체에 미친다.

제2장 윤리적, 사회적 관계

제29조

① 공화국은 혼인에 기초하는 자연적 결합으로서의 가정의 제권리를 인정한다.

② 혼인은 가정의 일치를 위하여 법률에 의하여 설정된 제한을 가지며 배우자의 도덕적 및 법률적인 평등을 기본으로 한다.

제30조

① 비록 혼인 외에서 탄생하였다 하더라도 자녀를 양육하여 교육하는 것은 양친의 의무이며 권리이다.

② 양친이 무능력한 경우에 법률은 그들의 임무를 대행할 자를 정한다.

③ 법률은 혼인 외에서 탄생한 자녀에 대하여 가정구성원의 권리와 동등한 법률적 및 사회적인 보호를 보장한다.

④ 법률은 부(父)가 누구인가를 찾는 데 관한 규정과 한계를 정한다.

제31조

① 공화국은 자녀의 수가 많은 가정에 특별한 고려를 하며, 경제적 수단과 기타의 조치에 의하여 가정의 형성과 그것에 관련하는 임무의 완성을 용이하게 한다.

② 공화국은 모성, 유년, 청소년을 보호하여 이와 같은 목적에 필요한 제시설을 지원한다.

제32조

① 공화국은 건강을 인간의 기본적 권리 또는 공동이익으로서 보호하며 빈자(貧者)에 대하여서는 무상의 치료를 보장한다.

② 누구든지 법률의 규정에 의하지 아니하고는 특정의 보건적 처치가 강제될 수 없다. 법률은 어떠한 경우에도 인간의 존엄에 기초하여 정하여지는 한계를 침해할 수 없다.

제33조

① 예술과 학문은 자유이며 그 교수도 자유이다.

② 공화국은 교육에 관한 일반규정을 정하여 여러 가지 등급과 수준의 국립학교를 설치한다.

③ 단체와 개인은 국가에 부담을 과하는 일이 없이 학교와 교육시설을 설치하는 권리를 가진다.

④ 법률은 균등한 자격을 요구하는 비국립학교의 권리와 의무를 정하는 데 있어서는 그것에 완전한 자유를 보장하며, 또 그 학생에 대하여서도 국립학교의 학생의 그것과 균등한 수학상의 대우를 보장하여야 한다.

⑤ 여러 가지 등급과 수준의 학교에의 입학 허가, 그 졸업 및 직업활동을 위한 자격을 얻기 위하여 국가시험이 정하여진다.

⑥ 고등의 문화시설, 대학 및 아카데미(accademie)[276]는 국가의 법률로써 규정되어 있는 한계 내에서 자치적 조직을 만드는 권리를 가진다.

제34조

① 학교는 모든 사람에게 개방되어 있다.

② 적어도 8년간 주어지는 초등 및 중등 교육은 의무적이며 무상이다.

③ 능력 있고 우수한 자는 자력이 없어도 최소한의 교육을 받을 수 있는 권리를 가진다.

④ 공화국은 경쟁시험에 의하여 부여될 장학금, 가족수당 및 기타의 조치에 의하여 이 권리를 실효 있게 한다.

제3장 경제적 관계

제35조

① 공화국은 모든 형식과 적용에 있어서 노동을 보호한다.

② 공화국은 노동자의 직업적인 육성과 발전에 대하여 배려한다.

③ 공화국은 노동의 제권리를 확립하며 또한 규정하는 것을 목적으로 하는 국제적인 협정과 조직을 촉진하며 지원한다.

④ 공화국은 일반이익을 위하여 법률로 규정된 의무를 제외하고는 이민의 자유를 인정하며 외국에서의 이탈리아인의 노동을 보호한다.

제36조

① 노동자는 그의 노동의 양과 질에 비례하여 여하한 경우에도 그와 그의 가족에 대하여 자유롭고 품위 있는 생존을 보장하는 데 충분한 보수를 받을 권리를 가진다.

② 일일 노동시간의 최대한은 법률에 의하여 규정된다.

③ 노동자는 매주의 휴식 및 유급 년차 휴가에 대한 권리를 가지며 또한 그것을 방기(放棄)할 수 없다.

제37조

① 여성노동자은 남자노동자가 가지는 것과 같은 권리를 가지며, 동등한 노동에 대하여 남성노동자와 같은 보수를 받는다. 노동의 조건은 그 여성의 기본적인 가정의 책무를 완수하는 것을 허락하며 모와 유아에 대하여는 특별히 적절한 보호를 보장하지 아니하면 아니된다.

② 법률은 임금노동에 관한 최저연령을 규정한다.

③ 공화국은 특별한 법률로써 미성년자의 노동을 보호하며, 또한 노동의 동등한 양에 대하여는 동등한 임금을 받을 권리를 보장한다.

제38조

① 노동능력이 없고 또한 생활에 필요한 수단을 가지지 아니한 모든 시민은 부양과 사회적 원조를 받을 권리를 가진다.

② 노동자는 재해, 질병, 노동불능 및 노년, 자기의 의사에 기인하지 아니한 실업의 경우에, 그의 생활의 필요에 응하는 수단이 배려되며 또한 보장될 것을 요구하는 권리를 가진다.

③ 노동의 능력이 없는 자 및 미성년자는 교육과 직업지도를 받을 권리를 가진다.

④ 본조항에 규정된 임무는 국가에 의하여 설치되며 혹은 정비되는 기관과 설비에 의하여 행하여진다.

⑤ 사적인 원조는 자유이다.

제39조

① 노동조합의 조직은 자유이다.

② 조합에 대하여서는 법률에 따라 지방 또는 중앙의 관청에 그의 등록을 하는 이외의 타의 의무를 과할 수 없다.

③ 조합의 규약이 민주적인 기초에서는 내부조직을 인정하는 것이 등록을 위한 조건이다.

④ 등록된 조합은 법인격을 가진다. 조합은 그의 등록조합원수에 비례하여 통일적으로 대표되며 집단노동계약을 체결할 수 있고 그것은 그 계약에 관계있는 부류에 속하는 모든 자에 대하여 강제적 효력을 가진다.

제40조

태업권은 그것을 규제하는 법률의 범위 내에서 행사된다.

제41조

① 경제적인 사적 발안은 자유이다. 그것은 사회적인 이익에 반한다든지 또는 안전 자유 인간의 존엄에 해를 주는 방법으로 발전시켜서는 아니된다.

② 법률은 공적 및 사적인 경제활동이 사회적인 목적에 향하여지며 또한 그것에 적응할 수 있게 조정될 수 있는 적당한 계획과 감독을 결정한다.

제42조

① 재산은 공적 혹은 사적이다. 경제재는 국가, 단체 또는 개인에 속한다.

② 사유재산은 법률에 의하여 인정되며 또한 보장된다. 법률은 사유재산의 사회적 기능을 보장하며 모든 사람이 그것을 향유할 수 있을 것을 목적으로 하여 그 취득 향유의 방법과 그 제한을 규정한다.

③ 사유재산은 법률이 규정하는 경우에는 보상을 조건으로 하여 일반적인 이익을 위하여 이용할 수 있다.

④ 법률은 법정 또는 유언에 의한 상속의 규정과 제한 및 상속재산에 대한 국민의 권리에 대하여 규정을 둔다.

제43조

법률은 일반적인 이익을 목적으로 하여 주요한 공공사업 혹은 동력원 또는 독점의 상태에 관련하며 또한 상당한 수준의 일반적인 이익에 관계있는 특정의 기업 또는 기업의 특정의 종류를 수용에 의하여 또한 배상을 조건으로 하여 국가공공단체 또는 노동자 혹은 이용자의 단체에 시원적으로 유보하며 혹은 양도할 수 있다.

제44조

① 토지의 합리적인 이용을 행하며 또한 공평한 사회적 관계를 확립시킬 목적으로써 법률은 사적인 토지 소유에 의무와 제한을 과하며 농촌 지역과 지대에 따라 경작면적의 한계를 정하여 토지의 개발과 대토지 소유의 개혁과 생산단위의 재편성을 촉진강제하여 중소지주를 원조한다.

② 법률은 산악지대에 유리한 조치를 규정한다.

제45조

① 공화국은 상호부조의 특징을 지니고 사적 투기의 목적을 가지지 아니하는 협동조합의 사회적 기능을 인정한다. 법률은 가정 적절한 방법에 의하여 그 증대를 촉진·원조하며 또한 적절한 감독에 의하여 그 성격과 목적을 확보한다.

② 법률은 수공업의 보호와 발전의 조치를 규정한다.

제46조

공화국은 노동의 경제적 및 사회적인 향상을 목적으로 또한 생산의 필요와 일치되도록, 법률에 의하여 규정되는 방식과 한계 내에서 노동자가 경영의 관리에 협력하는 권리를 인정한다.

제47조

① 공화국은 여러 가지 형식의 저축을 장려 보호하며 신용의 운용을 규제, 조정하며 또한 감독한다.

② 공화국은 국민의 저축이 주택소유, 경지의 직접소유 및 국가의 대규모생산기업에 대한 직접 혹은 간접의 주식투자로 사용되는 것을 장려한다.

제4장 정치적 관계

제48조

① 성년에 달한 모든 시민은 남녀를 불문하고 선거권자이다.

② 투표는 일신에 전속적이며 평등, 자유, 또한 비밀이다. 그 행사는 시민의 의무이다. 법은 해외에 거주하는 시민들의 투표권 행사와 그 유효성에 대한 제반 사항을 마련한다. 이러한 목적으로 상하원 선거를 위한 해외동포구를 획정하며, 법에 의해 규정된 방식에 따라 의석수를 배정한다.[277]

③ 투표의 권리는 민사상의 무능력 혹은 확정된 형사판결의 결과에 의하거나, 또는 법률에 의하여 지시되는 도덕적인 비행의 경우를 제외하고는 제한할 수 없다.

제49조

모든 시민은 국가의 정책을 결정하는 데 민주적인 방법으로써 협력하기 위하여 자유로이 정당을 결성하는 권리를 가진다.

제50조

모든 시민은 입법상의 조치를 요구하며 혹은 공동의 필요를 제시하기 위하여 상하 양의원에 청원을 제출할 수 있다.

제51조[278]

① 남성 또는 여성의 모든 시민은 법률에 규정하는 조건에 따라 평등한 조건으로 공직 및 선거에 의한 직무에 취임할 수 있다. 이를 위해 공화국은 남녀 모두에게 적절한 조치를 통해 동등한 기회를 촉진한다.

② 법률은 공직 및 선거에 의한 직무에의 취임에 대하여 공화국에 속하지 아니하는 이탈리아인을 동등하게 취급할 수 있다.

③ 선거에 의하여 공직에 취임된 자는 그 직무를 수행하는 데 필요한 시간이 배려되고 그 직무상의 지위를 유지하는 권리를 가진다.

제52조

① 국가의 방위는 시민의 신성한 의무이다.

② 병역은 법률의 규정하는 방법과 한계 내에서 의무적이다. 그 수행은 시민의 직무상 지위 또는 정치적 권리의 행사를 방해하지 아니한다.

③ 군대의 조직은 공화국의 민주적 정신에 합치하여 형성된다.

제53조

① 모든 사람은 그 담세능력에 비례하여 공공비용을 부담할 의무가 있다.

② 조세제도는 누진적 기준에 따라 조성된다.

제54조

① 모든 시민은 공화국에 대하여 충성하여야 하며 또한 그 헌법 및 법률을 준수할 의무를 진다.

② 공무를 위탁받은 시민은 법률에 의하여 규정된 경우에는 선서를 행하며 법률과 명예로써 그 직을 수행할 의무가 있다.

제2부 공화국의 조직

제 1장 의회

제1절 양원

제55조

① 의회는 하원과 공화국상원으로 구성한다.

② 의회는 헌법에 의하여 규정되어 있는 경우에만 양원의원의 연석회의를 집회한다.

제56조[279]

① 하원은 보통 및 직접선거로 선출된다.

② 하원의원의 수는 400명이며, 이 중 해외 지역에서 8명을 선출한다.

③ 선거일에 만 25년에 달하는 모든 선거권자는 하원의원에 선출될 수 있다.

④ 선거구 의석수의 배정은 해외 지역에 배정된 8석을 제외하고, 공화국의 주민수를 나누어 결정된다. 통상 최근의 전국인구조사 결과를 기준으로 전국인구를 392석의 선거구별로 나누어 할당하는데 전체의 수와 가장 큰 나머지를 기준으로 결정한다.[280]

제57조[281]

① 공화국의 상원은 주를 기초로 하여 선출되는데, 해외선거구의 의석수는 예외이다.

② 선출되는 상원의원의 수는 200명이며, 이 중 4명은 해외선거구에서 선출된다.

③ 어떠한 주에도 3인보다 적은 수의 상원의원을 가질 수 없다. 몰리세주는 2명, 발다오스타지방은 1명의 상원의원을 가진다.

④ 주 또는 자치현들 간의 의석수 배분은 전항의 처분을 응용한 이후에 전체의 수와 가장 큰 나머지를 기준으로 최근의 전국인구조사 결과에 따라 주들의 인구수를 고려하여 이루어진다.

제58조[282]

① 상원의원은 보통 및 직접선거로 선출된다.

② 만 40년 이상의 선거권자는 상원의원에 선출될 수 있다.

제59조

① 공화국의 대통령이었던 자는, 포기하지 아니하는 한 법률상 당연히 또한 종신적으로 상원의원이다.

② 공화국의 대통령은 사회, 과학, 예술, 문학의 영역에 있어 가장 현저한 공적으로 조국을 빛낸 시민을 상원의원에 임명할 수 있다. 공화국의 대통령이 임명한 상원의원 수의 합은 어떠한 경우에도 5명을 초과할 수 없다.

제60조[283]

① 하원과 상원선거는 5년마다 실시된다.

② 양원의 임기는 법률에 의하여 또한 전쟁의 경우 외에는 이를 연장할 수 없다.

제61조

① 새로운 의회 선거는 전 의회의 임기 만료 후 70일 이내에 행하여진다. 최초의 집회는 선거 후 20일 이내에 행하여진다.

② 새 의회가 집회될 때까지는 전 의회의 제권한이 연장된다.

제62조

① 양원은 2월과 10월의 휴일이 아닌 최초의 일에 법률상 당연히 집회한다.

② 각 원은 그 의장 또는 공화국대통령 혹은 그 의원의 3분의 1의 발의로써 임시로 이를 소집할 수 있다.

③ 한 원이 임시로 집회하는 때에는 다른 원도 또한 법률상 당연히 소집된다.

제63조

① 각 원은 재적의원 중에서 의장 및 의장단을 선출한다.

② 의회가 연석회의를 개회할 때에는 의장 및 의장단은 하원의 그것으로 한다.

제64조

① 각 원은 그 의원의 절대다수로써 그 원의 규칙을 규정한다.

② 회의는 공개한다. 그러나 각 원 및 양원연석회의는 비밀회의를 열도록 결정할 수 있다.

③ 각 원 및 의회의 결의는 헌법이 특별다수결을 규정하고 있는 경우를 제외하고는 그 의원의 과반수의 출석과 출석의원의 과반수에 의하여 의결되지 아니하면 효력을 가지지 아니한다.

④ 정부구성원은 의석을 가지지 않는 경우에도 의회에 출석할 권리를 가지며, 또한 요구가 있을 시 출석할 의무를 가진다. 정부구성원의 요구가 있으면 언제든지 그의 의견을 들어야 한다.

제65조

① 법률은 하원의원 또는 상원의원의 지위의 피선자격과 겸직금지의 경우를 결정한다.

② 누구든지 양원에 동시에 소속할 수 없다.

제66조

각 원은 그 의회의 의원으로서의 자격 및 피선거자격과 겸직금지에 대하여 발생한 쟁송등에 대하여 판결한다.

제67조

의회의 각 원은 국민을 대표하며 위임에 구속되지 아니하고 그의 직무를 행한다.

제68조

① 의회의 의원은 그의 직무를 행하는 데 있어서 표시된 의견 및 행하여진 투표에 대하여 소추되지 아니한다.

② 의회의 여하한 의원도 그 소속하는 원의 허가 없이는 형사소추를 받지 아니한다. 또 체포영장 또는 체포령을 필요로하는 범죄의 현행 중에 체포된 경우를 제외하고는, 체포되거나 타의 방법으로 그 신체의 자유가 박탈되거나 혹은 신체 또는 주거의 수색을 받는 일은 있을 수 없다.

③ 의회의 의원을 체포하며 혹은 감금하기 위하여는 확정판결을 집행하는 경우에 있어서도 전항의 허가를 필요로 한다.

제69조

의회의 의원은 법률에 의하여 규정되는 수당을 받는다.

제2절 법률의 제정

제70조

입법의 기능은 양원에 의하여 공동으로 행사된다.

제71조

① 법률의 발안은 정부, 양원의 각 의원 및 헌법적 법률에 한하여 그것이 부여되어 있는 기관과 단체에 속한다.

② 국민은 적어도 5만 인의 선거권자로 이루어지는 조문에 기초된 법안의 제출에 의하여 법률을 발안한다.

제72조

① 각 원에 제출되는 모든 법률안은 그 의회의 규칙에 따라 위원회에서 심의한 다음에 본회에서 심의된다. 의회는 축조(逐條)적으로 또한 최종 표결에 의하여 그것을 승인한다.

② 규칙은 긴급하다고 선언된 법안에 대하여서는 약식절차를 설정한다.

③ 또 의회규칙은 의회제파의 비율을 반영할 수 있게 구성된 위원회 및 상임위원회에서 어떠한 경우에 또는 어떠한 형식으로 법률안의 심리와 승인이 기탁되는가를 규정한다. 이와 같은 경우에 있어서도 그 최종적인 승인이 있을 때까지는 만약에 정부 또는 그 의회의 의원의 10분의 1 또는 상임위원회의 5분의 1이 의회 그 자체에 의하여 안이 토의 혹은 표결되도록 또는 점호 표결에 의하여서 그 최종적 승인에 부하여지는 것을 요구하는 때에는, 법률안은 그 의회에 송부된다. 규칙은 위원회의 활동의 공개의 형식을 결정한다.

④ 헌법 및 선거에 관한 사항의 법안 및 입법에 관한 위임, 국제조약의 승인과 비준, 예산과 결산의 승인에 관하여 의회에 의한 심의 및 직접승인의 정상의 절차가 항상 채용된다.

제73조

① 법률은 그 의결로부터 1개월 내에 공화국 대통령에 의하여 공포된다.

② 만약에 양원이 각 원의 성원의 절대다수에 의하여 긴급이라고 선언한 때에는 법률은 스스로가 규정하는 기간 내에 공포된다.

③ 법률은 인증받은 후 즉시로 공포되어지며, 법률이 스스로 시기를 규정하지 아니하는 한 그 공포에 이어 15일이 되는 날부터 시행된다.

제74조

① 공화국의 대통령은 법률을 인증하기 전에 양원에 대하여 이유를 부한 교서로써 한 번 더 새로이 심의할 것을 요구할 수 있다.

② 만약에 양원이 그 법률을 다시 채택하는 때에는 그 법률은 반드시 공포되어야 한다.

제75조

① 어떤 법률 혹은 법률의 효력을 가진 행위의 전부 또는 일부의 폐지를 결정하기 위하여, 50만인의 선거권자 또는 5개의 주의 의회가 그것을 요구하는 경우에는 국민투표에 부할 것을 요한다.

② 조세와 예산, 대사(大赦) 또는 감형(減刑), 국제협약을 비준하는 것의 승인에 관한 법률에 대하여는 국민투표가 승인되지 아니한다.

③ 하원의 선거권을 가진 모든 시민은 국민투표에 참가하는 권리를 가진다.

④ 국민투표에 부하여진 안이 만약에 유권자의 과반수가 투표에 참가하고 또한 유효하게 표시한 투표의 과반수를 획득하였을 때에는 승인된다.

⑤ 법률은 국민투표의 시행의 제방식을 결정한다.

제76조

입법기능의 행사는 기준이 되는 원칙과 표준이 확립되며 다만 한정된 시간과 특정한 대상에 대한 것이 아니고는 정부에 위임될 수는 없다.

제77조

① 정부는 양원의 위임이 있지 아니하고는 통상의 법률의 효력을 가지는 명령을 발할 수 없다.

② 필요와 긴급과 같은 예외적인 경우에 정부가 자신의 책임으로 법률의 효력을 가지는 일시적인 조치를 취하였을 때에는 이를 법률로 고치기 위하여 그날 중에, 설사 해산되어 있다 하더라도 양원에 제출하지 아니하면 아니 된다. 양원은 5일 이내에 특별히 소집된다.

③ 그 명령은 그 공포일로부터 60일 이내에 법률로 고쳐지지 아니할 경우에는 처음부터 효력을 잃는다. 그러나 양원은 법률로 고쳐지지 아니한 명령을 기초로 하여 발생한 모든 법적 관계를 법률로써 규제할 수 있다.

제78조

양원은 전시상태를 의결하며 필요한 제권한을 정부에 부여한다.

제79조

① 대사와 감형은 양원의 위임법률에 기초하여 공화국 대통령에 의하여 주어진다.

② 그것은 위임의 제안 후에 행하여진 범죄에는 적용되지 아니한다.

제80조

양원은 정치적 성질을 가진 국제조약 중재재판 또는 사법적 처리를 규정하는 국제조약 혹은 영토의 변경 또는 재정상의 부담 또는 법률의 변경에 관계 있는 국제조약의 비준을 법률로써 승인한다.

제81조[284]

① 국가는 경기순환의 호경기와 불경기를 고려하여 예산의 수입과 지출 간의 균형을 보장한다.

② 부채에 대한 상환은 경기순환 주기의 영향을 고려하며 예외적인 사건이 발생할 시에는 의회 각 구성원의 절대 다수에 의해 채택된 경우에만 허용된다.

③ 새로운 또는 추가적 지출을 유발하는 모든 법률은 그것에 대처할 수단을 제시해야만 가능하다.

④ 의회는 매년 정부가 제출한 예산과 결산보고서를 법률을 통해 승인한다.

⑤ 예산의 가집행은 법률에 의하여 그리고 전체적으로 4개월을 넘지 아니하는 기간에 대한 것이 아니고는 인정될 수 없다.

⑥ 예산과 관련된 법의 내용, 수입과 지출 사이의 균형을 보장하기 위한 기본 규칙과 기준 그리고 공공행정 일반의 부채 지속가능성은 헌법에 규정된 원칙에 따라 의회 양원 각자의 절대 다수에 의해 승인된 법률에 의해 성립된다.

제82조

① 각 원은 공공의 이익에 관한 사항에 대하여 조사를 행할 수 있다.

② 이와 같은 목적을 위하여 각 원은 자체의 의원들로써 각종 당파의 비율을 반영하여 구성된 위원회를 임명한다. 조사위원회는 사법당국과 같은 권한과 제한으로써 조사와 심사를 행한다.

제2장 공화국의 대통령

제83조

① 공화국의 대통령은 양원의 연석회의에서 선출된다.

② 선거에는 소수자의 대표를 보장할 수 있도록 주의회로부터 각 주마다 3인씩 선출된 대표가 참가한다. 발레다오스타지방은 1명의 대표를 가진다.

③ 공화국의 대통령의 선거는 의회의 3분의 2의 다수에 의한 비밀투표에 의하여 행하여진다. 제3회의 투표 이후는 절대다수로 한다.

제84조

① 공화국의 대통령에는 만 50세가 되고 시민권과 참정권을 가지는 시민이 선출될 수 있다.

② 공화국 대통령의 지위는 타의 여하한 직무와도 겸임할 수 없다.

③ 대통령의 대우와 세비는 법률로써 규정된다.

제85조

① 공화국의 대통령은 7년의 임기로 선출된다.

② 그 임기가 끝나기 30일 전에 하원의 의장은 새로운 대통령을 선출하기 위하여 의회와 주의 대표자를 연석회의에 소집한다.

③ 만약에 양원이 해산되어 있든가 또는 그 임기종료까지가 3개월 미만일 경우에는 선거가 새로운 양원의 집회 후 15일내에 행하여진다. 그 기간에는 현직에 있는 대통령의 제권한이 연장된다.

제86조

① 공화국 대통령의 직무는 그가 그것을 행할 수 없을 경우에는 상원의 의장에 의하여 행하여진다.

② 공화국 대통령의 장기의 사고 또는 사망 혹은 사직한 경우에는 하원의 의장은 15일 이내에 새로운 대통령의 선거를 고시한다. 양원이 해산되어 있든가 또는 그 임기종료까지가 3개월 미만일 경우에는 그보다 긴 기간을 정할 수 있다.

제87조

① 공화국 대통령은 국가의 원수이며 국가적 통일을 대표한다.

② 대통령은 양원에 교서를 발할 수 있다.

③ 대통령은 새로운 양원의 선거를 지정하며 그 최초의 집회기일을 결정한다.

④ 대통령은 정부가 발안하는 법률안을 양원에 제출할 것을 허가한다.

⑤ 대통령은 법률을 인증하며 법률의 효력을 가지는 명령과 규칙을 공포한다.

⑥ 대통령은 헌법의 규정하는 경우에 국민투표를 지정한다.

⑦ 대통령은 법률의 지시하는 경우에 국가의 공무원을 임명한다.

⑧ 대통령은 외교사절을 신임하며 접수한다.

⑨ 대통령은 군대의 지휘권을 가지며 법률에 따라 구성되는 최고국방회의를 주재하며 양원의 심의를 경유한 전시상태를 선언한다.

⑩ 대통령은 최고사법회의를 주재한다.

① 대통령은 은사(恩赦)를 주며 형을 경감한다.

② 대통령은 공화국의 영전을 수여한다.

제88조

① 공화국 대통령은 그 의장의 의견을 들은 후 양원 또는 그 하나만을 해산할 수 있다.

② 대통령은 임기의 최후의 6개월간은 이와 같은 권한을 행사할 수 없다.

제89조

① 공화국 대통령의 여하한 행위도 그것에 대하여 책임을 지는 제안자인 장관의 연서명이 없이는 효력을 가질 수 없다.

② 입법적 효력을 가지는 행위 및 법률에 의하여 규정되는 기타의 행위는 내각총리에 의하여서도 또한 연서명된다.

제90조

① 공화국 대통령은 반역죄 또는 헌법위반을 제외하고는 그의 직무수행에 있어서의 행위에 대하여 책임을 지지 아니한다.

② 이 경우, 공화국 대통령은 의회에 의하여 그 연석회의에서 그 의원의 절대다수로써 탄핵된다.

제91조

공화국 대통령은 그 직무에 취임하기에 앞서 의회의 연석회의에서 공화국에의 충성과 헌법의 준수를 선서한다.

제3장 정부

제1절 내각

제92조

① 공화국 정부는 내각총리와 각장관으로 성립하며 그들이 집합하여 각의를 구성한다.

② 공화국 대통령은 내각의 총리 및 그의 추천에 따라 장관을 임명한다.

제93조

내각총리 또는 제장관은 그 직무에 취임하기에 앞서 공화국 대통령 앞에서 선서한다.

제94조

① 정부는 양원의 신임을 받아야 한다.

② 각 원은 점호에 의하여 표결되는 이유를 명시한 동기에 따라 신임 또는 불신임을 결의한다.

③ 정부는 그 성립 후 10일 이내에 양원에 그의 신임을 구하여야 한다.

④ 정부의 제안에 관한 일원 또는 양원이 반대의결을 하여도 정부는 사직의 의무를 지지 아니한다.

⑤ 불신임의 동기는 그 원의 의원의 적어도 10분의 1에 의하여 서명되어야 한다. 또한 제출되고서 3일이 되기 전에는 논의될 수 없다.

제95조

① 내각총리는 정부의 일반정책을 지도하며 그에 대한 책임을 진다. 내각총리는 각장관의 활동을 촉진 및 조정하며 정치적, 행정적인 방침의 통일을 유지한다.

② 각장관은 내각의 행위에 대하여 공동으로 책임을 지고, 그들의 관할행위에 대하여는 개별적으로 책임을 진다.

③ 법률은 내각총리부의 조직과 부의 수, 권한 및 기구를 규정한다.

제96조

내각총리 및 장관은 그의 직무의 행사에 관한 범죄에 대하여 퇴임 이후에라도 헌법적 법률에 의해 정한 규정에 따라 상원 혹은 하원의 허가에 앞서 자신들의 행위에 대한 사법적 심판의 대상이 된다.[285]

제2절 행정

제97조

① 행정은 유럽연합의 규정에 따라 예산의 균형과 공공부채의 지속가능성을 보장한다.

② 공직은 행정의 충분한 운영과 공평이 보장될 수 있도록 법률에 따라 조직된다.

③ 공직의 조직에 있어서는 공무원의 권한의 범위, 직권과 책임이 규정된다.

④ 공무원의 임용은 법률에 규정되어 있는 경우를 제외하고는 경쟁시험에 의한다.

제98조

① 공무원은 전적으로 국가에게 봉사한다.

② 공무원이 의회의 의원인 경우에는 선임순에 의하지 아니하고는 승진할 수 없다.

③ 법관, 현역직업군인, 경찰관 및 경찰직원, 외국에 있는 외교관 및 영사에 대하여는 정당에 가입하는 권리를 법률에 의하여 제한할 수 있다.

제3절 보조기관

제99조

① 전국경제노동회의는 법률이 규정하는 방식에 따라 전문가와 수적 및 질적인 중요성을 고려하여 선출되는 각생산부문의 대표로 조직된다.

② 전국경제노동회의는 법률에 의하여 정해진 사항에 대하여 또한 그 권한에 따라 양원과 정부의 자문기관이 된다.

③ 동회의는 법률에 의하여 규정되어 있는 원칙과 한계에 따라 법률의 발안권을 가지고 있으며 또한 경제적 및 사회적 입법의 기초에 협력할 수 있다.

제100조

① 국가평의회는 사법적·행정적인 자문기관이며, 또한 행정에 있어서의 공정성을 보호하는 기관이다.

② 회계감사원은 정부의 행위의 합법성에 대한 사전의 감독과 예산의 집행에 대한 사후의 감독을 행한다. 회계감사원은 법률이 규정하는 경우와 형식에 있어서 국가가 통상적으로 보조하는 단체의 재정적인 운영에 대한 감독에 참여한다. 회계감사원은 감사의 결과를 직접 양원에 보고한다.

③ 법률은 정부에 대한 이 두 기관과 그의 구성원의 독립을 보장한다.

제4장 사법

제1절 사법조직

제101조

① 재판은 국민의 이름으로 행한다.

② 법관은 오직 법률에만 따른다.

제102조

① 사법기능은 재판기구에 관한 법률에 의하여 설치되고 또한 규제되는 정규의 법관에 의하여 행사된다.

② 비상법관 또는 특별법관은 둘 수 없다. 단 통상사법기관의 재판에 관계가 없는 적당한 시민을 참가시켜 특정의 사항에 대한 특별부를 설치할 수 있다.

③ 법률은 국민이 재판의 운영에 직접 참가하는 경우와 방식을 규정한다.

제103조

① 국가평의회 및 기타의 행정재판기관은 행정의 범위 내에 있어서 정당한 이익의 보호에 대하여 또한 법

률이 지시하는 특정한 사항에 대한 권리의 보호를 위하여 재판권을 가진다.

② 회계감사원은 공공회계에 관한 사항 및 법률에 의하여 특히 규정되는 사항에 대하여 재판권을 가진다.

③ 군법회의는 전시에는 법률에 의하여 규정된 재판권을 가진다. 평시에 있어서는 다만 군대에 속하는 자가 범한 군사상의 범죄에 대하여서만 재판권을 가진다.

제104조

① 사법은 타의 여하한 권력으로부터 독립된 하나의 자주적인 질서를 구성한다.

② 최고사법평의회는 공화국 대통령에 의하여 주재된다.

③ 대법원의 원장과 검찰총장은 법률상 당연히 그 구성원이 된다.

④ 기타의 성원은 그 3분의 2는 모든 통상재판관에 의하여 각종 부문에 속하는 재판관 중에서 선거되고, 3분의 1은 법학을 전공으로 하는 대학교수와 실무에 15년 이상 종사하고 있는 변호사 중에서 의회의 연석회의에 의하여 선출된다.

⑤ 회의는 의회가 지명하는 구성원 중에서 1인의 부의장을 선출한다.

⑥ 회의의 선거된 구성원은 4년간 재임하며 계속하여 재선될 수 없다.

⑦ 선거된 구성원은 재임 중 직업명부에 등록될 수 없으며 또한 의회 혹은 주의회의 의원이 될 수 없다.

제105조

재판기구에 관한 규정에 따라 법관에 관한 채용, 보좌, 전임, 승임 및 그 징벌조치는 최고사법평의회의 권한에 속한다.

제106조

① 법관의 임명은 경쟁시험에 의한다. 재판기구에 관한 법률은 단독재판관의 권한으로 되는 모든 직무에 대하여 명예재판관의 임명 또는 선거를 인정할 수 있다.

② 최고사법평의회의 지명에 의하여 법학을 전공으로 하는 대학의 정교수 및 15년 실무경력을 가지며 또한 상급재판관할의 특별명부에 등록되어 있는 변호사는 그 현저한 공적에 의하여 대법관에 임명될 수 있다.

제107조

① 법관은 파면되지 아니한다. 법관은 재판기구에 의하여 규정되어 있는 이유에 의하여, 또는 변호의 보장에 의하여 그리고 최고사법평의회의 결정 혹은 본인의 동의에 의하는 외에는 그 직을 면하거나 정지, 혹

은 타의 지위 또는 직무로 전임될 수 없다.

② 법무장관은 징계처분을 제기할 권능을 가진다.

③ 법관은 오직 그의 직무상의 차이 외에는 서로 구별되지 아니한다.

④ 검찰관은 재판기구에 대한 규정이 그들에 대하여 규정하는 보장을 향유한다.

제108조

① 재판기구 및 각재판직무는 법률로써 규정된다.

② 법률은 특별재판소의 재판관, 그에 소속하는 검찰관 및 재판의 운영에 관여하는 제3자의 독립을 보장한다.

제109조

사법당국은 사법경찰업무를 직접적으로 처리한다.

제110조

최고사법평의회의 제권한을 제하고는 재판에 관한 사무의 조직과 운용은 법무장관의 권한에 속한다.

제2절 재판에 관한 규정

제111조

① 재판상의 모든 처분에는 반드시 이유를 명시하여야 한다.

② 통상 혹은 특별한 재판기구에 의하여 행한 판결 및 인신의 자유에 관한 처분에 대하여는 법률의 위반을 이유로하여 항상 대법원에 상소하는 것이 허락된다. 이 규정에 대하여는 전시에 있어서 군법회의의 판결에 대하여서만 예외를 인정할 수 있다.

③ 국가평의회나 회계감사원의 결정에 불복하는 대법원에의 상소는 사법권에 내재하는 동기에 의해서만 가능하다.

제112조

검사는 형사소추를 행할 의무를 가진다.

제113조

① 행정상의 행위에 관하여는 항상 또는 행정재판기관에 의한 권리 및 정당한 이익의 재판상의 보호가 인

정된다.

② 이와 같은 재판상의 보호는 이를 거절할 수 없으며 특별한 항고수단 또는 특정한 종류의 행위에 한정할 수는 없다.

③ 법률은 어떠한 재판기관이 행정행위를 무효로 하는가에 대해 그 경우와 효과를 함께 확정한다.

제5장 주(regione), 현(provincia), 자치시(comune)

제114조[286]

① 공화국은 자치시, 현, 광역시, 주 및 국가로 나누어진다.

② 자치시, 현, 광역시 및 주는 헌법에 규정된 원칙에 따라 고유의 헌장, 권한과 기능을 가지는 자치적 단체이다.

③ 로마는 공화국의 수도이다. 국가의 법은 로마시의 조직을 규정한다.

제115조 삭제 (Abrogato)

제116조

① 시칠리아, 사르데냐, 트렌티노 알토 아디제/남티롤, 프리울리 베네치아 쥴리아 및 발다오스타 주에 대하여는 헌법적 법률에 의하여 인정된 특별한 규칙에 따라 자치의 특별한 형식과 조건을 부여한다.

② 트렌티노 알토 아디제/남티롤 주는 트렌토와 볼차노 자치현으로 구성된다.

③ 117조 3항에서 제시한 내용 및 같은 조항의 2항 l), n), s)에 관하여 추가적인 구성과 자치의 특수조건은 국가의 법으로 해당 주의 주도 및 주 단체의 의견하에 제119조에서 제시한 원칙에 따라 다른 주에까지 적용될 수 있다. 법은 국가와 특정 주의 협약에 기초하여 의회에서 절대 다수의 찬성으로 승인된다.

제117조

① 입법권은 유럽연합과 국제법에 규정된 내용을 제외하고 국가와 주에 주어진다.

② 국가는 다음과 관련하여 배타적 입법권을 가진다:

a) 외교정책과 국가의 국제 관계; 유럽연합과 국가의 관계; 망명권과 유럽연합이 아닌 국가에서온 시민들의 법적 조건

b) 이민

c) 공화국과 종교단체와의 관계

d) 국방과 군대; 국가의 안보; 무기, 군수품 그리고 폭탄

e) 화폐, 저축과 금융시장 보호; 경쟁 보호; 통화체계; 조세 및 국가회계 체계; 공공행정 균형; 재정자원의 균등화

f) 국가의 기관들과 관련 선거법; 국가의 국민투표; 유럽의회 선거

g) 국가 행정조직과 그 규정 그리고 국영기업

h) 지방 경찰행정을 제외한 공공질서와 안전

i) 시민권, 민권 그리고 주민등록

l) 재판의 권한과 규정; 민법과 형법; 행정법

m) 전국토에 대해 보장되는 시민 및 사회권에 관한 행사의 기본적 수준의 결정

n) 교육에 관한 전반적 규정

o) 사회보장

p) 선거법, 자치시, 현 및 광역시의 행정기구와 기본 기능

q) 관세, 국내 및 국제 국경의 보호

r) 시간의 규정 및 결정; 국가, 주 그리고 지방 행정관련 자료의 통계적 정보의 관리; 발명 관련 규정

s) 환경, 에코시스템 그리고 문화재의 보호

③ 다음과 관련된 경쟁법규들이 있다: 국제 관계와 주와 관련된 유럽연합 제반 사항; 무역; 노동의 보호와 안전; 교육기관의 자율성 그리고 직업 교육을 제외한 교육; 과학기술 연구 그리고 생산분야를 위한 혁신의 지지; 건강의료 보호; 영양; 스포츠 규정; 시민보호; 지역 정부; 민간 항구와 공항; 교통 및 해운의 거대 망; 방송체계; 에너지 분야의 국가적 생산, 유통 및 분배; 보조적 그리고 통합적 사회보장; 공공재정과 조세체계의 규정; 문화재와 환경의 가치화 그리고 문화적 활동의 촉진과 조직; 주 차원에서의 저축은행, 농업은행, 신용기업; 주 차원의 신용펀드 및 농업기금. 국가가 책임지는 관련 법규을 제외하고 주에게 해당되는 법규와 권한들이 있다.

④ 명시적으로 국가의 권한이 아닌 것은 모두 주에게 입법권이 주어진다.

⑤ 주들과 트렌토 및 볼사노 자율현들은 불이행시 대안적 권한을 행사하는 국가에 의해 규정된 바에 따라 자신의 권한 내에서 유럽연합과 관련된 국제적 협약에의 결정권을 가진다.

⑥ 주에 위임된 바를 제외하고는 국가가 통상적으로 배타적 권한을 가지고 규정에 관한 권한을 가진다. 기타 관련하여서는 주가 모든 권한을 가진다. 자치시, 현 그리고 광역시는 통상적으로 자신들의 조직과 기능을 하는 데 있어 권한을 가진다.

⑦ 주법은 사회적, 문화적 그리고 경제적 생활에서 남성과 여성의 완전한 형평을 저해하는 모든 장애물을

제거하며, 이는 선출직과 관련하여서도 적용된다.

⑧ 주법은 자치시 조직의 규명과 함께 좋은 행정을 실현하기 위해 주와 타자와의 협약을 발효한다.

⑨ 자신의 권한과 관련하여 주는 국가의 법에 규정된 사례와 형식에 준하여 국가와의 협약이 가능하며, 타국가 내의 자치단체와 협약을 맺을 권한이 있다.

제118조

① 보충성, 차별성 그리고 적합성의 원칙에 기초하여 현, 광역시, 주 및 국가에 주어진 권한을 제외하고는 자치시가 행정기능을 가진다.

② 자치시, 현 그리고 광역시는 각자의 권한에 따라 국가와 주법에 부합되는 행정기능을 가진다.

③ 국가의 법은 헌법 117조의 두 번째 콤마에서 b)와 h) 조항에 따라 국가와 주 간의 조정형식을 행사하며 문화유산 보호에 대한 협약과 조정에서도 같이 방식으로 적용된다.

④ 국가, 주, 광역시, 현 및 자치시는 보충성의 원칙에 기초하여 공공의 이익을 위한 활동을 하는 데 있어 개인이건 집합적이건 시민들의 자율적 구상을 촉진한다.

제119조

① 자치시, 현, 광역시 및 주는 각자의 예산 균형에 따라 수입과 지출에 대한 재정적 자율성을 가지며, 유럽연합의 규정에서 기인하는 경제적 그리고 재정적 규율을 준수하기 위해 노력한다.

② 자치시, 현, 광역시 및 주는 각자의 자원을 보유한다. 각자는 공공재정과 조세체계에서 규정하는 원칙에 따라 그리고 헌법에 일치하여 각자의 조세와 수입을 책정하고 적용한다. 각자는 자신의 지역과 관련된 조세수입을 공유한다.

③ 국가의 법은 분배에 대한 제약 없이 재정 여건이 열악한 지역에 대한 균형화 기금을 제공한다.

④ 위에서 언급된 기금은 각자에게 주어진 공공 기능을 재정적으로 수행하도록 자치시, 현, 광역시 및 주들에 제공된다.

⑤ 경제발전과 사회적 결속을 위해, 경제사회적 불균형을 제거하기 위해, 인간 권리의 효율적 보장을 위해 또는 통상적인 기능과 다른 기능들을 달성하기위해 국가는 특정한 자치시, 현, 광역시 그리고 주들에게 추가적인 자원을 지정하고 효과적인 특별한 개입조치를 취한다.

⑥ 자치시, 현, 광역시 그리고 주들은 국가의 법이 규정한 일반적 원칙에 근거하여 부여된 자체의 재산을 지닌다. 각자는 투자의 목적으로 부채를 질 수 있다. 이들 부채에 대해 국가는 어떠한 보증도 제공하지 않는다.

제120조

① 주는 주들 간에 수출입세 또는 통과세를 과할 수 없으며, 주들 간의 사람이나 재화의 자유로운 이동을 어떠한 수단을 통해서라도 방해하는 규정을 채택하여서는 안되고, 국토 내의 어느 지역에서도 노동권을 제한할 수 없다.

② 중앙정부는 주, 광역시, 현 그리고 자치시에서 국제적 규범과 조약 그리고 유럽연합의 규범이 준수되지 않는 경우, 또한 공공의 안전이 위협될 경우, 경제적 법적 일치를 요하는 경우, 특히 시민권과 사회권과 관련된 기본적 수준과 관련하여 각 지역의 기관들에 조치를 취할 수 있다. 법은 이들 조치들이 보충성 및 충실한 협력의 원칙에 근거하여 대안적 권한을 보장하는 규정들을 마련한다.

제121조[287]

① 주의 기관은 주의회, 주정부 및 그 지사이다.

② 주의회는 주에 속한 입법권과 규칙제정권 및 헌법과 법률에 의한 기타의 기능을 행한다. 또 양원에 법률안을 제출할 수 있다.

③ 주정부는 주의 집행기관이다.

④ 주지사는 주를 대표하고, 주의 법률 및 규칙을 인증하며 중앙정부의 지령에 따라 국가로부터 위임되어 있는 행정기능을 지휘한다.

제122조

① 주의회의원의 선거제도, 의원수 및 그 피선거자격과 겸직금지에 관하여는 공화국의 법률에 의하여 규정된다.

② 누구라도 주의회의원과 공화국의회의 일원 또는 다른 주의회의 의원을 겸할 수 없다.

③ 주의회는 그 활동을 위하여 내부적으로 의장단을 선출한다.

④ 주의회의원은 직무의 행사중에 표명된 견해 및 행하여진 투표에 대하여 책임을 지지 아니한다.

⑤ 주정부의 지사와 그 위원은 주의회에 의하여 그 의원중에서 선출된다.

제123조

① 각 주는 헌법에 기초하여 주의 조직과 사업을 위한 정부의 형태 그리고 기본적 원칙을 규정하는 헌장을 가진다. 이 헌장은 주의 법과 행정적 조치들뿐 아니라 법과 주행정조치들을 공표하는 것과 관련하여 입법하고 주민투표를 장려하는 권리를 규정한다.

② 주헌장은 두 달 이상의 기간을 두고 두 차례의 심의를 통해 주의회의 절대다수의 찬성으로 채택되고 수

정된다. 이 법은 중앙정부 파견관리의 승인을 요하지 않는다. 공화국 정부는 이들 법 공포 이후 삼십일 내에 헌법재판소에 주헌장의 헌법적 정당성에 대한 적정성을 문의할 수 있다.

③ 헌장은 공포 이후 주 유권자의 1/5 또는 주의회 의원 1/5이 요구하는 경우 주민투표에 부쳐야 한다. 주민투표 부쳐진 헌장은 유효투표의 다수가 승인하지 않은 경우 폐지되지 않는다.

④ 각 주에서, 헌장은 주와 기타 자치단체들 간의 관계에 대해 자문적 기구로서 지방의회 활동을 규정한다.

제124조 삭제 (Abrogato)

제125조

주에는 공화국의 법률에 의하여 설치된 조직에 따라 제일심의 행정재판기관이 설치된다. 주의 수도 이외의 장소에 지소를 둘 수 있다.

제126조

① 주의회는 헌법에 반하는 행위 또는 법률의 중대한 위반을 행한 경우, 혹은 이와 같은 행위와 위반을 한 주정부 또는 지사를 교체하라는 정부의 요청에 응하지 아니할 때에는 해산할 수 있다.

② 주의회는 의원의 사임 또는 다수파가 형성되지 않음으로써 기능을 행할 수 없을 때는 이를 해산할 수 있다.

③ 주의회는 또한 국가의 안전을 위하여 해산할 수 있다.

④ 해산은 공화국의 법률에 의하여 정하여진 방식에 의하여 주에 대한 문제를 위하여 하원의원과 상원의원으로 구성된 위원회의 의견을 들어 대통령의 이유를 첨부한 명령에 의하여 행하여진다.

⑤ 해산의 명령이 있을 때에는 주의회의원으로 선정될 자격이 있는 3인의 시민으로 되는 위원회가 임명되고, 이 위원회는 3개월 이내에 선거를 지정하고 주정부의 권한에 속하는 통상의 행정 및 연기할 수 없는 행위를 새로운 주의회의 추인을 조건으로 하여 처리한다.

제127조

① 중앙정부는 주법이 주의 권한을 벗어나는 것으로 판단될 시 해당법의 공포 후 60일 이내에 헌법재판소에 지역법의 헌법적 정당성 여부를 문의할 수 있다.

② 주는 상기 법 또는 조치가 자신의 권한을 벗어난다고 판단될 시 해당법의 공포 후 60일 이내에 헌법재판소에 국가 또는 주법이 헌법적 정당성 여부를 문의할 수 있다.

제128조 삭제 (Abrogato)

제129조 삭제 (Abrogato)

제130조 삭제 (Abrogato)

제131조[288]

다음의 주가 설치된다.

피에몬테

발다오스타

롬바르디아

트렌티노 알토아디제

베네토

프리울리 베네치아 줄리아

리구리아

에밀리아 로마냐

토스카나

움브리아

마르케

라치오

몰리세

캄파니아

풀리아

바실리카타

칼라브리아

시칠리아

사르데냐

제132조

① 헌법에 의거하여, 주의회의 논의를 거쳐, 최소 백만 명의 주민들이 합의한 경우 주들 간의 합병이나 새

로운 주의 창설이 가능한데, 이 경우 적어도 1/3 이상의 주민들이 대표하는 자치시들에 의해 요청되며, 이러한 요청은 주민투표로 해당 인구의 절대다수가 찬성하여야 한다.

② 현 및 자치시는 그러한 요구가 있을시 주의회의 의견을 들어 국민투표와 공화국의 법으로써 한 주를 이탈하여 다른 주로 편입하는 것이 인정된다.

제133조

① 한 주 내에 있어서의 군경계의 변경과 새로운 현의 설치는 자치시의 발의에 따라 그 주의 의견을 들은 후 공화국 법률로써 규정한다.

② 주는 관계주민의 의견을 들어 그의 법률로써 그 구역 내에 새로운 자치시를 창설하며 그 경계와 명칭을 변경할 수 있다.

제6장 헌법의 보장

제1절 헌법재판소

제134조

헌법재판소는 다음 사항에 관한 재판을 한다.

1. 국가 및 주의 법률과 법률의 효력을 가진 행위의 합헌성에 관한 쟁송
2. 국가의 제권력간에 있어서의 권한쟁의 및 국가와 주 및 제주간의 권한쟁의
3. 헌법의 규정에 의하여 공화국 대통령 및 장관에게 요구되는 탄핵

제135조[289]

① 헌법재판소는 15명의 재판관에 의하여 구성되고, 그 3분의 1은 공화국 대통령으로부터, 3분의 1은 의회의 연석회의에서, 3분의 1은 보통상급재판관 및 행정상급재판관으로부터 지명된다.

② 헌법재판소의 재판관은 퇴직자를 포함하여 보통상급재판소 및 행정상급재판소의 재판관, 법률을 전공으로 하는 대학의 정교수 및 20년 이상 실무에 종사하는 변호사 중에서 선출된다.

③ 헌법재판소의 재판관은 9년 임기로 임명되는데 이는 선서일로부터 각자에게 적용되는 기간이며 재선될 수 없다.

④ 헌법재판소의 재판관은 임기가 종료되면 임무 및 역할이 중지된다.

⑤ 헌법재판소는 법률에 의하여 규정된 대로 구성원 중에서 그 장을 선출한다. 의장은 3년간의 임기이며 재선될 수 있고 재판관으로서의 임기 만료 시 의장직도 종료된다.

⑥ 헌법재판소의 재판관의 지위는 의회 또는 주의회의 의원직과 변호사업 및 법률에 의하여 지정되는 모든 직업 및 직무와 겸할 수 없다.

⑦ 공화국 대통령 및 장관에 대한 탄핵재판에 있어서는 헌법재판소의 통상의 재판관 외에 각회기 초에 의회의 연속회의에 의하여 상원의원으로서의 피선자격을 가진 시민 중에서 선정된 16인의 재판관이 참가한다. 이들 재판관은 의회가 매9년마다 통상재판관을 임명하는 방식과 같은 방식으로 선거를 통해 선출된다.

제136조

① 재판소가 법률의 규정 혹은 법률의 효력을 가진 행위의 위헌성을 선고하였을 때에는 그 규정은 판결공포의 익일부터 효력을 상실한다.

② 재판소의 판결은 공포되며, 필요하다고 인정되는 때에는 헌법적인 방식에 따른 조치가 제정되도록 하기 위하여 양원 및 관계있는 주의 의회에 통고된다.

제137조

① 하나의 헌법적 법률로써 합헌성에 대한 재판의 제기의 요건, 형식, 기간 및 헌법재판소의 재판관의 독립의 보장을 규정한다.

② 통상의 법률로써 재판소의 구성 및 운영에 대한 타의 규정을 둔다.

③ 헌법 재판소의 판결에 대하여는 여하한 상소도 허락되지 아니한다.

제2절 헌법의 개정, 헌법적 법률

제138조

① 헌법개정의 법률 및 가타의 헌법적 법률은 각 의회에서 3개월 이상의 기간을 두고 연속된 2회의 의결로써 채택되며, 또 제2회의 표결에 있어서는 각 의회의 의원의 절대다수로써 승인되어야 한다.

② 그 법률은 공포 후 3개월 이내에 한 의회의 5분의 1 혹은 50만 인의 선거권자 또는 5개 주의회가 그것을 요구하는 때에는 국민투표에 부하게 된다. 국민투표에 부하여진 법률은 유효한 투표의 과반수로 가결된 것이 아니면 인준되지 아니한다.

③ 법률이 각의회의 제2회의 표결에서 의원의 3분의 2의 다수로 가결된 때에는 국민투표는 행하여지지 아니한다.

제139조

공화제는 헌법개정의 대상이 되지 아니한다.

경과규정 및 최종규정

I

헌법의 시행과 함께 임시 국가원수는 공화국 대통령의 권한을 행하며 또한 그 칭호를 얻는다.

II

만약 공화국 대통령의 선거일에 모든 주의회가 구성되어 있지 아니할 때에는 양원의 의원만이 선거에 참가한다.

III

공화국의 최초의 상원의 구성에 있어서는 제헌의회의 의원으로서 상원의원이 되는 법률상의 자격요건을 가지는 다음의 자가 공화국 대통령의 명령으로 상원의원이 된다.

내각총리 또는 입법의회의 의장이었던 자

해산된 상원에 속하고 있던 자

제헌의회를 포함하여 적어도 3개의 선거에 당선된 자

1926년 11월의 하원의회에서 의 원실격을 선고받은 자

국방 파시스트 특별재판소의 판결에 의하여 5년 이상의 징역형에 복했던 자

국민회의에 속하였었고 해산된 상원의원이었던 자도 공화국 대통령의 명령으로써 상원의원에 임명된다.

상원의원에 임명되는 권리는 임명명령의 서명 이전에 이를 방기(放棄)할 수 있다. 정치적 선거에의 후보의 수락은 상원의원에 임명되는 권리의 방기로 인정된다.

IV

상원의 최초의 선거에 대하여는 몰리세주는 그 인구수에 따라 할당되는 수의 상원의원을 가지는 특별한 주로 본다.

V

헌법 제80조의 규정은 재정상의 부담 또는 법률의 변경을 수반하는 국제조약에 관하여는 양원의 소집 일

로부터 그 효력을 가진다.

VI

헌법 시행 후 5년 이내에 내각회의, 회계감사원 및 군법회의의 관할권을 제(除)한 외에는 현존하는 특별재판기 관의 개혁을 행한다.

헌법 시행 후 1년이 내에 법률로써 헌법 제11조에 따라, 최고군법회의의 기구개혁을 행한다.

VII[290]

헌법에 따라 재판기구에 관한 새로운 법률이 발포될 때까지는 현 행의 기구규정이 시행된다.

헌법재판소가 기능을 시작할 때까지는 헌법 제134조에 지시되어 있는 쟁송의 판결은 헌법이 효력을 가지게 되기 전의 현행규정의 형식과 한계에 따라 시행된다.

VIII

주의회의 선거 및 군의 행정기관의 그것은 헌법 시행 후 1년 이내에 행하여 진다.

공화국의 법률은 행정의 각부문에 대하여 부에 속하게 된 국가기능의 이행을 규정한다. 지방단체간에 행정기능의 재조직과 배분이 행하여질 때까지는 군과 자치시에 대하여는 현재 행사하는 바의 기능 또는 주가 그 행사를 위임하는 기타의 기능을 행한다.

공화국의 법률은 새로운 조직에 따라 필요하게 된 국가 및 중앙행정의 공무원과 종업원의 주에의 이행을 규정한다. 그 공직의 구성을 위하여 주는 긴급한 경우를 제외하고는 그 직원을 국가 및 지방단체의 직원으로부터 채용하지 아니하면 아니된다.

IX

공화국은 헌법의 시행 후 3년 이내에 그 법률을, 지방자치의 요구와 주에 속하게 된 입법적 권한에 대하여 적합하도록 법률을 개정하여야 한다.

X

제116조에 규정된 프리울리 베네치아 줄리아주에 대하여는 임시적으로 제2부 제5장의 일반규정이 적용된다. 단, 제5조에 의하여 언어상의 소수자의 보호는 계속된다.

XI[291]

헌법의 시행 후 5년까지는 제131조의 규정을 변경하여 제132조 제1항에 의하여 요구되는 조건이 충족되지 아니하더라도 타의 주를 창설할 수 있다. 단, 관계주민의 의견을 들을 의무는 당연히 존재한다.

XII

어떠한 형식에 있어서도 해산된 파시스트당의 재조직은 금지한다. 제48조에 반하여 헌법의 시행 후 5년을 넘지 아니하는 기간 동안 파시스트체제에 책임이 있던 지도자들에게 대하여 투표권 및 피선거권의 일시적인 제한이 법률에 의하여 정해진다.

XIII

사보이아가의 구성원과 그 자손은 선거권도 없고 또한 공직 혹은 선거에 의한 직에 취임할 수 없다. 사보이아가의 전국왕과 그의 배우자와 그의 남자의 자손에 대하여서는 국가의 영역에 들어오거나 체제하는 것도 금지된다.

국가의 영역 내에 있는 사보이아가의 전 국왕, 그의 배우자 및 남자의 자손의 재산은 국가에 귀속한다. 1946년 6월 2일 이후에 행하여진 그의 재산에 대한 물권의 이전 또는 설정은 무효이다.

XIV

귀족의 칭호는 인정되지 아니한다.

1922년 10월 28일 이전에 존재하였던 귀족의 부수칭호는 인명의 일부로 간주한다.

마우리치오 수도회는 자선단체로서 유지되며 법률에 의하여 규정된 방식에 따라 운영된다.

XV

헌법의 시행과 함께 1944년 5월 25일의 국가의 잠정기구에 관한 대관입법명령 제151호는 법률로 변경된 것으로 인정된다.

XVI

헌법 시행 후 1년 이내에 작금까지 명시 혹은 묵시적으로 폐지되지 아니하였던 헌법적 법률의 개정과 이 헌법에 대한 조정이 행하여진다.

XVII

제헌의회는 1948년 1월 31일까지에 공화국 상원의 선거를 위한 법률, 특별주의 조례 및 출판에 관한 법률을 심의하기 위하여 그 의장이 소집한다.

새로운 양원의 선거일까지 1946년 3월 16일의 입법명령 제98호의 제2조 제1항 및 제2항, 제3조 제1항 및 제2항에 의하여 권한을 가지게 된 사항에 대하여 심의할 필요가 있을 때에는 제헌의회를 소집 할 수 있다.

이 기간중 상임위원회는 그 기능을 계속한다.

입법위원회는 수리한 법률안을, 필요 있을 때에는 의견과 수정안을 첨부하여 정부에 회부한다. 의원은 정부에 문서로써 회답을 요구하는 질의를 제출할 수 있다.

제헌의회는, 본조 제2항의 규정에 관하여는 정부 또는 적어도 200인의 의원의 이유를 첨부한 요구에 따라 그 의장에 의하여 소집된다.

XVIII

이 헌법은 제헌의회에 의한 가결 후 5일 이내에 임시국가원 수에 의하여 공포되며 1948년 1월 1일에 효력을 발생한다.

헌법의 개정은 모든 시민이 그것을 알 수 있게 하기 위하여 1948년의 일 년 동안 공화국의 각 자치시의 공회당에 기탁되어 공시된다.

헌법은 국쇄를 인(印)하여 공화국의 공적인 법령집에 수록된다.

헌법은 공화국의 기본법으로서 모든 시민과 국가의 기관이 충실하게 준수하여야 한다.

1947년 12월 27일

로마에서

엔리코 데 니콜라 (공화국임시대통령)

움베르토 테라치니 (제헌의회 의장)

알치데 데 가스페리 (내각총리)

2. 역대 총리 및 정부의 구성 (1945년 6월 이후)

총리	연정의 구성	기간
1. Ferruccio Parri	DC-PCI-PSI-PLI-PDL-PA	1945. 6 - 1945. 12
2. Alcide De Gasperi I	DC-PCI-PSI-PLI-PDL-PA	1945. 12 - 1946. 7
3. Alcide De Gasperi II	DC-PCI-PSI-PLI	1946. 7 - 1947. 2
4. Alcide De Gasperi III	DC-PCI-PSI	1947. 2 - 1947. 5
5. Alcide De Gasperi IV	DC-PLI-PSLI-PRI	1947. 5 - 1948. 5
6. Alcide De Gasperi V	DC-PLI-PSLI-PRI	1948. 5 - 1950. 1
7. Alcide De Gasperi VI	DC-PSLI-PRI	1950. 1 - 1951. 7
8. Alcide De Gasperi VII	DC-PRI	1951. 7 - 1953. 7
9. Alcide De Gasperi VIII	DC	1953. 7 - 1953. 8
10. Giuseppe Pella	DC	1953. 8 - 1954. 1
11. Amintore Fanfani I	DC	1954. 1 - 1954. 1
12. Mario Scelba	DC-PSDI-PLI	1954. 2 - 1955. 6
13. Antonio Segni I	DC-PSDI-PLI	1955. 7 - 1957. 5
14. Adone Zoli	DC	1957. 5 - 1958. 7
15. Amintore Fanfani II	DC-PSDI	1958. 7 - 1959. 1
16. Antonio Segni II	DC	1959. 2 - 1960. 2
17. Fernando Tambroni	DC	1960. 3 - 1960. 7
18. Amintore Fanfani III	DC	1960. 7 - 1962. 2
19. Amintore Fanfani IV	DC-PSDI-PLI	1962. 2 - 1963. 5
20. Giovanni Leone I	DC	1963. 6 - 1963. 12
21. Aldo Moro I	DC-PSI-PSDI-PRI	1963. 12 - 1964. 7
22. Aldo Moro II	DC-PSI-PSDI-PRI	1964. 7 - 1966. 2
23. Aldo Moro III	DC-PSI-PSDI-PRI	1966. 2 - 1968. 6
24. Giovanni Leone II	DC	1968. 6 - 1968. 11
25. Mariano Rumor I	DC-PSI-PRI	1968. 12 - 1969. 8

총리	연정의 구성	기간
26. Mariano Rumor II	DC	1969. 8 - 1970. 3
27. Mariano Rumor III	DC-PSI-PSDI-PRI	1970. 3 - 1970. 8
28. Emilio Colombo	DC-PSI-PSDI-PRI	1970. 8 - 1972. 2
29. Giulio Andreotti I	DC	1972. 2 - 1972. 6
30. Giulio Andreotti II	DC-PSDI-PLI	1972. 6 - 1973. 7
31. Mariano Rumor IV	DC-PSI-PSDI-PRI	1973. 7 - 1974. 3
32. Mariano Rumor V	DC-PSI-PSDI	1974. 3 - 1974. 11
33. Aldo Moro IV	DC-PRI	1974. 11 - 1976. 2
34. Aldo Moro V	DC	1976. 2 - 1976. 7
35. Giulio Andreotti III	DC	1976. 7 - 1978. 3
36. Giulio Andreotti IV	DC	1978. 3 - 1979. 1
37. Giulio Andreotti V	DC-PSDI-PRI	1979. 1 - 1978. 8
38. Francesco Cossiga I	DC-PSDI-PLI	1979. 8 - 1980. 3
39. Francesco Cossiga II	DC-PSI-PRI	1980. 3 - 1980. 9
40. Arnaldo Forlani	DC-PSI-PSDI-PRI	1980. 9 - 1981. 7
41. Giovanni Spadolini I	DC-PSI-PSDI-PRI-PLI	1981. 7 - 1982. 8
42. Glovanni Spadolini II	DC-PSI-PSDI-PRI-PLI	1982. 8 - 1982. 12
43. Amintore Fanfani V	DC-PSI-PSDI-PLI	1982. 12 - 1983. 8
44. Bettino Craxi I	DC-PSI-PSDI-PRI-PLI	1983. 8 - 1986. 8
45. Bettino Craxi II	DC-PSI-PSDI-PRI-PLI	1986. 8 - 1987. 4
46. Amintore Fanfani VI	DC	1987. 4 - 1987. 7
47. Giovanni Goria	DC-PSI-PSDI-PRI-PLI	1987. 7 - 1988. 4
48. Ciriaco De Mita	DC-PSI-PSDI-PRI-PLI	1988. 4 - 1989. 8
49. Giulio Andreotti VI	DC-PSI-PSDI-PRI-PLI	1989. 8 - 1991. 4
50. Giulio Andreotti VII	DC-PSI-PSDI-PLI	1991.4 - 1992. 6
51. Giuliano Amato	기술관료 내각	1992. 6 - 1993. 4
52. Carlo Azeglio Ciampi	기술관료 내각	1993. 4 - 1994. 3

총리	연정의 구성	기간
53. Silvio Berlusconi	FI-AN-LN-PPI-CDC-UC	1994. 3 - 1994. 12
54. Lamberto Dini	기술관료 내각	1995. 1 - 1996. 5
55. Romano Prodi	PDS-PPI-UD-FdV—RI-SI	1996. 5 - 1998. 10
56. Massimo D'Alema	L'Ulivo (중도좌파 8개당 연합)	1998. 10 - 2000. 4
57. Giuliano Amato	L'Ulivo (중도좌파 8개당 연합)	2000. 4 - 2001. 6
58. Silvio Berlusconi	FI-AN-LN-UDC-NPSI-PRI	2001. 6 - 2006. 5
59. Romano Prodi	L'Unione (중도좌파 15개 정당연합)	2006. 5 - 2008. 5
60. Silvio Berlusconi	Ppl-LN-MpA-CN-PT-FdS-DC	2008. 5 - 2011. 11
61. Mario Monti	기술관료 내각	2011. 11 - 2013. 4
62. Enrico Letta	PD-PdL/NCD-SC-UdC-Ppl-RI	2013. 4 - 2014. 2
63. Matteo Renzi	PD-NCD-SC-UdC-Demo.S-CD-PSI	2014. 2 - 2016. 12
64. Paolo Gentiloni	PD-NCD/AP-CpE-Demo.S-CD-PSI	2016. 12 - 2018. 6
65. Giuseppe Conte	1기 M5S-Lega-MAIE 2기 M5S-PD-IV-LeU-MAIE	2018. 6 - 2020. 1
66. Mario Draghi	기술관료 내각	2021. 2 - 현재

3. 역대 공화국 대통령 (1946년 이후)

대	대통령	기간
1	Enrico de Nicola	1946 - 1948
2	Luigi Einaudi	1948 - 1955
3	Giovanni Gronchi	1955 - 1962
4	Antonio Segni	1962 - 1964
5	Giuseppe Saragat	1964 - 1971
6	Giovanni Leone	1971 - 1978
7	Alessandro Pertini	1978 - 1985
8	Francesco Cossiga	1985 - 1992
9	Oscar Luigi Scalfaro	1992 - 1999
10	Carlo Azeglio Ciampi	1999 - 2006
11	Giorgio Napolitano	2006 - 2015
12	Sergio Mattarella	2015 - 현재

미주

1 John Foot (2019), The Archipelago: Italy since 1945, London: Bloomsburry, pp. 418-419.

2 Gianfranco Pasquino (2009), "Political History in Italy", The Journal of Policy History, Vol. 21 No. 3, p. 295.

3 김시홍 (1997b), 지역학과 사회학의 상관성, 『국제지역연구』, 1권 2호, p. 51.

4 김시홍 (2018c), "한국외대 유럽학 40년: 회고와 전망", 『EU연구』, 제49호, pp. 138-139.

5 Joseph LaPalombra (1989), Democracy Italian Style, New Haven: Yale University Press.

6 David Hine (1993), Governing Italy: The Politics of Bargained Pluralism, Oxford: Oxford University Press.

7 Giorgio Galli (1993), Storia dei partiti politici italiani, Milano: Rizzoli.

8 Denis Mack Smith (1957), Cavour and Parliament, Cambridge Historical Journal, Vol. 13 No. 1, pp. 37-57.

9 Giuseppe Tomasi di Lampedusa (1958), Il Gattopardo, Milano: Feltrinelli.

10 Vincenzo Cuoco (1913), Saggio storico sulla Rivoluzione di Napoli del 1799, Bari: Laterza.

11 김시홍 (2003), "이탈리아 지역주의의 사회적 기원", 『유럽연구』, 17호, p. 179.

12 윌러스타인은 19세기 말 이탈리아와 독일의 통일로 인해 강력한 반주변 국가로 부상한 두 국가가 기존의 중심국이었던 영국과 프랑스의 헤게모니에 도전하는 과정에서 양차세계대전이 발생하였다는 해석을 개진한 바 있다.

13 김시홍 (1995), 『이탈리아 사회연구 입문』, 명지출판사, p. 38.

14 Barrington Moore (1966), Social Origins of Dictatorship and Democracy: Lord and Peasant in the Making of the Modern World, Boston: Beacon Press.

15 Christopher Chase-Dunn and Thomas D. Hall (1997), "The Semi Periphery: The Seedbed of Change" in Rise and Demise: Comparing World- Systems . Boulder, Colorado: Westview Press.

16 John Foot (2018), 앞의 책, p. 44.

17 Donato Firrao & Graziano Ubertalli (2009), "Was there a bomb on Mattei's aircraft?", Convegno Nazionale IGF XX, Torino, June 24-26.

18 정당지배주의는 1949년 기자였던 로베르토 루치페로에 의해 최초로 사용되었으며, 동년 피렌체대학의 주세페 마라니니교수의 강의 <의회 정부와 정당지배주의>를 통해 공식화되었다. 기본적으로 그 의미는 헌법에 기초한 기관들을 대체하여 정당 중심으로 국가의 권력과 정치가 실행되는 정치체제를 의미한다 (La partitocrazia è un regime politico in cui il potere e la vita politica dello Stato stesso ruotano attorno ai partiti, i quali si sostituiscono agli organi previsti dalla Costituzione).

19 Mauro Calise (1994), "The Italian particracy: beyond president and parliament", Political Science Quarterly, Vol. 109 No. 3, pp. 441-442.

20 종교적 교리와 영향으로부터 독립하려는 사상을 총괄하는 개념으로 프랑스(laïcité)와 이탈리아의 근대사

에서 자주 인용되고 있다. 세속성 내지 정교분리원칙으로 번역될 수 있다. 프랑스혁명과 이탈리아통일 과정에서 공히 가톨릭 세력이 소외되고 기존의 기득권을 강탈당하는 과정을 거치면서 생성된 개념이다.

21 프랑스의 자유적 가톨릭주의를 대표하는 역사학자인 샤를 드 몽타렘버(Charles de Montalembert)에 의해 최초로 주장된 표현으로 이탈리아 통일의 주역이었던 카부르에 의해 자주 인용되던 문구이다. 라틴어 표현은 Ecclesia libera in libera patria이다.

22 Sabino Cassese (2014), Governare gli italiani: Storia dello Stato, Bologna: Il Mulino, p. 313.

23 이러한 주장의 대표적인 학자는 Renzo de Felice이다.

24 김종법 (2012), 『현대 이탈리아 정치사회: 굴절과 미완성의 역사와 문화』, 바오, p. 348.

25 크락시주의는 사회민주주의, 사회주의 그리고 자유적 보수주의를 합성한 이념으로 미국과의 관계개선, 유럽통합에 대한 긍정적 태도 그리고 민영화를 지지하는 입장이다. 1980년대 크락시가 총리로 활동한 시기에 이탈리아 경제는 붐현상을 현시하였으며, 이러한 자신감을 배경으로 이탈리아의 국제적 위신을 진작시키는 과정을 통해 자신의 정치적 영향력을 강화하였고 이를 바탕으로 대통령중심제로의 개헌을 시도할 정도로 강력한 리더십을 발휘한 바 있다.

26 Norberto Bobbio (1995), Profilo ideologico del '900, Firenze: Garzanti, p. 24.

27 빈첸조 죠베르티가 당시 대표적 가톨릭 사상가로 활동한 바 있다.

28 Aldo Berselli (1987), Italia legale e Italia reale. La destra storica dopo l'Unita, Bologna: Il Mulino, 1965. prefazione; Richard Bellamy, Modern Italian Social Theory: Ideology and Politics from Pareto to the Present, Stanford: Stanford Univ. Press, pp. 4-5.

29 Sabino Cassese (2014), Governare gli italiani: Storia dello Stato, Bologna: Il Mulino, pp. 42-43.

30 Richard Bellamy (2014), Croce, Gramsci, Bobbio and the Italian political tradition, ECPR Press.

31 Norberto Bobbio (1995), op. cit., p. 90.

32 Ibid, p. 95.

33 Richard Bellamy (2014), op. cit., pp. 99-102.

34 Giuseppe Bedeschi (2002), La fabbrica delle ideologie. Il pensiero politico nell'Italia del Novecento, Bari: Laterza, pp. 62-4.

35 김시홍 (1998), "이탈리아의 교육제도 개혁", 『EU연구』, 4호, pp. 137-9.

36 Maurizio Pagano (2007), "Contemporary Italian Philosophy. The Confrontation between Religious and Secular Thought", in Silvia Benso and Brian Schroeder, Contemporary Italian Philosophy: Crossing the Borders of Ethics, Politics, and Relgion, Albany: SUNY Press, p. 3.

37 Vilfredo Pareto (1988), Trattato di sociologia generale, Torino: UTET.

38 김시홍 (2000), "Vilfredo Pareto의 사회학", 『이탈리아어문학』, p. 12.

39 Carlo Galli et al.(2011), Il pensiero politico contemporaneo. Il Novecento e l'eta globale, Bologna: Il Mulino, pp. 41-3.

40 Gaetano Mosca (1939), The Ruling Class, New York: McGraw Hill.

41 Angelo d'Orsi (2011), L'Italia delle idee. Il pensiero politico in un secolo e mezzo di storia, Milano: Bruno Mondadori, p. 23.

42 Vittor Ivo Comparato (1987), "Vent'anni di storia del pensiero politico in Italia", Il Pensiero Politico, Vol. 20, No. 1, p. 3.

43 Angelo d'Orsi, op. cit., pp. 39-40.

44 Richard Bellamy, op. cit., p. 18.

45 Giuseppe Bedeschi, op. cit., pp. 28-30.; 김시홍 (2003), "이탈리아 지역주의의 사회적 기원", 『유럽연구』, 17권, pp. 170-2.

46 Antonio Gramsci (2011), Prison Notebooks, New York: Columbia University Press.

47 Daniella Tedone (2017), "Antonio Gramsci e la parzialità del totalitarismo", InStoria, N. 114. http://www.instoria.it/home/isolamento_carcerario_gramsci.htm (2022년 1월 15일 검색).

48 Perry Andersen (2016), The Heirs of Gramsci, New Left Review, No. 100, p. 72.

49 교황 레오 13세 회칙 (1987), 『노동헌장』, 성바오로 출판사; 교황 요한 바오로 2세의 회칙 (1991), 『백주년』, 한국천주교중앙협의회.

50 Giuseppe Bedeschi, op. cit., pp. 73-5.

51 Angelo d'Orsi, op. cit., pp. 157-160.; Giuseppe Bedeschi, op. cit., pp. 167-172.

52 Carlo Galli et al., op. cit., pp. 72-3.

53 Richard Bellamy, op. cit., pp. 282-3.; Noah Simmons (2012), Internationalists! The Radical Party Challenges the Italian Left, 1963-1995, PhD Dissertation, The City University of New York, pp. 62-6.

54 Gianfranco Pasquino (2019), Bobbio e Sartori. Capire e cambiare la politica, Milano: Bocconi Editore, pp. 9-11.

55 Angelo d'Orsi, op. cit., pp. 302-5.

56 이선필 (2009), "유럽연합을 위한 알티에로 스피넬리의 유럽통합 사상과 전략", 『아태연구』, 16권 1호, pp. 144-6.

57 Angelo d'Orsi, op. cit., pp. 292-3.: https://amalfinotizie.it/svolta-di-salerno/ (2022년 1월 17일 검색).

58 Luigi Sturzo (1947), "The Philosophic Background of Christian Democracy", Review of Politics, Jan. 1., pp. 3-5.

59 Carolyn M. Warner (2012), "Christian Democracy in Italy: An alternative path to religious party moderation", Party Politics, Vol. 19, No, 2, p. 258.

60 Paolo Pombeni (2000), "The ideology of Christian Democracy", Journal of Political Ideologies, Vol.5, No. 3, p. 290.

61 Rerum Novarum 노동헌장: 김시홍 (2006), "보충성의 원칙과 이탈리아: 가톨릭주의, 연방제 그리고 유럽통합", 『이탈리아어문학』, 19호, pp. 6-7.

62 B. Mantelli (1976), "La democrazia cristiana 1943-48: La costruzione del partito borghese di massa", Rivista di Storia Contemporanea, Vol. 5, No. 2, pp. 247-248.

63 Andrea Millefiorini (2015), "Cultura politica di partito e cultura politica nazionale: il caso del Pci nella Prima Repubblica", SocietàMutamentoPolitica, vol. 6, n. 12, pp. 324-326.

64 Giuseppe Vatalaro (2005), Politics and Ideology: A Reassessment of the Nature of the PCI's Communist Identity, PhD Dissertation, Swansea University, pp. 46-8.

65 Sergio De La Pierrre (1975), "la via italiana nel socialismo nell'analisi del PCI dal 1956 al 1962", La Rivista di Storia Contemporanea, Vol. 4 No. 3, p. 451.

66 Joseph LaPalombra (1982), "Socialist Alternatives: The Italian Variant", Foreign Affairs, Vol. 60 No, 4, p. 925.

67 Stephen Gundle and Somon Parker (2004), "The rise and fall of Craxi's Socialist Party", in The New Italian Republic: From the Fall of the Berlin Wall to Berlusconi, London: Routledge, pp. 98-102.

68 Norberto Bobbio (1990), Profilo ideologico del'900, Milano: Garzanti; (1977), Quale socialismo. Discussione di un'alternativa, Torino: Einaudi.

69 Jan-Werner Müller (2013), "The Paradoxes of Post-War Italian Political Thought", History of European Ideas, Vol. 39, pp. 86-87.

70 롤스의 정의론은 자유원칙과 차별원칙으로 구성되는데, 기본적으로 모든 시민은 자유롭게 경제사회활동을 할 자유가 보장되어야 하지만, 그 결과 선천적으로 능력이 부족하거나, 불운 등으로 사회적 최소치에 해당되는 소득이 보전되지 못할 경우 국가와 사회가 이를 보장해 주는 방식으로 사회정의를 규정하였다. John Rawls (1971), A Theory of Justice, Massachusetts: Harvard University Press.

71 김시홍 (2012), "마니 풀리테 20년, 1992~2012", 『이탈리아어문학』, 제35집, p. 30.

72 김시홍 (2011), "이탈리아 실패연구", 『주간조선』, 2182호, pp. 30-32.

73 Paolo Flores D'Arcais (2011), "Anatomy of Berlusconismo", New Left Review, Vol. 68, pp. 139-40.

74 Renzo De Felice (1977), Le interpretazioni del fascimo, Roma-Bari: Laterza.

75 이탈리아 공화국 헌법의 구체적인 내용은 이 책의 부록을 참조바람.

76 Carlo Guarnieri (2016), Il sistema politico italiano: Radiografia politica di un paese e delle sue crisi, Bologna: Il Mulino, p. 23.

77 Lo Statuto Albertino. (2019년 6월 20일 검색).
https://www.quirinale.it/allegati_statici/costituzione/Statutoalbertino.pdf

78 Howard McGraw Smyth (1948), "Italy: From Fascism to the Republic (1943-1946)", The Western Political Quarterly, Vol. 1, No. 3, p. 218.

79 김동훈 (2017), "이탈리아의 헌법과 헌법재판제도", 『헌법논총』, 제28집, p. 385.

80 Mario Einaudi (1948), "The Constitution of the Italian Republic", The American Political Science Review, Vol. 42, No. 4, p. 661.

81 김시홍 (1995), 앞의 책, pp. 55-58.

82 Giuliano Amato (2015), "The Constitution", in Eric Jones and Gianfranco Pasquino (eds.), The Oxford Handbook of Italian Politics, Oxford: Oxford Univ Press, p. 77.

83 류시조 (2011), "이탈리아헌법의 특징과 통치구조", 『비교법학』, 제22호, p. 49.

84 Jan-Werner Müller (2012), "The Paradoxes of Post-War Italian Political Thought", History of European Ideas, Vol. 39 no. 1, pp. 79-102.

85 Articolo 7. Lo Stato e la Chiesa cattolica sono, ciascuno nel proprio ordine, indipendenti e sovrani. I loro rapporti sono regolati dai Patti Lateranensi. Le modificazioni dei Patti, accettate dalle due parti, non richiedono procedimento di revisione costituzionale.

86 Art. 1. L'Italia riconosce e riafferma il principio consacrato nell'articolo 1° dello Statuto del Regno 4 marzo 1848, per quale la religione cattolica, apostolica e romana è la sola religione dello Stato.

87 https://en.wikipedia.org/wiki/2020_Italian_constitutional_referendum (2022년 1월 30일 검색).

88 김시홍 (2018b), 『비교정치행정: 주요 국가의 국가운영 체제 및 방식에 관한 연구』, 서울: 박영사, pp. 319-322.

89 http://www.quirinale.it/qrnw/amministrazione/uffici/uffici.html (2019년 10월 3일 검색).

90 http://elezioni.interno.it/contenuti/normativa/Pubb_14_Amministrative_Ed.2017.pdf (2019년 9월 29일 검색).

91 http://cursa.ihmc.us/rid=1206790500484_741225742_8503/parlamento%20erroreMorenoMascia.cmap (2019년 11월 13일 검색).

92 이탈리아에서는 교섭단체의 구성 요건에서 하원은 의원 20명 이상 그리고 상원은 10명 이상으로 규정하고 있다.

93 http://leg16.camera.it/1 & http://www.senato.it/1095 (2019년 10월 11일 검색).

94 김종법 (2007), "이탈리아 의회개혁", 『이탈리아어문학』, 26호, p. 41.

95 Ibid. pp. 41-2

96 Fabrizio Di Mascio & Alessantro Natalini (2013), "Analysing the role of ministerial cabinets in Italy: legacy and temporality in the study of administrative reform", International Review of Administrative Sciences, Vol. 79 No. 2, p. 329.

97 아래 자료에 따르면 2017년 7월 기준 총리부 지원실 직원 수는 총 2128명이다. http://www.pubblicaamministrazione.net/connettivita/news/5084/dipendenti-pubblici-quanti-sono.html (2019년10월 22일 검색).

98 http://www.governo.it/organizzazione/uffici-dipartimenti-strutture/69 (2019년 10월 23일 검색).

99 De Agostini (Ed.) (2005), *Diritto. Tavole e schemi esplicativi, glossary.* pp. 259-260
https://it.wikipedia.org/wiki/Magistratura_italiana (2019년 10월 23일 검색).

100 http://web.tiscalinet.it/carry/ese_giustizia.htm (2019년 10월 25일 검색).

101 문성호 (2002), "이탈리아 사법제도와 경찰", 『한국경찰학회보』, 4호, p. 123.

102 김시홍 (1995), 앞의 책, p. 98.

103 2001년에는 지방자치와 관련된 헌법의 제5편(제114조-133조)의 대대적인 개정이 이루어졌다. 2001년 이전까지는 주, 현, 자치시가 존재하는 3계층으로 이루어져 있었으나, 2001년 헌법 개정으로 현재는 현의 일부가 광역시화 되며 주, 현, 광역시 자치시 네 개의 행정구역으로 구분되고 있다. http://www.istat.it/en/files/2016/12/ItaliaCifre2016.pdf (2019년 10월 15일 검색).

104 헌법 제123조 주지사의 보통/직접 선거에 의한 선출은 1999년 개정 이후 새로 추가된 내용이다. 이전에는 주의회 선거 결과 의회에서 의원 중에서 선출되었다.

105 헌법개정관련법(제 122조 1항)- 2004년 법령 제 165호. http://www.normattiva.it/atto/caricaDettaglioAtto?atto.dataPubblicazioneGazzetta=2004-07-05&atto.codiceRedazionale=004G0189&queryString=%3FmeseProvvedimento%3D%26formType%3Dricerca_semplice%26numeroArticolo%3D%26numeroProvvedimento%3D165%26testo%3D%26giornoProvvedimento%3D%26annoProvvedimento%3D2004&currentPage=1 (2019년 10월 20일 검색).

106 https://www.skuola.net/diritto/autonomie-locali-regioni-province-comuni.html (2019년 11월 20일 검색).

107 지방정부개혁법(2014년 법령 제 56조-14G00069).

108 정부지역사무소는 2004년 이후 "prefettura-ufficio territoriale di governo"로 그 명칭이 바뀌었다. 2004년 이전에는 prefettura로 명명되었으며, 1999년 이후 중앙정부 내무부 산하 기관으로 중앙정부의 지역 사무소로서의 기능을 해 오고 있다.

109 김시홍 (1995), 앞의 책, p. 109.

110 Carlo Guarnieri (2016), Il sistema politico italiano. Radiografia politica di un paese e delle sue crisi, Bologna: Il Mulino, pp. 14-5.

111 김시홍 (1999), 이탈리아의 선거제도, 『국제지역연구』, 3권 2호, pp. 30-31.

112 Istituto centrale di statistica (1946), Compendio delle statistiche elettorali italiane dal 1848 al 1934, Roma: ISTAT, pp. 45-56.

113 Sabino Cassese (2014), Governare gli italiani: Storia dello Stato, Bologna: Il Mulino, pp. 72-3.

114 Maurizio Cotta and Luca Verzichelli (2011), Il sistema politico italiano, Bologna: Il Mulino, p. 99.

115 Giuseppe Astuto, op. cit., pp. 191-2.

116 Maurizio Cotta and Luca Verzichelli, op. cit., pp. 98-100.

117 Carlo Gurnieri (2016), op. cit., pp. 106-8.

118 김시홍 (2006), "2006년 총선과 프로디 정부의 과제", 『유럽연구』, 제24호, p. 29.

119 Gianfranco Baldini and Alan Renwick (2015), "Italy Toward (yet another) Electoral Reform", Italian Politics: The Year of the Bulldozer, No. 30, p. 160.

120 김시홍 (2018), "2018 이탈리아 총선과 포퓰리즘 정부", 『유럽연구』, 36권 3호, pp. 55-6.

121 Maurice Duverger (1964), Political Parties: Their Organization and Activity in the Modern State,

London: Methuen, 3rd ed, pp. 245-55.

122 Miroslav Novák (2015), "Competitive party systems: Where do Duverger and Sartori diverge?", Revue française de science politique, 2015, Vol. 65, pp. 451-471.

123 Giorgio Galli (1975), Dal bipartitismo imperfetto alla possibile alternativa, Bologna: Il Mulino, pp. 11-2.

124 Gianfranco Pasquino (2014), "Italy: The Triumph of Personalist Parties", Politics and Policy, Vol. 42, Issue 4, pp. 548-566.

125 Gianfranco Pasquino and Marco Valbruzzi (2017), "The Italian Democratic Party, its nature and its Secretary", Revista Espanola de Ciencia Politica, Vol. 1, n. 44, pp. 294-296.

126 김시홍 (1995), 『이탈리아 사회연구 입문』, pp. 155-6.

127 Giorgio Galli (1993), Storia dei partiti politici italiani, Milano: Rizzoli, 서문 참조.

128 다수파 공작(trasformismo)은 이탈리아적 현실을 대변하는 현상으로 '포섭', '변신', '전환' 등의 용어로 번역되기도 한다. "Metodo di governo che consiste nell'utilizzare spregiudicamente persone e gruppi politici diversi, in modo da impedire che si formi una vera opposizione capace di contestare il potere del gruppo al governo." G. Pallotta, Dizionario della politica italiana, Roma: Newton Compton Editori, 1985, p. 435.; N. Zingarelli (1983), Vocabolario della lingua italiana, Firenze: Zanichelli, pp. 2037-2038; Carlo Guarnieri (2016), op. cit., pp. 16-7.

129 Marco Valbruzzi (2015), "Trasformismo", in Eric Jones and Gianfranco Pasquino (eds.), The Oxford Handbook of Italian Politics, Oxford: Oxford Univ Press, p. 33.

130 Nicolo Conti (2015), "Socialists, Republicans and Radicals", in Ibid.

131 이 부분은 김시홍의 책 『이탈리아 사회연구 입문』의 4장 2절 주요 정당부분을 수정하고 업데이트하였음.

132 B. Mantelli (1976), "La democrazia cristiana 1943-48: La costruzione del partito borghese di massa", Rivista di Storia Contemporanea, Vol. 5 No. 2, p. 247.

133 김시홍 (1995), 앞의 책, pp. 130-131.

134 Mark Donovan (1990), Centre Domination and Party Competition: Christian Democratic Party Strategy in Italy, 1943-89, PhD Dissertation, The London School of Political Science and Economics, p. 47.

135 Amintore Fanfani (1976), capitalismo, socialità e partecipazione, Milano: Mursia, pp. 107-10.; Paolo Pombeni (2000), "The Ideology of Christian Democracy", Journal of Political Ideologies, Vol. 5 No. 3, pp. 291-2.

136 Carolyn M. Warner (2012), "Christian Democracy in Italy: An alternative path to religious party moderation", Party Politics, Vol. 19 No. 2, p. 270.

137 Robert Leonardi (1974), The Politics of Choice: An Inquiry into the Causes of Factionalism in the Italian Christian Democratic Party, PhD Dissertation, University of Illinois Urbana- Champaign,

pp. 150-5.

138 Giuseppe Vatalaro (2005), Politics and Ideology: A Reassessment of the Nature of the PCI's Communist Identity, PhD Dissertation, Swansea University, p. 57.

139 "Compromesso viene spiegato come rinuncia all'integralismo reciproco; il punto pi` progressivo da raggiungere insieme ` la risultante di due cose diverse: non rinuncia ai principi, ma esercizio dei principi che guidano il realismo del rapporto di forze. Storico non significa transitorio, momentario, o tattico, ma che implica una fase storica, quella della crisi della societa industriale: due forze, una anticapitalista(i comunisti) e una acapitalista(i cattolici), si uniscono per progettare una fuoruscita dalla crisi.... Compromesso storico e quindi anzitutto un accordo di lunga prospettiva tra forze sociali e politiche che conservano la loro identita e che, in tale accordo, non tendono a realizzare i propri fini ultimi fissati nei propri statuti, ma un obiettivo di comune interesse nazionale per uscire dalla crisi e rinnovare la societa, evitando la reazione delle forze conservatrici." D. Toniolo (1981), Il Compromesso Storico, Roma: Editrice Pontificia Universita Gregoriana, pp. 9-24.

140 Joseph LaPalombra (1982), op. cit., p. 928.

141 '점진적 대체주의 정치'(la politica d'alternanza)는 다음과 같이 정의될 수 있다. "L'alternarsi di partiti diversi a cariche di particolare prestigio, da non confondersi pero con l'alternativa che invece e, o dovrebb'essere, la sostituzione al potere di forze o schieramenti politici di determinati schieramenti politici con altri. L'alternanza non e l'alternativa ma e ugualmente appetibile o giustificato obiettivo di impegnative operazioni. Rispetto all'alternativa, l'alternanza e pi` limitata, ma e ugualmente una meta politica per la quale s'impegnano strategie complessive. Non essendo possibili le alternative vere e proprie, o perche utopistiche o perche non volute, si procede con l'alternanza tanto piu che questa, alle volte, puo costituire davvero un fatto nuovo.... l'alternanza a Palazzo Chigi, con la nomina di un presidente del Consiglio diverso dalla DC..." G. Pallotta (1985), Dizionario della politica italiana, Roma: Newton Comton Editori, pp. 16-17.

142 이탈리아사회당은 주요지도자였던 베티노 크락시와 클라우디오 마르텔리 등이 부패수사와 연관되어 이미 붕괴되었다. 그러나 1994년 총선 결과 밀라노를 중심으로 하는 전진이탈리아당(Forza Italia)의 출현은 흥미를 주고 있다. 전진이탈리아당의 지도자는 언론재벌인 실비오 베를루스코니인데 그는 1980년대에 사회당당수였던 크락시의 비호하에 경제력을 확장한 인물이므로 이는 사회당의 다른 형태로의 재건이라고 진단해 볼 수 있다.

143 E.J. Kirchner(ed.) (1988), Liberal Parties in Western Europe, New York: Cambridge Univ. Press, pp. 39-40; G. Pallotta, op. cit., pp. 336-338.

144 E.J. Kirchner, Ibid, p. 40.

145 M. Sznajder (1995), "Italy's right-wing government: legitimacy and criticism", International Affairs

Vol. 71, No. 1, pp. 83-102.

146 차명제 (1995), "전환기의 이탈리아 정치: 전통적인 대중정당의 몰락과 새로운 정치세력의 등장", 『동향과 전망』, 26호 여름, pp. 35-56.; 차명제 (1992), "서유럽 공산당의 새로운 면모: 사회구조적 변화에 따른 이탈리아 공산당의 변화과정", 『현상과 인식』, 가을. pp. 50-78.

147 P. Taggart (1995), "New Populist Parties in Western Europe", West European Politics Vol. 18, No. 1, pp. 31-40.

148 Luana Russo et al. (2017), "Tracing the electorate of the MoVimento Cinque Stelle: an ecological inference analysis", Italian Political Science Review, Vol. 47 No. 1, pp. 45-46.

149 Luca Manucci and Michi Amsler (2018), "Where the wind blows: Five Star Movement's populism, direct democracy and ideological flexibility", Italian Political Science Review, Vol. 48 No. 1, pp. 124-125.

150 Carlo Guarnieri (2016), op. cit., pp. 7-10.

151 "Formula di dissuasione o divieto attenuato (≪non giova, non conviene≫) usata dalla Chiesa cattolica romana quando intenda soddisfare ragioni di semplice opportunità. Specificamente con essa fu concretato il divieto ai cattolici italiani di partecipare alle elezioni e in genere alla vita politica dello Stato italiano, divieto sanzionato con decreto della Sacra Penitenzieria del 10 settembre 1874, ribadito come obbligatorio in atti successivi benché di fatto non applicato in vari casi. Pio X, con l'enciclica Il fermo proposito dell'11 giugno 1905, pur non revocando formalmente il divieto, permise l'adito dei cattolici alla vita politica qualora sussistessero circostanze speciali riconosciute dai vescovi; l'ambiguità di questa disposizione consentì, nelle elezioni del 1913, il cosiddetto patto Gentiloni. Il n. fu abolito implicitamente da Benedetto XV, che nel 1919 permise ai cattolici di aderire al Partito popolare di L. Sturzo." Treccani Enciclodedia online. https://www.treccani.it/enciclopedia/non-expedit/ (2022년 1월 18일 검색). 통일 이탈리아를 적대시한 교황의 권고는 1919년에 이르러서야 공식적으로 폐기된다.

152 "La parola "Italia" è un'espressione geografica, una qualificazione che riguarda la lingua, ma che non ha il valore politico che gli sforzi degli ideologi rivoluzionari tendono ad imprimerle." 오스트리아제국의 재상 메테르니히가 사용한 이 표현은 1847년 8월에 최초로 등장하였는데, 오랜 분열의 역사를 지닌 이탈리아에 대한 비하적 용어로 이해되었으며, 통일 이후에도 국민통합의 지난함을 대변하는 의미로 활용되었다.

153 Sabino Cassese (2014), Governare gli italiani. Storia dello Stato, Bologna: Il Mulino, pp. 42-45.

154 Giuseppe Astuto (2017), Le istituzioni politiche italiane. Da Cavour al dibattito contemporaneo, Roma: Carocci editore, pp. 49-51.

155 Ibid. pp. 45-75. 이하 모든 총선 데이터는 위키피디아 자료를 토대로 작성되었음.

156 Giuseppe Astuto, op. cit., pp. 80-1.

157 Susan Elyse Cuthbertson (2006), Politics, Empire, and the Italian Nation, 1896-1949, PhD Dissertation, University of Virginia, pp. 152-3.

158 Kim, Sihong (1995), "Uno studio sociologico sul legame tra il fascismo e la piccola borghesia", Lettere italiane, n. 2, pp. 50-1 & 61.

159 1942년 예정되었던 로마만국박람회는 2차대전으로 인해 개최되지 못하였다,

160 Legge 17 maggio 1928, n. 1019.

161 김시홍 (1995), 『이탈리아 사회연구 입문』, p. 121.

162 https://www.youtrend.it/2018/01/31/elezioni-politiche-che-hanno-fatto-storia-italia-repubblicana-1948/ (2020년 11월 20일 검색).

163 여기서 제1공화국의 표현은 이후 제2 및 제3공화국 대비의 개념인데, 형식면에서는 공화국의 변경이 헌법의 핵심적 내용에서의 변화가 있을 때에만 부여될 수 있는데, 이탈리아 정치상황에서는 선거법의 개정이나 정당체계의 혁신적 변화를 염두에 두고 지칭되고 있다. 따라서 이 책에서는 법률적 용어가 아닌 언론적 수사 내지는 정치적 해석 차원에서 이와 같은 구분을 채용하였다.

164 http://www.senato.it/3433?testo_generico=18&voce_sommario=63 (2020년 2월 15일 검색).

165 Matteo Anastasi (2014), "Il quarto governo Fanfani e la crisi di Cuba del 1962", Studi di Storia Contemporanea, No. 20-4, pp. 20-2.

166 Amintore Fanfani (1976), capitalismo, socialità e partecipazione, Milano: Mursia, pp. 194-7.

167 헤르베르트 마르쿠제 (2009), 『일차원적 인간. 선진산업사회의 이데올로기 연구』, 한마음사, pp. 306-11.

168 납의 시대는 총탄의 나날이라고 번역될 수도 있을 만큼 긴장의 전략(strategia di tensione)을 활용하는 폭력과 테러 그리고 살인이 지배하는 시기였다. 1960년대 말에서 1980년대 초까지 이어진 이 시기는 68학생운동 이후 서구 사회 전반에서 나타난 극렬 운동이기도 하지만, 이탈리아에서 보다 강력하게 현시되었다.

169 Giampiero Brunelli (2013), La politica italiana dopo il 1992. Un seminario di ricerca storico-istituzionale, Roma: La Sapienza, pp. 13-14.

170 김시홍 (1997), "이탈리아의 정치변동 - 1990년대의 정계개편", 『EU연구』, 3호, pp. 3-34의 일부를 재구성하여 작성되었음.

171 Andrea Mammone et al. (2015), The Routledge Handbook of Contemporary Italy: History, politics, society, London: Routledge, pp. 169-170.

172 Ibid, pp. 182-183.

173 특히 비례대표제부분에서 8.6%를 획득한데 그친 북부동맹이 다수대표제에서만 107석을 얻어 의석수 기준으로 하원내 최대정당으로 부상한 사실은 충격적으로 받아들여졌다. 이는 북부에서 북부동맹이 효율적인 1위전략을 성공시킨 비결로 이해되며 연합의 파트너인 전진이탈리아의 도움이 컸던 것으로 판단된다.

174 하원의 비례대표제에서 상위 두당이 얻은 지지율의 합은 41.4%로서 60~70%를 기록하던 과거의 사례와 차별적이다. 또한 의석수 기준으로 집권연정의 3개당이 하원에서 얻은 수치가 전진이탈리아 101석, 북부동맹 118석, 민족연합 105석으로 나와 과거와 같은 특정 정당위주의 연정과는 성격이 다른 것도 특이한 점이

다.

175 V. Bufacchi (1996), "The Coming of Age of Italian Democracy", Government and Opposition, Vol. 31 No. 3 , p. 327.

176 J. L. Newell and M. J. Bull (1996), "The April 1996 Italian General Election: The Left on Top or on Tap?", Parliamentary Affairs, Vol. 49 No. 4, pp. 619-622.

177 이탈리아 텔레비젼의 전국방송망은 크게 보아 국영방송인 RAI의 3개 채널과 민간방송인 Italia Uno, Canale 5 및 Rete Quattro의 3개 채널로 구성되는데 베를루스코니는 전국네트워크의 민간채널을 모두 소유하는 언론재벌이어서 비판의 대상이었다.

178 크락시는 사회당의 지도자로서 1980년대에 4년간 집권연정의 총리를 지낸 인물로서 부패수사를 통해 엄청난 비리행위가 발각되어 기소상태인 인물이나 북아프리카의 튀니지로 도주하여 그곳에서 사망하였다. 흥미로운 사실은 1994년 총선결과 밀라노를 중심으로 하는 전진이탈리아당의 출현이다. 이 당의 지도자인 베를루스코니는 1980년대에 사회당 당수였던 크락시의 비호하에 경제력을 확장한 인물이므로 이는 사회당의 다른 형태로의 재건이라고 볼 수 있다.

179 김시홍, "이탈리아의 정치변동 - 1990년대의 정계개편", 『EU연구』, 3호, pp. 3-34의 일부를 재구성하여 작성되었음

180 S. Warner and F. Varese (1996), "The Italian General Election of 1996", Electoral Studies, Vol. 16, No. 1, pp. 564-566.

181 1990년대에 발생한 이탈리아의 부패문제에 대한 해석은 다음의 문헌을 참조할 것. S. Gundle and S. Parker(eds.) (1996), The New Italian Republic: From the Fall of the Berlin Wall to Berlusconi, London: Routledge.; Giulio Sapelli (1994), Cleptocrazia. Il meccanismo unico della corruzione tra economia e politica, Milano: Feltrinelli.

182 J. L.Newell and M.J. Bull, op. cit., pp. 634-638.: V. Bufacchi, op. cit., pp. 336-337.

183 김시홍 (2001), "2001년 총선과 Berlusconi정부", 『EU연구』, 9호, pp. 119-139의 일부를 재구성하여 작성되었음

184 "Metodo di governo che consiste nell'utilizzare spregiudicamente persone e gruppi politici diversi, in modo da impedire che si formi una vera opposizione capace di contestare il potere del gruppo al governo". 즉 현실정치에서 여당은 정권유지를 위해 선거에서 패배한 경우에도 야당의원들을 협박, 회유하여 당적을 바꾸게 만듦으로써 권력을 유지하는 형태를 말하며 정권교체를 매우 어렵게 만드는 정치관행을 일컫기도 함. 김시홍 (1995), 앞의 책, 1997, p. 38.

185 EIU (2001), Country Report. Italy, April 2001, p. 17.

186 M. Donovan (2001), "A New Republic in Italy? The May 2001 Election", West European Politics, Vol. 24, No. 4, p. 197.

187 대표적으로 이탈리아의 독립적 사회주의자인 노르베르토 봅비오를 들 수 있다.

188 이해관계의 상충은 언론재벌그룹의 회장으로서 갖는 다양한 영향력과 정당의 당수직 및 총리직이 공공성

에 위해된다는 지적이다.

189 이 계약에는 5가지의 사항이 포함되었는데 세금감소, 공공안전도의 향상, 최저연금의 증가, 실업율의 감소, 주요 공공사업의 실시 등이다.

190 http://www.repubblica.it/speciale/elezioni2001/camera.html (2019년 10월 20일 검색).

191 http://www.repubblica.it/speciale/elezioni2001/senato.html (2019년 10월 25일 검색).

192 http://www.governo.it/sez_ministeri/index.html (2019년 10월 26일 검색).

193 무임소장관직은 내각책임제를 실시하는 국가에서 많이 활용되고 있다. 특정 부처를 맡지 않는 장관직으로 정무적 성격을 지닌 자리로 수용된다. 한국에서도 과거에 정무장관을 운영한 적이 있으나 1998년 이후 폐지되어 더 이상 존재하지 않는다.

194 A. Z. Koff & S. P. Koff (2000), Italy. From the First to the Second Republic, London: Routledge, pp. 178-9.

195 A. C. Bull (2000), Social Identities and Political Cultures in Italy. Catholic, Communist and Leghist Communities between Civicness and Localism, New York: Berghahn Books, p. 2.

196 김시홍 (2006), "2006년 총선과 프로디 정부의 과제", 『유럽연구』, 24호, pp. 27-46의 일부분을 재구성하였음.

197 김시홍 (2001), "2001년 이탈리아 총선과 베를루스코니 정부", 『EU연구』, 제9호, p. 127.

198 김시홍 (2010), "베를루스코니 정부의 위기와 이탈리아 정치변동", 『유럽연구』, 28권 3호, pp. 117-8.

199 김시홍 (2013), "2013년 이탈리아 총선과 레타 정부", 『유럽연구』, 31권 2호, pp. 1-24의 일부를 재구성하였음

200 Francesco Marangoni (2012), "Technocrats in Government: The Composition and Legislative Initiatives of the Monti Government Eight Months into its Term of Office", Bulletin of Italian Politics, Vol. 4 No. 1, pp. 135-6.

201 L'articolo 18 dello Statuto dei Lavoratori italiano applica la cosiddetta tutela reale disciplinando il caso di licenziamento illegittimo (perché effettuato senza comunicazione dei motivi, ingiustificato o discriminatorio) di un singolo lavoratore: nelle unità produttive con più di 15 dipendenti (5 se agricole); nelle unità produttive con meno di 15 dipendenti (5 se agricole) se l'azienda occupa nello stesso comune più di 15 dipendenti (5 se agricola); nelle aziende con più di 60 dipendenti. http://it.wikipedia.org/wiki/Articolo_18_dello_Statuto_dei_Lavoratori (2019년 6월 20일 검색)

202 Morgan Stanley, "Italy and the Political Cliff. A Winding Path to Where?", Morgan Stanley Research Dec 10, 2012, pp. 1-2.

203 Openeurope,. "All roads lead to Rome: Italian elections could bring uncertainty back to the eurozone", Feb 18 2013, Briefing Note.

204 2009년 결성되었으며 핵심 가치로 대중주의, 환경, 유럽회의주의, 직접민주, 인터넷 접속 무료, 부패반대를 내걸고 있다. 오성은 5개의 핵심 쟁점을 의미하는데 public water, sustainable transport, development, connectivity and environmentalism 등이다. 이 정당은 정치인은 고용자로, 그리고 정책은 서비스 개념

으로 주장하며 국회의원 급여 삭감, 다중 직무부여 폐지 및 투명, 시민권리, 동성애 찬성 등을 주장한다.

205 John Foot (2019), The Archipelago: Italy since 1945, London: Bloomsbury. p. 383.

206 보여주기식 정치나 예의를 벗어나는 방식의 정치는 베를루스코니가 전형을 보여주고 있는데, 루지에로는 그릴로의 정치행태에서도 유사한 측면이 있다는 주장을 개진하였다. Christian Ruggiero (2012), "Forecasting in the Politics of Spectacle, From Berlusconi to Grillo: The Narrative of Impolite Politics", Bulletin of Italian Politics, Vol. 4 No. 2, p. 306.

207 Fabio Bordignon and Luigi Ceccarini (2013), "Five Stars and a Cricket. Bebbe Grillo Shakes Italian Politics", South European Society and Politics, pp. 3-5.

208 Diego Garzia and Federico Viotti (2011), "Leader, identit` di partito e voto in Italia, 1990-2008", Rivista italiana di scienza politica, No. 3, pp. 412-3.

209 사실 이탈리아 정치환경에서 신생 정당이 예상외의 지지를 얻은 사례는 과거에도 있었으며, 1994년에 등장한 전진이탈리아(Forza Italia)가 대표적인 사례이다. 이러한 현상은 이전 시기에 이념적 투표성향이 더 이상 통용되지 않는 새로운 전환기를 의미하는 것이다. Mark N. Franklin and Joost van Spanje (2012), "How do established voters react to new parties? The case of Italy", Electoral Studies, Vol. 31, pp. 302-3.

210 Maurizio Carbone and James L. Newell (2012), "Italy on the Eve of the 2013 General Elections", Bulletin of Italian Politics, Vol. 4 No. 2, p. 206; Peterson Perspectives (2013), "Italian Political Chaos: Situation Normal", Interviews on Current Topics, April 2, http://www.piie.com/publications/interviews/pp20130402ubide.pdf (2019년 4월 30일 검색).

211 APCO, "2013 Italian Elections Diary", Feb 21, 2013. (2019년 3월 10일 검색)
http://www.apcoworldwide.com/content/PDFs/Italian-election-analysis-english.pdf

212 2005년도의 선거법(Porcellum) 개정은 여야 합의에 의한 것이 아니었다. 임기를 마치던 상황에서 우파연합은 제도의 개정을 통해 선거패배의 효과를 감소시키고자 여당 단독으로 통과시킨 제도로서 내내 개정의 필요성이 제기되어 왔다. 우파의 이러한 시도는 그간의 선거를 통해 좌파가 다수대표제에서 이득을 얻은 반면, 우파는 비례대표제에서 상대적으로 유리한 고지를 점해 온 과거를 반영하는 것이다.

213 상원선거구 중에서 의석수로는 롬바르디아(49석), 캄파니아(29석), 라지오(28석)가 대규모이다.

214 IMU(Imposta Municipale Unica o Propria)는 지방 재산세인데 베를루스코니가 첫 주택 구입에 대해서 IMU를 없앴으나, 지방재정의 건전화를 구실로 몬티 과도내각에서 부활시켰다. 지방세이므로 자치시(comune)에 재량권을 줘서 최소 0.4%에서 3.0%까지 주택가치에 대해서 일정 비율을 자치시가 지정하게 하였다. 이 제도의 부활로 추가적인 세금을 내게 된 상당수 유권자들은 몬티 정부에 대한 반감을 갖게 되었다.

215 Jonathan Hopkin, "Far from being a disaster, the results of the Italian election could be a turning point for Italy and the Eurozone", EUROPP Blog. (2019년 3월 30일 검색)
http://blogs.lse.ac.uk/europpblog/2013/02/27/italy-election-eurozone/

216 오성운동당의 의의와 역할은 1980년대 이후 북부동맹이 이탈리아 사회의 문제점을 제기하면서 분리주의

나 연방제와 같은 주장을 하면서 급진적이라는 평가를 받았지만 결국 이 정당의 주장은 시간이 지나면서 제도화하는 긍정적 효과를 보인 바 있다. 따라서 오성운동당의 주장도 과격한 측면이 있으나 정치개혁과 발전을 위해 필요한 요소로 수용될 수 있다고 본다.

217 이탈리아공화국 헌법 제83조에 따르면 대통령의 선거는 상하양원의 국회의원 945명과 각 주마다 3인씩의 대표들로 선거인단이 구성되며 2/3 이상의 지지를 받아야 선출될 수 있으나, 3차 투표 이후에는 재적의원 과반수의 득표자가 당선된다. 과거 3차에서도 결정이 나지 않는 경우가 빈발하여 제6대 대통령 선거에서는 심지어 23차 투표까지 가 조반니 레오네가 선출되었던 경우도 있었다. 이는 대통령의 위상이 실권보다는 국가의 통합을 상징적으로 대표할 수 있는 인물을 선호하는 정치문화에서 비롯된 것이다.

218 사실 상징적 존재인 공화국의 대통령이 1993년 이후 여러 차례 정부의 위기시 중요한 역할을 담당하는 관행을 만들어오고 있다. 이러한 흐름은 결국 단임에 머물던 7년 임기의 대통령을 다시 선출하는 결과를 낳게 된다. Gianfranco Pasquino (2012), "Italian Presidents and their Accordion: Pre-1991 and Post-1994", Parliamentary Affairs, Vol. 65, pp. 846-7.

219 http://www.blitzquotidiano.it/foto-notizie/governo-enrico-letta-chi-sono-21-ministri-foto-schede-donne-1544650/ (2019년 5월 10일 검색) 및 기타 자료에서 재구성.

220 사회통합장관에 콩고 출신 여의사인 세실 크엔지를 임명한 점과 스포츠 및 기회균등부 장관에 독일 올림픽 금메달리스트인 조세파 이뎀을 배치한 것은 이 정부가 다문화 이탈리아를 공식적으로 인정한 것으로 이해된다.

221 http://www.repubblica.it/politica/2013/05/22/news/riforme_vertice_maggioranza_ok_correzione_porcellum_entro_estate-59356888/ (2019년 5월 25일 검색)

222 Eugenio Salvati (2016), "Matteo Renzi: a new leadership style for the Italian Democratic Party and Italian politics", Modern Italy, Vol. 21 No. 1, pp. 9-10.

223 Antonio Ciaglia and Marco Mazzoni (2015), "Political intimization as a key to bypassing traditional leadership selection procedures: The cae of Matteo Renzi", European Journal of Cultural Studies, Vol. 18 No. 6, pp. 669-670.

224 Vincenzo Emanuele (2018), "Who's the winner? An analysis of the 2018 Italian general election", Italian Political Science, Vol. 18, No. 1, p. 1.

225 김시홍 (2013), "2013년 이탈리아 총선과 레타정부", 『유럽연구』, 31권 2호, p. 7.; Alessandro Chiaramonte and Roberto D'Alimonte (2018), "The new Italian electoral system and its effect on strategic coordination and disproportionality", Italian Political Science, Vol. 13 No. 1, pp. 8-10.

226 Roberta Bracciale and Christopher Copernich (2018), "Hybrid 2018 campaigning: the social mdeia habits of Italian political leaders and parties", Italian Political Science, Vol. 13 No. 1, p. 46.

227 https://www.termometropolitico.it/1287264_campagna-elettorale-2018.html (2019년 6월 20일 검색).

228 Carlo Guarnieri (2016), Il sistema politico italiano: Radiografia politica di un paese e delle sue crisi, Bologna: Il Mulino, 3rd Ed., pp. 126-127,

229 Giuseppe Astuto (2016), Le istituzioni politiche italiane: Da Cavour al dibattito contemporaneo, Carocci: Roma, pp. 256-257.

230 김시홍 (2017), "마테오 렌치 정부의 개혁", 『유럽연구』, 35권 2호, p. 168.

231 https://www.scenaripolitici.com/2018/06/sondaggio-ipsos-30-giugno-2018.html (2019년 7월 5일 검색).

232 Aldo Paparo (2018), "Challenger's delight: the success of M5S and Lega in the 2018 Italian general election", Italian Political Science, Vol. 13 No. 1, p. 63.

233 Luca Manucci and Michi Amsler (2018), "Where the wind blows: Five Star Movement's populism, direct democracy and ideological flexibility", Italian Political Science Review, Vol. 48 No. 1, pp. 126-127.

234 Daniele Albertazzi and Mattia Zulianello (2018), "Italy's Ship of Fools: The Democratic Party sailing towards annihilation", *Euronews*.
http://www.euronews.com/2018/05/30/italy-s-ship-of-fools-the-democratic-party-sailing-towards-annihilation-view (2019년 6월 20일 검색).

235 Alessandro Chiaramonte and Roberto D'Alimonte (2018), op. cit., p. 15.

236 Aldo Paparo (2018), p. 69.; https://elezioni.repubblica.it/2018/cameradeideputati (2019년 5월 20일 검색).

237 Ibidem.; https://elezioni.repubblica.it/2018/senatodellarepubblica (2019년 5월 20일 검색).

238 Aldo Paparo (2018), "Challenger's delight: the success of M5S and Lega in the 2018 Italian general election", Italian Political Science, Vol. 13 No. 1, pp. 63-64

239 정병기 (2018), "2018년 이탈리아 총선과 포퓰리즘 연정 출범", 『진보평론』, 76호, pp. 199-200

240 http://www.governo.it/il-governo (2019년 6월 25일 검색).

241 http://www.governo.it/il-governo (2022년 1월 19일 검색).

242 Sergio Romano (2002), Guida alla politica estera italiana: Da Badoglio a Berlusconi, Milano: Rizzoli, pp. 23-29.

243 Pierangelo Isernia and Francesca Longo (2019), La politica estera italiana nel nuovo millennio, Bologna: Il Mulino, p. 266.

244 Sergio Romano (2002), op. cit., pp. 13-14.

245 David Sassoon (1986), Contemporary Italy: Politics, Economy and Society since 1945, London: Longman, p. 268.

246 René Albrecht-Carrié (1948), "Italian Foreign Policy, 1914-1922", The Journal of Modern History, Vol. 20 No. 4, p. 328.

247 Emilio Diodato and Federico Niglia (2017), "The Challenging Myth of the Post-Imperial Legacy in Italy", in International Relations: The Foreign Policy Conundrum, London: Palgrave, pp. 29-30.

248 Gabriele Paresce (1931), "Italian Foreign Policy", International Affairs, Vol. 10, No. 3, p. 370.

249 Stephen Corrado Azzi (1993), "The Historiography of Fascist Foreign Policy", The Historical Journal, Vol. 36, No. 1, pp. 193-194.

250 Robert Mallett (2000), "Fascist Foreign Policy and Official Italian Views of Anthony Eden in the 1930s", The Historical Journal, Vol. 43, No. 1, p. 160.

251 Brunello Vigezzi (1981), Politica estera e opinione pubblica in Italia dal 1870 al 1914, École Française de Rome, p. 81.

252 Frédéric Heurtebize (2014), "Washington's Cold War Diplomacy in Italy in the 1970s, Symposium: America in the World", Society, Vol. 51, p. 524.

253 Douglas A. Wertman (1982), "Italian Foreign Policy in the 1980s: What Kind of Role?", SAIS Review, Vol. 1, No. 4, pp. 119-120.

254 아킬레 라우로(Achille Lauro) 사건은 이탈리아 외교사에서 의미 있는 사건이었다. 1985년 10월 7일 팔레스타인 해방전선 테러리스트들이 이탈리아 호화여객선을 납치하고 미국인 관광객을 살해하면서 불거진 이 사건에서 미국 레이건 대통령이 범죄자들을 인도하라는 요청을 크락시 총리가 거부하면서 문제가 되었다. 결국 핵심 범인은 잡히지 않았고 미국과 이탈리아의 외교관계가 어려워졌으나, 다른 한편으로 보면 이탈리아의 독자적 판단과 외교를 시험해본 사건으로 기록되고 있다.

255 Maurizio Carbone and Valter Coralluzzo (2009), "Politics of Itlay's Foreign Policy in the Mediterranean", Mediterranean Politics, Vol. 14 No. 3, p. 433.

256 Sonia Lucarelli (2015), "Italy and the EU: From True Love to Disenchantment?", Journal of Common Market Studies, Vol. 53, No. 1, p. 42.

257 Michele Comelli (2011), "Italy's Love Affair with the EU: Between Continuity and Change", IAI Working Papers 11/08, p. 2.

258 Sonia Lucarelli (2015), op. cit., p. 40.

259 이 장은 2019년도 한이탈리아포럼에서 발표한 내용(135 Years of Korea-Italy Relations: What's Next)을 수정하여 작성하였다.

260 HUFS (1984), Atti del Simposio Internazionale in Occasione del Centenario delle Relazioni Diplomatiche Coreano-Italiane, Seoul: HUFS.

261 Korea Foundation (2004), The First Korea-Italy Forum, Seoul: KF.

262 Yonhap (2018), "Full Text of Joint Press Statement by Leaders of S. Korea and Italy", Yonhap News Agency, October 17, 2018, https://en.yna.co.kr/view/AEN20181017011500315 (2021년 10월 20일 검색).

263 Nicola Casarini (2020), "Italy-South Korea Relations: The Strategic Significance of Rome for Inter-Korean Dialogue and Reconciliation." in Ramon Pacheco Pardo (ed.), Mapping Out EU-South Korea Relations: Key Member States' Perspective. Brussels: KF-VUB Korea Chair, p. 42.

264 Vice Minister of Foreign Affairs Choi Holds 1st ROK-Italy Strategic Dialogue, www.mofa.go.kr/

eng/brd/m_5676/view.do?seq=321324&srchFr=&srchTo=&srchWord=&srchTp=&multi_itm_seq=0&itm_seq_1=0&itm_seq_2=0&company_cd=&company_nm=&page=2&titleNm= (2020년 11월 4일 검색).

265 Edoardo Bonatti (2019), "Jacopo Giuman: Italy as a Key Player in South Korean Businesses European Strategy", www.investorvisa.it/2019/03/19/jacopo-giuman-italy-as-a-key-player-in-south-korean-businesses-european-strategy/ (2020년 4월 14일 검색).

266 Oh, Tae Hyun (2014), "130 Years between Korea and Italy: Evaluation and Prospect." Korea's Economy 30, pp. 73-80.

267 Andrea Goldstein (2017), "Italy-ROK Opportunities for Economic Cooperation", PPT presented at the Seminar, Italy and two Korea.

268 Kim, Si Hong (2008), "Korean Studies in Italy and Italian Studies in Korea." Paper presented at The Third Italy-Republic of Korea Forum, Korea and Italy: Towards a New Era of Cooperation, December 12, 2008.

269 Yonhap. "Bimonthly Magazine on K-Pop Band BTS Launched in Italy." The Korea Herald , July 28, 2020. www.koreaherald.com/view.php?ud=20200728000095 (2020년 10월 20일 검색).

270 Innovitalia: Il portale della diplomazia scientifica, https://innovitalia.esteri.it/ (2020년 8월 5일 검색).

271 Lorenzo Lamperti, Italia-Corea, Ambasciatore Failla: "Perché puntare sul partenariato con Seoul", (2020년 10월 20일 검색).
www.affaritaliani.it/esteri/italia-corea-intervista-ambasciatore-failla-seoul-roma.html

272 Pierangelo Isernia and Francesca Longo (2017), "The Italian Foreign Policy: Challenges and Continuities." Italian Political Science Review 47, no. 2, pp. 107-24.

273 본 이탈리아 헌법의 번역은 이탈리아어 원본(Costituzione della Repubblica Italiana. Edizione con note, 2021)과 영문본 등을 참고하였으며, 2021년까지의 개정 내용을 반영하였음. https://www.quirinale.it/allegati_statici/amministrazione/costituzione.pdf (2022년 1월 20일 검색).

274 1967년 6월 21일의 헌법적 법률의 제1항에서 헌법 제10조와 제26조의 마지막 항은 대량학살의 범죄에는 해당하지 않는다고 결정하였다.

275 2007년 10월 2일 헌법적 법률 제1호.

276 이탈리아의 아카데미는 주로 미술과 음악 분야의 고등교육기관이다. 대학에는 음악과 미술분야가 개설되어 있지 않으므로 독립적인 기관에서 교육되고 있다. 아카데미는 또한 각종 학술성격을 띠는 단체, 협회 및 학술원을 포함하는 의미이기도 하다.

277 2000년 1월 17일 헌법적 법률 제1호.

278 2003년 5월 30일 헌법적 법률 제1호.

279 1963년 2월 9일 헌법적 법률 제1호 제2항.

280 2001년 1월 23일 헌법적 법률 제1호.

281 1963년 2월 9일 헌법적 법률 제2호 제3항.

282 상원의원 선거권 나이 제한 삭제. 2021년 10월 18일 헌법적 법률 제1호.

283 1963년 2월 9일 헌법적 법률 제3호 제2항.

284 81, 97, 117 및 119조 예산 균형 관련 개정. 2020년 10월 19일 헌법적 법률 제1호.

285 1989년 1월 16일 헌법적 법률 제1호.

286 114조에서 132조까지 지방자치에 대한 광범위한 개정이 있었음. 2001년 10월 18일 헌법적 법률 제3호.

287 1999년 11월 22일 헌법적 법률 제1호

288 1963년 12월 27일의 헌법적 법률 제1조 제3항으로 개정됨.

289 1967년 11월 22일 헌법적 법률 제1조 제2항으로 개정됨.

290 1967년 11월 22일 헌법적 법률 제7조 제2항으로 개정됨.

291 1958년 3월 18일의 헌법적 법률의 제1항은 1963년 12월 31일까지 연장된 바 있다.

참고문헌

1. 국내 문헌

교황 레오 13세 회칙 (1987), 『노동헌장』.

김동훈 (2017), "이탈리아의 헌법과 헌법재판제도", 『헌법논총』, 제28호.

김시홍 (2022), "마리오 드라기 정부의 주요 정책과 이탈리아 정치변동", 『EU연구』, 61호.

______ (2021), "미중갈등하의 한-이탈리아 전략적동반자 관계의 전망", 『EU연구』, 58호.

______ (2020), "유럽의 코비드-19 전개와 대응: 통합에의 시사점", 『EU연구』, 56호.

______ (2018a), "2018 이탈리아 총선과 포퓰리즘 정부", 『유럽연구』, 제36권 3호.

______ (2018b), 『비교정치행정. 주요 국가의 국가운영 체제 및 방식에 관한 연구』, 박영사.

______ (2018c), "한국외대 유럽학 40년: 회고와 전망", 『EU연구』, 49호.

______ (2017), "마테오 렌치 정부의 개혁", 『유럽연구』, 제35권 2호.

______ (2016a), "요새화된 유럽과 이민 망명정책의 전망", 『유럽연구』, 제34권 2호.

______ (2016b), 『이탈리아문화의 이해』, 한국외대출판부.

______ (2014), "이탈리아 마테오 렌치 정부의 출범과 정치경제 개혁", 『EU Brief』, Vo. 6. No. 2.

______ (2014), "2014 EU 의장국 이탈리아와 유럽통합의 전망", 『유럽연구』, 제32권 2호.

______ (2013a), "2013년 이탈리아 총선과 레타 정부", 『유럽연구』, 31권 2호.

______ (2013b), "이탈리아의 재정위기와 경쟁력 그리고 지속가능성", 『이탈리아어문학』,39집.

______ (2012), "마니풀리테 20년, 1992-2012", 『이탈리아어문학』, 35집.

______ (2011a), "이탈리아 통일 150년: 민족, 국가 그리고 Fare gli Italiani", 『이탈리아어문학』,34.

______ (2011b), "이탈리아 실패 연구", 『주간조선』, 2182호.

______ (2011c), 『유럽 각국의 정치』, 한국학술정보.

______ (2010a), "이탈리아계 미국이민과 정체성 변화", 『이탈리아어문학』,31집.

______ (2010b), "이탈리아의 이민과 이주자정책: 로마시를 중심으로", 『이탈리아어문학』,29집.

______ (2010c), "베를루스코니정부의 위기와 이탈리아 정치변동", 『유럽연구』, 제28권 3호.

______ (2007a), 『이탈리아 교육법제연구』, 법제연구원.

______ (2007b), "2006년 총선과 프로디 정부의 과제", 『유럽연구』, 24호.

______ (2006a), "보충성의 원칙과 이탈리아: 가톨릭주의, 연방제 그리고 유럽통합", 『이탈리아어문

학』, 19호.

______ (2006b), “이탈리아의 유럽화: 결속정책을 중심으로”, 『국제지역연구』, 10권 1호.

______ (2005a), “이탈리아의 이민과 다문화주의”, 『국제지역연구』, 9권 1호.

______ (2005b), “이탈리아의 지역주의와 유럽인 의식”, 『유럽연구』, 20권 2호.

______ (2005c), “이탈리아의 지방자치와 분권”, 『한국국제지역학회보』.

______ (2003), “이탈리아 지역주의의 사회적 기원”, 『유럽연구』, 17호.

______ (2001a), “2001년 총선과 Berlusconi정부”, 『EU연구』, 9호.

______ (2001b), “이탈리아와 동유럽”, 『동유럽발칸학』, 3권 2호.

______ (2000), “Vilfredo Pareto의 사회학”, 『이탈리아어문학』, 6호.

______ (1999), “이탈리아의 선거제도”, 『국제지역연구』, 3권 2호.

______ (1997a), “이탈리아의 정치변동 - 1990년대의 정계개편”, 『EU연구』, 3호.

______ (1997b), “지역학과 사회학의 상관성”, 『국제지역연구』, 1권 2호.

______ (1995), 『이탈리아 사회연구 입문』, 명지출판사.

김종법 (2019), “이탈리아 포퓰리스트 정당을 통해 본 분리와 통합의 딜레마”, 『유럽연구』, 37권 2호.

______ (2018a), “과거의 소환, 극우의 부활, 미래의 정치: 2018 이탈리아 총선과 기억의 정치”, 『국제정치논총』, 제58권 4호.

______ (2018b), “EU의 환대와 공생 개념의 변화에 따른 난민과 이민정책의 패러다임의 전환가능성: 유럽 주요 국가들의 선거를 중심으로”, 『문화와 정치』, 제5권 2호.

______ (2018c), “이탈리아 민족주의: 분리와 통합의 딜레마”, 『민족연구』, 71호.

______ (2018d), 『이탈리아 역사 다이제스트 100, 가람기획.

______ (2016), “알바니아 난민사태 해결을 위한 EU와 이탈리아의 대응: 인도적 지원 사례를 중심으로”, 『문화와 정치』, 제3권 2호.

______ (2015a), “이탈리아 극우주의 정당의 정치적 배경과 유럽통합의 이중성”, 『Oughtopia』, 30집.

______ (2015b), “이탈리아 사회통합정책과 극우정당 : 보씨-피니 협약을 중심으로”, 『다문화사회연구』, 8집.

______ (2014), “복지와 노동의 통합화와 정당의 역할: 이탈리아 연합정치를 중심으로”, 『현대정치연구』, 74권 1호.

______ (2012), 『현대 이탈리아 정치 사회: 굴절과 미완성의 역사와 문화』, 바오출판사.

______ (2010), "이탈리아 지방선거제도의 정치공학", 『현대정치연구』, 3권 2호.

______ (2009a). "이탈리아 의회 개혁", 『이탈리아어문학』, 26집.

______ (2009b), "2008년 이탈리아와 한국의 총선비교: 정치문화와 투표행태 분석을 중심으로", 『지중해지역연구』, 11권 1호.

______ (2007), "이탈리아 권력구조 가능성과 시도: 연방주의와 대통령제로의 전환 모색", 『세계지역연구 논총』, 25집 3호.

______ (2006), "변화와 분열의 기로에 선 이탈리아: 2006년 이탈리아 총선", 『국제정치논총』, 46집 4호.

______ (2005), "이탈리아 마니뿔리떼의 사회적 정치적 의미", 『세계지역연구논총』, 23집 1호.

______ (2004), "하부정치문화요소를 통해 본 베를루스꼬니 정부의 성격", 『한국정치학회보』, 38권 5호.

랑치차오(2001), 『이태리 건국 삼걸전』, 지식의 풍경.

류시조 (2011), "이탈리아헌법의 특징과 통치구조", 『비교법학』, 제22호.

유럽정치연구회 (2018), 『유럽정치론』, 박영사.

이광래 편저 1996), 『이탈리아 철학』, 지성의 샘.

이선필 (2009), "유럽연합을 위한 알티에로 스피넬리의 유럽통합 사상과 전략", 『아태연구』, 16권 1호.

이성형 (1990), "동구의 변화와 유로코뮤니즘: 이탈리아 공산당의 변화", 『서울대 사회과학과 정책연구』, 제12권 2호.

정문수 (2002a), "이탈리아의 지역주의", 『부대사학』, 제66호.

______ (2002b), "이탈리아 남부의 발명과 해체", 『국제지역연구』, 제6권 2호.

정병기 (2020), "오성운동(M5S)의 직접 의회주의와 사이버크래틱 집중주의: 포스트포퓰리스트 정치운동의 성공과 한계", 『한국정치연구』, 58호, 29권 2호.

______ (2018), "2018 이탈리아 총선과 포퓰리즘 연정 출범", 『진보평론』, 76호.

______ (2017), "정당 체제에 대한 선거 제도의 영향과 선거 연합의 차단 효과: 프랑스, 이탈리아, 스페인, 그리스", 『지중해지역연구』, 19권 2호.

______ (2014), "이탈리아 사업장 노동자 대변 체계(RSU)의 변화와 의미: 대표성과 민주성의 발전과 한계", 『유럽연구』, 32권 1호.

______ (2012a), "서유럽 포퓰리즘의 성격과 특징: 프랑스, 이탈리아, 오스트리아, 벨기에, 노르웨이의 네오포퓰리즘 정당을 중심으로", 『대한정치학회보』, 20권 2호.

______ (2012b), "이탈리아 '제2공화국' 선거연합 정치의 주요 요인과 특징", 『한국정치학회보』, 46집

4호.

_____ (2011a), "이탈리아 재외국민 선거제도의 변화와 2006년 및 2008년 총선", 『의정연구』, 33권 2호.

_____ (2011b), "이탈리아 정당정치의 변화: '제2공화국' 경쟁적 양당제로의 재편", 『지중해지역연구』, 13권 1호.

_____ (2006), "2006년 이탈리아 총선: 중도-좌파의 승리 요인과 정당체제의 변화", 『진보평론』, 28호.

_____ (2003a), "이탈리아 정치사회변동과 중도-좌파정부(1996-2001) 정책: 재정경제정책, 제도개혁정책, 사회노동정책과 그 영향요인을 중심으로", 『한국정치학회보』, 37집 3호.

_____ (2003b), "독일과 이탈리아의 의원후보 선출과정 비교", 『의정연구』, 9권 1호.

_____ (2003c), "정치 변동과 정당 특성 분석을 통해 본 전진이탈리아(Forza Italia)의 성공요인과 전망", 『국제지역연구』, 12권 1호.

_____ (2000), "이탈리아 정치적 지역주의의 생성과 북부동맹당(Lega Nord)의 변천", 『한국정치학회보』, 34집 4호.

차명제 (1995), "전환기의 이탈리아 정치: 전통적인 대중정당의 몰락과 새로운 정치세력의 등장", 『동향과 전망』, 26호 여름.

_____ (1992), "서유럽 공산당의 새로운 면모: 사회구조적 변화에 따른 이탈리아 공산당의 변화과정", 『현상과 인식』, 가을.

크리스토퍼 듀건 (2001), 『미완의 통일 이탈리아사』, 개마고원.

타나카 나츠코 (2014), 『이탈리아 사회적 경제의 지역전개』, 아르케.

한국천주교중앙협의회 (1991), 『백주년』, 성바오로 출판사.

헤르베르트 마르쿠제 (2009), 『일차원적 인간. 선진산업사회의 이데올로기 연구』, 한마음사.

2. 해외문헌

Adnett, Nick (2005), *The European social model: modernisation or evolution?*, London: Edward Elgar.

Albertazzi, Daniele and James L. Newell (2015), "Introduction: A mountain giving birth to a mouse? On the impact and legacy of Silvio Berlusconi in Italy", *Modern Italy*, Vol. 20, No. 1, pp. 3-10.

Albrecht-Carrié, René, (1948), Italian Foreign Policy, 1914-1922, *The Journal of Modern History*, Vol. 20 No.4, pp. 326-339.

Allievi, Stefano (2016), *Tutto quello che non vi hanno mai detto sull'immigrazione*, Bari: Laterza.

Allinson, Mark (2000), *Contemporary Germany: essays and texts on politics, economics and society*, London: Longman.

Amato, Fabio (2008), *Atlante dell'immigrazione in Italia*, Roma: Carocci.

Amato, Giuliano. (2015), "The Constitution", in Eric Jones and Gianfranco Pasquino (eds.), *The Oxford Handbook of Italian Politics*, Oxford: Oxford Univ Press.

Anastasi, Matteo (2014), "Il quarto governo Fanfani e la crisi di Cuba del 1962", *Studi di Storia Contemporanea*, No. 20-4, pp. 1-23.

Andersen, Perry (2016), "The Heirs of Gramsci", *New Left Review*, No. 100, pp. 71-97.

Aresu, Alessandro and Andrea Garnero (2013), *Italy After B.*, Lo Spazio della Politica.

Aprile, Pino (2011), *Malaunità: 1861-2011 centocinquant'anni portati male*, Spazio creativo.

Arnoldi, Mario (1999), *Trent'anni dopo: due saggi sul Sessantotto*, Edizioni dell'Orso.

Astuto, Giuseppe (2017), *Le istituzioni politiche italiane. Da Cavour al dibattito contemporaneo*, Roma: Carocci editore.

Astuto, Giuseppe (2016), *Le istituzioni politiche italiane: da Cavour al dibattito europeo*, Roma: Carocci.

Azzi, Stephen Corrado. (1993), "The Historiography of Fascist Foreign Policy", *The Historical Journal*, Vol. 36, No. 1, pp. 187-203.

Bagnasco, Arnaldo (1994), *Classi, ceti, persone: esercizi di analisi sociale localizzata*, Napoli: Liguori Editore.

Baldini Gianfranco and Alan Renwick (2015), "Italy toward (yet another) electoral reform", *Italian Politics*, Vol. 30, pp. 160-178.

Balloni, A. (1998), *Parabole sociali tra certezze e incertezze: dove va la società italiana*, Milano: Franco Angeli.

Barbagli, Marzio (2011), *La generazione dopo*, Bologna: Il Mulino.

_____ (2008), *Immigrazione e sicurezza in Italia*, Bologna: il Mulino.

Bean, Charles (1998), *Social Europe: one for all?*, CEPR.

Bedeschi, Giuseppe (2002), *La fabbrica delle ideologie: il pensiero politico nell'Italia del Novecento*, Bari: Laterza.

Bellamy, Richard (2014), *Croce, Gramsci, Bobbio and the Italian political tradition*, ECPR Press.

Berselli, Aldo (1965), *Italia legale e Italia reale. La destra storica dopo l'Unità,* Bologna: Il Mulino.

Blangiardo, Gian Carlo et al. (2016), *Immigrazione : tutto quello che dovremmo sapere*, Roma: Aracne Editrice.

Bobbio, Norberto (1995), *Profilo ideologico del '900*, Firenze: Garzanti.

_____, (1977), *Quale socialismo. Discussione di un'alternativa*, Torino: Einaudi.

Bond, Brian (1998), *War and society in Europe, 1870-1970*, McGill-Queen's Univ. Press.

Bonoli, Giuliano (2000), *European welfare futures: towards a theory of retrenchment*, London: Polity Press.

Bordignon, Fabio (2014), "Matteo Renzi: A 'Leftist Berlusconi' for the Italian Democratic Party?", *South European Society and Politics*, Vol. 19 Issue 1, pp. 1-23.

Bordignon, Fabio and Ceccarini, Luigi (2013), "Five Stars and a Cricket. Bebbe Grillo Shakes Italian Politics", *South European Society and Politics*, pp. 427-449..

Bort, Eberhard (2000), *Networking Europe: essays on regionalism and social democracy*, Liverpool University Press.

Bracciale, Roberta and Copernich, Christopher (2018), "Hybrid 2018 campaigning: the social mdeia habits of Italian political leaders and parties", *Italian Political Science*, Vol. 13 No. 1, pp. 36-50.

Bressanelli, Edoardo (2019), *Politica in Italia: I fatti dell'anno e le interpretazioni*, Bologna: Il Mulino.

Brunelli, Giampiero (2014), *La politica italiana dopo il 1992: Un seminario di ricerca storico-istituzionale*, Roma: La Sapienza.

Bull, A. C. (2000), *Social Identities and Political Cultures in Italy. Catholic, Communist and*

Leghist Communities between Civicness and Localism, New York: Berghahn Books.

Bull, Martin and Martin Rhodes (2007), "Italy: A Contested Polity", *West European Politics*, Vol. 30 No. 4, pp. 657-69.

Bull, Martin J. and James L Newell (2005), *Italian Politics*, Cambridge: Polity.

Calandra, Piero (2002), *Il governo della Repubblica*, Bologna: il Mulino.

Calise, Mauro (1994), The Italian particracy: beyond president and parliament, *Political Science Quarterly*, Vol. 109 No. 3, pp. 441-460.

Calzolaio, Valerio (2010), *Ecoprofughe: migrazioni forzate di ieri, di oggi, di domani*, Cerasolo Ausa di Coriano.

Campa, Riccardo (2000), *L'Interlocuzione e l'inventiva: saggi di cultural italiana*, Torino: Utet Librereria.

Campesi, Giuseppe (2015), *Polizia della frontiera: frontex e la produzione dello spazio europeo*, Derive Approdi.

Cantone, Raffaele (2017), *La corruzione spuzza: tutti gli effetti sulla nostra vita quotidiana dell malattia che rischia di uccidere l'Italia*, Milano: Mondadori.

Caprara, Gian Vittorio (2011), *I valori nell'Italia contemporanea*, Milano: Franco Angeli.

Carbone, Marurizio (2016), *Politica in Italia: i fatti dell'anno e le interpretazioni*, Bologna: il Mulino.

Carbone, Maurizio and Coralluzzo, Valter. (2009), "Politics of Itlay's Foreign Policy in the Mediterranean", *Mediterranean Politics*, Vol. 14 No. 3, pp. 429-435.

Casarini, Nicola. (2020), "Italy-South Korea Relations: The Strategic Significance of Rome for Inter-Korean Dialogue and Reconciliation." in Ramon Pacheco Pardo (ed.), Mapping Out EU-South Korea Relations: Key Member States' Perspective. Brussels: KF-VUB Korea Chair, pp. 39-46.

Cassese, Sabino (2019), *La svolta: dialoghi sulla politica che cambia*, Bologna: Il Mulino

_____, (2014), *Governare gli italiani: storia dello Stato*, Bologna: Il Mulino

Catone, Stefano (2016), *Nessun paese è un'isola : migrazioni, accoglienza e il futuro dell'Italia*, Reggio Emilia: Imprimatur. Ceccarini, Luigi, Ilvo Diamanti and Marc Lazar (2012), "The

End of an Era: The Crumbling of the Italian Party System", *Italian Politics: From Berlusconi to Monti*, Vol. 27, pp. 57-77.

CENSIS (1998), *Criminalità e giustizia: cosa ne pensano gli italiani*, Gangemi Editore.

Cento Bull, Anna (2000), *Social identities and political cultures in Italy: Catholic, Communist and Leghist communities between civicness and localism*, New York: Berghahn Books.

Centorrino, Mario et al. (2010), "La corruzione fra teoria economica, normative internazionale, modelli d'organizzazione d'impresa", *Quaderni Europei*, n. 18, pp. 1-54.

Cesareo, Vicenzo (2015), *La sfida delle migrazioni*, Milano: Vita e Pensiero.

Chase-Dunn, Christopher and D. Hall, Thomas (1997), *The Semi Periphery: The Seedbed of Change" in Rise and Demise: Comparing World-Systems*, Boulder: Westview Press.

Chiaramonte, Alessandro (2019), *Il voto del cambiamento: le elezioni politiche del 2018*, Bologna: Il Mulino.

_____ (2014), "The elections of 2013: a tsunami with no winners", *Italian Politics,* Vol. 29, pp. 45-63.

Christiansen, Thomas et al(eds) (2015), *The Palgrave Handbook of EU-Asia Relations*, London: Palgrave Macmillan.

Ciaglia, Antonio and Mazzoni, Marco (2015), "Political intimization as a key to bypassing traditional leadership selection procedures: The cae of Matteo Renzi", *European Journal of Cultural Studies*, Vol. 18 No. 6, pp. 656-671.

Cipolla, Carlo M. (2012), *Le avventure della lira*, Bologna: Il Mulino.

Colarizi, Simona (2007), *Storia politica della Repubblica: partiti, movimenti e istituzioni, 1943-2006*, Bari: Laterza.

Colasanti, Arnaldo (1996), *Novanta : il conformismo della cultura italiana*, Roma: Fazi Editore.

Colombo, Asher (2012), Fuori controllo?: miti e realtà dell'immigrazione in Italia, Bologna: Il Mulino.

Colombo, Enzo (1999), *Le società multiculturali*, Venezia: Marsilio.

Vittor Ivo Comparato (1987), "Vent'anni di storia del pensiero politico in Italia", *Il Pensiero*

Politico, Vol. 20, No. 1, pp. 3-55.

Consorti, Pierluigi (2009), *Tutela dei diritti dei migranti: testi per il corso di perfezionamento universitario*, Plus.

Comelli, Michele. (2011), "Italy's Love Affair with the EU: Between Continuity and Change", *IAI Working Papers* 11/08.

Comparato, Vittor Ivo (1987), *Vent'anni di storia del pensiero politico in Italia*, Firenze: Olschki.

Coriasco, Franz (2016), *Mille Italie : storie e sorprese del Belpaese nel mondo*, Roma: Citta Nuova.

Cotesta, Vittorio (2012), *Sociologia dello straniero*, Roma: Carocci.

Cotta, Maurizio and Luca Verzichelli (2011), *Il sistema politico italiano*, Bologna: il Mulino.

Crouch, Colin (2000), *Social Change in Western Europe*, Oxford: Oxford University Press.

Cuoco, Vincenzo (1913), *Saggio storico sulla Rivoluzione di Napoli del 1799*, Bari: Laterza.

Curi, Umberto (2017), *Vergogna ed esclusione: l'Europea di fronte alla sfida dell' emigrazione*, Roma: Castelvecchi.

Cuthbertson, Susan Elyse (2006), *Politics, Empire, and the Italian Nation, 1896-1949*, PhD Dissertation, University of Virginia.

Dalla Zuanna, Giampiero (2009), *Nuovi Italiani: I giovani immigrati cambieranno il nostro paese?*, Bologna: Il Mulino.

Damilano, Marco (2012), *Eutanasia di un potere. Storia politica d'Italia da Tangentopoli alla Seconda Repubblica*, Roma: Laterza.

D'Arcais, Paolo Flores (2011), "Anatomy of Berlusconismo", *New Left Review*, Vol. 68, pp. 139-40.

Del Giudice, Federico (2000), *Dizionario dell'Unione Europea*, Napoli: Esselibri.

Delanty, Gerard (2005), *Rethinking Europe: social theory and the implications of europeanization*, London: Routledge.

Della Porta, Donatella (1999), *La politica locale : potere, istituzioni e attori tra centro e periferia*, Bologna: il Mulino.

_____ (1995), *Social movements, political violence and the state: a comparative analysis of Italy and Germany*, Cambridge: Cambridge University Press

De La Pierrre, Sergio (1975), "la via italiana nel socialismo nell'analisi del PCI dal 1956 al 1962", *La Rivista di Storia Contemporanea*, Vol. 4 No. 3, pp. 417-452.

De Rita, Giuseppe (2011), *L'eclissi della borghesia*, Bari: Laterza.

Diamanti, Ilvo and Marc Lazar (2018), *Popolocrazia: La metamorfosi delle nostre democrazie*, Roma: Laterza.

Di Cagno, Giovanni (1997), *La nostra generazione: quanrantenni dall'autunno caldo al PDS*, Bari: Levante Editori.

Dickie, John (1999), *Darkest Italy: the nation and stereotypes of the Mezzogiorno, 1860-1900*, New York: St Martin's Press.

Di Mascio, Fabrizio. & Natalini, Alessantro (2013), "Analysing the role of ministerial cabinets in Italy: legacy and temporality in the study of administrative reform", *International Review of Administrative Sciences*, Vol. 79 No. 2, pp. 328-346.

Di Michele, Andrea (2008), *Storia dell'Italia repubblicana: 1948-2008*, Milano: Garzanti.

Di Nucci, Loreto (2016), *La democrazia distributiva: saggio sul sistema politico dell'Italia repubblicana*, Bologna: il Mulino.

Diodato, Emilio and Niglia, Federico (2017), "The Challenging Myth of the Post-Imperial Legacy in Italy", in *International Relations: The Foreign Policy Conundrum*, London: Palgrave.

Diodati, Nicola Martocchia and Bruno Marino (2017), "What difference does it make? Explaining the voting behaviour of Partito Democratico's electorate and electorate in 2013", *Rivista Italiana di Scienza Politica*, Vol. 47, No. 1, pp. 1-20.

Donati, Alberto (2012), *Immigrazione e multiculturalismo: le ragioni degli oppositori*, Roma: Armando.

Donati, Pierpaolo (2008), *Oltre il multiculturalismo: la ragione relazionale per un mondo comune*, Bari: Laterza.

Donovan, M. (2001), "A New Republic in Italy? The May 2001 Election", *West European Politics*,

Vol. 24, No. 4, pp. 193-205.

Donovan, Mark (1990), *Centre Domination and Party Competition: Christian Democratic Party Strategy in Italy, 1943-89*, PhD Dissertation, The London School of Political Science and Economics.

D'Orsi, Angelo (2011), *L'Italia delle idee: il pensiero politico in un secolo e mezzo di storia*, Milano: Mondadori.

Ducatel, Ken (2000), *The information society in Europe: work and life in an age of globalization*, Lanham: Rowman & Littlefield Publishers.

Duverger, Maurice (1964), *Political Parties: Their Organization and Activity in the Modern State*, London: Methuen, 3rd ed.

Einaudi, Mario (1948), "The Constitution of the Italian Republic", *The American Political Science Review*, Vol.42, No.4, pp. 661-676.

Emanuele, Vincenzo (2018), "Who's the winner? An analysis of the 2018 Italian general election", *Italian Political Science*, Vol. 18, No. 1, pp. 1-7.

Epstein, Alan (2000), *As the Romans do: the delights, dramas and daily diversions of life in the eternal city*, NY: William Morrow.

Esping-Andersen, Gøsta (1993), *Changing classes: stratification and mobility in post-industrial societies*, London: Sage.

Fallaci, Oriana (2017), *L'italia della dolce vita*, Milano: Rizzoli.

Fanfani, Amintore (1976), capitalismo, socialità e partecipazione, Milano: Mursia.

Favell, Adrian (2011), *Sociology of the European Union*, London: Palgrave Macmillan.

Ferenczy, Zsuzsa Anna (2019), *Europe, China and the limits of normative power*, Cheltenham: Edward Elgar.

Ferraris, Valeria (2012), *Immigrazione e criminalità*, Roma: Carocci.

Firrao, Donato & Ubertalli, Graziano (2009), "Was there a bomb on Mattei's aircraft?", *Convegno Nazionale IGF XX*, Torino, June 24-26.

Fondazione Leone (2016), *Rapporto annuale sull'economia dell'immigrazione: l'impatto fiscale dell'immigrazione*, Bologna: Il Mulino.

Fontana, Luciano (2018), *Un paese senza leader: storie, protagonisti e retroscena di una classe politica in crisi,* Milano: Longanesi.

Foot, John (2019), *The Arhipelago: Italy since 1945,* London: Bloomsberry.

Forgacs, David and Robert Lumley (1996), *Italian Cultural Studies,* Oxford: Oxford Univ. Press.

Franklin, Mark N. and van Spanje. Joost (2012), "How do established voters react to new parties? The case of Italy", *Electoral Studies,* Vol. 31, pp. 297-305.

Galli, Carlo (2017), *Democrazia senza popolo cronache dal Parlamento sulla crisi della politica italiana,* Milano: Feltrinelli.

________ (2011), *Il pensiero politico contemporaneo: il novecento e l'età globale,* Bologna: Il Mulino.

Galli, Giorgio (2001), *I partiti politici italiani, 1943-2000,* Milano: Rizzoli.

___________, (1993), *Storia dei partiti politici italiani,* Milano: Rizzoli.

___________, (1975), Dal bipartitismo imperfetto alla possibile alternativa, Bologna: Il Mulino.

Garzanti (2001), *Enciclopedia di Diritto,* Firenze: Garzanti.

Garzia, Diego and Viotti, Federico (2011), "Leader, identit` di partito e voto in Italia., 1990-2008", *Rivista italiana di scienza politica,* no. 3, pp. 411-432.

Gasparini, Alberto (2010), *Gli italiani ci sono, a quando l'Italia?,* Milano: Franco Angeli.

Gentile, Emilio (2011), *La grande Italia: il mito della nazione nel XX secolo,* Bari: Laterza.

Gentili, Dario (2018), *Italian critical thought: genealogies and categories,* Lanham: Rowman & Littlefield International.

Giacalone, Davide (2017), *Viva l'Europa viva,* Soveria Mannelli: Rubbettino.

Giachetti, Diego (1999), *La FIAT in mano agli operai: L'autunno caldo del 1969,* Ghezzano: Biblioteca Franco Serantini.

______________ (1998), *Oltre il Sessantotto: prima, durante a dopo il movimento,* Pisa: BFS.

Giannuli, Aldo (2018), *La strategia della tensione: servizi segreti, partiti, golpe falliti, terrore fascista, politica internazionale: un bilancio complessivo,* Milano: Ponte alle Grazie.

_________, (2016), *Da Gelli a Renzi: (passando per Berlusconi): il piano massonico sulla "rinascita democratica" e la vera storia della sua realizzazione*, Milano: Ponte alle grazie.

Goldstein, Andrea. (2017), "Italy-ROK Opportunities for Economic Cooperation", PPT presented at the Seminar, *Italy and two Korea.*

Gramsci, Antonio (2011), *Prison Notebooks*, New York: Columbia University Press.

Grevi, Bent (2006), *The future of the welfare state: European and global perspectives*, Farnham: Ashgate.

Grimassi, Raven (2000), *Italian witchcraft: the old religion of southern Europe*, Woodbury: Llewellyn.

Gualmini, Elisabetta (2011), *Politica in Italia: I fatti dell'anno e le interpretazioni,* Bologna: Il Mulino.

Guarnieri, Carlo (2016), *Il sistema politico italiano: Radiografia politica di un paese e delle sue crisi*, Bologna: Il Mulino.

Guidi, Mattia (2015), "The Democratic Party of Matteo Renzi", *Italian Politics*, Vol. 30, pp. 51-66.

Gundle, Stephen and Parker, Somon (2004), "The rise and fall of Craxi's Socialist Party", in *The New Italian Republic: From the Fall of the Berlin Wall to Berlusconi*, London: Routledge, pp. 98-102.

Hanretty, Chris and Stefania Profeti (2015), "The Year of the Bulldozer: Introduction", *Italian Politics*, Vol. 30, pp. 29-49.

Hantrais, Linda (2000), *Social policy in the European Union*, NY: St Martin's Press.

Heurtebize, Frédéric (2014), "Washington's Cold War Diplomacy in Italy in the 1970s, Symposium: America in the World", *Society*, Vol. 51, pp. 524-538.

Hine, David (1993), *Governing Italy: The Politics of Bargained Pluralism*, Oxford: Oxford University Press.

HUFS (1984), *Atti del Simposio Internazionale in Occasione del Centenario delle Relazioni Diplomatiche Coreano-Italiane*, Seoul: HUFS.

Hughes, Gerard (2000), *Pensions in the European Union: adapting to economic and social change*, Berlin: Kluwer Academic.

Isernia Pierangelo and Francesca Longo (2019), *La politica estera italiana nel nuovo millennio*, Bologna: Il Mulino.

Isernia, Pierangelo and Longo, Francesca. (2017), "The Italian Foreign Policy: Challenges and Continuities." *Italian Political Science Review* 47, no. 2, pp. 107-24.

Istituto centrale di statistica (1946), *Compendio delle statistiche elettorali italiane dal 1848 al 1934*, Roma: ISTAT.

Jacobelli Jader (1988), *Il Fascismo e gli storici oggi*, Roma-Bari: Laterza.

Jamieson, Alison (1999), *The antimafia*, NY: St. Martin's Press.

Jones, Erik (2015), *The Oxford handbook of Italian politics*, Oxford: Oxford University Press.

Kim, Si Hong (2008), "Korean Studies in Italy and Italian Studies in Korea." Paper presented at The Third Italy-Republic of Korea Forum, *Korea and Italy: Towards a New Era of Cooperation*, December 12, 2008.

_________, (1995), Uno studio sul legame tra il fascismo e la piccola borghesia, *Lettere Italiane*, pp. 39-78.

Koff, Sondra Z. (2000), *Italy: from the First to the Second Republic*, London: Routledge.

Korea Foundation (2004), *The First Korea-Italy Forum,* Seoul: KF.

LaPalombra, Joseph. (1989), *Democracy Italian Style,* New Haven: Yale University Press.

Letta, Enrico (2017), *Contro venti e maree : idee sull'Europa e sull'Italia*, Bologna: il Mulino.

Leonardi, Robert (1974), *The Politics of Choice: An Inquiry into the Causes of Factionalism in the Italian Christian Democratic Party*, PhD Dissertation, University of Illinois Urbana-Champaign.

Lucarelli, Sonia (2015), "Italy and the EU: From True Love to Disenchantment?", *Journal of Common Market Studies*, Vol. 53, No. 1, pp. 40-60.

Magli, Ida (2010), *La dittatura europea*, Milano: BUR Rizzoli.

Magnanini, Claudia (2006), *Autunno caldo e anni di piombo*, Milano: Franco Angeli.

Mallett, Robert. (2000), "Fascist Foreign Policy and Official Italian Views of Anthony Eden in the 1930s", *The Historical Journal,* Vol. 43, No. 1, pp. 157-187.

Malossi, Giannino (1999), *Volare: the icon of Italy in global pop culture,* NY: The

Monacelli Press.

Mammarella, Giuseppe (2010), *La politica estera dell'Italia: dallo Stato unitario ai giorni nostri,* Bari: Laterza.

Mammone, Andrea, Ercole Giap Parini and Giuseppe A. Veltri (2015), *The Routledge Handbook of Contemporary Italy,* London: Routledge.

Mammone, Andrea and Giuseppe A. Veltri (2010), *Italy today: the sick man of Europe,* London: Routledge.

Manucci, Luca and Amsler, Michi (2018), "Where the wind blows: Five Star Movement's populism, direct democracy and ideological flexibility", *Italian Political Science Review,* Vol. 48 No. 1, pp. 109-132.

Mantelli, B. (1976), La democrazia cristiana 1943-48: La costruzione del partito borghese di massa, *Rivista di Storia Contemporanea,* Vol.5, No.2, pp. 246-274.

Marangoni, Francesco (2012), "Technocrats in Government: The Composition and Legislative Initiatives of the Monti Government Eight Months into its Term of Office", *Bulletin of Italian Politics,* Vol. 4 No. 1, pp. 135-149.

Marino, Giuseppe Carlo (1998), *Storia della mafia,* Roma: Newton & Compton.

Marra, Claudio (2012), *La casa degli immigrati: famiglie, reti, trasformazioni sociali,* Milano: Franco Angeli.

Mathers, Andy (2007), *Struggling for a social Europe: neoliberal globalization and the birth of a European social movement,* London: Ashgate.

McCarthy, Patrick (2000), *Italy since 1945,* Oxford: Oxford Univ. Press.

Millefiorini, Andrea (2015), "Cultura politica di partito e cultura politica nazionale: il caso del Pci nella Prima Repubblica", *SocietàMutamentoPolitica,* vol. 6, n. 12, pp. 321-346.

Moliterno, Gino (2000), *Encyclopedia of contemporary Italian culture,* London: Routledge.

Montanelli, Indro and Mario Cervi (1991), *L'Italia degli anni di piombo,* Milano: Rizzoli.

Moore, Barrington (1966), *Social Origins of Dictatorship and Democracy: Lord and Peasant in the Making of the Modern World,* Boston: Beacon Press.

Mosca, Gaetano (1939), *The Ruling Class*, New York: McGraw Hill.

Müller, Jan-Werner (2013), "The Paradoxes of Post-War Italian Political Thought", *History of European Ideas*, Vol. 39, pp. 79-102.

Lane, Jan-Erik (1999), *Politics and society in Western Europe*, London: Sage.

Newell, James L. (2015), "A Fight to the death: The Challenge of the Five Star Movement and the Democratic Party's Reactions", *Italian Politics*, Vol. 30, pp. 86-102.

_____ (2000), *Parties and democracy in Italy*, London: Ashgate.

Novák, Miroslav (2015), "Competitive party systems: Where do Duverger and Sartori diverge?", *Revue française de science politique*, 2015, Vol. 65, pp. 451-471.

Novelli, Edoardo (2018), *Le campagne elettorali in Italia: protagonist, strumenti, teorie*, Bari: Laterza.

Oh, Tae Hyun (2014), "130 Years between Korea and Italy: Evaluation and Prospect." *Korea's Economy* 30, pp. 73-80.

Pagano, Maurizio (2007), "Contemporary Italian Philosophy. The Confrontation between Religious and Secular Thought", in Silvia Benso and Brian Schroeder, *Contemporary Italian Philosophy: Crossing the Borders of Ethics, Politics, and Relgion*, Albany: SUNY Press.

Pallotta, G. (1985), *Dizionario della politica italiana*, Roma: Newton Comton Editori.

Paolicelli, Paul (2000), *Dances with Luigi: a grandson's determined quest to comprehend Italy and Italians*, NY: Thomas Dunne Books.

Paolucci, Caterina (2014), "The center-right in 2013: evolution of the parties and the party system", *Italian Politics*, Vol. 29, pp. 103-123.

Paparo, Aldo (2018), "Challenger's delight: the success of M5S and Lega in the 2018 Italian general election", *Italian Political Science*, Vol. 13 No. 1, pp. 63-81.

Paresce, Gabriele (1931), "Italian Foreign Policy", *International Affairs,* Vol. 10, No. 3, pp. 352-371.

Pareto, Vilfredo (1988), *Trattato di sociologia generale*, Torino: UTET.

Pasquino, Gianfranco and Marco Valbruzzi (2017), "Italy says no: the 2016 constitutional referendum and its consequences", *Journal of Modern Italian Studies*, Vol. 22 Issue 2, pp.

145-162.

Pasquino, Gianfranco (2019), *Bobbio e Sartori: capire e cambiare la politica*, Milano: Bocconi Editore.

_____ (2014), "Italy: The Triumph of Personalist Parties", *Politics and Policy*, Vol. 42 No. 4, pp. 548-566.

_____ (2009), "Political History in Italy", *The Journal of Policy History*, Vol. 21 No. 3, pp. 282-297.

_____, (2002), *Dall'Ulivo al governo Berlusconi : le elezioni del 13 maggio 2001 e il sistema politico italiano*, Bologna: il Mulino.

Perrotta, Dominico (2011), *Vite in cantiere: migrazione e lavoro dei rumeni in Italia*, Bologna: Il Mulino.

Picot Geog and Arianna Tassinari (2015), "Politics in a Labor Market: Renzi's Labor Market Reform", *Italian Politics*, Vol. 30, pp. 121-140.

Pieke, Frank (2004), *Transnational Chinese: Fugianese migrants in Europe*, Stanford: Stanford University Press.

Pinder, David (1998), *The new Europe: economy, society and environment*, Hoboken: John Wiley and Sons.

Pombeni, Paolo (2000), "The ideology of Christian Democracy", *Journal of Political Ideologies*, Vol. 5, No .3, pp. 289-300.

Pritoni, Andrea et al. (2017), *La prova del No : il sistema politico italiano dopo il referendum costituzionale*, Soveria Mannelli: Rubbettino.

Privitera, Joseph Frederic (2000), *Italy: an illustrated history*, NY: Hippocrene Books.

Putnam, Robert D., (1993), *Making democracy work: civic traditions in modern Italy*, Princeton: Princeton University Press.

Raffaele. Cantone and Francesco Caringella (2017), *La corruzione spuzza : tutti gli effetti sulla nostra vita quotidiana della malattia che rischia di uccidere l'Italia*, Milano: Mondadori.

Rawls, John (1971), *A Theory of Justice*, Massachusetts: Harvard University Press.

Rémond, René (1999), *Religion and society in modern Europe*, Oxford: Blackwell.

Roche, Maurice (2010), *Exploring the sociology of Europe: an analysis of the European social complex,* London: Sage.

Romano, Sergio (2002), *Guida alla politica estera italiana: Da Badoglio a Berlusconi,* Milano: Rizzoli.

Ruggiero, Christian (2012), "Forecasting in the Politics of Spectacle, From Berlusconi to Grillo: The Narrative of Impolite Politics", *Bulletin of Italian Politics,* Vol. 4 no. 2, pp. 305-322.

Russo, Luana et al. (2017), "Tracing the electorate of the MoVimento Cinque Stelle: an ecological inference analysis", *Rivista Italiana di Scienza Politica,* Vol. 47, No. 1, pp. 45-62.

Salvadori, Massimo L. (2017), *Lettera a Matteo Renzi : con un saggio sulla sua esperienza di governo,* Roma: Donzelli Editore.

Salvati, Eugenio (2016), "Matteo Renzi: a new leadership style for the Italian Democratic Party and Italian Politics", *Modern Italy,* Vol. 21, No. 1, pp. 7-18.

Salvatorelli, Luigi (1969), *Sommario della storia d'Italia,* Torino: Einaudi.

Sapelli, Giulio (1994), *Cleptocrazia. Il meccanismo unico della corruzione tra economia e politica,* Milano: Feltrinelli.

Sassoon, David (1986), *Contemporary Italy: Politics, Economy and Society since 1945,* London: Longman.

Savio, Roberto (2013), "Understanding Italian Politics", *Development,* Vol. 56, No. 3 pp. 315- 320.

Schnapp, Jeffrey T. (2000), *A primer of Italian Fascism,* Lincoln: University of Nebraska Press.

Shin, Michael E. and John A. Agnew (2008), *Berlusconi's Italy: mapping contemporary Italian politics,* Philadelphia: Temple Univ. Press.

Simmons, Noah (2012), *Internationalists! The Radical Party Challenges the Italian Left, 1963-1995,* PhD Dissertation, The City University of New York.

Smith, Denis Mack. (1957), "Cavour and Parliament", *Cambridge Historical Journal,* Vol. 13 No. 1, pp. 37-57.

Smyth, Howard McGraw (1948), "Italy: From Fascism to the Republic (1943-1946)", *The Western Political Quarterly,* Vol.1, No.3, pp. 205-222.

Sniderman, Paul M. (2000), *The outsider: prejuduce and politics in Italy,* Princeton: Princeton University Press.

Stanley, Morgan (2012). "Italy and the Political Cliff. A Winding Path to Where?", *Morgan Stanley Research* Dec 10, 2012.

Strozza, Salvatore (2017), *Rapporto sulla popolazione: le milte facce della presenza straniera in Italia.* Bologna: Il Mulino.

Sturzo, Luigi (1947), "The Philosophic Background of Christian Democracy", *Review of Politics,* Vol. 9 Issue. 1, pp. 3-15.

Sznajder, M. (1995), "Italy's right-wing government: legitimacy and criticism", *International Affairs* Vol. 71, No. 1, pp. 83-102.

Taggart, P. (1995), "New Populist Parties in Western Europe", *West European Politics* Vol. 18, No. 1, pp. 31-40.

Taylor-Gooby, Peter (2004), *Making a European welfare state?: convergences and conflicts over European social policy,* London: Blackwell.

Tomasi di Lampedusa, Giuseppe. (1958), *Il Gattopardo,* Milano: Feltrinelli.

Toniolo, D. (1981), *Il Compromesso Storico,* Roma: Editrice Pontificia Universita Gregoriana.

Treu, Tiziano (1998), *Labour law and industrial relations in Italy,* The Hague: Kluwer Law International.

Tuccari, Francesco (2002), *Il governo Berlusconi : la parole, i fatti, i rischi,* Roma: Laterza.

Turner, Barry (1999), *Italy profiled: essential facts on society, business and politics in Italy,* NY: St. Martin's Press.

Valbruzzi, Marco (2015), "Trasformismo", in Eric Jones and Gianfranco Pasquino (eds.), *The Oxford Handbook of Italian Politics,* Oxford: Oxford Univ Press.

Vannucci, Alberto (2010), "L'evoluzione della corruzione in Italia: evidenza empirica, fattori facilitanti, politiche di contrasto", in F. Merloni e L. Vandelli (a cura di), *La corruzione amministrativa. Cause, prevenzione e rimedi,* Firenze: Passigli.

Vatalaro, Giuseppe (2005), *Politics and Ideology: A Reassessment of the Nature of the PCI's Communist Identity,* PhD Dissertation, Swansea University.

Vecchi, Giovanni (2011), *In ricchezza e in povertà: il benessere degli italiani dall' unità a oggi,* Bologna: Il Mulino

Vigezzi, Brunello. (1981), Politica estera e opinione pubblica in Italia dal 1870 al 1914, École Française de Rome, p. 81.

Volcansek, Mary L. (2000), *Constitutional politics in Italy: the constitutional court,* New York: St Martin's Press.

Warner, Carolyn M. (2012), Christian Democracy in Italy: An alternative path to religious party moderation, *Party Politics,* Vol. 19, No ,2, pp. 256-276.

Warner, S. and Varese, F. (1996), "The Italian General Election of 1996", Electoral Studies, Vol. 16, No. 1, pp. 564-566.

Wertman, Douglas A. (1982), "Italian Foreign Policy in the 1980s: What Kind of Role?", *SAIS Review,* Vol. 1, No. 4, pp. 115-125.

색인

1. 인명 색인

[ㅎ]

2. 주제어 색인

[ㄴ]

[ㄷ]

[ㄹ]

[ㅁ]

[ㅂ]

[ㅅ]

[ㅈ]

[ㅊ]

현대 이탈리아 정치론

초판 인쇄 2022년 4월 15일
초판 발행 2022년 4월 20일

지은이 김시홍
발행인 고윤성 Director, University Knowledge Press
편집장 신선호 Executive Knowledge Contents Creator
도서편집 장혜정 Contents Creator
디자인 한 지 Designer
김대욱 Designer
인사행정 이근영 Managing Creator
재무관리 조아라 Managing Creator
정예찬 Managing Creator
사전·앱북 장지혜 Contents Creator
캐릭터 정정은 Contents Creator
발행처 한국외국어대학교 지식출판콘텐츠원
02450 서울특별시 동대문구 이문로 107
전화 02)2173-2493-7
FAX 02)2173-3363
홈페이지 http://press.hufs.ac.kr
전자우편 press@hufs.ac.kr
출판등록 제6-6호(1969. 4. 30)
인쇄·제본 (주)트윈벨미디어 02)2088-1810

ISBN 979-11-5901-900-5 [93340] 정가: 25,000원

* 잘못된 책은 교환하여 드립니다.

HUINE 은 한국외국어대학교출판부의 어학도서, 사회과학도서, 지역학도서 Sub Brand이다. 한국외대의 영문명인 HUFS, 현명한 국제전문가 양성(International+Intelligent)의 의미를 담고 있으며, 휴인(携引)의 뜻인 '이끌다, 끌고 나가다'라는 의미처럼 출판계를 이끄는 리더로서, 혁신의 이미지를 담고 있다.